LA JEUNESSE
DE NAPOLÉON

OUVRAGES DU MÊME AUTEUR

LA JEUNESSE DE NAPOLÉON. BRIENNE. In-8 cavalier.

LA GUERRE, 1870-1871.
LE GÉNÉRAL CHANZY.
  (Couronné par l'Académie française.)
PARIS EN 1790, VOYAGE DE HALEM.
JEAN-JACQUES ROUSSEAU.

LES GUERRES DE LA RÉVOLUTION
11 volumes in-8.

TOME   I. LA PREMIÈRE INVASION PRUSSIENNE.
—   II. VALMY.
—   III. LA RETRAITE DE BRUNSWICK.
  (Couronnés par l'Académie française, prix Gobert, et par l'Académie des sciences morales et politiques, grand prix Audiffred.)
—   IV. JEMAPPES ET LA CONQUÊTE DE LA BELGIQUE.
—   V. LA TRAHISON DE DUMOURIEZ.
  (Couronnés par l'Académie française, grand prix Gobert.)
—   VI. L'EXPÉDITION DE CUSTINE.
—   VII. MAYENCE.
—   VIII. WISSEMBOURG.
—   IX. HOCHE ET LA LUTTE POUR L'ALSACE.
—   X. VALENCIENNES.
—   XI. HONDSCHOOTE.

Droits de traduction et de reproduction réservés pour tous les pays,
y compris la Hollande, la Suède et la Norvège.

ARTHUR CHUQUET

LA JEUNESSE
DE NAPOLÉON

La Révolution

Paris, 5, rue de Mézières
ARMAND COLIN ET C¹ᵉ, ÉDITEURS
Libraires de la Société des Gens de Lettres
1898
Tous droits réservés.

PRÉFACE

Ce deuxième volume a été composé non seulement d'après les documents des archives nationales et les archives du ministère de la guerre, mais d'après un grand nombre de documents imprimés, d'après le *Napoléon inconnu* de Frédéric Masson — cet ouvrage essentiel, capital, qui renferme les extraits des lectures de Napoléon, ses lettres à Joseph en 1790, le texte entier du *Discours de Lyon*, le texte authentique et les variantes des *Lettres sur la Corse* — et les publications de l'infatigable abbé Letteron, président de la Société des Sciences historiques et naturelles de la Corse (*Correspondance* et *Registre* du Comité supérieur, *Pièces et documents divers* des années 1790-1791, *Osservazioni storiche sopra la Corsica* de l'abbé Ambroise Rossi); d'après la *Storia di Corsica* de Renucci, le *Paoli* de Tommaseo et d'Arrighi, l'*Histoire de Napoléon Bonaparte* de Coston et le travail du baron Joseph Du Teil sur les généraux Du Teil; d'après les livres de Jollivet (*La Révolution française en Corse*), de Marcaggi (*Une genèse*), et de Maggiolo (*Pozzo di Borgo*), le *Journal* d'un bourgeois de Valence, les mémoires rarissimes de Masseria (dont nous avons trouvé un exemplaire à la bibliothèque de

Cambridge), les *Souvenirs* de Romain et l'autobiographie du roi Joseph; enfin, d'après quelques pièces de notre collection particulière et celles que nous ont si gracieusement prêtées M. A. de Morati et M. l'abbé Letteron.

J'exprime ici ma plus vive gratitude à mes collaborateurs, à ces deux hommes aussi savants que modestes, à M. l'abbé Letteron qui a bien voulu revoir les épreuves de ce volume et à M. A. de Morati à qui je dois la communication de précieux fragments de la correspondance des députés corses.

Je remercie également M. le comte Costa de Bastelica, MM. Alexandre Tuetey, Paul Marichal, Félix Brun, ainsi que mon ami M. Léon Hennet, sous-chef des archives administratives au ministère de la guerre, qui m'a donné tant de renseignements sur l'armée de la Révolution, sur l'artillerie de 1791 et sur les camarades de Bonaparte aux régiments de La Fère et de Grenoble.

LA JEUNESSE DE NAPOLÉON

CHAPITRE VI

Écrits et lectures.

Lectures assidues. — Soif de savoir. — L'histoire. — Rollin, Marigny, Mably, Tott, Barrow. — L'*Espion Anglais*. — Extraits. — Goûts littéraires. — La tragédie. — Corneille, Racine, Voltaire. — Bernardin de Saint-Pierre. — Prononciation et style. — Le *Comte d'Essex*. — Le *Masque prophète*. — Une aventure au Palais-Royal. — Influence de Rousseau et de Raynal. — Idées politiques. — Enthousiasme pour la Révolution. — Républicanisme. — Idées religieuses. — Réfutation de Roustan. — Suprématie de l'État. — Tirades contre le fanatisme, les moines, la papauté. — Napoléon franc-maçon. — Le Parallèle entre Jésus-Christ et Apollonius de Tyane.

Pendant ses congés et les loisirs des garnisons, Napoléon Bonaparte s'efforçait avec ardeur de compléter son instruction et de se former un magasin de connaissances. A Valence, il dévorait la bibliothèque du libraire Aurel et empruntait des livres à M. de Josselin. A Auxonne, tandis que ses camarades se plaignaient de cette vilaine résidence qui manquait de distractions et où ils ne savaient que devenir, il s'enfermait dans sa chambre et consacrait à la lecture tout le temps dont il était maître. « A quoi, lui objectait l'amoureux Desmazis, aboutit une science indigeste? Qu'ai-je à faire de ce qui s'est passé il y a mille ans? Que m'importe le minutieux détail des discussions puériles des hommes? Ne sentez-vous pas au milieu de votre cabinet le vide de votre cœur? » Napoléon haussait les épaules et se replongeait dans les bouquins en citant les vers de Pope :

> Plus notre esprit est fort, plus il faut qu'il agisse :
> Il meurt dans le repos, il vit dans l'exercice.

« Même quand je n'avais rien à faire, disait-il plus tard, je croyais vaguement que je n'avais pas de temps à perdre. » Ses livres le suivaient partout. Il emportait à Seurre l'*Histoire des Arabes* de Marigny et l'*Histoire du gouvernement de Venise* d'Amelot de La Houssaie. Il emportait en Corse une malle remplie d'ouvrages : Joseph raconte qu'il avait les habitudes d'un jeune homme studieux et appliqué, et Pozzo di Borgo, qui fut durant plusieurs années l'ami du lieutenant de La Fère, assure qu'à Ajaccio Napoléon lut avec lui plusieurs écrits de législation et de politique.

Sa soif de savoir était insatiable. En 1792, pendant un séjour à Paris, il s'adonnait à l'astronomie qui lui paraissait à la fois un beau divertissement et une science superbe; c'est, disait-il, « un grand acquis de plus ». Acquérir, acquérir encore, acquérir toujours, semblait être son programme. Il n'était pas grand géomètre et ses connaissances scientifiques ne furent jamais bien profondes; mais il revit volontiers son Bezout et rapprit avec son frère Louis les mathématiques « où tout se résout par la logique et où tout est logique ». Il étudia dans l'*Histoire naturelle* de Buffon la formation des planètes, la géographie de la terre, la génération, les usages des divers peuples, et il refit, après Buffon, les tableaux statistiques des probabilités de la vie humaine dans les différents âges.

Avant toutes choses, l'histoire l'attirait, le passionnait, et il la nomme dans le *Discours* de Lyon la base des sciences morales, le flambeau de la vérité, la destructrice des préjugés. Pour mieux connaître l'antiquité, il lut l'ouvrage de Rollin, et les manuscrits de sa jeunesse contiennent des notes sur l'Assyrie, sur le gouvernement des Perses, sur l'ancienne Égypte, sur la religion de la Grèce, sur la constitution d'Athènes et de Sparte, sur la guerre du Péloponèse, sur Carthage[1].

Puis, passant des temps antiques à l'époque moderne, il analysa l'*Histoire des Arabes sous le gouvernement des califes*, par l'abbé de Marigny, et les *Observations* de Mably sur l'histoire de France, particulièrement les pages sur l'état de la Gaule, les Mérovingiens et les Francs, sur Charles Martel qui « se fit aimer du militaire et craindre du reste de la nation », sur Charlemagne et ses institutions, sur les Carolingiens, « race si indigne de ce grand homme », sur l'établissement du régime féodal.

Il veut connaître son Europe. D'Auxonne ou de Valence il envoie à sa famille un exposé de la situation politique et, au mois de janvier 1789, il mande à sa mère que le roi d'Espagne est mort; que le roi d'Angleterre est « tombé fol », et que la régence a été, après de longues discussions, donnée au prince de Galles; que l'Empereur Joseph II est en danger et qu'on le dit attaqué d'une hydropisie de poitrine; que le Danemark, intimidé par les déclarations des cours de Berlin et de Londres, n'a pas osé se prononcer contre la Suède. Il étudie de près les événements du xviiie siècle. Une *Histoire de Frédéric II* lui fournit de précieux détails sur le royaume de Prusse, ses dépendances et ses impôts, sur les batailles du grand roi et le recrutement de son armée, sur la conquête de la Silésie et la prospérité croissante de cette province, sur le premier partage de la Pologne.

Il puise de curieuses informations sur les Turcs et les Tartares dans les *Mémoires* du baron de Tott qu'il citait à Sainte-Hélène lorsque Bertrand lui racontait son voyage en Turquie.

Il lit la traduction française de l'*Histoire d'Angleterre* de John Barrow et la résume entièrement depuis l'invasion de

---

1. Si dans le *Projet de constitution de la Calotte* il voue au dernier supplice tout membre qui propose, sans réussir, de déposer ou de chasser le chef, c'est qu'il vient de lire dans Rollin que, dans la législation de Charondas, tout citoyen qui voulait changer une loi, se présentait la corde au cou sur la place publique et devait être étranglé si sa motion échouait. (Cf. Masson, I, 239 et 307.)

Jules César jusqu'à la révolution de 1688. Il copie même la liste des rois de l'heptarchie anglo-saxonne! Rien de ce qui touche l'Angleterre ne le laisse indifférent. Un ouvrage, alors classique, dont il se servait déjà lorsqu'il était à l'École militaire de Paris, la *Géographie moderne* de Lacroix, le renseigne sur les possessions britanniques en Afrique et en Asie, sur la Guinée, sur Sainte-Hélène « petite île », sur les comptoirs de la côte du Malabar, Bombay, Goudelour, Madras, le Bengale. Il note les revenus et les dépenses des Anglais dans les Indes, les productions et le commerce de leurs colonies, les motions de Wilberforce proposant à la chambre des communes l'abolition de la traite des nègres.

Mais c'est la France contemporaine qu'il s'attache surtout à connaître. Il lit le pamphlet de Coquereau, intitulé *Mémoires de l'abbé Terray*, et l'ouvrage de Mirabeau sur *les Lettres de cachet*. Il dépouille la collection de l'*Espion anglais* et, s'il s'arrête parfois aux gravelures, s'il mentionne en passant avec une curiosité de jeune homme les principales maîtresses de Louis XV et les grandes courtisanes de Paris, la célèbre entremetteuse Gourdan, sa coadjutrice Justine Paris et Mme Germance, la *Philosophe*, qui s'empoisonne par désespoir d'amour, s'il remarque qu'on vend des pastilles qui donnent de l'ardeur, il tire aussi de cet instructif recueil une foule d'éclaircissements et de particularités sur l'état du royaume. C'est en feuilletant l'*Espion anglais* qu'il a constaté le désordre perpétuel des finances, le chaos des assemblées provinciales, les prétentions des parlements, le défaut de règle et de ressort dans l'administration, la bigarrure de cette France qui, selon les expressions qu'il employait plus tard, était une réunion de vingt royaumes et n'avait ni l'unité des lois ni l'unité de territoire. L'*Espion anglais* lui présente pour ainsi dire la France entière : le roi, ses frères, les princes, les ministres d'hier et ceux d'aujourd'hui, le clergé, la noblesse, les gens de robe. C'est par l'*Espion anglais* qu'il connaît l'influence des économistes et leurs maximes fondamentales, les efforts de Turgot qui fut « intègre, plein de patriotisme et de dévouement », les services de Malesherbes, « austère et vertueux », — et l'on sait qu'il devait rendre à une émigrée, Mme de Montboissier, parce qu'elle était fille de Malesherbes, une partie de ses biens, — les opérations de la finance, l'institution de la Caisse d'escompte, les trois espèces de pays imposés, les impositions, taille, capitation, vingtièmes, les réformes de Necker et ses emprunts. Il trouve dans l'*Espion anglais* la chronique du personnel de la France monarchique et d'intéressantes anecdotes sur Mme Necker qui donnait des leçons lorsqu'elle fut menée par Mme de Vermenoux à Paris où Necker la vit et l'épousa; sur Necker qui, d'abord simple commis, a fait fortune en vingt ans et tient maison ouverte; sur quiconque joue un rôle. A l'aide de l'*Espion anglais*, Napoléon passe en revue les principaux littérateurs de l'époque : Voltaire recevant à Paris dans son extrême vieillesse les honneurs du triomphe; Rousseau mourant à Ermenonville, sa dernière retraite; Beaumarchais, « fils d'un très médiocre horloger »; l'abbé Maury qui s'élève en 1775 contre le faste des évêques; Fréron à qui son journal rapporte quarante mille livres de rente; le marquis de Pezay, poète et ami de Dorat, qui s'insinue près des ministres; le fameux chevalier d'Eon; voire l'Allemand Jacobi, chanoine de Dusseldorf, qui dirige l'*Iris*.

Au cours de ces extraits apparaît et se révèle le militaire. M. de Conflans qui commit de grandes fautes dans les campagnes de Hanovre, le maréchal du Muy qui signa l'ordonnance de l'artillerie, le comte de Saint-Germain qui fit tant d'innovations, le prince de Montbarey, le marquis de Monteynard qui forma les régiments provinciaux, la situation de la marine française et le nombre des vaisseaux de ligne laissés par Choiseul, les antécédents du comte d'Estaing, les amiraux et chefs d'escadre qui furent bons ou mauvais dans la guerre d'Amérique, les plus notables épisodes de cette lutte navale et, entre autres, le combat d'Ouessant, la mission de Franklin, député par les États-Unis à Versailles, voilà plusieurs des hommes et des choses que cite l'*Espion anglais* et qui fixent l'attention de Bonaparte.

Ses extraits prouvent jugement et réflexion. Il n'omet pas dans ses résumés des guerres et des batailles le nombre des combattants, des morts, des prisonniers, des canons perdus. Lorsqu'il parle d'Annibal, il cherche la cause qui décida de la défaite des Carthaginois et la trouve dans le défaut de recrues. S'il lit qu'Amrou envoya, durant une grande famine, des grains d'Égypte en Arabie, il marque qu'il y a cent lieues d'Alexandrie à Médine. Il lui semble improbable que Mahomet n'ait su ni lire ni écrire. A certains passages du récit de Rollin il se récrie : « A la bataille de Thymbrée, il y avait 70 000 Perses naturels. Quelle contradiction! Comment un pays qui ne contient que 120 000 habitants pouvait-il produire 70 000 combattants? » Et il juge Rollin superficiel, lui reproche de ne pas expliquer suffisamment les événements et les institutions.

Il sait le prix des documents de première main. Souvent il fait mention des sources de Rollin : Hérodote, Xénophon, Pausanias, Strabon. Ses extraits de Mably sont tirés, non du texte de l'abbé, mais des notes et des preuves.

Il ne s'arrête pas aux bagatelles et il s'efforce de démêler dans chaque livre l'important et l'essentiel. Lorsqu'il analyse le premier tome de Raynal, il néglige les citations de Platon et de Diodore sur l'Atlantide ainsi que la description de l'état actuel de Madère pour se tenir aux dates principales des explorations portugaises. Puis, parce qu'il n'a pour l'instant d'autre idée que de connaître l'histoire de la découverte des Indes, il saute cent pages, court à l'endroit où Raynal expose comment l'Europe commerçait avec l'Asie avant que les Portugais eussent doublé le cap de Bonne-Espérance et, omettant les comparaisons et tout ce qui sent la phrase, se borne à prendre note des productions qui s'échangeaient alors et des voies de communication. Sa curiosité satisfaite, il revient sur ses pas et résume la longue digression de Raynal sur la religion et les mœurs de l'Hindoustan.

Ce qu'il étudie particulièrement, c'est le jeu de la machine gouvernementale et financière. L'administration lui semble la partie la plus instructive, la plus attachante de l'histoire d'un peuple. Il emprunte aux *Mémoires* de l'abbé Terray des chiffres précis et d'exactes définitions : ce qu'est la caisse des consignations, ce que sont les croupiers en langage de ferme, ce que vaut le droit de joyeux avènement, ce qu'a été la Compagnie des Indes. Il s'applique à connaître par l'*Espion anglais* le mont-de-piété, par l'ouvrage de Barrow la constitution britannique, par le livre de Mirabeau sur les lettres de cachet le jury anglais. Il ne lit Amelot de La Houssaie que pour s'enquérir de l'organisation du gouvernement vénitien : attributions du Grand Conseil, du Sénat, du Collège, du Conseil des Dix et du doge, fonctions des podestats de la Terre Ferme, pouvoir du généralissime ou capitaine général de mer. Il lut même la *République* de Platon dans la traduction de l'abbé Grou et en résuma quelques passages [1]. Le gouvernement soit des anciens, soit des modernes était le sujet favori de ses conversations. Aussi certains de ses camarades de régiment, trop ignorants ou trop frivoles pour discuter avec lui, l'accusaient de pédanterie, le blâmaient de prendre un ton doctoral. D'ordinaire, dans une réunion d'officiers, les plus jeunes s'éloignaient après le café pour courir à leurs plaisirs, et laissaient Bonaparte faire assaut de science politique avec les vieux capitaines.

C'est dans ses années de garnison, de 1785 à 1791, que se formèrent les goûts littéraires de Napoléon. Il aimait peu la comédie qui ne lui semblait qu'un commérage de salon, et il a dit que les cadres où Molière plaçait ses personnages ne l'avaient jamais intéressé. Ce qu'il voulait au théâtre, c'étaient, comme l'y disposait son caractère corse, sérieux et grave, des œuvres où il n'y eût rien de joli ni de galant, des œuvres où la nature humaine, aux prises avec les chances de la vie, déploie tout ce qu'elle a de vigueur, des œuvres fortes, énergiques,

---

[1] « J'ai essayé, écrit M*me* de Rémusat à son mari (*Lettres*, I, 351), de mettre un peu le nez dans Platon, oui, Platon dont j'étais si tentée depuis que j'en entendais tant parler à l'empereur. »

qui élèvent l'âme et lui inspirent de courageux et mâles sentiments.

Ses notes et écrits de jeunesse ne renferment donc aucune allusion à des comédies du temps. S'il cite le *Beverley* de Saurin dans le Discours de Lyon, c'est parce que ce drame lui paraît, non sans raison, un frappant tableau des funestes effets que produit la passion du jeu; c'est, selon lui, un spectacle fait pour instruire le joueur. « Il faut, dit-il, parler au sentiment sa langue; présentez-lui quelquefois *Beverley*; qu'il aille y puiser l'horreur des plaisirs que nous lui proscrivons. »

Mais déjà éclate sa prédilection pour la tragédie qu'il a nommée l'école des grands hommes et une créatrice de héros. Domairon, son professeur à l'Hôtel du Champ-de-Mars, Domairon, l'auteur de ces *Principes généraux* que Napoléon recommandait au Prytanée de Paris en 1802 et au Prytanée de Saint-Cyr en 1805, qu'il feuilletait encore avec joie à Sainte-Hélène en disant qu'ils étaient le livre de sa jeunesse et, par suite, non pas le meilleur, mais le plus attrayant traité de belles-lettres et de grammaire, Domairon lui avait enseigné que la tragédie représente une action à la fois héroïque et malheureuse où la terreur et la pitié croissent jusqu'à ce qu'elles arrivent à leur comble. Il lui avait vanté les personnages de la tragédie française, Auguste qui parle avec une si noble simplicité lorsqu'il fait grâce à Cinna, Horace enflammé par l'amour de la patrie et par une ardeur insatiable de gloire, Achille qui brûle de se signaler dans la plaine de Troie bien qu'il n'ignore pas que les dieux y marquent son tombeau, Mithridate annonçant le dessein d'attaquer Rome dans Rome même.

Napoléon savait donc par cœur une foule de vers de Corneille, de Racine, de Voltaire, et, durant ses séjours en Corse, tout en avouant qu'il ne saurait jamais bien déclamer, il se complaisait, avec Joseph, à les réciter. Les Bonaparte étaient passionnés pour la tragédie. Lucien formait à son château de Plessis-Chamans une troupe d'amateurs qui représentait, avec l'aide de Dugazon, de Lafond, de Talma et du vieux Larive, le

Cid, Bajazet, Mithridate, Alzire, Zaïre, et il raconte qu'il préférait de beaucoup Melpomène à Thalie, recueillait dans Orosmane les applaudissements de la salle et poussait trop au noir l'Alceste du *Misanthrope*. Élisa qui, élevée à Saint-Cyr, parlait le français sans accent et avec pureté, connaissait les plus beaux rôles de Corneille, de Racine et de Voltaire, triomphait à Plessis-Chamans lorsqu'elle faisait Chimène, Alzire et Zaïre, jouait la tragédie sur son théâtre particulier de Lucques, pressait Talma, dont elle raffolait, de venir en Italie, et, dit-on, se transportait volontiers par la pensée dans des situations où elle aurait dû prendre l'attitude et le langage d'une héroïne. Joseph citait de mémoire des passages entiers de *Pompée* et rappelle fièrement dans son fragment d'autobiographie qu'il remporta le prix de composition française au collège d'Autun parce qu'il eut à traiter un sujet qui lui était familier : le monologue de Cornélie tenant l'urne où sont les cendres de son mari.

Dès sa jeunesse Napoléon admire Corneille. C'était, remarquait Domairon, celui de nos poètes dont l'œuvre offre le plus de sentiments sublimes, et, aux yeux de Napoléon, ses personnages avaient quelque chose de mâle et de vraiment corse, quelque chose de ce Sampiero qui, dans les *Lettres* du jeune lieutenant sur l'île natale, déclare qu'en son cœur l'amour du profit ne peut vaincre l'amour de la patrie ni la nature triompher du devoir.

Cinna était la pièce favorite de Bonaparte. En 1791, il souhaite qu'elle soit souvent représentée, et il assure que le spectateur sera clément avec Auguste, que la belle scène du V° acte fera couler des larmes, ces « larmes du sentiment qui sont la volupté de l'âme ». A cette époque, il se laisse encore prendre par les entrailles; il ne raffine pas, ne subtilise pas; c'est seulement en 1803, sous le Consulat, qu'il dira que la clémence est une petite vertu lorsqu'elle ne s'appuie pas sur la politique et que l'action d'Auguste n'est que la feinte d'un tyran, que le sentiment est puéril, mais le calcul excellent.

Racine le ravissait, et à Auxonne, à Valence, de même qu'à

Sainte-Hélène, faisait ses délices. Il louait *Andromaque* et *Phèdre* comme il louera plus tard *Iphigénie* où il croyait respirer l'air poétique de la Grèce, comme il louera plus tard *Britannicus*.

Voltaire lui agréait moins. Il goûtait le prosateur, l'historien qui est « raisonnable, point charlatan, point fanatique ». Mais il blâmait l'écrivain dramatique. Il disait à Las Cases que Voltaire, toujours faux, trop plein de boursouflure et de clinquant, ne connaît ni les hommes ni les choses ni la grandeur et la vérité des passions, et il accusait l'auteur du *Mahomet* de travestir les caractères, de faire d'Omar un coupe-jarret de mélodrame et du prophète qui change la face du monde, un vil scélérat, un imposteur qui démontre ses moyens de puissance comme s'il sortait de l'École polytechnique. Toute sa vie, Napoléon a critiqué le théâtre de Voltaire avec cette sévérité. Le lieutenant de La Fère avoue qu'il partage les perplexités maternelles de Mérope et donne des larmes à Zaïre. Il juge même que Brutus, sacrifiant ses fils, élève l'âme du spectateur. Mais *Alzire* le choque, le révolte, et, bien qu'il en ait retenu quelques vers, bien qu'à la veille de l'exécution du duc d'Enghien, il prononce à mi-voix les mots de Guzman :

> Des dieux que nous servons, connais la différence :
> Les tiens t'ont commandé le meurtre et la vengeance,
> Et le mien, quand ton bras vient de m'assassiner,
> M'ordonne de te plaindre et de te pardonner,

Alzire lui semble « bizarre ». Si les charmes de la poésie et de l'art dramatique ont « jeté tout plein d'intérêt dans le détail », la pièce ne mérite pas d'être représentée devant un peuple libre. Quoi! Zamore a l'Amérique à venger; il a juré d'enfoncer le poignard dans le sein des assassins de son père; c'est un « homme étonnant »; c'est, non pas un simple mortel, mais « le dieu de la justice et de la force, le génie tutélaire de la contrée », et Bonaparte le suit d'un regard attentif et d'une âme inquiète, son cœur vole vers Zamore, ressent les angoisses de Zamore. Oui, que Zamore frappe le coupable et que Dieu secoure le peuple opprimé! Mais voici que Zamore se jette aux pieds d'une femme; voici qu'il oublie sa patrie, sa vengeance, ses concitoyens; voici que cet être indigne, le plus méprisable des hommes, s'il avait jamais existé, reçoit comme grâce Alzire et la vie, tandis que Guzman, le sanguinaire Guzman, meurt comme serait mort Brutus! Et Napoléon, outré, se frappe la tête avec les mains, et sort, dit-il, « hurlant contre l'auteur et le parterre ».

Il admira Montesquieu. Pendant un de ses congés en Corse, il lut l'*Esprit des lois* avec Pozzo di Borgo.

Il était « fort engoué » de *Paul et Virginie*, et l'on sait qu'à Longwood, aux derniers temps de sa vie, il aimait à relire tout haut, devant ses officiers, certains passages de cette œuvre touchante « à cause des ressouvenirs de ses premières années ». Sous le Consulat, par un arrêté du 27 août 1802, il faisait allouer à Bernardin de Saint-Pierre une pension annuelle de 2400 francs sur les fonds du ministère de l'intérieur, et lorsqu'il le rencontrait : « Monsieur Bernardin, s'écriait-il, quand nous donnerez-vous des *Paul et Virginie* ou des *Chaumière indienne*? Vous devriez nous en fournir tous les six mois. » Mais au temps où il est lieutenant d'artillerie, il trouve déjà que Bernardin, bon littérateur, n'a rien d'un homme de science. Il juge « assez bizarre » sa théorie du flux et du reflux. Les *Études sur la nature* le font sourire de pitié. Lorsque Bernardin se plaindra d'être méprisé des savants : « Savez-vous le calcul différentiel? lui répliquera Napoléon. Non. Eh bien, allez l'apprendre et vous vous répondrez à vous-même »; et il disait dans l'intimité que Bernardin méritait d'être chassé de l'Institut, que son système des marées décelait la plus honteuse ignorance.

Il lut aussi dans ses années de garnison quelques-uns des romans à la mode, et ce fut peut-être à cette époque que lui tombèrent dans les mains le *Comte de Cominges* qui le toucha jusqu'aux larmes et ces *Contemporaines* de Restif de la Bretonne qu'il faisait lire à Marie-Louise pour lui donner une idée de la société.

Napoléon se perfectionnait ainsi dans la langue française. Il ne la possédait pas encore complètement. On sait qu'il garda toute sa vie un accent du premier terroir, qu'à l'armée d'Italie les orateurs des compagnies exagéraient sa prononciation corse pour faire rire leurs camarades, qu'il disait *Peyrousse* pour « Peyrusse », *enfanterie* pour « infanterie [1] », et qu'après son élévation au trône, il lisait les discours rédigés par Maret ou Fontanes la bouche à peine ouverte, d'une voix un peu sourde et sur ton désagréable et étrange, plus étrange qu'étranger, qui produisait une impression pénible sur ses admirateurs et leur rappelait qu'il n'était pas Français du continent : la langue dans laquelle il s'exprimait, que ce fût le français ou l'italien, ne lui semblait pas familière, et il avait l'air de la forcer et de la contraindre; l'italien même perdait dans sa bouche grâce et harmonie. Pareillement, le style de ses œuvres de jeunesse est tacheté d'italianismes et de locutions qui sentent le Corse. Sous le Consulat, ne dit-il pas à sa mère qu'il doit toujours travailler, qu'il n'est pas, comme Joseph qui se repose à Mortefontaine, le *fils de la poule blanche*? Mais si l'on remarque par instants que le français est sa langue adoptive, s'il y a dans ses premiers essais beaucoup d'incorrections et de négligences, on y trouve de la verve et de la vigueur; il tâche d'être concis et nerveux; il a déjà le goût d'une énergique brièveté, et il ne relit pas dans ses loisirs de garnison ce Vertot qu'il avait entre les mains à Brienne et qu'il s'amuse à feuilleter en 1816, riant de ses harangues délayées et rayant au crayon ses phrases parasites. Qu'il s'affranchisse de ses réminiscences, qu'il se débarrasse de l'emphase de son âge et il sera sûrement un écrivain. Et c'est ainsi que, malgré ses prononciations vicieuses, sa parole était animée, vivante, pleine de force, d'une force qui venait de l'originalité de la pensée; dans ses conversations qui tournaient si souvent au monologue, lorsqu'il lâchait la bride à son imagination et abordait des questions de morale et de politique,

---

1. Témoignage inédit de Las Cases. Selon Chaptal (*Souv.* 225) il aurait dit *Philippiques* pour Philippines, *section* pour session, *point fulminant* pour point culminant, *rentes voyagères* pour rentes viagères, *armistice* pour amnistie.

lorsqu'il causait de la Révolution et de l'Orient, il s'élevait très haut, s'égarait et se perdait quelquefois, restait toujours intéressant, fécond en idées ingénieuses, en images piquantes et hardies.

Extraits et lectures ne suffisaient pas au jeune Bonaparte. Il affectait d'être auteur, comme il dit en parlant de Jacques I, et s'exerçait à la composition littéraire, développait sous forme de récit des anecdotes qui l'avaient frappé. Ne chassait-il pas de race ? Une veine poétique circulait dans la famille Bonaparte : Charles faisait d'assez jolis vers en langue italienne; Joseph rimaillait sur un mode anacréontique, et plus qu'anacréontique, sur le mode de Bertin et de Parny; Lucien qui pensait si peu modestement de lui-même, crut conquérir l'immortalité par ses épopées de la *Cyrnéide* et de *Charlemagne ou Rome délivrée*, et Napoléon croyait qu'il aurait mieux fait d'écrire une histoire d'Italie qui n'eût pas été si mauvaise, parce que Lucien avait de la facilité, de l'esprit et la connaissance des affaires.

Napoléon cultive un genre plus humble, la nouvelle en prose. Un de ses petits récits est intitulé le *Comte d'Essex*. Il y raconte une tragique histoire qu'il avait lue dans Barrow, le rêve affreux de la comtesse Jane, les bruits sinistres qu'elle croit entendre, les terribles pressentiments qui l'agitent, sa visite à la Tour où son mari vient de mourir, frappé de trois coups de rasoir. « Vous croyez peut-être, dit Napoléon, que, confondue, évanouie, Jane va déshonorer par de lâches larmes la mémoire du plus estimé des hommes. Non. Elle fait nettoyer son corps, le fait prendre et le fait exposer à la vue du public. » Et en traits rapides, énergiques, il dépeint la rumeur de Londres, la colère du peuple et le deuil de la comtesse qui tend de noir son appartement, condamne les fenêtres et ne reparaît qu'au bout de trois ans, après la chute des Stuart, lorsque le ciel l'a vengée.

Dans le *Masque prophète*, il narre avec détail un épisode que lui fournit le troisième volume de l'*Histoire des Arabes* de

Marigny. Le plus beau des Arabes, le prophète Hakem, qui se dit l'envoyé de Dieu, vient du fond du Khorassan conquérir l'empire, range le peuple sous ses enseignes, bat le calife plusieurs fois, et lorsqu'une maladie cruelle le défigure et le frappe de cécité, il imagine de porter un masque d'argent, et, dans un discours plein de force, persuade à ses gens qu'il craint de les éblouir par la lumière qui sort de son visage. Mais il est vaincu, investi, et voit décroître à la fois le nombre et la croyance des siens. « Hakem, s'écrie l'auteur, il faut périr ou les ennemis vont s'emparer de ta personne! » Il assemble ses sectateurs et les exhorte à creuser de larges fossés où l'adversaire ira se précipiter « comme une mouche étourdie par la fumée ». On creuse les fossés. Un d'eux est rempli de chaux, et sur ses bords sont placées des cuves de liqueurs. On banquette, on boit du même vin, tous les assiégés meurent empoisonnés; Hakem jette leurs corps dans le fossé rempli de chaux, met le feu aux liqueurs et s'élance au milieu des flammes. Le lendemain les troupes du calife avancent, s'arrêtent devant les portes ouvertes, entrent avec précaution et ne trouvent qu'une femme, la maîtresse d'Hakem qui lui a survécu. « Cet exemple, conclut Bonaparte, est incroyable : jusqu'où peut pousser la fureur de l'illustration! » Le récit est clair, bien composé. Le discours de Hakem où s'exprime la confiance de l'homme qui commerce avec Dieu et entend sa voix, se distingue par la fermeté, par la concision du style. C'est le premier essai de l' « imperatoria brevitas » des harangues et bulletins de Napoléon. Il a le coloris oriental, et le général en chef de l'armée d'Égypte parlera plus tard aux ulémas du Caire comme parle son Hakem. Mais le futur empereur ne se peint-il pas, sans le vouloir, dans cet Hakem? Comme Hakem, il a l'éloquence mâle et emportée, les traits nobles et fiers, les yeux pleins de feu; comme Hakem, il entraînera le monde, et tout d'abord, rien ne ralentira l'enthousiasme de ses adhérents; comme Hakem, il exaltera les peuples, et leur délire sera son espoir; comme Hakem il aura des revers qui diminueront ses partisans et affaibliront leur foi; comme Hakem, il succombera, il mènera ses fidèles à l'abîme parce qu'il est poussé par la « fureur de l'illustration ».

Une autre fois, Napoléon écrit sa première aventure galante. Il raconte qu'un jeudi soir, le 22 novembre 1787, à Paris, au Palais-Royal, sur le seuil des portes, il accoste une femme, une « personne du sexe ». Pourtant, il est chaste; il déteste les filles et se croit souillé par leurs regards; « j'étais, dit-il, pénétré plus que personne de l'odieux de leur état ». Mais celle-ci a le teint pâle, la voix douce, les façons timides. Il s'entretient avec elle : « Vous aurez bien froid, comment pouvez-vous vous résoudre à passer dans les allées? » — « Ah! monsieur, répond-elle, il faut terminer ma soirée. » Bonaparte, surpris de cette indifférence et de ce flegme, la questionne, lui demande d'où elle est, qui l'a séduite, comment elle a quitté sa province, pourquoi elle fait ce métier.

Dans ce curieux récit d'une aventure au Palais-Royal, Napoléon parle de l'air « grenadier » des filles. Il prend cette expression à Rousseau, son auteur préféré. Le jeune lieutenant lit alors les *Confessions* et leur suite, les mémoires apocryphes de Mme de Warens et de Claude Anet. Il lit la *Nouvelle Héloïse* qui lui « tourne la tête ». Plus tard il nommera Rousseau un bavard, un idéologue quelquefois éloquent, et en 1803 il le déclare ennuyeux et le met bien au-dessous de Voltaire, prétend ne l'avoir jamais aimé ni compris. Il ira même jusqu'à le traiter de mauvais et de méchant homme, sans qui la France n'aurait pas eu de Révolution. « L'avenir, disait-il à Stanislas de Girardin, nous apprendra s'il n'eût pas mieux valu pour le repos de la terre que ni Rousseau ni moi n'eussions jamais existé », et il ajoutait : « C'est un fou, votre Jean-Jacques; c'est lui qui nous a menés où nous sommes. » Mais de 1785 à 1792 il adore Rousseau, il l'idolâtre. Selon lui, Rousseau est le plus profond, le plus pénétrant des philosophes; Rousseau passa sa vie à étudier les hommes; Rousseau dévoila les petits ressorts des grandes actions; Rousseau connut tout. Pas une des œuvres de Rousseau qui ne soit admirable. La musique de son *Devin de village* nous tire les larmes des yeux; mais ces pleurs n'amollissent pas l'âme; c'est l'accent de la vertu qui les fait couler : « Vous retournerez plus fort, plus sensible après avoir joui de la tendresse de la simple villageoise; ô Rousseau, n'aurais-tu fait que le *Devin de village*, ce serait déjà beaucoup pour le bonheur de tes semblables! »

C'est peut-être de Rousseau que vient la prévention de Bonaparte contre la musique française, la préférence qu'il donne à la musique italienne, la faveur extrême dont il honora Paesiello. Mais c'est sûrement de Jean-Jacques que le lieutenant de La Fère tient ses aspirations vers une rénovation de toutes choses et son horreur de l'état social qu'il juge artificiel et faux. « Il était, rapporte Joseph, admirateur passionné de Jean-Jacques, ce que nous appelons habitant du monde idéal. »

N'a-t-il pas, dans le projet de constitution de la Calotte, pris le ton sentencieux de Jean-Jacques et employé les expressions de l'auteur du *Contrat social* : volonté générale, lois qui dérivent de la nature du pacte, corps législatif, pouvoir exécutif? Ne dit-il pas que la Calotte doit prospérer et tendre à la perfection, bien que tout se corrompe sous la main de l'homme et que le monde languisse dans l'esclavage?

Qui n'entend la voix et les propres termes de Rousseau dans les notes qui précèdent les extraits de Napoléon sur le gouvernement d'Athènes et de Sparte? « Alors le despotisme élève sa tête hideuse et l'homme, dégradé, perdant sa liberté et son énergie, ne sent plus en lui que des goûts dépravés. » Ou encore : « Le luxe, cette fantaisie, avant-coureur de la destruction des états, qui fait imaginer tant d'arts, prive une partie des citoyens de leur subsistance et donne à l'autre des richesses immenses; on voit coexister des hommes sans pain et d'autres qui consument la subsistance de mille familles. »

Ne croit-on pas lire le *Discours sur l'inégalité* lorsque Bonaparte dit à Desmazis que l'âme, née indépendante, est dégradée par les institutions; que la société nous met dans l'état de servitude; que la convention est la loi des hommes, comme la force, la loi des animaux; que l'on convint, pour repousser les attaques des bêtes plus fortes et pour ne pas se battre continuellement, d'assurer à chacun au nom de tous la propriété de son champ; que des magistrats furent élus pour faire exécuter cette convention; qu'ils sentirent le charme du commandement, gagnèrent les plus alertes à leurs projets et subjuguèrent le peuple; qu'ainsi l'inégalité s'introduisit dans l'État; qu'il y eut désormais deux classes, la classe régnante et la classe gouvernée; que des milliers d'hommes souffrirent d'être avilis par un petit nombre et que des palais somptueux furent respectés par des gens qui manquaient d'asile ».

Rousseau a donc marqué de son empreinte les œuvres du jeune Bonaparte. Comme Rousseau, Napoléon s'élève contre quiconque « essaie de substituer aux sentiments infaillibles de la conscience le cri des préjugés ».

Comme Rousseau, il déclare que « toutes les institutions qui mettent l'homme en contradiction avec lui-même, ne valent rien ».

Rousseau avait écrit que l'homme a malheureusement reçu la faculté distinctive de la *perfectibilité*. Napoléon voudrait que « la sublime faculté de perfection eût été plus bornée », et il regrette que l'homme ait soumis les éléments à ses caprices, brisé les barrières de la nature, franchi des bras de mer immenses. Ah! pourquoi les Corses n'ont-ils pas toujours ignoré qu'il existait un continent? « L'heureuse, heureuse ignorance! » Et il rêve d'habiter une île déserte où il serait, sinon heureux, du moins tranquille, « à l'abri des séductions des hommes, de leurs jeux ambitieux, de leurs passions éphémères ».

Fier de posséder un cœur « où toute la perversité des hommes n'a pas pénétré », ou, comme il dit encore, de n'être pas « pulvérisé par le dérèglement des mœurs », mettant, comme Rousseau, et selon le mot de Rousseau, un vernis stoïque à ses actions, Napoléon n'a que mépris et aversion pour une société corrompue. C'est au sortir de la lecture de Jean-Jacques qu'en mai 1786, à Valence, il prend la vie en dégoût et souhaite de mourir. Pourquoi demeurer plus longtemps au milieu de ces hommes éloignés de la nature? Peut-il par devoir louer des gens qu'il doit haïr par vertu? Peut-il suivre la seule manière de vivre qui lui ferait supporter l'existence? Peut-il demeurer dans un monde dont les mœurs diffèrent autant des siennes que la clarté de la lune diffère de celle du soleil?

Et c'est encore Rousseau qui, sans doute, le ramène alors à Plutarque. Le philosophe ne disait-il pas que la lecture de Plutarque a formé son esprit républicain et impatient de servitude, que l'historien grec peint les grands hommes dans les petites choses avec une grâce inimitable, qu'au récit de ces vies héroïques Saint-Preux et Julie versent des larmes délicieuses et éprouvent des transports qui les élèvent au-dessus d'eux-mêmes? Dans ses années de garnison, Napoléon relit les biographies qu'il lisait à Brienne, et de nouveau s'enthousiasme pour les personnages illustres de la Grèce et de Rome que Jean-Jacques a cités mainte fois comme l'honneur de l'humanité, pour ceux qui furent les « sauveurs et restaurateurs de leur patrie », pour les Spartiates qui, « tous, avaient des sentiments sublimes », pour Aristide « le plus sage des Athéniens », pour Thémistocle, Cimon et Thrasybule, pour Dion, le libérateur de Syracuse, refusant de répandre le sang de ses concitoyens qui tournent contre lui les armes qu'il leur a fournies, pour Caton et les stoïciens qui bravaient la douleur et dédaignaient la mort.

Un autre écrivain possède la préférence déclarée de Napoléon. C'est Raynal que la France de 1789 regardera comme le précurseur et l'apôtre du nouveau système politique, Raynal dont le nom vole au début de la Révolution sur la bouche de tous les patriotes, Raynal dont le fatras déclamatoire emportait, selon l'expression de Vaublanc, tous les suffrages de ses contemporains jusqu'au jour où il écrit à l'Assemblée constituante sa fameuse lettre de remontrances, jusqu'au jour où les patriotes le qualifient d'apostat et où Anacharsis Cloots dit tout haut que cet écrivain sans talent n'a d'autre mérite que celui de l'entrepreneur Panckoucke et « s'est fait une superbe queue de paon avec la plume des Diderot, des Naigeon et des Holbach ».

Napoléon a plusieurs fois loué Raynal. Non seulement il le félicite d'avoir démasqué les grands, appelé le peuple français à la liberté, montré la plus inébranlable constance dans son zèle pour l'humanité opprimée. Mais il le félicite d'avoir émis des conjectures hardies qui se sont vérifiées et qui, suivant les propres termes de Raynal, font peut-être plus d'honneur à l'historien qu'un long récit. Il lui soumet, comme à un maître, ses *Lettres sur la Corse*.

C'est dans l'*Histoire philosophique des deux Indes* autant que dans les œuvres de Rousseau qu'il a puisé les idées politiques de sa jeunesse.

Il avait lu dans les annales de son pays un mot de Cardone de Bozio, ce vieillard difforme, estropié, qui de sa parole ardente animait les Corses en 1729 : « Aux yeux de Dieu, le premier crime est de tyranniser les hommes, et le second, c'est de le souffrir. » Ce mot de Cardone, Raynal le commente au jeune Corse en phrases enflammées. Raynal apprend à Bonaparte que l'insurrection est un « mouvement salutaire » et l'exercice légitime d'un droit inaliénable et naturel, mais que des « préjugés absurdes ont dénaturé partout la raison humaine » et « étouffé jusqu'à cet instinct qui révolte tous les animaux contre la tyrannie », que « des peuples immenses se regardent de bonne foi comme appartenant en propriété à un petit nombre d'hommes qui les oppriment ». Ce n'est pas sans frémissement que le jeune Corse a lu l'apostrophe de Raynal : « Peuples lâches, peuples stupides, puisque la continuité de l'oppression ne vous rend aucune énergie, puisque vous vous en tenez à d'inutiles gémissements lorsque vous pourriez rugir, puisque vous êtes par millions et que vous souffrez qu'une douzaine d'enfants, armés de petits bâtons, vous mènent à leur gré, obéissez! Marchez sans nous importuner de vos plaintes et sachez du moins être malheureux, si vous ne savez pas être libres! »

Avec Raynal, Napoléon s'indigne que l'histoire des peuples soit désormais « sèche et petite », que les nations semblent dorénavant « fixées dans le morne repos de la servitude », qu'il n'y ait plus que des « esclaves plus ou moins avilis qui s'assomment avec leurs chaînes pour amuser la fantaisie de leurs maîtres ».

Avec Raynal, Napoléon juge que l'histoire ancienne présente par ses mœurs héroïques, par ses événements extraordinaires, par ses grandes révolutions un spectacle plus intéressant et plus beau que l'histoire moderne. « Quel tableau, dit le jeune officier, offre l'histoire moderne : des peuples qui s'entre-tuent pour des querelles de famille! » Il ne soupçonne pas qu'il doit bientôt ressusciter ce temps de la fondation et du renversement des empires que Raynal considère comme à jamais passé. Il ne se doute pas qu'il sera l'homme qui, selon Raynal, ne doit plus se trouver en ce monde, l'homme devant qui *la terre se tait.*

Avec Raynal, il croit que la gloire est le lot, non du génie, mais de la vertu bienfaisante, du monarque qui fait le bien de ses sujets, de l'homme qui se dévoue et se sacrifie au salut de ses concitoyens, du peuple qui aime mieux mourir libre que de vivre esclavé, le lot, non de César et de Pompée, non de Turenne et de Condé, mais de Régulus et de Caton, de Rivarola et de la nation corse.

Avec Raynal, il voue à l'exécration les barbares navigateurs qui soumirent le Nouveau Monde, non par amour du genre humain, mais par cupidité.

Avec Raynal, il déteste les conquérants, les range dans la classe des hommes les plus abhorrés.

Il célèbre alors l'opinion publique qui « fière de ses droits a détruit l'enchantement où étaient enlacées les nations »; il la nomme le palladium de la liberté; il assure qu'elle ne fut jamais impunément dédaignée, que les princes et les magistrats se glorifiaient de ses louanges et se sentaient humiliés de ses censures. Mais Raynal ne dit-il pas que l'opinion est le tribunal suprême de la raison et que ses arrêts sont redoutés des gouvernements, qu'elle a les yeux ouverts sur les nations et les cours, qu'elle pénètre dans les cabinets où la politique s'enferme, qu'elle juge les dépositaires du pouvoir et s'élève de toutes parts au-dessus des administrateurs pour les diriger ou les contenir?

Raynal trouve la cause de la dégradation morale et de la corruption des nations modernes dans la mauvaise constitution du gouvernement. « Les hommes, écrit-il, sont ce que le gouvernement les fait; les bonnes lois se maintiennent par les bonnes mœurs, mais les bonnes mœurs s'établissent par les bonnes lois. » Bonaparte dira de même que l'influence des bonnes lois sur la morale, sur les passions individuelles est incalculable. « Les nations de l'Europe, ajoutait Raynal, auront de bonnes mœurs lorsqu'elles auront de bons gouvernements. » Bonaparte prend ces mots pour épigraphe de son *Discours* de Lyon, mais il transforme la phrase, l'abrège, la rend plus frappante et plus hardie : « Il y aura des mœurs lorsque les gouvernements seront libres ».

Raynal avait dit que le nom de liberté est si doux, si puissant que nous faisons secrètement des vœux pour tous ses champions : « Nous nous vengeons de nos oppresseurs en exhalant notre haine contre les oppresseurs étrangers; au bruit des chaînes qui se brisent, il nous semble que les nôtres vont devenir plus légères, et nous croyons quelques moments respirer un air plus pur en apprenant que l'univers compte des tyrans de moins. » Bonaparte a lu ces lignes de Raynal et il pense, comme le philosophe, que ces grandes révolutions de la liberté sont des leçons pour le despotisme, qu'elles avertissent les tyrans de ne pas compter sur une trop longue patience et sur une éternelle impunité : « Un Guillaume Tell vient-il à paraître? Les vœux se fixent autour de ce vengeur des nations. »

Raynal rappelait l'enthousiasme qu'avait excité la lutte des Américains contre les Anglais. « Nos imaginations, disait-il, se sont enflammées pour les Américains. Nous nous sommes associés à leurs victoires comme à leurs défaites. Leur cause est celle du genre humain tout entier; elle devient la nôtre. » Pareillement, Bonaparte applaudit aux efforts des provinces confédérées, et il s'écrie dans les mêmes termes que Raynal : « On partage les travaux de Washington, on jouit de ses triomphes, on le suit à deux mille lieues; sa cause est celle de l'humanité ! »

Cette influence de Raynal sur la pensée et le style de Napoléon dure encore à une époque où elle semblerait disparue. « Qui osera, disait le premier consul dans une proclamation aux habitants de Saint-Domingue, se séparer du capitaine-général Leclerc, sera un traître à la patrie, et la colère de la République le dévorera comme le feu dévore vos cannes desséchées ! » Cette comparaison lui vient de Raynal qui, au sixième tome de l'*Histoire philosophique*, décrit la culture du sucre dans les îles de l'Amérique.

Imbu des idées de Raynal et de Rousseau, épris des grands hommes de Plutarque et de ce gouvernement républicain qui « florissait dans les plus beaux pays du monde », nourri des souvenirs de l'indépendance corse, petit noble, comme il s'intitule, et regardé sur le continent comme un cadet d'humble maison, né dans un pays où la noblesse n'est reconnue que par le gouvernement et où n'existent ni droits féodaux ni privilèges ni préjugés de gentilhommerie, appartenant à une famille ancienne, il est vrai, et bien famée, mais qui n'a d'autre avantage dans le pays qu'un peu d'aisance apparente, Bonaparte s'attache naturellement à la Révolution. « La Révolution me convenait, a-t-il dit, et l'égalité qui devait m'élever, me séduisait. »

N'avait-il pas, lorsqu'il rédigeait à Auxonne la constitution de la Calotte, proposé des lois qui devaient être « craintes du puissant », et ne disait-il pas que les lieutenants fondaient ce tribunal parce qu'ils voulaient être respectés des officiers supérieurs, malgré l'obéissance aveugle que prescrivent les ordonnances? En lisant l'*Espion anglais*, ne s'indignait-il pas que des maisons comme celles de Castries et de Noailles eussent une part énorme aux bienfaits du roi? Et ne pensait-il pas déjà, comme il dira dans une proclamation de 1801, que les Français ne doivent plus former deux peuples : l'un, condamné aux humiliations et l'autre, marqué pour les distinctions et les grandeurs?

Il ne se borne donc pas à suivre d'un œil curieux les commencements de l'année 1789 si « flatteurs pour les gens de bien » et à noter au mois de janvier que le roi vient d'emprunter trente millions à la caisse d'escompte, que les États-Généraux ne se tiendront pas avant mai ou plus parce que les lettres de convocation ne sont pas encore expédiées, que « la discorde semble avoir jeté la pomme au milieu des trois ordres », que la noblesse et le clergé paraissent disposés à défendre bravement leurs droits et anciennes prérogatives, que le tiers l'emporte par le nombre des députés, mais ne pourra vaincre que s'il obtient la délibération par tête, qu'à ces dissentiments s'ajoutent des querelles locales et qu'il y a dans chaque province « quatre ou cinq autres partis pour différents objets ». Il ne se contente pas de résumer le rapport que Necker présente le 5 mai à l'ouverture des États-Généraux et de transcrire sur un in-folio de dix pages le chiffre exact des dépenses et des revenus, le montant du déficit, les moyens de le combler, la composition de l'assemblée, les emprunts qu'elle a votés. Il salue la Révolution avec transport et, bien que surpris tout d'abord que le mot de liberté touche et remue des hommes que le luxe, la mollesse et les arts semblaient avoir « désorganisés », il applaudit à cette France qui « renaît », à cette France moralement rajeunie, pleine d'ardeur, pleine du désir de réformer les abus : « Dans un instant, tout est changé. Du sein de la nation a jailli l'étincelle électrique; cette nation s'est ressouvenue de ses droits et de sa force. Homme! Homme! que tu es méprisable dans l'esclavage, grand lorsque l'amour de la liberté t'enflamme! Les préjugés se dissipent, ton âme s'élève, la raison reprend son empire. Régénéré, tu es vraiment le roi de la nature! » Il accueille avec enthousiasme les grands événements qui se succèdent. La défaite des ordres privilégiés ne lui inspire qu'allégresse, et il s'écrie joyeusement que les efforts des méchants sont restés impuissants, que l'opinion publique finira par triompher du plus despotique des gouvernements. Il qualifie d'« auguste » le parlement français, le félicite de transformer les États-Généraux en une assemblée nationale, d'écraser le parti royal, de vaincre par ses seuls efforts les préjugés et les tyrans, d'établir une constitution que l'Europe admire et qui devient l'objet de l'universelle attention ou, selon la belle expression qu'emploie le jeune lieutenant, la sollicitude de tout être pensant. Il rend hommage à ses orateurs, aux personnages célèbres qui l'éclairent et l'entraînent, et ceux qu'il cite volontiers sont les « purs », les seuls qui passent pour irréprochables, les défenseurs attitrés de la cause populaire, les adversaires résolus des *noirs*, Bailly et Lafayette, Mirabeau et Barnave, Lameth et Volney, Petion et Robespierre.

Mais de tous les officiers de l'armée royale, n'est-il pas à cette heure le seul ou presque le seul qui soit républicain? Aux plus « illustres monarchistes », à Turenne, à Condé, même à Catinat, ce Catinat que Rousseau proclamait le plus grand et le plus vertueux des modernes, Napoléon préfère les obscurs citoyens des républiques anciennes qui prétendaient simplement au titre de patriotes. Il loue, exalte Algernon Sidney, ce héros animé du génie de Thraséas et des anciens républicains, Sidney, « ennemi des monarchies, des princes et des grands », Sidney qui « par une étude profonde pénétra jusqu'au contrat original qui est la base de toutes les constitutions ».

Dès le mois d'avril 1786, Napoléon aboutit aux mêmes conclusions que Rousseau. Les hommes, dans l'état de nature, formaient-ils un gouvernement? N'ont ils pas dû, pour établir un gouvernement, consentir à une convention, à un contrat et, puisqu'ils étaient souverains, n'ont-ils pas le droit d'abroger les lois? Les rois ont l'autorité; mais le peuple leur a remis cette autorité qui est sienne; il peut, dès qu'ils ne font plus son bonheur et ne tendent pas au but du pacte social, « rentrer dans sa nature primitive et reprendre à volonté la souveraineté qu'il avait communiquée » ; il peut même, sans aucune raison, déposer le prince. Vainement on objecte que les lois divines interdisent aux nations de se révolter contre leur souverain. Qu'ont de commun les lois divines avec une chose purement humaine? N'est-ce pas une *absurdité* qu'elles défendent de secouer le joug d'un usurpateur! Qu'un homme assassine le prince légitime et s'empare du trône : il sera donc, dit Napoléon, aussitôt protégé par les lois divines!

Au mois d'octobre 1788, notre lieutenant projetait une dissertation sur l'autorité royale. Exposer d'une façon générale l'origine du nom de roi et l'accroissement qu'il a pris dans l'esprit des hommes, montrer que le gouvernement militaire lui fut favorable, entrer dans les détails de « l'autorité usurpée dont les rois jouissent dans les douze royaumes de l'Europe », tel était le plan du travail, et à l'avance Napoléon traçait ces mots : « Il n'y a que fort peu de rois qui n'eussent pas mérité d'être détrônés. »

Mais pourquoi des rois? Bientôt les hommes sentiront qu'ils sont hommes. « Fiers tyrans de la terre, écrivait Napoléon dans les premiers mois de 1789, prenez bien garde que ce sentiment ne pénètre jamais dans le cœur de vos sujets. Préjugés, habitudes, religion, faibles barrières! Votre trône s'écroule si vos peuples se disent jamais en se regardant : *Et nous aussi, nous sommes hommes!* »

Il est en religion ce qu'il est en politique. A l'École militaire de Paris il avait encore, dit-on, l'habitude de faire sa prière soir et matin et, à la messe où les élèves se rendaient en corps, sa tenue était toujours décente. On raconte même qu'une fois, au moment de l'élévation, il enjoignit sèchement à un camarade qui tournait le dos avec affectation au maître-autel, de se placer comme tout le monde.

Mais dès la fin de son séjour à Brienne, sa foi était atteinte. « L'instruction et l'histoire, disait-il plus tard, voilà les grands ennemis de la religion. » Il s'était demandé pourquoi la religion de Paris différait de celle de Londres et de celle de

Berlin, pourquoi celle de Pétersbourg différait de celle de Constantinople et celle-ci de celle des Persans, des Chinois et des Hindous, pourquoi celle des temps anciens n'était pas celle du xviiie siècle. Il croyait vaguement à un Dieu parce que ses maîtres ne cessaient de prononcer ce nom, parce que les plus grands esprits, non seulement Bossuet « dont c'était le métier », mais Newton, mais Leibniz avaient cru en Dieu. Toutefois il n'acceptait pas la doctrine que lui enseignaient ses aumôniers. « Dès que j'ai su, a-t-il dit, dès que j'ai raisonné, ma croyance s'est trouvée heurtée, incertaine. »

Ce fut sous l'influence de Rousseau et de Raynal qu'il s'affranchit complètement de cette « croyance ». Sans doute il resta superstitieux comme sont les Corses. Il faisait involontairement un signe de croix en criant *Jésus* s'il apprenait un malheur ou rencontrait dans ses lectures une assertion qui le surprenait ou l'indignait. Lorsque Réal lui dénonça Moreau comme complice de Pichegru, il se signa deux fois et Réal le prit pour un dévot. Mais, une fois sorti des écoles, il se pique de mériter les reproches que le pape adressait aux philosophes à l'approche du jubilé de 1776. De même que les philosophes et en dépit du Saint Père, il croit que l'homme est né libre et que la société n'est qu'une multitude ignorante prosternée stupidement devant les prêtres qui la trompent. De cœur et d'âme il appartient à cette philosophie qui devrait, suivant Raynal, tenir lieu de la divinité sur la terre parce qu'elle s'efforce de rendre l'humanité meilleure et de la soustraire à l'imposture et à la tyrannie qui la foulent.

Le lieutenant Bonaparte regarde le christianisme comme nuisible à la forte constitution de l'État, et lorsque Roustan essaie de réfuter le dernier chapitre du *Contrat social* sur la religion civile, il prend la plume pour confondre Roustan. L'esprit du christianisme n'est-il pas contraire à l'esprit de tout gouvernement? Une religion qui n'a pas de patrie, puisqu'elle déclare que son empire n'est pas de ce monde, peut-elle attacher les cœurs à la patrie, et inspirer d'autres sentiments que le pyrrhonisme, que l'indifférence et la froideur pour les choses humaines et les affaires publiques? Le christianisme ne rompt-il pas l'unité de l'État? Régnant sur les consciences, défendant d'obéir à tout ordre injuste qui vient du peuple, ne contredit-il pas le Souverain? Son clergé n'est-il pas un corps indépendant? Ses ministres ne cherchent-ils pas à être riches et puissants pour en imposer aux autres classes? Avec quelle obstination ils soutiennent leurs dogmes! Avec quelle intolérance ils insultent l'adversaire, l'envisageant avec horreur et croyant lire sur son front les supplices de l'enfer! Le christianisme n'a-t-il pas suscité la plupart des guerres? Il fut sans doute persécuté par les Césars. Mais le paganisme devait-il attendre que les chrétiens eussent *manifesté*? Ne devinait-on pas qu'ils ne se contenteraient jamais d'un empire métaphysique, qu'ils visaient à détruire le gouvernement comme la religion, qu'ils voudraient un jour avoir la puissance réelle?

Cette réfutation de Roustan qui date du mois de mai 1786, est une des œuvres les plus intéressantes du lieutenant Bonaparte. Écrite d'un jet et sans rature, dans un sentiment de colère, elle offre des obscurités, des incorrections nombreuses. L'argumentation, heurtée, cahotante, manque de suite et de cohésion. L'auteur revient à plusieurs reprises sur ce qu'il a dit. Il a le ton violent, impérieux, et il accuse Roustan d'ineptie, affirme que les œuvres de Jean-Jacques sont lettre close pour Roustan, et que Roustan eût mieux fait de se taire. Mais la flamme de la jeunesse anime ces quelques pages. La rapidité d'un style aux petites phrases vives, aux brusques interrogations, aux exclamations indignées, entraîne le lecteur. Çà et là se rencontrent de saisissantes comparaisons : « Tel bon plongeur qui a sondé le superbe Océan, qui a vu sans frémir les précipices qui menacent ses jours, les a terminés malheureusement dans une onde tranquille », ou encore : « Attend-on que le feu ait embrasé la cité pour arrêter les incendiaires? »

A d'autres égards, cette réfutation de Roustan est plus importante encore. Bonaparte se prononce contre les chrétiens et se range du côté des politiques et des Césars du paganisme. Il revendique avec force les droits de l'État et il dit nettement que les ministres de la religion dépendent du gouvernement, qu'ils sont des sujets tout comme les autres, qu'ils ne peuvent être dans leur patrie ni législateurs ni maîtres, qu'ils doivent, non pas juger les actes du souverain, mais obéir à ses ordres même injustes.

En matière religieuse, l'*Histoire philosophique* de Raynal fit toutefois sur Bonaparte une plus forte impression que le *Contrat social*. Peut-être, lorsqu'il réfuta Roustan, le lieutenant d'artillerie se souvenait-il de cette phrase de l'abbé, que « dans les institutions anciennes, l'autorité civile et l'autorité religieuse qui partent de la même source et doivent tendre au même but, étaient unies dans les mêmes mains, ou l'une tellement subordonnée à l'autre que le peuple n'osait l'en séparer dans ses idées et dans ses craintes ». Peut-être se rappelait-il que Raynal, révélant aux souverains de la terre la pensée secrète du sacerdoce, mettait ce mot dans la bouche du prêtre : « Si le souverain n'est pas mon licteur, il est mon ennemi; je lui ai mis la hache à la main à condition que je lui désignerais les têtes qu'il faut abattre. » Mais qu'on se rappelle les trois principes que posait Raynal : l'État n'est pas fait pour la religion, mais la religion est faite pour l'État; l'intérêt général est la règle de tout ce qui doit subsister dans l'État; le peuple est le souverain dépositaire de l'autorité et il a seul le droit de juger si telle ou telle institution est conforme à l'intérêt général. Qu'on se rappelle la conclusion que Raynal tirait de ces principes : il appartient au souverain seul d'examiner les dogmes et la discipline d'une religion; les dogmes, pour s'assurer s'ils n'exposent pas la tranquillité publique à des troubles dangereux, la discipline, pour voir si elle n'éteint pas l'esprit patriotique, n'inspire pas le fanatisme et l'intolérance, ne diminue pas le respect dû aux magistrats, ne prêche pas des maximes d'une attristante austérité. L'État, ajoutait Raynal, l'État, ayant en toutes choses la suprématie, peut donc proscrire le culte établi, établir un culte nouveau, et même se passer de culte : il n'y a qu'une seule juridiction, un tribunal, une prison, une loi ; pas d'autre conseil que le Conseil des ministres ; pas d'autre canon que les édits et arrêts ; quand l'État prononce, l'Église n'a rien à dire. Bonaparte devait se ressouvenir de ces paroles de Raynal ; elles ont laissé dans son esprit une trace ineffaçable.

Que de fois Raynal déclamait contre les ministres de la religion qui prétendent régler toutes les actions des hommes, disposer des fortunes et des volontés, s'assurer au nom du ciel le gouvernement de la terre ! Que de tirades il débitait contre la morale des prêtres qui se joue de la crédulité des peuples et s'empare des esprits en leur présentant « l'image d'un Dieu terrible », contre la superstition « que sert si bien l'amour du merveilleux », contre le fanatisme ! Napoléon flétrit pareillement le fanatisme dont « les effets terribles étouffent les lois sacrées de l'humanité, rendent les peuples féroces et finissent par lui forger des fers ». Il invective les prêtres fourbes, avides, vendus qui poussent les nations à « s'entr'égorger au nom du moteur de l'univers » et les « égarent par les grands moyens de l'imagination, de l'amour du merveilleux, de la terreur ». Il déplore la servitude des hommes soumis peut-être au joug des prêtres jusqu'à la fin des siècles : « La religion vint consoler les malheureux... elle vint les enchaîner pour toujours ! Ce ne fut plus par les cris de la conscience que l'homme devait se conduire. Il y eut un Dieu. Ce Dieu conduisit le monde. Tout se faisait par un acte de sa volonté. Il avait donné des lois écrites, et l'empire des prêtres commença, empire qui probablement ne finira jamais. »

Raynal n'avait pas ménagé les moines. Il disait que l'ignorance resta dans les cloîtres lorsque la philosophie les quitta ; il qualifiait les couvents d'institutions sombres, inhumaines, féroces qui dénaturent l'homme pour le diviniser et font de lui, non un ange, mais une bête ; il souhaitait que le souverain se rendît dans les monastères avec ses satellites armés de fouets et criant : « Sortez, canaille fainéante, sortez ; aux champs, à l'agriculture, aux ateliers, à la milice ! » Dès 1786,

Bonaparte juge les couvents inutiles et assure que moines et nonnes mènent une vie oisive et abrutissante. « Elles épousaient Dieu, disait-il plus tard des religieuses, les parents y gagnaient de n'avoir pas de dot à payer, et la société n'y gagnait pas grand'chose. » Parfois, dans ses garnisons, il assistait à des vêtures. Ces prises d'habit étaient des cérémonies fort courues, et il rapporte que les officiers du régiment de La Fère regardaient curieusement la demoiselle, surtout si elle était jolie, qu'ils ouvraient des oreilles longues d'une aune pour entendre le *oui* décisif et que, si elle eût dit non, ils l'auraient enlevée l'épée à la main. « Chez les peuples à demi civilisés ou tout à fait policés, avait-il lu dans Raynal, c'est la jeunesse et la beauté qui servent d'instrument et de soutien au culte religieux, en s'y dévouant par un sacrifice public et solennel; mais combien ce dévouement, même volontaire, outrage la raison, l'humanité et la religion ! » Napoléon s'opposera donc à l'établissement des couvents de femmes : il permettra aux vieilles religieuses de vivre en commun, mais leur défendra de faire des novices ou de sortir en costume dans la rue ; seules, les sœurs de la Charité seront autorisées à porter l'habit au dehors et à se recruter. Il ne voudra d'aucune confrérie, d'aucune corporation. Pas de jésuites; pas de *frati* ; pas de monastères remplis de *canaglie*. Il ne souffrira que la maison de la Trappe où des hommes dégoûtés du monde désirent terminer leurs jours dans la vie contemplative, et en 1810, avec soulagement, et comme fier de son œuvre, il s'écriera : « Il n'y a plus de moines en France; ils sont amalgamés avec la société; c'est une chose finie! »

Raynal attaquait la papauté, et il dit que les pontifes ont répandu les ténèbres de l'ignorance pour parvenir à la monarchie universelle, qu'ils ont abusé de leur autorité, levé des tributs sur les peuples, vendu les expiations, détruit tous les principes de justice. Bonaparte, lisant l'histoire de l'ancienne Angleterre, regrette le triomphe de la « fourberie monacale » et remarque avec joie que, dès le xiie siècle, l'excommunication n'était plus redoutable, à cause de l'abus qu'en faisaient les papes. Il s'élève contre l' « horrible rapine » que Rome exigeait au moyen âge et contre les tributs que le père commun des fidèles, le vicaire de Dieu exigeait des peuples. Il flétrit les pratiques de la milice papale qui calomnie sans ménagement quiconque ne pense pas comme elle, et il rappelle avec indignation que les moines accusaient les protestants de Paris d'éteindre les lumières dans leurs assemblées pour se livrer à la lubricité. Il gémit sur le destin de la Rome moderne. L'idée que Rome est la capitale d'une religion « intolérante et ambitieuse » le met hors de lui, et il souhaite que cette ville des grands hommes, devenue plus éclairée, brise un jour ses fers et reconquière la liberté : « O Romains, arborez l'étendard des Émiles, des Brutus, des Catons, des Gracques! Qui sait le sort qui vous attend? Il fut toujours extraordinaire. Mais rendez-vous-en dignes. Chassez les prêtres et leur imposture, les moines et leur nigauderie; sans cela, vous ne serez jamais qu'un peuple abruti, un peuple de tartuffes! » Et c'est ainsi qu'en 1796, après les premières victoires de la campagne, il dira que le temps est venu pour l'Italie de se montrer avec honneur parmi les nations puissantes, et il engagera son armée à ménager les descendants des Brutus, des Scipions et des grands hommes qu'elle a pris pour modèles, promettra de placer au Capitole rétabli les statues des héros d'autrefois et de réveiller le peuple romain engourdi par plusieurs siècles d'esclavage.

Était-il franc-maçon? Fut-il reçu soit à Valence à la loge de la Sagesse dont Planta, ancien officier de cavalerie, était le vénérable, soit à Bastia à la Parfaite Union dont le vénérable était Le Changeur? L'accueil que lui firent les francs-maçons de Nancy à son retour de Rastadt, donnerait à croire qu'il eut au moins les premiers grades. Il a été favorable à la franc-maçonnerie. S'il enjoint à Jourdan en 1802 de fermer une loge de Turin et au ministre de la justice de blâmer le préfet du Pô, Delaville, qui assistait aux séances, c'est qu'il soupçonne la loge de « se nourrir de principes contraires au gouvernement ». S'il prescrit de surveiller les francs-maçons d'Arras, c'est que plusieurs ont été membres du tribunal révolutionnaire et partisans de Lebon. S'il dit une fois que les francs-maçons sont des imbéciles, des gourmands, des oisifs qui se réunissent pour banqueter et se livrer à des orgies, il reconnaît qu'ils ont fait des actions honorables, et il déclare qu'il les protégeait parce qu'ils servaient la Révolution, combattaient l'influence du clergé et se prononçaient contre le pape.

Sûrement, dès 1786, il n'était plus chrétien. Dans un de ses séjours à Ajaccio, sans doute en 1790, et, selon toute vraisemblance, sous l'impression de l'article PYTHAGORISME qu'il avait lu dans le tome treizième de l'*Encyclopédie*, il écrivit un *Parallèle* entre Jésus-Christ et Apollonius de Tyane. Comme disait Diderot, Apollonius n'était-il pas, lui aussi, né d'un dieu; n'était-il pas annoncé par des prodiges, promis au rôle de restaurateur du genre humain, et des miracles n'avaient-ils pas marqué sa vie entière? Napoléon avouait sa préférence pour Apollonius. Sa dissertation que Lucien jugeait très remarquable, a disparu. Il confia le manuscrit à Fréron qui ne le rendit pas. Mais sous le Consulat, un jour que Lucien lui parlait de cette thèse : « Oubliez-la, s'écriait Napoléon, il y aurait de quoi me brouiller avec Rome sans retour à moins d'une rétractation publique. Voyez la belle affaire! Mon Concordat ne serait plus que l'œuvre de Belzebuth! »

CHAPITRE VII

Les Lettres sur la Corse.

Patriotisme corse. — Aimer son pays par-dessus toutes choses. — Entretien avec Desmazis sur l'amour et le devoir envers l'État. — Haine de Gênes et de la France. — Influence de Germanes et surtout de Boswell. — Anglomanie. — Lettre de Théodore à Walpole. — Les réfugiés de Gorgona. — Lettres à Paoli (12 juin 1789) et à Giubega. — Projet d'un ouvrage sur les maux de la Corse et de dédicace à Brienne, puis à Necker. — Corrections et lettres du Père Dupuy (15 juillet et 1er août 1789). — Refonte de l'ouvrage. — Hommage à Raynal. — Valeur historique et littéraire des *Lettres sur la Corse*. — Éloge de Paoli. — Paoli, modèle de Napoléon.

Au milieu de ses études et dans l'exaltation où le jetait la lecture de Rousseau et de Raynal, le lieutenant Bonaparte restait Corse, Corse de cœur et d'âme, Corse des pieds à la tête. A cette époque, le futur souverain de la France, l'homme qui la saluera du nom de grande nation et qui prendra pour principe et devise *la France avant tout*, n'est pas Français; il méprise ces Français qu'il devait estimer par-dessus tous les peuples et proclamer le premier peuple de la terre; il refuse ce titre de Français qu'il déclare plus tard le plus beau titre du monde. Il se dit « obligé de servir », et il assure que s'il avait eu de la fortune, il aurait habité Paris en simple particulier, non pour jouir des plaisirs de toute sorte que la ville offre aux étrangers, mais pour mieux faire entendre aux Français les gémissements des Corses!

Pourquoi Rousseau et Raynal sont-ils ses auteurs de prédilection? Parce qu'ils affectionnent la Corse et lui souhaitent de meilleures destinées. Rousseau n'avait-il pas écrit dans le *Contrat social* que cette petite île étonnerait l'Europe et que ce brave peuple qui savait recouvrer et défendre sa liberté, méritait bien que quelque homme sage lui apprît à la conserver? N'ajoutait-il pas dans ses *Confessions* que le peuple corse était un peuple neuf qui faisait concevoir de lui la plus belle espérance et le seul de l'Europe qui ne fût pas usé pour la législation? N'avait-il pas eu commerce de lettres avec Paoli? Ne projetait-il pas, après les persécutions de Motiers et lorsqu'il s'enfuit de Suisse, de chercher en Corse le repos qu'il ne trouvait nulle part?

Bonaparte avait les mêmes motifs de déférence et de vénération pour Raynal. L'abbé n'avait-il pas flétri la perfidie et l'avidité des Génois? N'avait-il pas prédit aux Corses le rétablissement de leur gouvernement national et la fin de l'injuste domination des Français, comme il avait prédit à la France sa régénération et à la Hollande sa chute? « Ami des hommes libres, lui écrivait Napoléon, vous vous intéressez au sort du Corse que vous aimez. »

C'est parce qu'il est Corse que Bonaparte a, dans cette période de sa vie, des sentiments républicains et démocratiques. Il a lu dans les annales de son peuple ces mots de Giafferi aux représentants de Gênes : « L'exemple que les Corses donnent au monde, apprend aux souverains à ne pas opprimer leur peuple et à se souvenir que la nature fit le roi l'égal de ses sujets, qu'il ne doit son élévation qu'à la seule puissance des lois. »

Lorsqu'il combat la religion chrétienne, l'accuse de rompre l'unité de l'État, le Corse parle en lui autant que le disciple de Rousseau. Mieux vaut, selon Bonaparte, aimer ses compatriotes que d'aimer tous les hommes; mieux vaut mourir pour la liberté politique que pour la liberté morale. Il ne voit rien au-dessus de la patrie, ne reconnaît qu'une vertu, le patriotisme, et les seules grandes âmes, suivant lui, sont celles que le patriotisme embrase de sa flamme.

Encore, dira Bonaparte, ne suffit-il pas d'aimer son pays.

Il faut l'aimer par-dessus toutes choses; il faut lui sacrifier tout ce qu'on a de plus cher : le pays est l'unique *moteur* de nos actions. Ne parlez pas à notre jeune Corse de l'amour que les hommes ont pour la gloire et l'estime de leurs semblables, de l'envie qu'ils ont d'avoir « un nom chanté par la renommée ». Ce *vil* amour de la gloire inspirait Robert d'Artois et Gaston d'Orléans, inspirait Condé et Turenne, les deux plus grands hommes de la France, qui, poussés par l'intérêt personnel, par le ressentiment d'un refus, par la soif de l'ambition, « se ruent contre la patrie », dévastent le sol natal et réduisent en cendres les chaumières qu'ils avaient naguère défendues. Mais il n'inspirait pas Léonidas et les trois cents Spartiates des Thermopyles; il n'inspirait pas Aristide pardonnant son exil à ses ingrats compatriotes; il n'inspirait pas Thémistocle, qui s'empoisonnait plutôt que de venger ses injures et de mener les Perses à la conquête de la Grèce; il n'inspirait pas les Thrasybule, les Cincinnatus, les Fabricius, les Caton.

Et ne parlez pas de l'amour à Bonaparte. L'amour est à ses yeux une passion lâche, indigne de l'homme, bonne pour les efféminés du xviiie siècle. A Sparte, à Rome, régnait le patriotisme; dans les temps modernes, prétend notre lieutenant de La Fère, règne le sexe, ce sexe « faible d'entendement comme de corps, dont tout le mérite consiste dans un extérieur brillant », et un peuple livré à la galanterie n'a plus même assez d'énergie pour concevoir qu'un patriote puisse exister. Napoléon dira donc dans ses *Lettres sur la Corse* que l'imprudent Lupo d'Ornano, épris de Veronica, « laisse croître dans son sein une flamme désordonnée », et Sinucello lancera cette apostrophe à son neveu Lupo : « Amour, passion dépravatrice, premier fléau de la vertu, voilà tes œuvres! » En un passage du *Discours* de Lyon, il trouvera que nos tragiques mettent trop d'amour dans leurs pièces, et il leur reprochera de « souffler sur ce brasier ardent ». Il juge que l'amour est fatal au bien-être de la société comme au bonheur des particuliers, et il voudrait en défaire, en délivrer le monde. Vainement, dans un curieux entretien, son camarade et ami Desmazis remontre que c'est végéter que de ne pas aimer, et décrit tous les charmes de la passion, les douces réminiscences, l'extase où le jette un soupir de sa belle, les serrements de mains, la rencontre des regards, le portrait qu'il quitte et reprend à toute minute, le billet qu'il relit, la réponse qu'il médite et refait cent fois, la promenade solitaire où « son imagination s'élève », où il croit voir sa maîtresse qui lui sourit, où il rêve de sacrifier une fortune et de proposer une couronne qu'il n'a pas à l'être unique qui possède son cœur, où il pense aux noces prochaines, aux cadeaux, au château qu'Adélaïde doit habiter avec lui, aux sombres bosquets, aux parterres, aux prairies, bref, à la suprême félicité de deux amants qui vivent ignorés à l'ombre de leurs peupliers. Bonaparte réplique que Desmazis est malade, pris de délire et sourd à la voix de la raison ; qu'un amant mène une existence déplorable, passe ses jours et ses nuits dans une inquiétude extrême, se tourmente de mille petites choses et n'est qu'un enfant qui pleure sans cesse et qui s'alarme ou se réjouit au seul mouvement d'une autre personne. L'amour, ajoute Napoléon, trouble notre repos ; l'amour s'empare de nous, nous prend tout entiers, et, seul, nous dicte nos actions ; c'est un sentiment dépravé qui nous rend égoïstes, indifférents à tout, aux amis, aux parents, au sol natal. Mais quiconque a le cœur fier, n'aura d'autre pensée que de servir l'État et de veiller aux intérêts du peuple. Tomber aux genoux d'une femme ! C'est l'ennemi qui doit tomber aux nôtres ! Faire le bien, tirer les malheureux de l'indigence, détruire les brigues des méchants, défendre la patrie et concourir à sa prospérité, être pour elle soldat, homme d'affaires, courtisan même, voilà notre devoir, et, pour remplir ce devoir, nous saurons maîtriser notre âme et la fermer à l'amour !

Le lieutenant Bonaparte ne respire donc que l'amour de sa petite île. Il semble étranger à toute autre passion et il peut dire comme le personnage d'une de ses nouvelles : « J'ai puisé la vie en Corse, et avec elle un violent amour pour mon infortunée patrie et pour son indépendance. » Le premier fragment qu'on ait trouvé dans ses papiers, exprime avec une force singulière cet attachement de l'officier pour la Corse, la tristesse où le plonge le souvenir des désastres de son pays, la haine qu'il ressent contre les oppresseurs, non seulement contre Gênes, mais contre la France. Ce fragment est daté du 26 avril 1786. Ce jour-là, Napoléon, assis à sa table, dans sa chambre de Valence, se prend à penser à la vaillante et inutile résistance que ses concitoyens opposèrent jadis aux Génois. Que d'actes d'une intrépidité signalée et d'un patriotisme comparable à celui des Romains ! Que de héros, « illustres vengeurs de l'humanité », qui tentèrent d'arracher les Corses au despotisme ! Que de martyrs ! Et Bonaparte, se reportant dans le passé, voit les Paolo, les Colombano, les Sampiero, les Pompiliani, les Gaffori récompensés de leurs vertus par des poignards, *oui, par des poignards*. Il voit Leonardo périr par la corde et les Zucci, les Raffaelli, soutiens de la liberté, succomber sous les coups du misérable Spinola. Il voit quatre mille familles de montagnards dont les maisons ont été consumées par le feu, s'exiler à jamais et renoncer à « l'espoir de vivre avec leurs dieux domestiques ». Dans sa douleur et sa colère, il voue aux furies vengeresses les tyrans de sa patrie, leur souhaite d'expier leurs crimes dans les plus affreux tourments, et il conclut : « Les Corses ont pu, en suivant toutes les lois de la justice, secouer le joug génois et peuvent en faire autant de celui des Français. Amen. »

Quelques jours plus tard, le 3 mai, il rentre dans son logis pour « rêver avec lui-même et se livrer à toute la vivacité de sa mélancolie ». Il est sur le point de partir en semestre. Mais il songe qu'il ne verra dans son pays que des hommes lâches et rampants : « Quel spectacle ! Mes compatriotes chargés de chaînes et qui baisent en tremblant la main qui les opprime ! Ce ne sont plus ces braves Corses, ennemis des tyrans ! » Il se demande quelle figure faire, quel langage tenir, et il maudit les conquérants : « Français, non contents de nous avoir ravi tout ce que nous chérissions, vous avez encore corrompu nos mœurs ! » Un instant, l'idée du tyrannicide se présente à lui :

« Si je n'avais qu'un homme à détruire pour délivrer mes compatriotes, je partirais au moment même et j'enfoncerais dans le sein des tyrans le glaive vengeur ! » Le spectacle de la Corse asservie le révolte, le désespère, et il déclare que la vie lui est à charge, qu'il a le dégoût de toutes choses : « Quand la patrie n'est plus, un bon patriote doit mourir. »

De 1785 à 1789, la pensée de la Corse réduite à l'esclavage ne cesse de le poursuivre et de le hanter. « Nos maux, écrit-il à son parrain Giubega, sont toujours présents à mon esprit et ont si profondément frappé mon âme qu'il n'y a rien au monde que je ne sacrifiasse pour les voir finir. » Un soir de novembre 1787, à Paris, dans sa chambre de l'hôtel de Cherbourg, il gémit sur l'infortune des Corses. Seront-ils éternellement misérables? « Chers compatriotes, s'écrie le jeune homme en accents sincères et pénétrants, nous avons toujours été malheureux. Aujourd'hui membres d'une puissante monarchie, nous ne ressentons de son gouvernement que les vices de sa constitution ; et aussi malheureux peut-être, nous ne voyons de soulagement à nos maux que dans la suite des siècles. »

Au courant de ses lectures, l'image de son île tyrannisée surgit soudain devant lui. Lorsqu'il analyse d'après l'*Espion anglais* la composition des États de Bretagne et qu'il écrit : « c'est proprement le commandant qui fait tout », il pense aux États de Corse et à la prépondérance de Marbeuf ou de Barrin. Lorsqu'il dépouille les *Observations* de Mably, il remarque que les Français, « féroces et lâches, joignirent aux vices des Germains ceux des Gaulois et furent le peuple le plus hideux qui puisse exister ». Lorsqu'il lit les *Incas* de Marmontel, il note que le cruel Espagnol Davila a été le Sionville du Mexique. L'Amérique, « dévastée par des brigands forts de leur fer », lui rappelle la Corse en proie à Narbonne-Fritzlar. Le Péruvien qui périt pour avoir violé la loi de l'Européen, c'est le Corse qui périt pour avoir violé la loi du Français. Aussi, en lisant l'*Alzire* de Voltaire, Bonaparte ne comprend-il pas que l'oppresseur Guzman exprime de si « belles pensées », et il s'indigne de « l'atroce consentement » de Zamore : « Au mot d'Amérique, mon sang s'enflamme, mes cheveux se dressent, le sentiment de la douleur, de la pitié pour ses infortunés habitants, de l'horreur pour les brigands qui l'ont dévastée, me maîtrise impérieusement. » Il ne conçoit pas que Zamore oublie l'Amérique pour une femme. Mais quoi! il y avait des despotes au Pérou, et Zamore était inca!

La lecture des ouvrages qui traitaient des mœurs et de l'histoire de son île natale, avivait son patriotisme corse. Il a lu sûrement le livre de l'abbé de Germanes. « Gaffori, dit-il, Gaffori qui joignis à l'âme de Brutus l'éloquence de Cicéron, tu fais au patriotisme le sacrifice de ton amour paternel! » Il emprunte à Germanes les termes et les comparaisons de cette apostrophe. Gaffori, écrit l'abbé, « avait autant de valeur que d'éloquence, un amour pour la patrie au-dessus de toutes les autres passions, et, comme Brutus, il poussa ce sentiment jusqu'au point de lui sacrifier la tendresse paternelle. »

Il a lu la relation de Boswell dans la traduction française de 1769. L'Anglais faisait de Corte, où Paoli avait établi sa capitale, une nouvelle Lacédémone et il ne voyait dans les Corses qu'une nation de héros, une nation petite, mais admirable qui donnait à son siècle le plus remarquable exemple de l'esprit de liberté. Napoléon partagea l'enthousiasme de Boswell, et quelques passages des écrits de sa jeunesse portent la trace manifeste de l'influence que le voyageur exerça sur lui.

Boswell raconte qu'un jeune Corse sollicitait de Paoli la grâce d'un criminel, son oncle, en échange d'un millier de sequins, mais qu'il se retira lorsque le général lui demanda si la grâce d'un pareil homme ferait honneur à la patrie. Bonaparte cite ces traits dans ses *Réflexions* sur le patriotisme et l'amour de la gloire, et bien qu'il narre l'anecdote en d'autres termes, il a certainement la page de Boswell sous les yeux.

Boswell écrit que Rivarola refusa de passer aux Génois qui tenaient ses fils prisonniers. « On sera, fait dire Boswell à Rivarola, obligé de me rendre mes fils, malgré qu'on en ait, et quant aux autres offres qui me sont faites, je les estime comme un néant, en comparaison du juste engagement dans lequel je suis entré. » Bonaparte met dans la bouche de Rivaröla les mots suivants : « Quant à mes fils, il faudra bien qu'on me les rende ; je considère le reste comme indigne, m'étant personnel, et incomparablement au-dessous des engagements que j'ai contractés avec mes compatriotes. »

Boswell reproduisait une lettre que Rousseau envoyait à Deleyre, après le traité de la France avec Gênes : « Si vos Français, disait Jean-Jacques, savaient un homme libre à l'autre bout du monde, je crois qu'ils y iraient pour le seul plaisir de l'exterminer. » Dans une de ses nouvelles, Bonaparte nomme les Français « ennemis des hommes libres ».

Cette influence de Boswell fut de longue durée. En 1793, dans une pétition à la municipalité d'Ajaccio, Bonaparte assure que l'union seule peut sauver la ville : « Notre devise, dit-il, est celle que prit un peuple aujourd'hui puissant : nous périssons si nous nous heurtons. » Cette maxime : *frangimur si collidimur*, était la légende d'une médaille hollandaise qui représentait deux vases de terre près de se toucher. Napoléon l'a trouvée dans Boswell.

Bonaparte ne faisait pas mystère de ses sentiments corses à ses camarades de régiment. A Valence et à Auxonne, de même qu'à Brienne et à l'École militaire de Paris, il entendit quelquefois des paroles insultantes pour la Corse. On le traitait par instants comme un compatriote de très fraîche date. Mais ces railleries et ces sarcasmes ne firent que rendre plus puissant, plus intense encore son amour pour sa petite patrie. Un jour, dans un congé, à Ajaccio, il racontait à Pozzo di Borgo ces souffrances passagères de son orgueil : « Qu'ils nous dédaignent dans leur pays, s'écriait-il, mais qu'ils ne viennent pas nous dénigrer et nous humilier dans nos montagnes [1] ! »

Lorsqu'en 1788, à Bastia, il fut engagé, selon l'usage, à un

---

1. Ce mot de Napoléon à Pozzo (Maggiolo, 25) est singulièrement confirmé par un passage de la lettre à Giubega (Masson, II, 85) : « sur le sommet de nos montagnes, nous mépriser... »

dîner par ses camarades du corps royal de l'artillerie, il scandalisa ses hôtes par les effusions de son patriotisme local. Il argumentait sur les droits des nations et citait la nation corse. « *Stupete, gentes*, s'exclama un des assistants, y a-t-il donc une nation corse? » Mais l'étonnement des officiers fut au comble lorsque Bonaparte, une fois poussé dans l'entretien, leur parla des États de Corse dont M. de Barrin retardait la convocation. « M. de Barrin, dit Napoléon, suit les errements de son prédécesseur et voudrait priver les Corses du droit de délibérer sur leurs intérêts. » Et d'un ton menaçant il ajouta : « M. de Barrin ne connaît pas les Corses; il verra ce qu'ils peuvent! » Les officiers le regardèrent avec surprise. « Est-ce que, répliqua l'un d'eux, vous useriez de votre épée contre le représentant du roi? » Bonaparte se tut, et, à son départ, ses camarades le saluèrent froidement.

A cette époque de sa vie, Napoléon était plus Italien que Français : n'écrit-il pas que Paoli est un des plus braves hommes de l'Italie moderne[1]? Mais son peuple de prédilection est l'Angleterre. Les officiers français détestaient alors la Grande-Bretagne. Un cadet-gentilhomme de l'École militaire de Paris, condisciple de Napoléon, traçait sur son atlas ces deux vers boiteux et naïfs :

> Élève de Minerve, favorisé de Mars,
> Un jour je dompterai des léopards.

Et Gassendi, ce capitaine du régiment de La Fère qui rimaillait à ses heures, Gassendi, désireux de suivre d'Estaing et de débarquer sur l'autre bord de la Manche, représentait l'Angleterre effrayée et voyant déjà sa rivale

> descendre dans les ports, et sur leurs boulevards,
> devant les lys vainqueurs, tomber les léopards.

---

1. Paoli disait lui-même en 1768 : « Je suis Italien ». (Jollivet, 71.) A l'assemblée électorale d'Orezza, le 11 septembre 1790, J.-B. Galeazzini dira que « les Corses, seuls des peuples d'Italie, ont toujours professé la liberté ». Dans la *Lettre à Buttafoco*, Napoléon écrit que si les Corses étaient restés esclaves, la France les eût regardés avec mépris et l'Italie avec indignation. Cf. sur la Corse dépendance de l'Italie, *Brienne*, 116.

Napoléon aime l'Angleterre et conserva pour elle un fond de sympathie. Il aura beau accabler d'invectives la perfide Albion, insulter en 1796 ces marchands anglais qui demeurent étrangers aux malheurs de la guerre et sourient avec plaisir aux maux du continent, tonner dans ses bulletins contre les lâches et vils oligarques de Londres, assurer que les vaisseaux britanniques sont le refuge des traîtres. L'Angleterre reste à ses yeux la patrie de Newton et de Locke. Il la citera volontiers comme exemple et il rappellera qu'elle n'a pas de moines et n'en sent pas le besoin. Il reconnaîtra dans la conversation qu'elle compte le plus d'hommes recommandables par l'indépendance et la noblesse de leur caractère. Il aura la plus haute opinion de lord Cornwallis qui signa la paix d'Amiens, de lord Saint-Helens qui signa celle de Pétersbourg, de Fox qu'il nommait l'ornement de l'humanité, et ne disait-il pas qu'une demi-douzaine de Cornwallis et de Fox feraient la fortune morale d'une nation, qu'une demande de Cornwallis aurait eu sur lui plus d'empire que celle d'un souverain, que Fox avait à la fois des idées libérales et une belle âme? A l'île d'Elbe, il verra beaucoup d'Anglais et les trouvera gauches, mal tournés, mais plus calmes, plus réfléchis que les Français, et il découvrira sous leur rude écorce des idées justes et profondes ou tout au moins du bon sens. Après Waterloo, il ira s'asseoir au foyer du peuple britannique, se placer sous la protection des lois anglaises, réclamer la sauvegarde du prince-régent comme du plus généreux de ses ennemis. Il croira même, après la réception que lui font les équipages du *Bellerophon* et du *Northumberland*, que la simplicité de ses manières, son calme et un je ne sais quoi ont dû « plaire et sympathiser avec le caractère anglais. » A Sainte-Hélène, dans ses entretiens avec Las Cases, il revient à diverses reprises sur les Anglais qu'il juge « foncièrement très estimables », sur la bonne réputation qu'ils avaient en France, et, un soir, à la surprise de Montholon, il avance qu'ils sont d'une trempe supérieure à celle des Français ; qu'ils sont résolus, décidés, et que pour s'expatrier, se marier ou se tuer, ils hésitent et barguignent moins qu'un Français pour aller à l'Opéra ; qu'ils sont bien plus positifs que les Français et plus braves ; qu'en fait de bravoure ils sont aux Français ce que sont les Français aux Russes, les Russes aux Allemands, et les Allemands aux Italiens ; que l'armée anglaise ne se démoralise pas et qu'avec elle il eût conquis le monde ; que s'il eût régné sur les Anglais, il aurait pu perdre en 1815 dix batailles de Waterloo avant de perdre une voix à la Chambre et un soldat dans ses troupes.

C'est de Raynal, de Rousseau, de Boswell que lui vient cette sorte de penchant pour l'Angleterre. Il a lu dans Raynal que les Anglais n'ont eu que de fortes idées et qu'ils prononcèrent les premiers ce seul mot qui consacre une langue : *la majesté du peuple*. Il s'est, en sa jeunesse, engoué du caractère de milord Édouard que Jean-Jacques avait tracé dans sa *Nouvelle Héloïse* et que Joseph Bonaparte regardait comme un modèle du beau idéal. Il a feuilleté, non sans émotion, la relation de l'Anglais Boswell qui décrivait la Corse et son peuple et ses mœurs avec tant d'enthousiasme. Il se souvient des secours que les Anglais prodiguèrent aux vaincus de Pontenovo et de l'accueil que les habitants de Londres firent à Paoli. En 1790, à la junte de Bastia, Belgodere ne proposait-il pas de remercier la nation anglaise d'avoir ouvert ses trésors aux amis de la liberté, et, à l'assemblée électorale d'Orezza, Pompei ne devait-il pas adresser ses actions de grâces à l'Angleterre qui savait honorer les droits de l'homme et qui, par tant de témoignages d'estime, par tant de marques de munificence, avait adouci pour Paoli les rigueurs de l'exil ? Le député des communes de Corse, Saliceti, ne louait-il pas publiquement la nation généreuse qui n'avait pas voulu que Paoli, « habitué à l'éclat du pouvoir suprême, tombât dans l'obscurité et le vide de la détresse » ? Masseria ne dit-il pas que les royalistes d'Ajaccio lui donnaient, ainsi qu'à ses deux amis, Joseph et Napoléon Bonaparte, le sobriquet d'*anglomane*[1] ?

---

1. Ce passage est peut-être le plus caractéristique des *Mémoires* de Masseria (p. 7) : « Napoleon, who, as well as his brothers, were the warmest supporters I ever witnessed, in the most just and noble of all enterprises becoming

Cette « anglomanie » de Napoléon éclate dans un fragment qui met en scène Théodore et Walpole. Il connaissait la curieuse histoire du baron de Neuhof, ce souverain de théâtre, qui se fit proclamer roi de Corse sous le nom de Théodore Ier et ceindre d'une couronne de laurier, la seule que les pauvres insulaires pussent lui offrir. Cet aventurier était mort à Londres, après avoir été quelque temps enfermé, sur la plainte de ses créanciers, à la prison du Banc du roi, et on lisait sur sa tombe, dans le cimetière de l'église de Sainte-Anne de Westminster, que le destin lui avait donné un royaume, puis refusé du pain. Ce fut Horace Walpole qui rendit Théodore à la liberté : il ouvrit en sa faveur une souscription dont le produit paya les dettes du malheureux roi. Dans le fragment Napoléon suppose que Théodore écrit à Walpole : jusqu'alors Théodore était inconnu dans sa prison et il avait encore la consolation d'être révéré par les infortunés qui l'entouraient ; c'était lui que ses compagnons d'esclavage instruisaient le premier de leurs projets de délivrance ; c'était lui qu'ils voulaient mettre à leur tête lorsqu'ils briseraient leurs chaînes ; mais Walpole leur a révélé ce qu'était Théodore, et Théodore est maintenant le dernier dans leur estime : « Je suis l'objet de leur risée... Hommes injustes ! J'ai voulu contribuer au bonheur d'une nation. J'y ai réussi un moment, et vous m'admiriez. Le sort a changé ; je suis dans un cachot, et vous me méprisez ! » Touché de compassion, Walpole délivre le prisonnier et l'arrache à l'humiliation : « Vous souffrez, répond-il à Théodore, et êtes malheureux ; ce sont bien deux titres pour avoir droit à la pitié d'un Anglais ; sortez de votre prison et recevez trois mille livres de pension pour subsistance. »

La même sympathie pour l'Angleterre, jointe à une extrême aversion pour la France, se manifeste plus vivement encore dans une nouvelle corse qui pourrait s'intituler les *Réfugiés de Gorgona*. Napoléon imagine qu'un Anglais a dû, pendant un

---

the character of men, the liberty of one's country, and on account of our intimacy and my having been attached to this country, we were called by the French royalists « Anglo-maniacs » as I called the same brothers the Gracchi. »

voyage, relâcher en vue des côtes de Corse sur l'île escarpée
de la Gorgona, « éloignée de toute terre par des bras de mer
immenses, et environnée de rochers contre lesquels les vagues
se brisent avec fureur ». Dans cette île vivent un vieux Corse
et sa fille, vêtue d'un habit masculin. La fille essaie durant la
nuit de brûler l'Anglais vif dans sa tente. Mais le père apprend
la nationalité de l'étranger ; il le sauve, lui témoigne sa joie, le
nomme un de « ces Anglais vertueux qui protègent les Corses
fugitifs », et lui conte son histoire. Il a, sous les ordres de
Paoli, combattu les Français qui venaient « armés du fer et du
flambeau » ; il a lutté huit ans après la défaite de Paoli ; il a
vu quarante de ses compagnons « terminer leur vie par le
supplice du criminel », son père massacré, sa mère violée, sa
femme, trois de ses frères et sept de ses fils pendus sur le lieu
même, sa maison incendiée. Dès lors, la Corse était pour lui
« une île proscrite où des tigres régnaient ». Il a fui sur la
Gorgona avec une fille qui lui restait, et y demeure caché dans
les ruines d'un monastère parce que le paysage est « conforme
à son humeur ». Un jour, des hommes ont débarqué ; ils l'ont
battu, bafoué, traité de sauvage ; ils lui ont tiré la barbe :
c'étaient des Français. Sa fille les a chassés à coups de fusil.
Un autre jour, deux vaisseaux français ont péri sur la côte ; il
a tué tous ceux qui s'étaient échappés à la nage ; « après les
avoir secourus comme hommes, nous les tuâmes comme Français ». Pourtant, une troisième fois, il se laisse toucher. Il
allume un feu pour guider les naufragés. Mais ce sont des
Français : sitôt qu'ils savent qu'il est Corse, qu'il est un de ces
« coquins qu'il faut rouer », ils l'enchaînent et l'emmènent avec
sa fille. Heureusement, ils n'ont rien à boire ; ils le délient,
lui promettent la liberté, s'il leur trouve de l'eau potable ; il
frappe de son stylet les deux hommes qui l'accompagnent,
revient au navire, délivre sa fille, égorge les matelots, traîne
leurs corps devant l'autel et les brûle : « ce nouvel encens parut
être favorable à la Divinité ».

Mais c'est surtout dans deux lettres que Napoléon écrit en
1789, l'une à Paoli, l'autre à Giubega, que s'exhale sa haine

de la domination française. En un langage emphatique qui rappelle les plus mauvaises pages de Raynal, il maudit le jour où « périt la patrie », où « trente mille Français vomis sur les côtes de la Corse, noyaient le trône de la liberté dans des flots de sang », où l'on n'entendait que « les cris du mourant » et « les gémissements de l'opprimé ». Il trace le plus noir tableau de la Corse devenue française : tous les emplois que le droit naturel destinait aux insulaires, occupés par des étrangers de mœurs méprisables et de conduite abjecte, par des Français qui sont l'écume du royaume et que désavoueraient leurs compatriotes d'outre-mer; le militaire « donnant un libre essor à son humeur despotique, ne trouvant aucune digue et inondant de ses débordements jusqu'au sommet le plus élevé des montagnes »; un tribunal suprême sans force ni énergie; des cours inférieures où décide un seul homme, ignorant de la langue, des coutumes et des lois du pays; des magistrats qui ne jugent que pour avoir du pain et jouir d'un luxe qu'ils n'ont pas sur le continent; des financiers sans probité; le « chef des publicains » usurpant les droits des États et de la Commission des Douze; un subdélégué, « vil agent d'un intendant », et « le dernier de ses commis » présidant aux États provinciaux. Quoi, les Corses baissent la tête sous le triple joug du soldat, du robin, du maltôtier, et ces trois classes d'hommes, si différentes de caractère, s'unissent pour le mépriser! « Être méprisé par ceux qui ont la force de l'administration en main, n'est-ce pas la tyrannie la plus affreuse? L'infortuné Péruvien qu'égorgeait le féroce Espagnol, éprouvait-il une vexation plus ulcérante? »

Tout plein de ces idées, ressassant le souvenir des cruautés de la conquête, outré contre les tyrans subalternes qui faisaient le malheur de l'île, Napoléon résolut de révéler, de crier, pour ainsi dire, la véritable situation de sa patrie, de flétrir l'administration française, d'appeler au tribunal de l'opinion les hommes qui gouvernaient la Corse, de détailler leurs vexations et de découvrir leurs sourdes menées, de « noircir du pinceau de l'infamie » ceux de ses concitoyens qui trahissaient la cause commune.

Le projet date de 1787 : le 27 novembre de cette année, à onze heures du soir, durant son séjour à Paris, Napoléon écrit qu'il trace une « légère esquisse » des maux de la Corse et que ses compatriotes verseront des pleurs en la lisant. Mais il a déjà pris son parti. Il fera paraître l'ouvrage qu'il médite. Pourquoi rédiger des mémoires particuliers qui ne parviennent pas au ministre ou qui sont « étouffés par la clameur des intéressés »? Le meilleur, le seul moyen de frapper un grand coup, n'est-ce pas le moyen de la publicité? Loménie de Brienne, d'abord chef du conseil des finances et bientôt principal ministre, protège les anciens élèves de l'école des Minimes, et il a donné récemment à Bonaparte une lettre de recommandation pour le contrôleur général. C'est Brienne que Napoléon invoquera dans l'exorde de son ouvrage ; c'est Brienne qu'il priera de mettre fin à l'oppression qui pèse sur la Corse. Notre lieutenant sait qu'il soulèvera contre lui la nombreuse cohorte des Français employés dans l'île. Qu'importe? Son entreprise, quoique téméraire, est dictée par l'amour de la patrie, et il n'hésitera pas à braver le « tonnerre du méchant ». S'il est bien jeune pour « empoigner le burin de l'histoire », une profonde connaissance des hommes n'a pas encore flétri son âme, et, selon une de ses plus belles et énergiques expressions, la vénalité de l'âge mûr ne salit pas sa plume. A défaut de talent, il a l'enthousiasme et le courage; il ne respire que la vérité, et il se sent assez fort pour la proclamer. « Les opprimés, écrit Julie à Saint-Preux, ne le sont que parce qu'ils manquent d'organe pour faire entendre leurs plaintes. » Napoléon sera l'organe des Corses opprimés. Il aura l'intrépide fermeté de l'Émile de Rousseau, d'Émile hardi à bien faire et à dire vrai, d'Émile forçant la porte des puissants du jour et allant jusqu'au souverain plaider la cause des misérables.

L'ouvrage de Napoléon était conçu sous forme de *Lettres*. La première contenait, avec une espèce de prologue que Bonaparte destinait à Brienne, un abrégé de l'histoire ancienne de la Corse. La deuxième se terminait à la mort de Sampiero. La troisième n'était qu'ébauchée. Pourtant Bonaparte comptait, en travaillant sans relâche, finir son œuvre assez tôt pour qu'elle parût avant l'ouverture des États-Généraux, et il assurait qu'il était sur le point de l'envoyer au libraire lorsque, le 25 août 1788, Brienne, à qui Bonaparte voulait offrir et en quelque sorte dédier son écrit, quitta le ministère. « Le fâcheux contretemps de cette disgrâce, mandait Napoléon à Fesch, m'oblige à des changements considérables; il est possible même que j'attende les États-Généraux. »

Il attendit en effet les États-Généraux et décida d'adresser ses *Lettres sur la Corse* au successeur de Brienne, à Necker. Il a plus tard apprécié le Genevois avec sévérité : en 1791, dans le *Discours* de Lyon, il blâmait durement le négociant ambitieux qui ne se contentait ni de faire sa fortune ni d'obtenir la première place des finances, et en 1800, après une heure d'entretien, il le jugeait médiocre, à la fois prétentieux et ignorant. Mais en 1788, avec toute la France, il regardait Necker comme un grand homme, prononçait son nom avec respect et accueillait son rappel avec allégresse. Necker, disait-il, avait l'âme sensible et vertueuse; Necker avait vu le sang du peuple « empreint sur le faste royal »; Necker avait médité dans la retraite sur les droits de l'homme, et la joie que la nation entière faisait éclater, l'espoir qu'avaient conçu les philosophes, donnaient l'assurance que le ministre arracherait les Corses à l'oppression.

Néanmoins, avant de rien publier, Bonaparte voulut avoir l'agrément de Paoli. Le 12 juin 1789, il écrivait à l'ancien « général » de la Corse pour lui demander d'approuver son essai, d'encourager ses efforts : « Je veux comparer votre administration avec l'administration actuelle; les traîtres ont semé des calomnies contre le gouvernement national et contre votre personne en particulier; les écrivains, les adoptant comme des vérités, les transmettent à la postérité. En les lisant, mon ardeur s'est échauffée et j'ai résolu de dissiper ces brouillards, enfants de l'ignorance. »

Il recopiait en même temps, outre l'exorde de son ouvrage, la partie achevée, envoyait le tout à un de ses maîtres de Brienne, le Père Dupuy qui vivait à Laon, et priait le bon Minime de revoir le travail, de le corriger, de l'annoter, puis de le transcrire. Dupuy avait du loisir : il lut et relut l'élucubration de Bonaparte, et, dans deux lettres, la première du 15 juillet, la seconde du 1er août 1789, rendit compte de ses impressions à son élève d'autrefois. Il jugeait le fond excellent; mais le style lui plaisait moins : il y trouvait des mots impropres et mal assortis, des répétitions, des dissonances, des réflexions inutiles qui faisaient languir la narration, et il proposait des suppressions, des additions, des changements en nombre de passages.

Dupuy critiquait surtout l'exorde des *Lettres*. Napoléon avait imaginé qu'un vieux montagnard corse écrivait à Necker. « Étendu dans son lit et déjà environné des horreurs de la mort », ce héros de l'indépendance déclare au ministre que ses compatriotes n'ont encore éprouvé que les abus du gouvernement français, qu'ils sont bafoués et comme étrangers dans leur patrie, qu'ils passent leurs jours dans la tristesse et le découragement, qu'ils ont été replongés en un « tourbillon de calamités » par leurs conquérants. « O pauvre Corse, par quelle destinée as-tu toujours été la victime des nations étrangères qui t'ont tyrannisée! Par quelle fatalité la mer qui, pour tous les autres peuples, devint la première source des richesses, ne fut-elle jamais pour toi que celle de l'infortune? » Mais le vieillard a confiance dans le ministre : sûrement, dès que Necker saura la vérité, il fera tout pour adoucir tant de maux et réintégrer les insulaires dans leurs droits. Après cet exorde, venait un récit rapide des destins de cette île que Dieu n'avait créée, selon le proverbe corse, que pour l'oublier aussitôt.

Le Minime remania l'exorde, et, dans le reste, corrigea quelques endroits. Le style, remarquait-il, avait trop de recherche, et devait être plus concis, plus uni. L'ouvrage n'était-il pas une *Lettre*; l'auteur, un vieillard qui touche au tombeau; le destinataire, un ministre fort occupé? Ne fallait-il pas mettre dans cette épître plus de gravité? Bonaparte disait à Necker : « J'ose vous faire parvenir ce récit de nos malheurs » ; Dupuy proposa d'écrire : « J'ose vous adresser une ébauche de nos malheurs », et il employait, ajoutait-il, le mot *ébauche* parce que l'ouvrage n'était qu'une exposition succincte et, suivant Bonaparte lui-même, une « esquisse » des calamités de la Corse. Il supprima très justement certaines expressions : *au delà des mers*[1] — comme si la Corse était à douze cents lieues du continent! — et *opprimés à la merci*, qui n'était pas français. Il abrégea ce qui lui semblait prolixe et changea ce qu'il jugeait déclamatoire : les figures, les saillies, les grands mots qui sentaient trop le jeune homme. Avant tout, il s'efforça de retrancher ce qui choquerait Necker. Il substitua *magistrat* au terme méprisant de *robin* qui lui paraissait attaquer tout le corps des gens de robe. Bonaparte disait à Necker que les Corses étaient *arrachés à la liberté* ; Dupuy écrivit *privés de la liberté* en objectant qu'*arrachés* serait blessant et que, puisque Bonaparte demandait une grâce au roi par l'entremise du ministre, il devait user d'atténuations et tâcher de ne pas déplaire. Bonaparte disait à Necker : *Au nom de votre roi, le luxe de votre capitale, vos palais* ; Dupuy écrivit : *au nom du roi, la capitale du royaume, les palais* ; le vieillard que Napoléon mettait en scène, parviendrait-il à son but s'il parlait de la France comme d'un pays étranger et de Louis XVI comme d'un souverain dont il n'était pas le sujet? Bonaparte disait dans la deuxième *Lettre* : « Les rois régnèrent, et avec eux le despotisme », et il terminait cette digression par l'apostrophe : « Fiers tyrans de la terre, prenez-y bien garde! » ; Dupuy conseilla de barrer tout le passage.

Le jeune auteur regimba lorsqu'il reçut son exorde arrangé par Dupuy. Il se plaignit que le Minime voulût ôter toute la métaphysique, ôter des discours audacieux, il est vrai, mais

---

1. Cette correction n'a pas converti Napoléon; dans sa proclamation du 1ᵉʳ mars 1815 au peuple français, il dit qu'il s'est « exilé sur un rocher au milieu des mers » (expression qui conviendrait mieux à l'île Sainte-Hélène qu'à l'île d'Elbe) et qu'il « a traversé les mers ».

communs même parmi les femmes, émousser la vivacité naturelle de l'expression. « La vérité! criait-il, la vérité! » Il reprochait à Dupuy d'avoir écrit que la Corse est une « terre de tribulation et d'angoisse » : *tribulation* n'était-il pas un mot de dévotion, et *angoisse* une expression vieillie? Il lui reprochait de supprimer *robin, votre roi,* etc., de supprimer le passage *les rois régnèrent,* et il assurait que le reste de son ouvrage renfermerait des choses plus fortes encore.

A son tour, Dupuy protesta. « De la discrétion, disait-il, de la discrétion! » Et il ajoutait qu'il ne pouvait transcrire certains endroits du travail : « Ce langage est trop hardi dans une monarchie; je le condamnerais dans un Français séculier; à plus forte raison, un Français religieux et prêtre doit-il l'éviter et ne pas y contribuer. Votre vieillard, d'ailleurs, ne pourrait, par ces réflexions, qu'irriter le roi et le mettre en défiance; ce ne serait pas assurément le moyen d'obtenir ce qu'il souhaite. »

La seconde lettre du P. Dupuy est datée du 1er août 1789, et une semaine plus tard l'inspecteur général d'artillerie sollicitait pour Napoléon un congé de semestre. Le jeune homme gagna la Corse sans avoir terminé son œuvre. Mais il ne renonçait pas au dessein de faire l'histoire de son île. Il avait ce projet depuis longtemps. « Il s'élèvera quelque jour, avait-il lu dans Boswell, un Tite-Live ou un Clarendon pour étaler aux âges futurs la valeur des Corses avec le lustre qu'elle mérite. »

Vers la fin de son séjour à Brienne, malgré la règle qui défendait aux élèves de recevoir des livres du dehors, il demandait à son père, outre la relation de Boswell, d'autres histoires ou mémoires sur la Corse, et il promettait d'en avoir soin, de les rapporter à ses premières vacances, fût-ce dans six ans.

De Valence, le 29 juillet 1786, il commandait au libraire genevois Paul Borde les deux derniers volumes de Germanes. « Je vous serais obligé, ajoutait-il, de me donner note des ouvrages que vous avez sur l'île de Corse ou que vous pourriez me procurer promptement. »

Pendant les congés qu'il passait à Ajaccio, il s'efforçait de rapprendre la langue du pays pour lire sans difficulté les originaux italiens, récoltait dans la conversation des anecdotes et surtout des traits héroïques de la guerre de l'indépendance, recueillait non seulement des journaux et toute sorte de documents imprimés sur l'histoire de la Corse au xviii° siècle, mais encore des manuscrits, et, comme il dit, des mémoires puisés dans les portefeuilles des patriotes, notamment de Domenico Arrighi. Il mettait en vers, et sans doute en vers français, un des plus curieux et des plus saisissants épisodes de la lutte des Corses contre les Français, les aventures du curé de Guagno, Domenico Leca, ce patriote que Nobili Savelli a célébré en hexamètres latins dans son *Vir nemoris*, ce prêtre qui refusa de jurer fidélité au roi et qui, forcé de gagner les maquis et de repousser les soldats qui l'attaquaient, se contentait de se défendre, soignant les blessés, relâchant les prisonniers, et, lorsque les conquérants cessèrent de le traquer, lorsqu'il eut renvoyé les paysans qui le reconnaissaient pour chef, menant une vie solitaire et sauvage, mourant enfin sans avoir jamais prêté le serment qu'il regardait comme un parjure. Au reste, on ne sait rien du poème de Napoléon, sinon qu'il charma la famille Bonaparte et que Lucien le lut avec un orgueilleux plaisir aux beaux esprits d'Ajaccio, aux Pozzo di Borgo, aux Barbieri et autres qui eurent l'air de l'admirer. « Il n'était pas mal, aurait dit plus tard Napoléon, et il y avait peut-être plus que de la poésie ; cela sentait son patriotisme. »

L'abbé Raynal excitait Bonaparte à composer une histoire de la Corse. Lorsque l'officier d'artillerie vint en 1789 s'embarquer à Marseille, il rendit visite à Raynal pour « l'importuner de son admiration » et l'entretenir de l'ouvrage qu'il projetait de publier. L'abbé « fit des honnêtetés » à Bonaparte, l'encouragea, l'assura qu'une histoire de l'île manquait à la littérature française. « Votre amitié, lui disait Napoléon l'année suivante, voulut me croire capable d'écrire cette histoire, et j'acceptai avec empressement un travail qui flattait mon amour pour mon infortunée patrie. »

Fier des exhortations de Raynal et comptant encore par un tableau rapide et vigoureux éclairer Necker, toucher la nation et donner aux Français l'envie de réparer les maux qu'ils avaient causés, Napoléon se remit à la besogne dans les derniers mois de 1789 et réunit de nouveaux documents. Son œuvre avançait. Il avait raconté dans les trois premières *Lettres* les siècles passés, et ce récit, suivant lui, « offrait un morceau d'histoire neuf et piquant qui mériterait de soi-même une place distinguée ». Il allait dans les lettres ultérieures retracer l'administration de Paoli, la défaite du général, le découragement du peuple corse qui « recevait des fers », l'ignorance, l'avidité, la fantaisie soupçonneuse des gens qui, depuis 1769, disposaient de l'autorité au nom du roi, la famine dépeuplant le pays, car, toutes les fois que les Corses furent conquis, « une grande mortalité les affligea quelques années après ». Mais la Révolution brisait, comme dit Bonaparte, le despotisme de Versailles et rendait aux Corses leur liberté. Dès lors, l'ouvrage n'avait plus un objet immédiat d'utilité. L'historien s'arrêta. Sa narration ne va pas au delà de l'année 1730, où ses compatriotes, incapables de résister aux forces considérables que l'empereur Charles VI envoie aux Génois, se déterminent à poser les armes. Il n'a parlé ni du gouvernement de Paoli, ni de la guerre de 1768-1769, ni de l'établissement de la domination française.

Le sujet l'attirait pourtant, et il voulut en 1791, à Auxonne, le traiter amplement, dignement, d'après les pièces authentiques. Il pria Paoli de lui fournir des documents. Mais le général se défiait de son ardent panégyriste : il répondit à Bonaparte qu'il ne pouvait ouvrir ses caisses et que l'histoire ne s'écrit pas dans les années de jeunesse. Napoléon ne se rebuta pas et chargea son frère Joseph de demander au général une copie des papiers les plus importants. Derechef Paoli refusa, allégua sa mauvaise santé, ses fatigues, la nécessité constante de se livrer à l'empressement du peuple : « J'ai autre chose à faire, mandait-il à Joseph, qu'à rechercher des écrits et à les faire copier. »

Mais avant ce refus de Paoli, Napoléon avait remanié les *Lettres* qu'il soumettait naguère au Père Dupuy : il ne désirait pas, dit-il, perdre le fruit de son labeur ni manquer à la promesse qu'il avait faite à Raynal. Ce fut durant son séjour en Corse, du mois d'octobre 1789 au mois de décembre 1790, qu'il refondit son ouvrage et le fit mettre au net deux fois de suite par Lucien. Il changea l'exorde. Ce n'était plus un vieux montagnard corse qui s'adressait à Necker; c'était Bonaparte qui racontait à Raynal la genèse de son livre et envoyait au philosophe les annales du peuple corse. Il revit son récit avec un soin extrême. Il tint compte des remarques du Père Dupuy. Il supprima l'article inutile qu'il consacrait aux Étrusques et plusieurs phrases sur la Corse au temps des Carthaginois, certaines apostrophes qui retardaient le cours de sa narration, des morceaux qui n'étaient que des hors-d'œuvre, et, s'il garda le passage sur le despotisme des rois que le Minime jugeait trop hardi, il tâcha d'effacer toutes les imperfections. Ses papiers de jeunesse contiennent deux textes différents de la deuxième *Lettre sur la Corse*, et les variantes que la seconde copie offre avec la première, prouvent qu'il visait à la correction et à l'énergie, qu'il s'appliquait à rendre sa langue plus pure et plus châtiée, plus concise et plus ferme. Il retranche les mots superflus et les phrases oiseuses; il retouche les endroits les plus intéressants et les plus pathétiques; les *Lettres sur la Corse* furent évidemment pour Bonaparte un excellent exercice de style.

La troisième de ces *Lettres* demeura, comme auparavant, inachevée, et Bonaparte ne soumit à l'abbé Raynal que les deux premières : « Si vous les agréez, lui écrivait-il le 24 juin 1790, je vous en enverrai la fin. » On ne sait ce que répondit Raynal. Selon Joseph et Lucien, il aurait apprécié beaucoup les *Lettres sur la Corse*; Mirabeau, à qui l'abbé les avait communiquées, aurait remarqué dans l'ouvrage des traits qui révélaient un génie de premier ordre, et engagé Napoléon à faire le voyage de Paris; Mounier, que Napoléon avait rencontré dans la société de Valence, aurait joint ses félicitations à celles de Raynal et de Mirabeau. Ces assertions ne méritent aucune confiance.

Napoléon a presque tout tiré de Filippini. Quant aux faits postérieurs à Filippini, il les retrace d'après les nombreux écrits qui parurent de 1730 à 1769, mémoires, manifestes, requêtes aux souverains étrangers; il a consulté notamment, entre autres factums, la *Giustificazione della guerra di Corsica*. Mais tout, dans son récit, est disproportionné. Tantôt il grandit, tantôt il rapetisse les choses; il dédaigne ou cite à peine les événements qui ne prêtent pas à sa déclamation patriotique, et là où le sentiment corse peut éclater en accents chaleureux, il insiste et appuie.

Son œuvre n'est donc pas approfondie et ne vaut que par la forme. « J'eus raison, disait-il plus tard, de ne pas l'imprimer, car, à l'âge où j'étais, j'aurais dû me traîner dans l'ornière. » D'un bout à l'autre de l'opuscule, il ne cesse de louer les Corses, leur constance et leurs vertus. Il avoue qu'ils ont été victimes de leur opiniâtreté. Mais quelle opiniâtreté sublime! Quelle magnanime résistance à l'implacable fatalité! Et quelle histoire que l'histoire de cette lutte perpétuelle entre un petit peuple qui veut vivre libre et des voisins qui veulent l'opprimer! Quoi de plus beau que cette pauvre nation attaquée par des ennemis qui possèdent cette « perfection de tactique, fruit des sciences et de l'expérience des siècles », et se défendant avec toute l'énergie qu'inspirent la justice et l'amour de l'indépendance!

Jamais, depuis les temps les plus éloignés, — assure le jeune auteur — les Corses n'ont démenti leur caractère. « Lorsque les triumvirs offrirent au monde le hideux spectacle du crime heureux, l'île fut le refuge de Sextus Pompée, et je vois avec plaisir ma patrie, à la honte de l'univers, servir d'asile au reste du bon parti, aux héritiers de Caton. » Opprimée par les tyrans féodaux, elle fut la première à secouer le joug, et, si elle agréa le gouvernement des Pisans, elle établit le régime municipal. Menacée par les Génois qui triomphèrent des

Pisans, elle sut maintenir son indépendance grâce à Sinucello della Rocca, un de ces hommes rares « que la nature jette sur la terre pour l'étonner ». Sinucello fut trahi, livré aux Génois par « une race de monstres ». Mais à Sinucello, succédèrent les deux frères Giovannali, qui, sortis de la lie et « s'élevant d'un vol hardi, prêchèrent les grands dogmes de l'égalité, de la souveraineté du peuple, et périrent à la fleur de l'âge, victimes de la superstition de leur siècle », les Giovannali, ces Gracques de la Corse, qui transformèrent en si peu de temps la face de la patrie, les Giovannali qui, s'ils avaient vécu, auraient fait de la Corse l'île de la Raison et fondé aux portes de Rome, près des serfs de Provence, près du foyer de la féodalité, de la finance et de l'aristocratie, un gouvernement d'hommes libres, dénués de préjugés, sains, robustes, dignes de vaincre des peuples corrompus sous le sceptre des rois et des évêques, capables de rallier à leurs principes toutes les nations et de changer le destin de l'Italie, et peut-être de l'Europe! Un des plus fermes soutiens des Giovannali, Sambucuccio, tenta d'abattre les barons et de restaurer la République et les communes; mais il s'allia imprudemment aux Génois et succomba comme Caton ou Codrus. Puis vinrent d'autres grands hommes : Arrigo della Rocca, Vincentello d'Istria, Polo della Rocca, Mariano di Gaggio qui gouverna sous la protection des papes et fit une guerre acharnée aux *caporaux*, ces tribuns de la Corse; Raffaello de Leca et son oncle Giocante; Giovan Paolo qui « présenta pendant seize ans un front redoutable »; Rinuccio della Rocca, en qui revivaient les vertus inflexibles des anciens républicains; Sampiero, dans la tombe duquel s'ensevelissent le patriotisme et l'espérance des Corses, comme s'était ensevelie dans la tombe d'Épaminondas la prospérité de Thèbes. Les Génois dominent; ils épuisent le pays qui n'a plus rien à offrir que des pierres; ils réduisent à la dernière misère le Corse si hardi et si fier; mais un jour, le peuple se soulève et pour rendre l'insurrection plus imposante, « pour achever de détruire les préjugés que la multitude pourrait conserver », le congrès des théologiens réunis à Orezza sous la présidence du célèbre Orticoni proclame la guerre juste et sainte, déclare que le serment de fidélité est nul dès que le souverain devient despote.

Telles sont ces *Lettres sur la Corse*. Bonaparte essaie de varier, de diversifier son texte, en mêlant au récit des combats d'émouvants épisodes et des scènes attendrissantes : la harangue de Giocante; Lupo d'Ornano sacrifiant son devoir à l'amour et cédant à la fille du vaincu, à « l'intéressante » Veronica, échappée de la mort et embellie par la pâleur de l'angoisse; Fieschi rappelant à Rinuccio, qu'il trahit ensuite, les ébats de leur jeunesse passée à la même cour lorsqu'ils étaient « à l'aurore des passions » et que « leurs imaginations leur traçaient dans l'avenir les plus beaux tableaux »; Vanina s'efforçant en vain de fléchir l'inexorable Sampiero et finissant par ne demander qu'une grâce, celle de mourir par la main de son mari. Mais, presque d'un bout à l'autre, cette histoire des Corses, comme l'histoire des Anglo-Saxons que Bonaparte avait résumée d'après Barrow, ressemble à celle des corbeaux et des milans : ce ne sont que guerres, qu'inimitiés et factions qui rendent l'homme « revêche et farouche », qu'égorgements et massacres, qu'embûches et guets-apens, que représailles sanglantes, et l'auteur assure que la tâche d'historien est pénible lorsqu'il a de tels faits à narrer.

Il tombe parfois dans l'emphase : « le sentiment aigu de l'horreur a pétrifié sans retour l'âme de Sampiero »; « la nature frémit de s'appesantir sur de pareilles horreurs »; « le sang des martyrs servit à teindre le pourpre des protecteurs de l'Offizio »; « cette nouvelle vint élever dans mon sein le serpent de l'indignation ». Mais, dans l'ensemble, le style est simple, nerveux, coloré, nullement monotone, bien que l'œuvre ait l'allure d'une chronique. On comprend que le jeune Lucien, en recopiant le manuscrit, ait trouvé cette *Histoire* très bien traitée, ait admiré des « pensées fortes et nouvelles pour lui ». Napoléon expose avec clarté les ressorts de la politique génoise et la naissance de la vendette, son développement graduel, le meurtre encouragé par les Génois qui voyaient avec plaisir les Corses s'entr'égorger, les insulaires se confédérant pour veiller à leur propre sûreté, les liens du sang se resserrant par suite, les familles formant autant de puissances qui se font la paix ou la guerre selon leur caprice ou leur intérêt, le droit des gens exigeant que les hommes qui désirent venger leurs parents, laissent croître leur barbe, et que les femmes et les enfants soient respectés, sortent de la maison assiégée pour prendre l'eau et vaquer au ménage. Des cris saisissants, des élans oratoires interrompent la narration : « Si un élément ennemi n'empêchait les Corses de t'atteindre, Gênes, superbe repaire, tu n'eusses pas longtemps insulté à nos malheurs! Pouvoir, d'un bras désespéré, se venger en un moment de tant d'affronts, d'un seul coup assurer l'indépendance de sa patrie et donner aux hommes un exemple éclatant de justice! Dieu! ton peuple ne serait-il pas le faible opprimé? » Le discours de Giocante, rempli, trop rempli de véhémentes apostrophes et d'exclamations de douleur, est à la fois vigoureux et touchant. Certains portraits sont tracés avec autant d'énergie que de brièveté : Sinucello della Rocca, égal dans son humeur, impartial dans ses jugements, calme dans ses passions, sévère par caractère et par réflexion ; Sambucuccio, extrême en toutes choses, plein de fougue, de force et de haine, mais imprudent, dépourvu de dextérité, « opposant à tout sa personne » ; Spinola, le plus dissimulé des hommes, nourri dès son enfance d'intrigues obscures et trompant le peuple par des manières étudiées. Quelques tableaux sont esquissés en traits rapides et fermes. « Immédiatement après la mort de Sampiero, l'on sollicita de toutes les manières les émigrations qui, dès ce moment, furent très considérables. L'on souffla partout l'esprit de la division, et la République accorda des refuges ou favorisa la fuite des criminels. Les émigrations s'accrurent. La peste affligea l'Italie; elle vint en Corse; la famine s'y joignit, la mortalité fut immense. Le gouvernement se montra insouciant, et, si ces deux fléaux finirent, c'est que tout finit. » Çà et là perce une ironie vive et mordante, comme dans la description des gentillâtres génois qui s'abattent sur la Corse ainsi que des sauterelles et qui se moquent de la nation qu'ils dépouillent. « A Gênes, le répertoire des gens aimables, des conteurs de bons mots, de ces personnes qui tiennent toujours le haut bout dans les sociétés, n'est rempli que d'aventures où le Corse est le battu et le moqué. Combien avez-vous gagné? Nous avez-vous laissé quelque chose à prendre? demandaient ceux qui allaient à ceux qui étaient de retour. Un honnête sénateur, fort religieux, avait coutume de dire une prière toutes les fois qu'il entendait la cloche des morts annoncer le décès de quelque patricien; mais si le défunt avait été employé en Corse, il se dispensait de la prière : à quoi cela servirait-il? *È a casa del diavolo*, il est au diable. »

Dans l'exorde des *Lettres* Bonaparte avait cité Paoli dont les sages institutions excitèrent de si brillantes espérances et firent un instant le bonheur de la Corse : « On admirera, disait-il, les ressources de Paoli, sa fermeté, son éloquence; au milieu des guerres civiles et étrangères, il fait face à tout; d'un bras ferme, il pose les bases de la constitution et fait trembler jusque dans Gênes nos fiers tyrans. » Comme à Brienne, comme à l'École militaire de Paris, Napoléon tenait Paoli pour le plus grand des Corses, pour le plus bel exemplaire de la nature humaine. A Valence, à Auxonne, à Ajaccio, le nom de Paoli revient fréquemment sous la plume du jeune lieutenant. Le 26 avril 1786, il songe que Paoli entre ce jour-là dans sa soixante-unième année, et une semaine plus tard, le 3 mai, lorsqu'il agite des pensées de suicide, il déplore que le temps ne soit plus où ce héros animait les Corses de ses vertus. S'il demande à Tissot une consultation pour l'archidiacre Lucien, c'est que le célèbre médecin parle de Paoli dans son *Traité de la santé des gens de lettres* et le juge « plus grand peut-être » que César, Mahomet et Cromwell : « Votre réputation, lui écrivait Napoléon, le 1er avril 1787, a percé jusque dans nos montagnes; il est vrai que l'éloge court, mais glorieux, que vous avez fait de leur aimé général, est un titre bien suffisant pour pénétrer les Corses d'une reconnaissance que je suis charmé de me trouver, par la circonstance, dans le cas de vous témoigner au nom de tous mes compatriotes. »

La lecture de Boswell accrut le paolisme de Napoléon. L'enthousiaste voyageur ne disait-il pas que le gouvernement de Corse, tel que Paoli l'avait organisé, était non seulement une démocratie des mieux entendues, mais le meilleur type de gouvernement qui eût jamais existé dans le genre démocratique; que les individus goûtaient sous son administration la pleine jouissance de toutes les douceurs de la vie; qu'il entraînait ses compatriotes par le seul ascendant de sa personne, et que, si le pouvoir du général était limité, celui de Paoli ne l'était pas; qu'il réalisait au suprême degré l'idée de l'homme parfait; qu'à chaque instant il était un héros et qu'il avait un caractère sublime?

Napoléon se propose donc Paoli pour modèle. Il se règle et se façonne sur lui comme sur son idéal. Qui sait si l'exemple de Paoli qui ne dissimulait pas ses sentiments philosophiques, n'a pas fait du jeune Bonaparte un libre penseur? Qui sait si Paoli ne lui a pas inspiré le mépris de la métaphysique : « Laissons, disait le général, laissons ces disputes aux oisifs, *Lasciamo queste dispute ai oziosi.* » Mais il a lu dans Germanes que Paoli, destiné à être la ressource de sa patrie, se fit un nom à la faveur des troubles; que Paoli, dédaignant les intervalles et les gradations lentes des fortunes ordinaires, osa, dans la disette des concurrents, lever les yeux jusqu'au généralat; que Paoli plaisait par sa jeunesse à la multitude et imposait aux montagnards parce qu'il servait un prince étranger et portait l'uniforme napolitain; que son frère aîné Clément s'inclinait devant son génie. « Et moi aussi, s'écrie Napoléon, je serai Paoli », et ainsi que le Lupo de ses *Lettres sur la Corse*, il se jure de devenir le chef de l'île et d'être le premier de la République à l'âge où le commun obéit. Il vise au généralat de la Corse. N'y a-t-il pas entre Paoli et lui-même des ressemblances de situation? Napoléon est lieutenant au corps royal de l'artillerie comme Paoli était *primo alfiere* au régiment royal Farnese; il est, comme le Paoli de 1755, jeune et instruit; il est, comme Paoli, supérieur par l'intelligence à son aîné, et lorsqu'il fait des rêves d'avenir, il se dit, comme Paoli, qu'il aime mieux être le commandant de sa nation que d'être ailleurs colonel, général, maréchal, ou gouverneur de province; comme le Paoli de Boswell, il s'avoue que les grades d'une monarchie ne suffisent pas à son âme, à son imagination.

Mais Napoléon ne désespère pas de surpasser Paoli. Le « général » n'était général que de nom. Il n'avait su employer les Corses au genre de lutte auquel ils étaient propres; il n'avait su arranger un système de défense, profiter des fautes de l'adversaire, détruire en 1768 la poignée de Français qui le combattait, multiplier en 1769 les coups de main contre les forces nombreuses qui l'assaillaient, et faire la guerre de partisans. Bonaparte est sûr d'avoir les talents militaires qui manquaient à Paoli. Mais il veut être, comme lui, législateur et justicier; il veut être capable d'éduquer un peuple et de parler, de traiter d'affaires parmi les hommes : ne disait-il pas en 1802 qu'il gouvernait, non parce qu'il était général, mais parce qu'il avait aux yeux de la nation les qualités civiles nécessaires à l'administration de l'État? « Établir un gouvernement régulier chez un peuple qui n'en avait pas, écrivait l'auteur du *Siècle de Louis XV*, réunir sous les mêmes lois des hommes divisés et indisciplinés, former à la fois des troupes réglées et instituer une espèce d'université qui pouvait adoucir les mœurs, créer des tribunaux de justice, mettre un frein à la fureur des assassinats et des meurtres, policer la barbarie, se faire aimer en se faisant obéir, tout cela n'était pas d'un homme ordinaire. » Napoléon prétend mériter un jour l'éloge que Voltaire décernait à Paoli.

Et voilà pourquoi il s'adonne si fiévreusement à l'étude. Il n'est pas mû seulement par cette curiosité qu'il nomme la « mère de la vie ». Il n'ignore pas que Paoli dominait ses compatriotes par l'esprit, par le savoir, et joignait à une grande éloquence une vaste érudition et un goût très vif pour l'histoire et la littérature, que sa bibliothèque était fort bien choisie, que les officiers, Guibert, Dumouriez, l'intendant Chardon, qui se partagèrent ses volumes après la prise du château de Corte, jugeaient que cette belle collection de livres ne pouvait appartenir qu'à un politique.

Germanes rapporte que Paoli faisait du *Prince* de Machiavel sa lecture quotidienne et qu'avant d'établir son gouvernement, il avait médité les principes déposés dans l'histoire des républiques anciennes. Comme Paoli, Napoléon lira Machiavel et l'histoire des républiques de l'antiquité, et, après avoir lu dans Germanes que le général avait organisé les pièves à peu près comme les cantons, selon le plan du gouvernement helvétique, il lira dans le *Voyage* de Coxe les chapitres consacrés au gouvernement de la Suisse.

Boswell raconte que Paoli lisait les débats du parlement britannique, qu'il citait des anecdotes et faisait des comparaisons, des allusions qui témoignaient d'une profonde connaissance du passé et du présent de l'Angleterre, qu'il étudiait, pour former son génie à la gloire, non seulement les modernes, mais les anciens, Plutarque et Tite-Live. « Pendant que vous étiez officier à Naples, disait l'Anglais à Paoli, comment avez-vous pu plier votre grande âme aux basses cérémonies et aux frivoles conversations du beau monde? » — « Fort aisément, répondait Paoli, j'étais connu pour une tête singulière, *per una testa singolare*; je causais, je plaisantais, et j'étais de bonne humeur; mais jamais je ne me mettais à table pour jouer; j'allais et je venais à ma guise. » Comme Paoli, Napoléon a son coin de singularité et passe dans la société qu'il fréquente pour une tête bizarre. Comme Paoli, il s'efforce de savoir l'histoire de la Grande-Bretagne, et, de toutes les nations étrangères, c'est l'Angleterre qu'il connaît le mieux par les livres. Comme Paoli, il feuillette les anciens et relit Plutarque.

CHAPITRE VIII

Bastia.

La famille Bonaparte. — Joseph, Lucien, Louis. — Les députés de la Corse. — Les patriotes. — Barrin. — Émeutes. — Bandits. — Projet de comité et de milices. — Ambition et rôle des Bonaparte. — Gaffori à Ajaccio. — Manifeste des Douze. — Adresse de Napoléon à l'Assemblée nationale (31 octobre 1789). — Insurrection de Bastia (5 novembre). — Varese. — Les Galeazzini. — Massoni. — Rully et le régiment du Maine. — Formation de la milice bastiaise. — Gaffori à Cervione. — Bonavita à Marbeuf. — Décret du 30 novembre. — Enthousiasme des Français pour les Corses. — Reconnaissance des insulaires. — Nouvelles agitations. — Petriconi. — Achille Murati. — Barthélemy Arena et l'événement de l'Isle-Rousse (18 décembre). — Confusion de Gaffori. — Napoléon « fermente sans cesse ». — Joseph officier municipal. — Formation de la garde nationale à Ajaccio. — Buonarroti et Masseria. — Le Comité supérieur (2 mars 1790). — Opposition de l'Au-delà des monts. — Assemblée d'Ajaccio (9 avril). — Congrès d'Orezza (12-20 avril). — Discours de Joseph. — Napoléon obtient une prolongation de congé. — Députation d'Ajaccio à Paoli. — Anarchie. — Les commissaires du roi et le Comité supérieur. — Meurtre de Rully (18 avril). — Sommation de la municipalité ajaccienne à La Ferandière (28 mai). — Émeute contre les fonctionnaires français (25 juin). — Lajaille, Souiris, Raquine, Cadenol. — Nouveau mémoire de Napoléon. — L'abbé Recco et le bandit Trentacoste. — Retour de Paoli. — Son arrivée à Bastia (17 juillet). — Embarquement de Gaffori. — Impuissance et châtiment des gafforistes. — Les paolistes. — Zampaglino. — Lettres et manifestes de Buttafoco. — Napoléon à Bastia au mois d'août. — Joseph électeur. — Assemblée électorale d'Orezza (9-27 septembre). — Résolutions illégales. — Joseph président du Directoire du district d'Ajaccio. — Lettre de Napoléon à Pozzo di Borgo (11 octobre). — Le club patriotique. — La lettre à Buttafoco (23 janvier 1791).

Napoléon arriva dans sa ville natale aux derniers jours de septembre 1789. Comme en 1786, comme en 1788, il revit avec joie sa mère et, selon les expressions du *Discours* de Lyon, des sœurs encore innocentes et des frères qui étaient en même temps ses amis. A l'exception de Marianna qui terminait son éducation à la maison de Saint-Cyr, tous les Bonaparte étaient là.

Joseph, reçu avocat au Conseil supérieur, n'avait jusqu'alors plaidé qu'une seule cause et il l'avait gagnée : son client était accusé d'assassinat ; Joseph réussit à prouver que le meurtrier se trouvait dans le cas de légitime défense.

Lucien ne faisait rien. Il avait eu d'abord quelque goût pour le métier de soldat ; mais il était myope, et bien qu'il fût bon chasseur et prétendît qu'avec ses lunettes il y voyait assez pour se battre, Napoléon refusait plus tard de l'admettre dans son état-major. A la fin des cours scolaires de l'année 1786, il avait quitté Brienne en déclarant qu'il voulait être ecclésiastique : il ne sentait plus, selon le mot de Joseph, aucune disposition pour le service du roi, et, entiché du bonnet carré, désireux de vivre à l'ombre de l'autel et d' « augmenter le béat escadron », destiné déjà par sa famille à recueillir la succession du chanoine Philippe Bonaparte de San Miniato, et à l'avance, regardé comme celui des frères qui serait le plus riche, il était entré au petit séminaire d'Aix. Mais, là encore, l'étude le rebuta : il travaillait peu, essuyait de fréquentes réprimandes et n'échappait à de rudes châtiments que parce qu'il était de santé délicate ; d'ailleurs, malgré les supplications de Napoléon et de Letizia à l'intendant de Corse, il n'obtenait pas de bourse. Il revint à Ajaccio.

De même que Lucien, Louis n'avait pas eu la bourse que sa mère et Napoléon sollicitaient pour lui. Proposé le 30 septembre 1786 par l'intendant La Guillaumye et inscrit le 4 novembre suivant sur l'état des enfants désignés pour une place dans les Écoles royales militaires, il n'avait été nommé ni en 1786, ni en 1787. Le ministre ne fit pas de nominations au mois de décembre 1788. De nouveau, le 27 juin 1789, La Guillaumye proposa Louis et le porta en tête d'une liste qui comprenait six noms : Bonaparte, Ceccaldi, Colonna de Cesari Rocca, Fozzani de la Rocca, Boccheciampe et Colonna d'Ornano. Le 6 juillet suivant, les bureaux répondaient à l'intendant que Louis n'avait plus l'âge.

Napoléon seconda, comme naguère, Joseph et l'archidiacre Lucien. Comme naguère, il faisait le pédagogue, régentait ses frères et sœurs, tançait les uns, mettait les autres aux arrêts. La maison de la rue Saint-Charles ressemblait, disait-on, à un collège ou à un couvent. Il calculait tout, mesurait tout, le sommeil, l'étude, les repas, les divertissements et les promenades. La famille Bonaparte passait pour une famille exemplaire, une des mieux ordonnées et des plus unies qui fussent dans la ville.

Mais en Corse comme en France régnait la Révolution, et durant quinze mois Napoléon allait jouer son bout de rôle dans les troubles de sa patrie.

La Corse avait élu quatre députés aux États-Généraux : le maréchal de camp Buttafoco représentait la noblesse; l'abbé Peretti, vicaire général du diocèse d'Aleria, représentait le clergé; l'avocat Saliceti, assesseur au tribunal de Sartène, et Colonna de Cesari Rocca, capitaine au régiment provincial, représentaient le tiers-état. Buttafoco et Peretti avaient pris le parti des aristocrates ou des *noirs*; Saliceti et Cesari étaient attachés à la cause populaire.

Les lettres que ces quatre députés envoyaient de Paris à leurs amis de Corse et les nouvelles qu'apportaient les journaux du continent, surexcitaient l'opinion. Un officier français qui revoyait l'île en 1789 après un an d'absence, trouvait le plus profond changement dans le ton et l'humeur de la population de Bastia et d'Ajaccio. On allait moins souvent au spectacle. On ne causait plus de fêtes et de choses frivoles. On avait l'air sérieux, l'attitude grave. Les yeux fixés sur la mer interrogeaient l'horizon. Jamais on n'avait plus impatiemment attendu les bateaux qui venaient de Provence. De vives discussions éclataient à tout instant dans les sociétés et sur les places. Chacun raisonnait sur les événements de France avec la vivacité naturelle au peuple corse. Celui-ci demandait des réformes; celui-là les redoutait. Tous ceux que la monarchie avait bien traités, étaient partisans de l'ancien système. Ceux qui ne tenaient pas au gouvernement, se passionnaient pour le nouveau régime. On les nommait les patriotes. Ils ne voulaient pas, comme en France, l'abolition des privilèges. Malgré les distinctions établies par la monarchie et les dénominations de noblesse, de clergé, de tiers-état, les différences de classes n'existaient pas dans l'île : il n'y avait que des rivalités de famille, et, comme disait un insulaire, les Corses n'avaient pas les mêmes griefs à invoquer que les Français puisque les richesses de leur clergé et les prérogatives de leur noblesse ne méritaient pas leur colère. Les gentilshommes et les ecclésiastiques étaient-ils exempts de la corvée? Ne payaient-ils pas les contributions? Et la Révolution ne leur donnait-elle pas l'espoir d'avoir leur part des charges de judicature et de finance et de toucher désormais le même salaire que les Français du continent? Le seul objet de la haine des patriotes, c'était le gouvernement despotique des Marbeuf, des Narbonne, des Sionville; c'était l'autorité illimitée des commissaires du roi. Vingt ans — ainsi que s'exprime Napoléon à propos de l'Office de Saint-Georges dans ses *Lettres sur la Corse* — n'avaient pas suffi pour apaiser leur ressentiment. Ils rappelaient l'influence que le commandant en chef et l'intendant exerçaient par leurs faveurs, l'insolence de leurs agents, les fautes commises par ces fonctionnaires venus d'outre-mer qui n'avaient d'autre talent que de savoir écrire et compter. Ils rappelaient que les États n'avaient jamais été qu'un simulacre d'assemblée, que l'administration avait eu recours à la force, avait arrêté par des entraves de toute sorte les progrès de l'agriculture, frappé le commerce de droits considérables, concédé les domaines des communes à des particuliers, converti des églises de confréries en magasins. Ils rappelaient la méfiance dont les Corses étaient l'objet, leur exclusion de toute place lucrative, la foule des emplois superflus que les Français occupaient et que les indigènes auraient occupés à moins de frais, le luxe introduit par des étrangers délicats qui refusaient de consommer les produits de l'île, même les plus communs, l'argent qui devait rester dans le pays retournant en France ou passant en Italie. Aussi un grand nombre avaient-ils envie de se révolter, de restaurer le gouvernement national. Dès le mois de mai 1789, l'intendant La Guillaumye jugeait que l'amour de l'indépendance n'était pas encore assoupi dans les âmes, et il craignait des « projets de sédition », craignait que les Corses, s'autorisant du dangereux exemple de quelques provinces de France, ne voulussent profiter de la faiblesse des garnisons.

A la vérité, les Corses n'avaient pas d'armes, et la convocation des États-Généraux leur faisait espérer la fin de leur servitude. N'avaient-ils pas eu leurs députés, comme en Lorraine et en Alsace? L'admission des représentants de l'île à l'Assemblée nationale ne prouvait-elle pas que la Corse était réellement une province française? Et appelée à rétablir l'ordre dans les finances de la France, ne serait-elle pas incorporée expressément à la couronne, réunie formellement à la nation, soustraite par suite au régime d'exception? Les insulaires s'accordaient donc à demander un décret qui fît de leur pays une portion intégrante de la monarchie. Une fois déclarés Français, ils ne seraient plus esclaves; ils s'administreraient eux-mêmes; ils ne plieraient plus devant des commis qui n'étaient que le rebut du royaume; ils auraient toutes les places, tous les emplois. Ils auraient des gages, modiques sans doute, mais ce seraient des gages. « Fixer des honoraires convenables » est une phrase qui revient souvent dans les cahiers des doléances de la Corse.

Mais ce peuple que le commandant en chef, le vicomte de Barrin, nomme un peuple vif et pétulant, impatient et bouillant, pouvait-il demeurer tranquille lorsqu'il apprit les succès de la Révolution? A la nouvelle du 14 juillet, et, comme disait la municipalité ajaccienne, des mouvements pleins de patriotisme et d'énergie dont la France était le théâtre, l'île entière s'agita. « L'explosion, écrivait Barrin, est à peu près générale, et aussi forte qu'on peut l'imaginer, la révolte près contre le roi, qu'on peut craindre et qu'il est absolument nécessaire de prévenir. »

Le vicomte de Barrin était un homme timide et indécis qui n'osait user de vigueur. Dès le premier jour il résolut de ne pas résister, et il répétait que tirer des coups de fusil, c'était jeter de l'huile sur le feu et susciter une insurrection qui serait victorieuse, qu'il faudrait abandonner l'intérieur et se renfermer dans les citadelles, que l'unique parti était donc de céder, d'éviter au gouvernement tout embarras, d'accorder volontiers et d'avance ce qu'il y aurait quelque risque à refuser.

Peut-être avait-il raison. Que faire depuis que l'Assemblée avait décrété — le 10 août 1789 — que les troupes ne marcheraient que sur la réquisition des municipalités? Les officiers de Barrin restaient impassibles lorsqu'une rixe, un combat éclatait près de leur corps de garde et sous leurs yeux.

Pouvait-on d'ailleurs, remarquait Barrin, contenir par la force une nation nouvellement conquise? Le gouvernement avait, l'année précédente, rappelé quatre bataillons. Le commandant en chef ne disposait plus que de six bataillons et de deux compagnies du corps royal très au-dessous du complet. 900 hommes à Bastia, 600 à Ajaccio, 210 à Calvi, 40 à l'Isle Rousse, 30 à Saint-Florent, et le régiment de Salis qui n'avait à Corte, malgré ses treize compagnies, que 500 Suisses sous les armes, voilà le peu de monde qui défendait l'île. Barrin demandait un surcroît de six bataillons dont quatre bataillons d'infanterie régulière pour garder les places et deux bataillons de chasseurs pour courir l'intérieur. Mais le ministre de la guerre avait décidé de ne plus rien envoyer. Allait-on dégarnir le midi de la France, Dauphiné, Languedoc, Provence? La Corse se révoltait-elle contre Sa Majesté? Renforcer les garnisons, n'était-ce pas aigrir les insulaires, les mettre en défiance, leur faire croire qu'ils paraissaient redoutables? Ne serait-ce pas provoquer la sédition au lieu de l'empêcher? Les municipalités voudraient-elles, dans une insurrection générale, requérir ces Français contre leurs compatriotes? Mieux valait donc employer la douceur, et si des excès se produisaient, puisqu'il était impossible de les punir, pratiquer l'indulgence que commandait la situation. L'essentiel était d'occuper les forteresses. Certaines gens conseillaient d'évacuer le pays et de l'abandonner à lui-même. Mais, comme l'avait dit Choiseul, une fois les Français partis, les Anglais viendraient les relever, et les vaisseaux britanniques, toujours sûrs de s'abriter dans les ports de l'île, ne laisseraient pas échapper un seul des bâtiments que la monarchie des Bourbons avait alors sur la Méditerranée. Le roi Georges ne payait-il pas depuis longtemps une pension considérable à Paoli?

Barrin ne reçut pas de secours, ne reçut même pas d'instructions du ministre. Aussi fit-il des concessions. Lorsque la municipalité de Bastia lui présenta la cocarde tricolore, il répondit d'un air riant : « Vive la jeunesse bastiaise! » et il invita le commandant d'Ajaccio, La Ferandière, à prendre cette cocarde « blanche, bleue et couleur de rose ».

Mais il ne suffisait pas d'arborer la cocarde pour apaiser les esprits. L'émeute grondait partout.

Le 15 août, à Ajaccio, des habitants du dehors vinrent en foule célébrer la fête de la Vierge et participer à la procession. C'était le jour où La Ferandière avait pris la cocarde tricolore, sur l'ordre de Barrin, et les troupes la portaient. Mais la population était mécontente de l'évêque Doria qui, sous prétexte de réparations, n'ouvrait pas la cathédrale aux fidèles. Au sortir de la grand'messe qui avait eu lieu dans l'église des Pères Franciscains hors de la ville, les Ajacciens exhalèrent par des clameurs redoublées leur colère contre Doria. L'évêque, possesseur des biens affectés à l'entretien de la cathédrale, avait été condamné par le Conseil supérieur à restaurer l'édifice ; pourquoi ne s'était-il pas encore exécuté? Pourquoi l'église était-elle privée depuis douze ans du service divin? Aux cris de *Viva la Madonna* le peuple se porta chez Doria qui logeait au Séminaire et, malgré La Ferandière et les officiers de la garnison, entraîna le prélat à la cathédrale et le força de payer sur-le-champ une somme de quatre mille livres et de donner caution pour le surplus. Durant le tumulte, des artisans et des mariniers réclamèrent la suppression des droits de l'amirauté et de la douane en disant que les uns étaient vexatoires et les autres trop élevés.

Quelques jours plus tard, nouveaux désordres à Ajaccio. Les mariniers allaient faire du bois dans les concessions et répondaient aux gardes qui demandaient leur *billet* ou permis, que la cocarde était leur billet. La populace exigeait bruyamment le *Livre rouge* où était consigné le détail de tous les biens et revenus des communes de l'Au-delà des monts; elle se rendait chez le subdélégué de l'intendant et directeur des domaines, Souiris, qu'elle accusait de détenir le registre et qu'elle faillit écharper parce qu'il ignorait le destin du *Libro rosso* : la municipalité dut envoyer quatre députés à Bastia pour y chercher le document perdu. Enfin, les gens des campagnes avoisinantes marchaient sur Ajaccio; ils désarmaient la garde à la porte de la ville, et ils ne se dissipèrent que lorsque La Ferandière fit avancer du canon. Plusieurs des premières familles d'Ajaccio s'éloignèrent parce qu'elles craignaient pour leur sûreté. Le podestat Tortaroli et les notables formèrent un comité de 36 citoyens et levèrent une milice bourgeoise qui maintint l'ordre de concert avec la troupe française.

A Bastia, dès le commencement du mois d'août, les officiers municipaux, les seuls de l'île qui fussent perpétuels et nommés par le roi, le maire Rigo et les deux pères du commun Morlas et Rossi, donnaient leur démission. Le 14 août, les syndics des communautés d'arts et métiers se réunissaient dans l'église de la Conception avec des gentilshommes, des bourgeois, des prêtres, des moines, et devant le subdélégué général, élisaient sans aucun tumulte une nouvelle municipalité. Mais bientôt la ville fut orageuse. Les plus turbulents disaient tout haut qu'ils voulaient occuper à leur tour et selon leur droit les places qu'occupaient les Français. Des membres du Conseil supérieur, les commandants du génie et de l'artillerie, le colonel et quelques officiers du régiment du Maine, les commissaires des guerres avaient fondé un cercle : des placards ou *cartels* demandèrent l'interdiction de ce club, et le maire le ferma comme association dangereuse. Chaque nuit des placards affichés sur les murs sommaient des magistrats de quitter l'île. Le 7 septembre, Cherrier, inspecteur général des domaines, homme probe, intelligent, mais raide et vif, recevant des bourgeois qui le priaient de contribuer aux frais d'installation d'un marché, leur répondait avec colère qu'il aimerait mieux être pendu que de donner un sol à des gens qui méprisaient et humiliaient les Français. Le propos fut colporté, commenté, altéré; une heure après, on assurait dans Bastia que Cherrier avait dit qu'il aimerait mieux acheter des cordes pour faire pendre tous les Corses. Il fut insulté, hué, menacé de mort, et, le soir, s'embarqua pour la Provence. Nombre de Français suivirent ou se préparèrent à suivre cet exemple.

A Corte, les officiers municipaux eurent la maladresse de faire assigner le même jour un grand nombre de gens qui devaient payer l'amende pour avoir commis des dégradations dans les bois. Ces paysans crièrent à l'injustice. Le peuple s'ameuta. Il fit de nouvelles élections et nomma trois pères du commun au lieu de deux; il envahit le greffe des forêts et jeta au feu les registres qui contenaient les rapports des gardes; il força le curé de la ville à renoncer aux droits de prémices; il mura la porte du cimetière et déclara que les morts seraient désormais inhumés dans les églises.

A Sartène, la foule entra dans la maison du subdélégué et juge royal Vidau qu'elle accusait de malversations, et, s'il n'avait pris la fuite, elle l'eût sûrement massacré; mais elle obligea la femme du juge à lui donner un habit du fugitif et brûla ce vêtement sur la place : des prêtres et des moines durent chanter les prières des morts pendant l'autodafé.

Ailleurs, les communautés de la campagne convoquaient des assemblées sans le concours des officiers municipaux, élisaient des comités, chassaient des curés qu'elles remplaçaient par des vicaires, faisaient les demandes les plus extraordinaires. Le major Maimbourg, commandant de Bonifacio, était en congé à Paris; le peuple réclama les clefs de son logement pour le transformer en collège.

600 paysans des communes de Frasseto, de Zicavo, de Quas-

quara et de Campo, contraignant les curés et officiers municipaux à marcher avec eux, l'étendard en main, ravageaient les concessions du comte de Rossi, de M. de Comnene, du sieur Fleuri, incendiaient les moissons, coupaient les oliviers. La piève de Vico menaçait la colonie grecque de Marbeuf fondée par l'ancien gouverneur sur le territoire de Cargese. « Le moment, écrivait Barrin, paraît favorable pour tout exiger; si un parti de cinquante bandits venait d'Italie ou de Sardaigne, il ferait la loi partout et mettrait tout à feu et à sang. »

Ces bandits arrivaient. Des exilés — les compagnons de Paoli, ceux que le général entretenait en Toscane avec l'or anglais — se montraient dans le nord de la Corse par bandes de vingt-cinq à trente hommes qui se divisaient ou se réunissaient selon le besoin. Barrin, estimant que c'était « courir après des mouches » que d'envoyer le régiment du Maine à leurs trousses, confia très imprudemment le soin de les poursuivre à des nobles du pays qu'il savait attachés au gouvernement. Il distribua des fusils aux Fabiani, aux Boccheciampe, à des membres de la commission des Douze, et ne fit par là qu'exaspérer la population.

Les députés du tiers, Saliceti et Cesari, voulurent remédier au mal. Ils eurent des conférences avec Buttafoco, Peretti, Giubega et les Corses qui se trouvaient à Versailles. Buttafoco et Peretti ne tardèrent pas à se retirer en disant que la majorité n'envisageait que son intérêt propre et ne s'inspirait que de l'esprit de parti. Mais cette désertion n'empêcha pas Saliceti, Cesari et leurs amis de chercher, comme disait Giubega, à mettre quelque ordre dans le désordre. Ils résolurent la formation d'un Comité permanent ou Comité national qui comprendrait 22 membres, nommés dans l'assemblée de chaque juridiction par des députés de chaque commune. Les juridictions de Bastia, d'Ajaccio, de Calvi, d'Ampugnani auraient chacune trois représentants; le Cap Corse et Corte, deux; le Nebbio, Aleria, Vico, Sartène, Bonifacio et Porto-Vecchio, un. Le Comité installerait un inspecteur dans chaque juridiction et un commissaire dans chaque piève. Chaque inspecteur rendrait compte au Comité qui, après avoir délibéré, enverrait à Paris tous les renseignements nécessaires pour recevoir et exécuter les décrets de l'Assemblée nationale. Les commandants des troupes et des milices prêteraient main-forte au Comité sitôt qu'il leur adresserait une réquisition; une milice bourgeoise serait établie « suivant l'ancien usage de la Corse », et le Comité seul fixerait le nombre et le mode de levée de ces gardes nationales.

Ce projet fut envoyé par Saliceti et Cesari à toutes les communes de Corse qui l'accueillirent avec enthousiasme. Mais le ministre, sans le combattre ouvertement, le désapprouvait; il comprenait, selon l'expression d'un de ses conseillers, le danger d'armer un pays où dominaient les partis, où les haines étaient vives, où l'inconstance naturelle des habitants faisait craindre qu'ils ne voulussent changer de maître. Barrin, La Guillaumye, les Douze et la noblesse royaliste avaient les mêmes inquiétudes. Ils décidèrent de s'opposer à l'établissement du Comité national et de la milice. Barrin disait qu'une garde nationale serait un malheur pour l'île, que la Corse ne pouvait être considérée comme une autre province du royaume, que, si elle avait des milices, tous les insulaires se croiraient en droit d'être armés; au plus consentait-il à lever dans Bastia une troupe uniquement formée de propriétaires qui ne recevraient leurs fusils qu'au moment d'agir. « Si on leur met les armes à la main, s'écriait La Guillaumye, ils les tourneront contre eux-mêmes et, perdant toute idée de travail utile et de repos, ne songeront plus qu'à satisfaire des vengeances! »

Telle était la situation de la Corse au mois de septembre 1789, à l'instant où revenait Napoléon, frémissant encore des idées qu'il avait exprimées dans sa *Lettre* à Necker, méditant de faire le personnage de justicier, de démasquer des fonctionnaires détestés et d'infliger aux petits despotes de son île la peine d'une infamante publicité, résolu, selon le témoignage de Masseria, à défendre en toute occasion la cause de la liberté, songeant à prendre place au milieu de ces grands hommes dont il narrait les destins dans son ouvrage sur son pays natal et, comme il disait de Lupo d'Ornano, à se rendre illustre parmi les siens, plein d'une ambition qu'il se déguisait à lui-même et qu'il nommait patriotisme, désir d'être utile, amour du bien public, goût de la politique. N'écrivait-il pas naguère que les sentiments vigoureux caractérisaient son âme? Avec quel mépris il parlait des « lâches » et des « efféminés qui languissent dans un doux esclavage » ! Et, lorsqu'à ces jeunes gens au teint fleuri qui courent les filles, il opposait les jeunes gens au teint pâle qui s'emparent des affaires, lorsqu'il louait les « privilégiés qui, par la force de leurs organes, peuvent maîtriser toutes leurs passions et par l'étendue de leurs vues gouverner les états », ne pensait-il pas à ce que pouvait être, à ce que serait un jour Napoléon Bonaparte?

Joseph avait la même ferveur révolutionnaire que son aîné. Lorsqu'il suivait à Pise les cours de l'Université, il allait, sitôt que sonnait la cloche, écouter l'éloquent Lampridi qui professait le droit public et enseignait le dogme de la souveraineté du peuple. Le soir, il s'entretenait avec des exilés corses, Pietri, Nobili Savelli, Clément Paoli, ce frère aîné du général que Napoléon nomme un bon guerrier et un vrai philosophe. « J'étais, dit Joseph, dans un âge où l'on sent vivement ce qu'on croit juste. » Il accueillit donc la Révolution avec enthousiasme. Il composa des *Lettres de Paoli à ses compatriotes* et les soumit à Giubega : la première traitait de l'état de la Corse et des maux de sa situation; la seconde, des moyens de régénérer l'île par les réformes qui se préparaient sur le continent. Aussi fut-il secrétaire du Comité ajaccien des 36. Certains membres, abusés par ses airs tranquilles, le jugeaient un peu tiède. « Eh, messieurs, disait le président du Comité, il a plus besoin de bride que d'éperon. »

Les deux Bonaparte s'unirent pour jouer un rôle dans les événements de Corse. Sous les dehors d'un homme aimable et conciliant, sous son aménité — c'est le mot qu'emploient tous ses contemporains — Joseph cachait l'envie des distinctions et une ambition très vive. En cette même année 1789, dans un placet au grand-duc de Toscane, il demandait l'ordre de Saint-Étienne, énumérant ses titres, origine toscane et noblesse de la famille, mission de Charles Bonaparte à Versailles, entrée de Napoléon à l'École militaire et de Marianna à Saint-Cyr, et assurant qu'il était mû par le désir de reconnaître son antique patrie, que s'il recevait cette décoration, il aurait lieu et occasion de montrer au prince sa profonde vénération et sa plus fidèle obéissance.

Il ne fut pas un des quatre-vingts chevaliers étrangers qui portaient l' « insigne ordine di San Stefano ». Mais il se promit de parvenir aux premières charges de l'île. Siéger d'abord dans la municipalité ajaccienne, puis dans l'administration du département, puis à l'Assemblée nationale, tel était le but de Joseph. Son cadet ne disait-il pas à Sainte-Hélène que s'il avait été plus âgé, il aurait sous la Révolution brigué la députation, qu'une fois élu, ardent et chaud comme il l'était, il aurait infailliblement marqué dans le parlement et se serait fermé la voie des grandeurs militaires?

Napoléon approuva les visées politiques de Joseph, l'encouragea, l'aida de tout son pouvoir. Il se poussait lui-même en poussant son aîné. Commander les milices nationales, être, après le retour de Paoli, le premier lieutenant du général, lui succéder peut-être, étendre en tout cas l'influence et le nom des Bonaparte d'un bout à l'autre de la Corse, tel était son dessein.

Mais les deux frères étaient trop jeunes pour arriver d'emblée aux fonctions qu'ils rêvaient. Que de rivaux ils auront parmi les exilés qui rentrent avec Paoli et même parmi les Corses de leur âge dont plusieurs sont subtils, alertes, doués de toutes les qualités du terroir ! Et cependant, à force de se remuer et de se mettre en avant, les Bonaparte s'imposèrent à l'attention. La Corse les connut. Leur nom fut cité ; il vola de 1790 à 1793 sur la bouche de leurs compatriotes ; il eut autant de retentissement que le nom des Casabianca, des Chiappe, des Moltedo. Joseph était en 1792 à la tête du *Governo* et Napoléon commandait un des bataillons de volontaires. Toutefois, dans Ajaccio même, les Bonaparte ne purent triompher de Pozzo di Borgo et de Marius-Joseph Peraldi. Ils n'avaient pas la souplesse de Pozzo, son talent d'intrigue, ses nombreuses relations, et, s'ils comptaient à Ajaccio et dans le faubourg quelques clients, et au dehors, à Bocognano et à Bastelica, des serviteurs dévoués comme les Bonelli et les Costa, leur clan n'était pas si considérable que le clan du riche Peraldi. Ces deux hommes, Pozzo et Peraldi, barrent le chemin à Joseph : s'il monte, ils montent aussi; il les voit toujours au-dessus de lui. Devient-il président du Directoire du district d'Ajaccio : Pozzo et Peraldi sont membres de l'administration générale du département. Devient-il membre de l'administration générale : Pozzo et Peraldi entrent à l'Assemblée législative.

Sitôt arrivé, Napoléon s'éleva vigoureusement dans ses conversations avec ses compatriotes contre le joug qu'une administration arbitraire faisait encore peser sur la Corse. L'oppression actuelle n'était-elle pas une injustice plus criante que la conquête? Le temps de la tyrannie ministérielle n'avait-il pas disparu? Quoi! la Révolution rendait aux hommes leurs droits et aux Français leur patrie, et elle ne rendrait pas aux Corses la liberté! Quoi! on laissait subsister ce *colosse* d'employés étrangers à l'île, et un notaire, un greffier, un commis de la douane avait présidé aux assemblées du clergé, de la noblesse et du tiers!

Il soutint le projet de comité élaboré par Saliceti et Cesari. Il nommait ces deux députés *nos* députés — comme si Buttafoco et Peretti n'eussent pas représenté la Corse; — il voyait en eux l'espoir de la nation; il disait volontiers que l'un était fils, frère, neveu des plus zélés défenseurs de la cause commune et que l'autre avait vu les « horreurs » de Narbonne et de Sionville en gémissant de son impuissance. Leur projet, répétait-il, était inspiré par l'amour de l'ordre, par le patriotisme, par le plus noble enthousiasme; on devait souhaiter qu'il reçût une prompte exécution, et sûrement, ce Comité central des vingt-deux saurait veiller avec plus d'énergie et d'autorité que la commission des Douze aux droits des Corses et au maintien des propriétés.

Mais officiers et fonctionnaires français avaient écrit à Paris que la modération ne réussirait pas, qu'on ne pouvait garder le pays que par un vaste déploiement de forces militaires, que la crainte seule contiendrait les insulaires, que ce moyen avait échoué sur le continent et n'échouerait pas en Corse où l'insurrection des troupes n'était pas à redouter. Des Corses et des Français qui connaissaient l'île, le comte de Rossi, Wargemont, d'autres encore proposaient de donner le commandement à Narbonne-Fritzlar qui n'aurait qu'à se montrer pour rétablir la tranquillité. Barrin même acceptait Narbonne comme successeur et affirmait que personne ne serait plus utile. Du moins désirait-il un lieutenant ferme et vigilant pour remplacer Sionville qui venait de mourir subitement à Sartène.

Le beau-père de Buttafoco, le maréchal de camp Gaffori, fut choisi. Il reçut le 20 août ses lettres de service : il serait le second du vicomte de Barrin, et pour mieux pacifier l'intérieur de la contrée, il se mettrait à la tête du régiment provincial corse dont il était naguère colonel. Mais on comptait qu'il saurait par l'unique ascendant de son nom maîtriser les esprits : son père avait héroïquement lutté contre les Génois, et le fils de ce grand patriote trouverait faveur devant les Corses.

A peine débarqué — le 16 septembre — Gaffori déclara qu'il voulait l'ordre et la paix, que les Corses devaient attendre patiemment les décrets de l'Assemblée et ne faire ni révolte ni révolution : *la quiete*, tel était le mot qu'il avait sans cesse à la bouche. Il protestait qu'il n'avait pas l'intention de maintenir ses concitoyens dans l'esclavage, de les livrer aux ministres, et il avouait qu'ils avaient eu jusqu'alors un gouvernement despotique. Mais il souhaitait de les amener de la servitude à la liberté sans commotion ni tumulte, et il combattait les desseins de Saliceti et de Cesari, s'opposait à la formation de la milice nationale et à la constitution du Comité qu'il regardait comme des « innovations malsaines ».

Il se tourna d'abord vers Ajaccio et marcha sur cette ville avec deux cents hommes du régiment de Salis et cinq compagnies du régiment provincial. Lui-même allait en tête des troupes et lorsqu'il entra dans Ajaccio, il mit l'épée à la main. Aussi fut-il froidement reçu. On le qualifia de conquérant, et, parce qu'il resta trois jours dans la maison de son ami et parent Joseph-Antoine Bacciochi sans en sortir, on prétendit qu'il n'osait se montrer au dehors à cause du silence improbateur qui l'accueillait dans les rues. Napoléon se moquait de lui, disait qu'il n'avait que de médiocres talents, qu'il commettait des bévues sans nombre, qu'il ne s'entendait qu'à se faire des ennemis, qu'il était le satellite de la tyrannie, l'émule des Narbonne et des Siouville, et que le fils venait restaurer le despotisme que le père, de glorieuse mémoire, avait abattu.

Mais la présence de Gaffori avait redonné cœur et courage aux amis de l'ancien système. Il passait en revue la garnison de la ville et les troupes qu'il avait amenées avec lui. Il annonçait hautement qu'il serait sur pied dès le matin à la pointe du jour pour empêcher tout désordre, et lorsque les députés des corporations se présentèrent chez lui, il leur demanda s'ils avaient leurs papiers et les engagea à ne faire autre chose que de vivre tranquilles et de nourrir leur famille par leur travail. Une partie de la population se prononça pour lui. L'autre prit peur. La garde bourgeoise qui s'était formée n'osa continuer son service, et vainement Napoléon s'irritait qu'elle fût « anéantie sous le poids des préjugés de toute espèce », s'irritait que les partisans de l'administration s'unissent pour « prodiguer le mensonge, souffler la division, faire partout des prosélytes. »

A cet instant parut un manifeste des Douze. Le ministre de la guerre les avait chargés de délibérer sur le projet de comité et de milice proposé par Saliceti et Cesari. Les Douze étaient ainsi leurs propres juges et devaient décider si leur commission subsisterait ou non. Ils s'élevèrent naturellement contre l'institution du Comité et la proclamèrent dangereuse et impraticable. Ce Comité, disaient-ils, était sans objet puisque la tranquillité la plus parfaite régnait dans l'île; il serait nommé par des assemblées particulières qui provoqueraient des rumeurs et des troubles; enfin il coûterait des sommes considérables puisqu'on devrait donner des appointements — *un onest'onorario* — à ses vingt-deux ou vingt-trois membres. Quant à la milice, ajoutaient les Douze, il faudrait dépenser un million pour la solder; la terre serait ainsi privée d'une partie de ses cultivateurs; le roi, laissant les insulaires se garder eux-mêmes, rappellerait ses troupes, et le numéraire cesserait de circuler en Corse.

Ce manifeste excita la colère des patriotes. La commission des Douze était déjà très impopulaire. On l'accusait de basse complaisance. On lui reprochait d'être l'instrument passif des volontés du gouverneur et de l'intendant. Pourquoi ne comprenait-elle que des gentilshommes? Et les deux membres qui résidaient alternativement à Bastia deux mois l'an, pouvaient-ils s'appliquer sérieusement aux affaires? Aussi le tiers état avait-il demandé dans ses cahiers que cette commission fût désormais composée de trois nobles, de trois ecclésiastiques et de six bourgeois, et que le service des deux membres qui demeuraient à Bastia près des commissaires du roi, se fît de quatre mois en quatre mois.

Bastiais et Ajacciens protestèrent contre le manifeste. Les Douze, disait Bastia, avaient négligé de prendre l'avis des gens qui formaient la plus grande partie du tiers état, et leur délibération ne tendait qu'à détruire le plan des députés Saliceti et Cesari dont les pouvoirs étaient supérieurs à ceux des *Nobili Dodeci*; la conduite de ces messieurs tenait du despotisme; leur assemblée devait être regardée comme non avenue, et il fallait leur défendre de se réunir dorénavant pour traiter de questions qui concernaient tous les ordres; était-ce à eux de faire la loi en Corse dans un moment où la noblesse de France adoptait les principes de l'égalité la plus entière?

Les patriotes d'Ajaccio répondirent à la commission des Douze par la plume de Napoléon. Le jeune lieutenant les avait convoqués le 31 octobre dans l'église Saint-François. Il leur lut une adresse qu'il avait rédigée et qu'il proposait d'envoyer à l'Assemblée nationale.

Il s'indignait d'abord, comme les Bastiais, que les Douze prétendissent représenter la nation et statuer sur des affaires d'utilité générale lorsqu'ils n'avaient d'autre mission que de discuter l'impôt territorial. Puis, il réfutait article par article le manifeste de la commission.

On ne pourrait, selon les Douze, nommer le Comité central parce que les assemblées particulières provoqueraient des rumeurs et des troubles. Fallait-il donc, en pleine Révolution, lorsque les hommes, reprenant leur rang, exerçaient leurs droits imprescriptibles, leur imposer le calme et le silence de l'esclavage? Fallait-il, parce qu'il y aurait du tumulte dans les assemblées, ne plus réunir les Corses? Un intendant les gouvernerait-il toujours?

Les Douze disaient que le Comité serait sans objet parce que la tranquillité la plus profonde régnait dans l'île. Pourquoi donc avait-on demandé des troupes avec tant d'empressement? Sans doute parce que le peuple s'insurgeait! Mais n'y avait-il pas d'autres causes de désordre? Le peuple était-il seul à piller les propriétés et les finances? Lorsque les administrateurs n'inspiraient justement que méfiance et que haine, pouvait-on dire que tout était tranquille? Pouvait-on exiger des Corses de rester plus longtemps sous le joug?

Les Douze assuraient qu'il faudrait un million pour solder la milice. Mais les Corses se montreraient-ils moins généreux que leurs compatriotes de France? N'avaient-ils pas fait la guerre et versé leur sang durant quarante années pour défendre leur indépendance? Et ils refuseraient de marcher lorsque la patrie serait en danger, lorsqu'elle aurait besoin de leur assistance!

Les Douze objectaient encore que la terre serait privée d'une partie de ses cultivateurs. Mais, répliquait Bonaparte, la liberté n'empêche jamais la culture; c'est le despotisme seul qui dépeuple les campagnes.

Ils ajoutaient que le roi rappellerait ses troupes. Mais la

milice serait-elle éternellement sous les armes? Le roi n'était-il pas toujours préoccupé du bien de ses sujets?

Les Douze concluaient que le numéraire cesserait de circuler. Hélas! c'était une vérité trop évidente : le numéraire ne circulait en Corse que par le canal des troupes. Mais à qui la faute, sinon à ceux qui ruinaient la contrée, à ceux qui s'opposaient à tout changement?

Et — après cette attaque qu'on n'aurait guère attendue du fils de Charles Bonaparte, du fils d'un Douze — Napoléon priait l'Assemblée nationale de « rétablir les Corses dans les droits que la nature a donnés à tout homme dans son pays ». De nouveau, comme dans ses lettres à Paoli et à Giubega, il accusait l'administration de « discréditer » les insulaires, de les « manger », de leur ôter toute aisance et toute prospérité. Il invectivait les bureaux, pleins de commérages et d'intrigues, ces bureaux qui distribuaient les places et perpétuaient les abus. Il déplorait le sort de l'île livrée à des aventuriers qui ne pensaient qu'à s'enrichir. Il assurait que la Corse était aussi pauvre qu'avant la conquête, bien que le roi y eût dépensé plus de quatre-vingts millions. « Nous avons, nosseigneurs, tout perdu en perdant la liberté, et nous n'avons trouvé dans le titre de vos compatriotes que l'avilissement et la tyrannie. Un peuple immense attend de vous son bonheur : nous en faisons partie, nous sommes plus vexés que lui; jetez un coup d'œil sur nous, ou nous périssons. »

Cette protestation se couvrit de signatures. Napoléon l'avait hardiment signée le premier en joignant à son nom son titre d'officier d'artillerie, et, après lui, le podestat Tortaroli, les Pozzo di Borgo, l'archidiacre Lucien, Fesch, des chanoines, des abbés, des députés des corporations, l'avaient également signée. Mais, si l'adresse rédigée par Bonaparte respirait, comme il dit lui-même, l'énergie, et manifestait la résolution d'Ajaccio, elle était impuissante. Les patriotes qui s'assemblaient dans l'église Saint-François à l'appel de Napoléon, déclaraient qu'ils ne protestaient que comme particuliers. Le bruit se répandait qu'à l'instigation de Buttafoco, Narbonne venait relever Gaffori, que cinq mille hommes avaient reçu des ordres, que le ministre avait expédié des brevets pour accroître d'un bataillon le régiment provincial. « La Corse, disait Napoléon, est livrée aux mains de ce Narbonne qui en fut le bourreau et qui revient fixer ici le despotisme. »

Si du moins la secousse avait été générale! Si Bastia avait pris les armes! Si les deux capitales de la Corse, Bastia et Ajaccio, avaient agi de concert! Mais les Bastiais, intimidés, ne bougeaient pas. Un instant, ils avaient cru que les fonctionnaires français repasseraient la mer, et, selon une sourde rumeur, ils devaient le dimanche 13 septembre exiger le départ des employés et l'établissement d'une milice bourgeoise, et, en cas de refus, user de violence. Soudain Barrin sembla renoncer au système de modération. Le commandant de l'artillerie arma ses canons. La garde de la citadelle fut augmentée et portée à 150 hommes. Le colonel Rully fit ostensiblement des préparatifs de défense et le régiment du Maine, aiguisant ses sabres avec affectation, annonça le dessein de traiter les « mauvais sujets » en ennemis. Les fauteurs de l'insurrection se cachèrent et la journée du 13 septembre se passa tranquillement.

Mais que pouvait Barrin contre les excitations des députés du tiers? Dans les premiers jours de novembre, cette Bastia que Napoléon qualifiait d'engourdie, se réveillait subitement à la voix de Saliceti. Le 20 octobre, le Constituant écrivait à Jean-Baptiste Galeazzini que toutes les provinces de France s'étaient emparées de l'administration, que les villes ne recevaient plus d'ordres que de leurs municipalités provisoires, n'employaient d'autres forces que celles des milices nationales. La Corse, disait Saliceti, ne suivrait-elle pas cet exemple? Serait-elle seule à trembler devant une robe ou une baïonnette, devant un commis de l'intendance ou de la douane? N'était-elle pas la province qui méritait le mieux la liberté? Et il encourageait les Bastiais à lever, sans perdre un moment, une milice bourgeoise qui les défendrait contre les entreprises du pouvoir militaire. Barrin, ajoutait-il, ne serait pas assez imprudent pour leur refuser des fusils : la loi devait armer le peuple en Corse comme en France, et si les commandants éludaient ou violaient la loi, Bastia s'armerait sans l'ordre des commandants.

Cette lettre détermina la révolution de Bastia que Napoléon jugeait si tardive. Lui-même vint aider au mouvement. Sitôt qu'il sut que Galeazzini et ses amis, enhardis par les exhortations de Saliceti, avaient résolu de former en dépit de Barrin une garde nationale, il se hâta de quitter Ajaccio où il rongeait son frein, et de courir à Bastia.

Il comptait plusieurs amis en cette ville où il avait dans les années précédentes sollicité l'intendant. Il était apparenté aux Varese. Un membre de cette famille, l'abbé Aurèle Varese, faisait en 1779 avec Charles Bonaparte le voyage de France et, à Autun, où il était diacre, il avait reçu plusieurs fois dans les premiers mois de 1780, au palais épiscopal, la visite du jeune Napoléon, conduit par l'abbé Blenne. Ce Varese allait, lui aussi, jouer un rôle dans les troubles de la Révolution. Il appartint au club d'Autun où il fut collègue du conventionnel Guillemardet et au club de Bastia qu'il présida. Napoléon qui le revit en 1793 devant Toulon, le nomma commissaire principal à Corfou et ordonnateur à Saint-Domingue, donna à sa veuve une pension de 900 francs, à ses deux fils une bourse au lycée de Marseille, et à l'aîné une bourse à Saint-Cyr.

Bonaparte connaissait aussi les deux frères Jean-Baptiste et Pierre Galeazzini. Il fit Jean-Baptiste préfet du Liamone, commissaire général de l'île d'Elbe, baron de l'Empire, et, pendant les Cent-Jours, lui confia l'administration du département de Maine-et-Loire. Il employa Pierre dans la campagne d'Italie ; mais, comme dit Clarke dont Napoléon a certainement inspiré le jugement, si Pierre Galeazzini était brave, il manquait de talents et il aimait l'argent; il finit par entrer au service de Naples comme chef de bataillon et commandant d'armes.

Le lieutenant de La Fère se garda de voir ses camarades de

l'artillerie, comme il avait fait l'année d'auparavant, et de fraterniser avec eux. Mais — à ce que dit expressément un de ces officiers dont le témoignage semble irrécusable — il était un des principaux chefs de la cabale et, s'il se tint derrière le rideau, ce fut lui qui fit mouvoir tous les ressorts de l'insurrection.

Le 5 novembre, au matin, les officiers municipaux de Bastia présentèrent à Barrin une adresse, signée des chefs des arts et métiers, des notables et d'une grande partie des citoyens, qui demandait la formation d'une garde civique. Le général répondit que l'ordonnance sur le port d'armes existait encore et n'avait été ni suspendue ni révoquée par le gouvernement. Mais, sur les vives instances de la municipalité qui le pressait de consentir dans la journée même à la levée de la milice, il ajouta verbalement et par écrit qu'il donnerait le lendemain à midi une réponse décisive. Il méditait sa lettre et en pesait les termes avec un de ses confidents lorsque le maire lui annonça que les habitants s'armaient.

Fatigués des atermoiements de Barrin et refusant tout délai, les Bastiais avaient résolu de passer outre. A midi, lorsque les officiers de l'artillerie descendirent de la citadelle pour se rendre à leur auberge, ils virent un nombre considérable de gens allant et venant en tous sens. Les uns avaient des fusils ; les autres, des pistolets ; d'autres, ces stylets de bonne trempe et de lame aiguë qui se fabriquaient à Bastia chez des fourbisseurs aussi renommés dans toute l'île que l'étaient à Paris les marchandes de modes. Quelques-uns s'occupaient devant leur porte à rassembler des parties d'armes à feu rouillées, faisaient jouer les batteries, nettoyaient les canons. Tous avaient l'air d'user d'un droit naturel et de se livrer à un travail ordinaire. La ville était comme un vaste atelier d'armurerie. Sur-le-champ les officiers rebroussèrent chemin, et sitôt que la générale fut battue, les portes de la citadelle furent fermées, les pièces pointées sur Bastia, des boulets, des gargousses, des cartouches à balles, transportés au haut du fort. Les canonniers montraient du zèle, de l'ardeur, et leurs chefs n'avaient nul besoin de les exciter. « Ces gueux d'Italiens, s'écriaient-ils, veulent nous narguer, mais ils auront affaire à nous. » Massoni, lieutenant en premier des mineurs, beau-frère de La Besse, major de la citadelle, et le seul Corse qui fût avec Bonaparte officier du corps royal — il devait « abandonner » deux ans plus tard, servir comme capitaine d'artillerie dans l'armée espagnole et obtenir de Napoléon sa radiation de la liste des émigrés — Massoni se joignait à ses camarades pour combattre à leurs côtés et rester fidèle à son roi. De la main, il leur indiquait en face du château, près du port, la maison où Bonaparte délibérait avec les meneurs de la population bastiaise, et les canonniers n'attendaient qu'un ordre de Barrin pour tirer sur l'endroit où siégeait le conciliabule : un seul boulet, et peut-être le tumulte finirait.

Barrin était fort embarrassé. Mais le président du Conseil supérieur, Morelli, vint lui dire que le peuple voulait s'assembler à trois heures dans l'église Saint-Jean et redoutait les entreprises du colonel Rully contre la ville : le général ferait bien, ajoutait Morelli, d'appeler Rully au Gouvernement et de donner immédiatement la réponse qu'il avait promise pour le lendemain. Barrin suivit ce conseil. Il écrivit qu'il ne devait ni ne pouvait autoriser la formation d'une milice bourgeoise, mais que, puisque cette institution serait établie prochainement en Corse, les officiers municipaux n'avaient qu'à dresser le tableau des miliciens qui, dans la règle, seraient tous propriétaires et auraient dix-huit ans au moins et soixante ans au plus. En même temps il envoyait son secrétaire Bourguignon chercher le colonel du régiment du Maine et assurer au maire que Rully n'entreprendrait rien contre la ville, que la garnison ne bougerait pas si le peuple demeurait tranquille.

Mais avant le retour du secrétaire Bourguignon, des commis de l'intendance, effarés, effrayés, criant que leurs bureaux étaient en danger, demandèrent à Barrin des fusils pour se défendre. Il objecta que ce serait armer citoyens contre citoyens. Un instant après, d'autres fonctionnaires l'informaient avec les mêmes airs d'épouvante que des gens en venaient aux mains dans les rues. Barrin, cédant à leurs sollicitations et à celles de Rully, ordonna de faire battre la générale.

Au bout de quelques minutes, il sut que tout se calmait, que les gens qui se chamaillaient s'étaient dispersés, que le peuple réuni dans l'église Saint-Jean commençait à dresser le tableau des milices. Il révoqua l'ordre : les troupes devaient simplement se rassembler dans leurs quartiers.

Il n'était plus temps. Rully avait fait battre la générale, et tout se mettait en mouvement. Bientôt Barrin voyait entrer chez lui deux délégués de l'assemblée bastiaise, Morati et Giordani, qui l'invitaient à se rendre au milieu des citoyens. Il les suivit à Saint-Jean. Là, il déclara qu'il venait, poussé par sa confiance dans les Corses et par l'amour du bien. Mais les Bastiais l'accueillirent par les reproches les plus violents; ils l'accusèrent de manquer à sa parole, de trahir le peuple; durant trois heures, le malheureux fut accablé d'insultes et de menaces. Le maire Caraffa était à ses côtés; il avait vu les guerres de Flandre et de Westphalie, neuf sièges et dix combats; il avoue que la pensée de la mort ne se présenta jamais avec autant d'horreur à son esprit. Barrin fut sommé d'armer la milice qui se formait. Vainement il répondit que les fusils du château étaient en petit nombre, qu'ils appartenaient à la troupe de ligne, qu'il n'avait pas le droit d'en disposer pour un autre objet sans l'autorisation du roi. Il dut, par un billet écrit et signé de sa main, ordonner au commandant de l'artillerie de délivrer aux Bastiais deux cents fusils.

Les Bastiais étaient d'autant plus exaspérés que le régiment du Maine avait tiré sur eux. En cas d'alarme, les grenadiers de ce régiment se réunissaient dans la cour du Gouvernement; les chasseurs, laissant trente des leurs chez le trésorier, se portaient au magasin des vivres; une compagnie de fusiliers occupait l'ancien couvent des jésuites sur une petite hauteur qui dominait deux rues; le reste attendait les drapeaux devant la citadelle. La compagnie de chasseurs alla chercher les drapeaux chez le colonel Rully qui logeait dans Bastia, et au débouché dit des Terrasses, s'engagea dans la rue Saint-Jean, sans savoir que l'église était le rendez-vous des Bastiais. Mais des hommes armés reculaient devant elle en criant à diverses reprises : « *Vous ne passerez pas!* » Le capitaine-commandant d'Hardeval s'avança seul. Des bourgeois postés sur le seuil de Saint-Jean le couchèrent en joue. A leur tour, les chasseurs, de leur propre mouvement, ajustèrent. Aussitôt le capitaine en second, Tessonnet, qui se trouvait à la tête du deuxième peloton, se précipita, releva de l'épée les fusils et fit signe de la main aux Bastiais de ne pas tirer. Les Bastiais répondirent par une décharge. Quelques chasseurs furent légèrement atteints, et Tessonnet, criblé de plomb des pieds à la tête et notamment sous les aisselles, regagna sa place de bataille. La compagnie riposta par une salve. Mais la plupart des soldats tirèrent en l'air : un Bastiais fut blessé à la joue et un autre eut la canne de son fusil cassée. D'Hardeval, voyant derrière lui sur une terrasse, en face de la rue, des habitants qui le visaient, craignit d'être entre deux feux et se replia par la rue des Fours. Sur son chemin, il rencontra Rully qui revenait au Gouvernement avec la compagnie de grenadiers et qui s'était arrêté lorsqu'il avait entendu la fusillade; les grenadiers avaient donné des coups de baïonnette à deux jeunes gens qui leur lançaient des pierres, et retenu l'un d'eux prisonnier. Au même moment arrivait Raphaël Casabianca, lieutenant-colonel du régiment provincial; il dit à Rully que Barrin était dans l'église Saint-Jean et commandait aux troupes de s'en aller. Rully exigea un ordre par écrit, et lorsque cet ordre lui fut porté par un garde de l'amirauté, il fit rentrer les compagnies aux casernes. Lui-même se rendit à la citadelle.

Il trouva devant le château des Bastiais qui demandaient des armes au nom de Barrin. Fallait-il obéir au général, bien qu'il fût captif? L'ordre fut exécuté. Mais les deux cents fusils ne suffisaient pas. Les Bastiais qui n'avaient pas d'armes, se plaignirent et sommèrent Barrin de leur donner cinq cents autres fusils. Après tout, disaient-ils, la Providence avait conduit le général dans l'église pour qu'il fût « livré à leur disposition et forcé de prendre à leur égard des sentiments plus justes ». Étourdi par les clameurs de la foule, voyant se lever sur lui la pointe des stylets, Barrin signa ce nouvel ordre. Derechef, les officiers de l'artillerie obéirent et leurs soldats distribuèrent les armes à la porte du fort. Mais, au milieu du brouhaha, les Bastiais se faufilèrent dans la citadelle et mirent les magasins au pillage. En une demi-heure, douze cents fusils passèrent dans les mains des Corses qui poussaient des cris de joie pendant que les officiers se taisaient humiliés et que les canonniers se rongeaient les poings.

Après avoir donné un dernier ordre, celui de relâcher le jeune prisonnier que les grenadiers avaient fait et de le rendre à sa famille, Barrin sortit sain et sauf de Saint-Jean. Les Bastiais l'escortaient; un de leurs aides-majors lui servit d'aide de camp; ils montèrent la garde à sa porte avec les soldats du Maine; à tous les postes, il y eut de la milice mêlée à la troupe de ligne.

La ville victorieuse se déchaîna contre Rully. Elle l'accusait d'avoir fait battre la générale; elle le blâmait d'obéir à Barrin, lorsqu'il ne devait marcher que sur la réquisition de la municipalité; elle lui reprochait de détester les Corses. Le colonel exécrait en effet les insulaires : « C'est une nation, disait-il, qui ne cesse et n'a jamais cessé de nous donner des marques de haine », et il jurait que si le gouvernement n'envoyait pas un commandant en chef avec des renforts, la France serait obligée dans quelques mois de reconquérir le pays. Barrin lui permit d'aller à Paris. Rully resta plusieurs jours dans la citadelle et, un soir, s'embarqua furtivement. Les Bastiais l'avaient épié; ils l'accompagnèrent longtemps du bruit sinistre de leurs cornets.

Barrin enjoignit, dit-on, à Bonaparte de regagner Ajaccio. Mais le grand coup était porté. « Nos frères de Bastia, écrit l'officier, ont brisé leurs chaînes en mille morceaux ! »

Les conséquences de l'événement furent considérables. Des

communes voulurent aussitôt, à l'exemple de Bastia, former leur milice. Les gens de Cervione forcèrent un détachement de Limousin de leur donner des fusils et menacèrent de le désarmer. Mais, sur l'ordre de Barrin, Gaffori accourut le 26 novembre avec cent hommes du régiment provincial; il dégagea le détachement et le ramena à Bastia après avoir contraint la garde nationale ou, comme il s'exprimait, la soi-disant milice, à rendre les armes dont elle s'était emparée.

D'autres communes prétendaient se faire justice. Les habitants des villages voisins de Marbeuf voulaient de nouveau détruire cette colonie grecque que les Corses avaient toujours jalousée parce qu'elle prospérait par son labeur et surtout parce qu'elle avait pris parti pour les Génois ses bienfaiteurs. Leurs officiers municipaux, mandés naguère par Gaffori, avaient cependant promis de ne plus recommencer. Enhardis par le succès de l'émeute bastiaise, ils incendièrent les casernes de Vico, chassèrent le détachement de Limousin qui les occupait, lui enlevèrent soixante-dix à quatre-vingts fusils et marchèrent sur Marbeuf qu'ils attaquèrent durant deux jours, du 29 novembre au 1er décembre. Mais les Grecs résistèrent, et, d'Ajaccio, La Ferandière eut le temps de dépêcher par mer à leur secours deux compagnies du régiment provincial commandées par le major Bonavita. A l'aspect de cette troupe, les assaillants se dissipèrent.

Mais le plus grand résultat de l'insurrection bastiaise fut le décret de la Constituante qui, selon le mot de Napoléon, *intégra* la Corse à la France.

Le 30 novembre, Saliceti déposait sur le bureau de l'Assemblée une lettre adressée aux députés corses et signée par trois capitaines de la garde nationale bastiaise, Jean-Baptiste Galeazzini, Pierre-Paul Morati et Guasco — ce Guasco que le général Bonaparte recommandait en 1796 comme un des trois « capitaines patriotes » qui sauraient défendre la forteresse d'Ajaccio. Volney donna lecture de cette lettre. Elle rapportait les scènes du 5 novembre et demandait que la Corse fût tirée de son incertitude. L'île serait-elle toujours soumise au régime militaire ou, comme on le disait, replacée sous la domination génoise? Ne serait-elle pas, selon le vœu de ses cahiers, déclarée partie intégrante de la monarchie française? Pouvait-elle être calme tant qu'un décret n'aurait pas fixé ce qu'elle était et ce qu'elle devait être?

La Constituante décida que la Corse faisait partie de l'empire, que les habitants étaient régis par la même constitution que les autres Français, que tous les décrets de l'Assemblée nationale seraient exécutés dans l'île. Elle ne refusait rien à cette province altière dont l'hommage lui paraissait plus touchant, plus précieux que l'hommage d'aucune autre. Les détracteurs de la Corse, ceux qui, comme l'abbé Peretti, Buttafoco, Gaffori, trouvaient que tout n'y était pas pour le mieux, appartenaient au camp des aristocrates. L'Assemblée ne les écouta pas; elle se piqua d'être généreuse et de réparer les torts ministériels; elle déclara par la voix de Barère que Choiseul était un usurpateur et que le peuple corse avait été soumis à la fois par une politique tortueuse et par les horreurs de la soldatesque; elle combla de faveurs les insulaires que l'ancienne monarchie avait opprimés, et il sembla, remarque Paoli, qu'elle rougit des traitements qu'ils avaient subis et qu'elle en eût des remords. Napoléon raconte qu'après 1769 nul des Français qui venaient dans l'île, n'était tiède sur le caractère des indigènes, que les uns n'éprouvaient que de l'enthousiasme et les autres, que du dégoût. Les Français n'eurent alors pour la Corse que de l'enthousiasme. Comme Boswell, ils la comparaient à l'Ithaque d'Homère. Ils admiraient ce petit peuple plein de sève et de vigueur qui s'était si longuement battu contre l'étranger. Rousseau et Mably n'étaient pas seuls à dire que les Corses donnaient de belles espérances. Pommereul n'était pas seul à écrire que les grands hommes naissent du sein des discordes civiles, que le moment était venu pour la Corse de s'illustrer et que de ce pays sortiraient bientôt de puissants génies et d'habiles généraux. Roland nommait la Corse le patrimoine de la liberté. Elle passait pour l'asile naturel des héros et des fiers républicains, pour la demeure d'hommes rustiques, presque sauvages, mais vertueux et que le luxe, les arts, les gouvernements n'avaient pu corrompre par leurs vices et abâtardir. C'était là que les Girondins voulaient se retirer : chassés de Paris, chassés des rives de la Loire, des Cévennes, de la Provence, ils se seraient réfugiés en Corse : « La Corse nous restait, s'écrie Barbaroux, la Corse où les Génois et les Français n'ont pu naturaliser la tyrannie, la Corse qui n'attend que des bras pour être fertile et des philosophes pour se guérir de ses préjugés ! » Même en l'an IV, Deleyre imaginait que si les rois conjurés envahissaient la République, l'élite des Français devrait se réunir en Corse comme les Athéniens s'étaient réunis à Salamine, et là, prendre des forces et des ailes pour revoler à la conquête de la patrie.

L'Assemblée constituante ne se borna pas à proclamer la Corse partie intégrante du territoire français. Elle décida, sur la proposition de Mirabeau, que les Corses qui s'étaient expatriés après avoir combattu pour la liberté, pourraient rentrer dans l'île et y exercer tous les droits de citoyen français. Vainement quelques « aristocrates » objectèrent que la présence de ces exilés serait un danger pour la tranquillité publique, et demandèrent que les termes « après avoir combattu pour la liberté » fussent effacés du décret comme injurieux à la nation et à la mémoire du roi Louis XV. Mirabeau répondit que le mot de liberté semblait faire sur certains membres la même impression que l'eau sur les hydrophobes. Saliceti se porta garant des actes et des paroles de ces Corses bannis, affirma qu'ils étaient gens d'honneur, qu'ils ne provoqueraient aucune insurrection et ne feraient qu'augmenter le nombre des Français. « Il faut, disait Barère, que Paoli lui-même apprenne à devenir Français », et Mirabeau, volontaire dans la campagne de 1769, regrettait hautement que cette expédition eût *souillé* sa jeunesse.

Le décret d'incorporation ne fut pas, il est vrai, promulgué sur-le-champ. Gênes protestait, réservait ses droits. Mais, dans la séance du 20 janvier 1790, Buttafoco déclara que les

Corses se donneraient plutôt au diable qu'à la République de Gênes, et Mirabeau, s'élevant contre la prétention ridicule et absurde des Génois, les accusant d'outrager l'Assemblée, rappelant que le doge de 1685 était venu s'humilier à Versailles devant Louis XIV, proposa de citer à la barre le doge de 1790 : pourquoi la liberté ne ferait-elle pas ce qu'avait fait le despotisme? La Constituante arrêta que ses décrets seraient envoyés en Corse et exécutés sans retard.

Mais déjà le décret d'incorporation avait excité dans l'île des transports d'enthousiasme. Un *Te Deum* avait été chanté le 27 décembre dans toutes les églises. Bastia, Ajaccio, avaient témoigné la plus grande allégresse. A Ajaccio, un feu de joie fut allumé sur la place de l'Olmo, et la foule cria *Evviva la Francia, evviva el re*. Une douzaine de particuliers illuminèrent leurs fenêtres. Napoléon fit tendre sur la maison de la rue Saint-Charles une banderole qui portait les mots : *Vive la nation, vive Paoli, vive Mirabeau*. Hardiesse singulière en face des Français d'Ajaccio et surtout de ses frères d'armes, les officiers de la garnison, et du commandant de la place La Ferandière !

C'est que, comme disait Napoléon, la perspective changeait. Il criait *vive Paoli*, mais il criait aussi *vive Mirabeau* et *vive la nation*. Il avoue que si le parti royal l'avait emporté, que si la France, au lieu d'avoir une Assemblée nationale, n'avait eu que des États-Généraux qui n'eussent pas admis la Corse parmi les provinces du royaume, l'île entière se fût jetée de nouveau dans les bras de Paoli : « Nous eussions appelé Paoli, ce grand homme, l'objet de notre enthousiasme, que quarante mille baïonnettes et des circonstances malheureuses avaient pu seules nous arracher, et nous lui eussions dit : « Toi, le seul homme en qui la Corse ait confiance, reprends le gouvernail d'un navire que tu sus si bien conduire ; notre amour, inaltérable comme tes vertus, s'est accru par tes malheurs ; des brigands nous ont commandés ; notre terre est jonchée de leurs victimes ; mais ils n'ont pu nous avilir ; parais, nous sommes encore dignes de toi ! »

Or, le parti royal ne l'avait pas emporté; la France avait eu, au lieu d'États-Généraux, une Assemblée nationale qui donnait aux insulaires la liberté; la Corse n'était plus pays de conquête, n'était plus une sorte de colonie soumise à un régime particulier, n'était plus, selon l'expression de Paoli, la retraite où se retranchait le despotisme militaire; elle devenait province française; elle acquérait les mêmes droits que les autres parties du territoire.

Corse naguère et rien que Corse, Napoléon est aujourd'hui Corse-Français. Il ne pense plus à la révolte. Il éprouve les mêmes sentiments que ses compatriotes d'autrefois qu'il représente dans ses *Lettres* et qui, aux premiers temps de la domination génoise, lorsqu'ils étaient gouvernés par leurs lois, croyaient qu'ils devaient oublier l'indépendance, qu'ils devaient vivre tranquillement sous un régime qui rendait à leur pays toute sa splendeur. Il s'attache à cette France qu'il haïssait. Quoi, ces Français frivoles, oisifs, uniquement occupés de futilités qui rapetissaient leur âme, les voilà brûlant de l'amour de la patrie! Ces Français qui, formés par des femmes galantes, n'étaient que des femmelettes, les voilà dévorés de la passion du bien public et vraiment hommes! Ces Français légers et plaisants, inconséquents et capricieux, dont Napoléon avait lu le piquant portrait dans Raynal, ces Français qui ne se mêlent des affaires de l'État que pour chansonner les ministres et ne connaissent guère les sensations profondes, les voilà qui osent penser, agir, se gouverner eux-mêmes! Et il ne leur suffit pas de s'affranchir! Ils affranchissent les Corses! Ils sont libres et veulent que les Corses le soient comme eux! Grâce à eux, et comme eux, la Corse ne subit plus le poids de cette autorité royale qui par ses commis, ses magistrats et ses soldats la courbait et l'opprimait! Ah! la nation éclairée, la nation magnanime autant qu'elle est puissante! « Elle nous a ouvert son sein, s'écrie Napoléon, désormais nous avons les mêmes intérêts, les mêmes sollicitudes : il n'est plus de mer qui nous sépare! »

Il renonce donc à publier les *Lettres sur la Corse*. Pourquoi revenir inutilement sur le passé? La France nouvelle a réparé noblement les injustices de l'ancien régime. Et, à vrai dire, n'est-elle pas maintenant comme une autre Corse, comme la Corse avant la guerre de 1768? Les grands sentiments qui maîtrisent l'opinion à Paris et dans les provinces, n'agitaient-ils pas le sang des insulaires au temps du généralat de Paoli? Le délire qui possède cet aimable peuple des Français, n'est-il pas le même qui possédait toutes les pièves à l'époque de l'indépendance; le gouvernement établi par l'Assemblée nationale, le même que le gouvernement national fondé par Paoli; la constitution qui s'organise sur le continent, la même qui produisait dans l'île avant la conquête de si bons effets? « Et parmi les bizarreries de la Révolution française, remarque Napoléon, celle-ci n'est pas la moindre : ceux qui nous donnaient la mort comme à des rebelles, sont aujourd'hui nos protecteurs; ils sont animés par nos sentiments! »

Chez la plupart des Corses s'opérait un pareil revirement. Ils se prenaient à aimer sincèrement un pays où, selon les mots de Bonaparte, le patriotisme agrandissait subitement des âmes jusqu'alors restreintes par l'égoïsme et la tyrannie. Ils admiraient ce Paris que Gentili appelait le berceau de la liberté et des vertus sociales. Ils disaient que le despotisme de la monarchie les avait opprimés sans les soumettre, mais que la générosité de la France révolutionnaire leur faisait poser les armes; qu'après avoir détesté les Français comme maîtres, ils les bénissaient comme libérateurs et comme frères; que la Corse, renommée pour ses malheurs et son amour de la liberté, l'était aussi pour son attachement à ses bienfaiteurs.

Saliceti écrivait que la France rendait leurs droits aux insulaires, qu'elle « séchait leurs pleurs » et regagnait leur amitié, faisait succéder dans leur cœur aux mouvements de la vengeance ceux de l'estime et de la reconnaissance.

Pietri de Fozzano et Ange Chiappe déclaraient, l'un, que l'île, reçue sous la protection d'un roi citoyen et restaurateur de la liberté corse comme de la liberté française, se livrait à des transports de gratitude et de joie; l'autre, qu'avant l'heureuse Révolution, les Corses appartenaient à la France malgré eux, mais qu'aujourd'hui ils étaient fiers d'être Français, fiers d'appartenir à la France libre, et que le lien qui les unissait à cette grande patrie était trop beau pour qu'ils voulussent jamais le rompre.

Constantini assurait que la Corse aurait pu profiter de l'occasion pour se soulever : secrètement coalisés, concertant leurs mesures avec adresse et les exécutant avec non moins de promptitude, les patriotes pouvaient le même jour, au même instant, au même signal, chasser, massacrer les troupes; mais le décret du 30 novembre effaçait la mémoire de vingt ans d'oppression et de détresse; gouvernés par les mêmes lois, participant aux mêmes bienfaits que le reste des Français, soustraits à jamais aux attentats du despotisme, les insulaires s'imposaient la règle d'une éternelle fidélité.

Belgodere se réjouissait que son pays fût désormais partie indivisible d'un grand empire, et il ajoutait que Louis XVI désapprouvait tacitement la conduite de Louis XV, que les Français d'aujourd'hui, les *moderni Francesi*, pleins de patriotisme et de courage, déterminés à braver tous les périls pour conserver leur liberté, admiraient la constance des Corses et prononçaient leur nom avec respect, que cette généreuse nation semblait recevoir un bienfait au lieu de le donner, que les insulaires, après avoir eu raison d'abhorrer le gouvernement français et de regarder ses agents comme leurs ennemis, mériteraient l'exécration du genre humain s'ils ne s'empressaient pas de faire disparaître jusqu'au souvenir de l'ancienne distinction entre Français et Corses.

Barthélemy Arena affirmait que les Corses, heureux d'être associés à la France par le décret du 30 novembre qui fixait leur destin, verseraient tout leur sang pour le roi qui n'aurait jamais de sujets plus fidèles; que leurs sentiments répondaient à la grandeur du bienfait; que leur sensibilité était sans limites; qu'ils offraient le tribut de leur éternelle reconnaissance à l'Assemblée nationale, cet « auguste sénat » qui terrassait le colosse de l'aristocratie et consolait toutes les provinces opprimées par les abus de l'autorité.

Jean-Baptiste Galeazzini, revenant, avec les députations des gardes nationales de Bastia et de l'Isle-Rousse, des fêtes de la Fédération et paraissant le 11 septembre 1790 dans le congrès électoral d'Orezza, disait qu'il avait prêté serment d'éternel attachement à la plus belle constitution du monde, qu'il garderait toujours les sentiments d'un bon Corse-Français, et il remettait au congrès un étendard, don de la ville de Paris, « symbole de l'alliance que les représentants de 25 millions d'hommes libres avaient jurée avec les représentants des Français de Corse. »

Paoli reconnaissait que la France avait eu pitié de l'état misérable de la Corse ; qu'après avoir été sa compagne d'esclavage, elle l'avait délivrée et la traitait en sœur, l'abritait sous le même drapeau de liberté. Il protestait que les Corses n'auraient plus l'intention de se séparer du plus fortuné des gouvernements, *da questo ora fortunatissimo governo*, puisque leur province serait la plus heureuse du royaume et, proportion gardée, celle qui profiterait le plus sous la nouvelle constitution. Il ne parlait des Français que comme de compatriotes et de frères, de la France que comme de la plus grande, la plus puissante et la plus éclairée des nations. Il vantait le nom de Français, « titre glorieux » que les Corses auraient désormais, et assurait que leur esprit national, excité, stimulé par ce « lien sacré de famille », redoublerait d'industrie et d'énergie ; qu'on dirait de Louis XVI plus justement que d'Auguste qu'il commandait à des peuples dociles — *per populos dat jura volentes* ; — que le soldat français serait considéré, non plus comme l'instrument d'une administration arbitraire et le suppôt de la tyrannie, mais comme le défenseur du pays ; que les exilés qui rentreraient dans l'île seraient dignes des principes de la constitution française et que ces étrangers, ces mécontents, retrouvant des lois qui leur retraceraient l'image de leur ancien gouvernement embelli et comme perfectionné, deviendraient des citoyens et des apôtres de la vraie liberté ; que par un tel bienfait, la nation corse était une seconde fois vaincue, mais sans retour, et qu'une victoire de cette sorte était la seule qui ne se changeait pas en revers.

Mais si bien accueilli qu'il fût, le décret du 30 novembre n'apaisa pas les esprits. La Corse était enivrée de sa liberté nouvelle. Elle savait par des lettres de Paris que les commandants n'exerçaient plus la moindre influence sur le gouvernement politique, civil et économique, qu'ils n'avaient sous leurs ordres que leur troupe et que cette troupe ne sortirait des forteresses qu'avec la permission des officiers municipaux, que leur protection ne donnait plus les emplois, que les places seraient conférées par la libre élection des habitants, que tous les insulaires désormais égaux éliraient la plupart des fonctionnaires sans dépendre de l'inquisition d'un subdélégué ni du caprice d'un commissaire d'un roi. La perturbation fut donc plus grande que jamais et, au mois de janvier 1790, Barrin gémissait sur « l'état de combustion épouvantable » où se trouvait le pays.

De tous côtés surgissaient des comités qui prétendaient commander la garde nationale et même les troupes de ligne. Les milices se formaient sans règles ni principes et ne voulaient obéir à personne. Tous les paysans se faisaient inscrire pour avoir des fusils, et dès qu'ils avaient une arme qui leur coûtait parfois leur lit, leur bœuf ou leur chemise, ne cessaient de tirer au blanc.

La garde nationale de Bastia qui comptait 76 officiers sur 1200 miliciens, avait nommé colonel Petriconi, cet ancien député de la noblesse qu'une lettre de cachet avait exilé de l'île parce qu'il protestait contre l'administration de Marbeuf, et Petriconi, après avoir demandé l'autorisation du roi, rentrait en triomphe à Bastia au bruit du canon de l'artillerie bourgeoise : debout sur le pont du bateau, tenant d'une main l'épée et de l'autre le chapeau, gesticulant, il débutait, disaient les Français, comme un vrai charlatan. « Le peu de cas qu'ont fait de moi quelques ministres, écrivait-il fièrement, et le malheur que j'avais à Versailles, ne me suit pas partout et n'a pas influé ici parmi mes compatriotes qui m'aiment et m'estiment toujours. »

Achille Murati, un des meilleurs amis et des plus célèbres lieutenants de Paoli, se faisait élire colonel des milices nationales du Nebbio et envoyait dans toute l'île, sous forme de placard, deux lettres qu'il avait reçues, l'une de Gentili, l'autre de Saliceti et de Cesari. Les députés du tiers félicitaient Murati, souhaitaient que le reste de la Corse suivit l'exemple du Nebbio, assuraient que les bons effets de la Constitution étaient incalculables. Gentili déclarait qu'il arriverait prochainement; que les Corses ne seraient plus malmenés par des étrangers, par des hommes ignorants et présomptueux; qu'ils avaient assez de modération et de capacité pour vivre sous un régime électif et libre; que Buttafoco et Gaffori voulaient rétablir le despotisme et traiter les insulaires comme les colonies d'Amérique traitaient les nègres; mais que Biron allait recevoir le commandement des troupes. « J'ai bien connu Biron à Londres, ajoutait Gentili, il jouit de la réputation d'un zélé patriote et il proteste qu'il ne se mêlera pas dans les affaires de gouvernement et de milice. » Et Napoléon accueillait le placard d'Achille Murati avec enthousiasme; il louait l'audace civique de ce vétéran de l'indépendance : « Achille Murati, disait-il, fait ressouvenir aux compagnons de sa gloire qu'il est temps d'en acquérir encore, que la patrie en danger a besoin, non d'intrigues où il ne s'entendit jamais, mais du fer et du feu. »

L'avocat Barthélemy Arena s'emparait de l'Isle-Rousse, sa ville natale. Suppléant de Saliceti aux États-Généraux, il était allé conférer à Londres avec Paoli. Le 14 novembre il arrivait à l'Isle-Rousse et sur-le-champ agissait en maître, se vantant d'être chargé par l'Assemblée nationale de rétablir l'ordre, combattant à coups de fusil et plus souvent à coups d'arguments subtils les Fabiani, rivaux acharnés des Arena et connus par leur attachement à la monarchie, crénelant sa maison qui prenait l'apparence d'un château fortifié, obtenant du commandant de Calvi des armes pour ses affidés et postant des sentinelles à la porte des Français, convoquant le peuple, créant un Comité dont il était président, et faisant élire maire son frère Joseph-Marie et colonel de la garde nationale son frère Philippe-Antoine, appelant à lui la garde nationale de Bastia et molestant, vexant la compagnie de Salis-Grisons qui formait la garnison de l'Isle-Rousse au point que le capitaine, Salis-Haldenstein, jugeait sa situation pire que celle d'un assiégé, couchant en joue le commandant Turby et lui demandant sur un ton impérieux les clefs des barrières. Ces clefs n'appartenaient-elles pas à la municipalité? Lorsque le roi était entré dans Paris, le maire Bailly ne lui avait-il pas présenté les clefs de la capitale? Arena déclarait à Turby que le chef de la milice bourgeoise devait seul veiller à la défense de la cité et commander l'Isle-Rousse. Il invitait Barrin à désavouer les Fabiani et leur ami Turby qui correspondait avec eux : « Je ne suis responsable, écrivait-il, qu'à l'Assemblée nationale et en suivant ses décrets, je ne suis pas dans le cas d'en rendre compte à M. Turby. » Barrin voulut un instant dépêcher Gaffori en Balagne; mais c'était allumer la guerre civile; Arena se défendrait; l'Isle-Rousse serait pillée. Il prescrivit que cent hommes du régiment provincial iraient relever les quarante Suisses de la compagnie de Salis-Haldenstein. Toutefois, disait-il, il ne serait pas étonné si Arena refusait de les recevoir à l'Isle-Rousse et, en ce cas, Turby userait des seules armes qu'il pouvait employer : il renverrait la nouvelle garnison et dresserait un procès-verbal du refus d'Arena. « Voilà, ajoutait Barrin, à quoi est réduit le commandant de la Corse qui n'y commande assurément point. » Sa prévision se vérifia. Le 18 décembre, le Comité de l'Isle-Rousse somma Turby de quitter la place et le détachement du régiment provincial de ne pas y entrer. « La ville, écrivait de nouveau Barthélemy Arena, est entièrement dévouée à la nation française et se fait une gloire d'être soumise à la France; mais jusqu'à ce que la Constitution soit achevée, elle ne recevra aucune garnison : les milices suffiront à la garder. » Barrin se contenta d'ordonner aux cent hommes du régiment provincial de prendre poste à Algajola, à deux lieues de l'Isle-Rousse. Pourtant, il sentait ce que l'expulsion de Turby avait d'indécent, et Raphaël Casabianca vint en son nom à l'Isle-Rousse demander le retour du commandant avec un autre détachement du régiment provincial. Arena repoussa tout arrangement.

« L'Isle-Rousse n'est rien », disait justement Napoléon en 1810. L'événement eut toutefois un retentissement presque aussi grand que l'insurrection bastiaise. Barrin le considérait comme l'acte d'un fanatique qui abusait du régime nouveau pour mortifier ou abattre ses ennemis personnels. Mais les officiers, La Ferandière, le colonel du régiment provincial, Costa, s'indignaient. Barrin les laisserait-il écraser? Où irait-on, si un particulier, un intrigant sans nulle mission s'emparait impunément d'une position essentielle comme l'Isle-Rousse? Par contre, les Corses éclataient en cris d'allégresse. Napoléon applaudissait au courage entreprenant d'Arena qui n'avait craint aucun danger. « Arena, disait-il, est venu les armes d'une main, les décrets de l'Assemblée nationale de l'autre, et il a fait pâlir les ennemis publics! »

Il applaudissait de même à la confusion croissante de Gaffori. Le second de Barrin avait beau — ainsi s'exprimait notre lieutenant de La Fère — déployer la pompe de la force militaire. Il était impopulaire. On le nommait *l'inimico della nazione* et l'on répétait avec horreur qu'il avait arraché par ses menaces à la municipalité d'Alesani la promesse de ne pas faire de milices, qu'il avait emprisonné deux officiers municipaux de Sainte-Lucie qui présidaient à la formation de la garde civique. Le Comité de Bastia priait Barrin de ne pas l'envoyer en Balagne; Sartène décidait de ne pas le recevoir; Calvi déclarait que s'il se présentait, des députés iraient lui dire qu'on n'avait pas besoin de lui. Barrin n'osait plus l'employer. Il reconnaissait son activité, sa bonne volonté; mais il jugeait que Gaffori « voyait les choses militairement et non politiquement » et que « les dispositions hostiles contre lui étaient incroyables ».

Ajaccio ne bougeait pas. Les principaux habitants disaient

à La Ferandière qu'ils attendraient patiemment les décrets de l'Assemblée, et Gentili qui passa par la ville à la fin de décembre 1789, trouva les Ajacciens indolents et trop amis du repos. Mais Napoléon Bonaparte, son frère Joseph et plusieurs autres désespéraient La Ferandière par leur ardeur révolutionnaire. Le brave commandant écrivait à Paris que certains esprits étaient exaltés par des lettres particulières et par les papiers publics. Des billets anonymes l'avertissaient d'être sur ses gardes, l'informaient que des Ajacciens voulaient enlever des armes, surprendre la citadelle, s'emparer de sa personne. « Pour ma personne, marquait-il au ministre, je n'en puis répondre, car je suis souvent parmi eux ; mais soyez tranquille sur la citadelle. » Il se plaignait surtout de Napoléon Bonaparte, s'indignait que ce lieutenant d'artillerie eût quitté sa garnison pour prêcher la révolte et que sa famille se souvînt si peu des faveurs du roi. « Ce jeune officier, disait-il — à la date du 26 décembre 1789 — a été élevé à l'École militaire, sa sœur à Saint-Cyr, et sa mère comblée de bienfaits du gouvernement; il serait bien mieux à son corps, car il fermente sans cesse. » Et n'est-ce pas aux Bonaparte que pensait le commissaire des guerres Vaudricourt lorsqu'il mandait d'Ajaccio que plusieurs familles du pays devaient ce qu'elles étaient aux égards de l'administration, et après avoir causé presque toutes ses erreurs par leurs intrigues, se déchaînaient contre elle?

Mais durant toute l'année 1790 Napoléon, selon le mot de La Ferandière, fermenta sans cesse. Il prit une part active à la campagne qui précéda les élections municipales d'Ajaccio. Le maire fut Jean-Jérôme Levie, parent des Bonaparte, patriote de vieille date. Joseph réussit à se faire nommer officier municipal. Il n'avait pas l'âge requis. Mais, comme disait un fonctionnaire français, nombre de places étaient ou allaient être occupées par des imberbes qui n'atteindraient leur majorité que dans quelques années. Deux amis des Bonaparte, Étienne Conti et Jacques Pô, affirmèrent que Joseph remplissait les conditions exigées par la loi. Vainement ses adversaires firent venir de Corte son extrait baptistaire et prouvèrent par là qu'il avait vingt-deux ans et non vingt-cinq. Joseph avait pris possession de sa charge, et ses partisans répondirent à toutes les protestations que le maire Levie ne savait que l'italien et que Joseph avait, outre des talents supérieurs, une rare connaissance de la langue française.

Napoléon aida Levie, Joseph et les patriotes de sa ville natale à établir cette constitution qui méritait d'être « l'objet des sollicitudes de tous ». Il les encourageait à user de fermeté contre quiconque s'opposait au nouveau régime. « La municipalité, dit-il, employa la force de la loi contre l'arrogance, l'orgueil et les préjugés; on devint plus humble; on s'accoutuma, quoique en frémissant, à respecter le magistrat, représentant du peuple, et à lui obéir. »

Il aurait voulu, lorsqu'eut lieu l'organisation de la garde nationale, que Levie fût élu colonel. Mais Levie allégua son grand âge, et le choix tomba sur Marius-Joseph Peraldi, un des personnages les plus influents d'Ajaccio, l'homme le plus riche et le plus grand propriétaire de l'île, noble d'ailleurs et — prétend un Français — reconnu gentilhomme sur des certificats très véridiques bien que son aïeul eût été serrurier et son père, marchand détaillant à poids et mesures. On raconte que Napoléon, inscrit sur les rôles de la garde nationale comme simple soldat, fit plusieurs fois faction à la porte de Peraldi. C'était mêler habilement la modestie au patriotisme; sa conduite contrastait avec celle de certains notables qui se retiraient à La Mezzana pour ne pas servir dans la nouvelle milice; il devint populaire parmi les classes qui sont, disait-il, les dernières par leur fortune, mais les plus zélées pour la patrie.

Ce fut alors qu'il noua d'intimes liaisons avec deux hommes qui partageaient sa façon de penser presque en toutes choses, Philippe Buonarroti et Philippe Masseria.

Quoique chevalier de l'ordre de Saint-Étienne, Buonarroti venait de quitter la Toscane pour s'établir en Corse avec sa famille et y jouir, suivant l'expression du temps, des fruits de

la Constitution. Le Directoire du département qui goûtait ses
« écrits pleins d'érudition » et le jugeait ardent et distingué
tout ensemble — *zelante e distinto* — devait bientôt le nommer
chef de bureau et lui confier les détails relatifs au clergé et aux
biens nationaux. Mais le fonctionnaire était doublé d'un journaliste, et Buonarroti allait publier à Bastia un *Giornale patriottico* auquel Joseph et Napoléon donnèrent des articles. Peraldi
n'accusait-il pas en 1792 les deux frères Bonaparte d'avoir fait
insérer dans la gazette de Buonarroti les « inventions les plus
atroces de la calomnie »? Napoléon ne dit-il pas dans une lettre
de la même année que Buonarroti est un « puissant secours »
pour les projets de Joseph?

L'ajaccien Masseria, proscrit par la France, avait pris du service en Angleterre et reçu le grade de capitaine après le siège
de Gibraltar. Il était l'ami et le confident de Paoli. Par deux
fois le général l'envoyait à Paris en 1789 s'entendre non seulement avec Saliceti et Cesari, mais avec Bailly et Lafayette,
Mirabeau, Volney, les Lameth, les principaux chefs du parti
populaire, et en 1794 Masseria intriguait à Londres afin
d'obtenir pour Paoli la vice-royauté de la Corse et pour lui-
même le poste de secrétaire d'État. Il aimait sincèrement
Joseph et Napoléon qu'il se plaisait à nommer les Gracques et
il s'efforça de les attacher au destin de Paoli. Chargé en 1793
de se rendre à Toulon pour conférer avec lord Hood, il s'enquit
des frères Bonaparte et fit plusieurs tentatives pour les voir
dans l'intention de les présenter à l'amiral anglais et de les
ramener en Corse où Napoléon aurait, par ses talents militaires,
décidé le succès des paolistes. Au mois de décembre 1799 il
venait à Paris. Napoléon, qu'il trouva dans son bain, l'accueillit
avec une extrême bienveillance, et Masseria assure que Joseph
souhaitait alors de tout cœur l'alliance de la France avec l'Angleterre. « Les vagues, aurait dit Joseph, ont jeté notre famille
sur le sol de France et le peuple l'a mise sur le trône; nous
ferons de grands sacrifices pour conserver notre fortune;
l'alliance anglaise est notre premier désir; unies, l'Angleterre
et la France imposeront la paix au monde. » Masseria était du

même avis. Mais il voulait que Napoléon établît le protestantisme : suivant lui, si la France se faisait protestante, le catholicisme serait détruit en Angleterre, et, comme certains membres du conseil d'État, il priait le consul d'opérer une nouvelle Réforme, de créer une religion, d'être chef d'église et, pour ne pas être un jour écrasé par le pape, de rompre à jamais avec le Saint-Siège.

Masseria et les Bonaparte intervinrent efficacement dans les débats que suscita pendant les mois de mars et d'avril 1790 l'établissement du Comité supérieur.

Un comité municipal, composé de notables choisis par la commune, s'était formé à Bastia après l'insurrection du 5 novembre. Malgré le décret de la Constituante qui défendait les convocations de provinces ou d'états, le comité bastiais invita au mois de février toutes les pièves à déléguer chacune un de leurs membres à un congrès. Ce congrès se tint à Bastia dans l'église de la Conception durant huit jours, du 22 février au 1ᵉʳ mars. Il eut pour président Petriconi et pour secrétaires Laurent Giubega, le parrain de Napoléon, et Louis Benedetti, assesseur du juge royal de Bastia. La plupart des pièves du Deçà des monts avaient élu leurs mandataires. Un seul du Delà des monts se présenta. Le congrès passa outre. Il décida d'envoyer à Paris, tant pour remercier l'Assemblée nationale et le roi que pour hâter le retour de Paoli, quatre députés, Louis Belgodere, Paul Morati, Raphaël Casabianca et Panattieri. Il délibéra sur les moyens de faciliter la levée des milices et arrêta la formation d'un *Comité supérieur* qui siégerait à Bastia, et aurait charge de veiller à l'exécution des décrets, au maintien de l'ordre public et au recouvrement des impositions.

Ce Comité supérieur vécut du 2 mars au 1ᵉʳ septembre 1790. Il comptait soixante-six membres — six par juridiction — qui résidaient à Bastia par tiers. Chaque tiers était remplacé tous les quinze jours. Il y avait un président permanent, Clément Paoli. Mais Clément se faisait vieux, et à chaque quinzaine, le tiers qui entrait en fonctions, nommait un second et réel président. Les membres hors de tour allaient, en qualité de commissaires, dans les endroits de l'île où une insurrection était sur le point d'éclater. Nul ne recevait de rétribution.

De Paris, Buttafoco et Peretti s'élevèrent contre cette assemblée et demandèrent qu'elle fût déclarée nulle, parce qu'elle ne comprenait que des municipaux et des particuliers sans pouvoirs. Mais, quoique illégal, le Comité supérieur rendit de grands services. Par d'habiles menaces, par des sommations réitérées, et surtout par les moyens de douceur, par les *mezzi blandi*, par l'humeur conciliante des personnages qu'il déléguait, il pacifia tant bien que mal la Corse agitée et la fit passer sans effusion de sang, et comme insensiblement, du despotisme à la liberté. Il avait raison de dire qu'il était « le seul lien qui pût réprimer et réfréner le peuple », et Barrin reconnaît que, dans l'effacement ou l'écroulement de toutes les autorités, il tint lieu d'une administration départementale, fixa les idées des Corses, donna une interprétation uniforme aux décrets sur l'organisation des municipalités et trancha bien des questions qui provoquaient des troubles.

Le Comité avait commencé par suspendre toute assemblée générale jusqu'à l'arrivée de Paoli, le « meilleur guide » que les Corses pussent avoir pour appliquer les réformes de la Constituante. Mais il n'était pas au complet. Le 16 mars, il priait les municipalités du Delà des monts de nommer leurs députés soit dans une assemblée générale des juridictions, soit dans les assemblées particulières des pièves, et il annonçait que tous les membres du Comité supérieur se réuniraient le 12 avril à Orezza pour s'occuper du grand objet de la tranquillité publique.

Alors se manifesta la vieille rivalité qui régnait entre les deux capitales de la Corse, entre Bastia, plus populeuse, plus animée, plus vivante, et Ajaccio, plus calme, plus élégante, mieux située et bâtie, entre le nord-est et le sud-ouest, entre le Golo et le Liamone, entre le Deçà des monts et le Delà des monts, entre le *Di qua* et le *Di là*. Napoléon disait plus tard qu'il était d'une bonne politique de laisser subsister cette rivalité qui serait d'ailleurs extrêmement difficile à détruire, et il ajoutait que le Liamone aimerait mieux avoir à la tête de sa gendarmerie un Français du continent qu'un Corse du Golo, qu'il fallait mettre dans le Liamone l'escadron des natifs du Golo et dans le Golo l'escadron des natifs du Liamone. Tel n'était pas son avis en 1790. La Constituante avait arrêté dans sa séance du 3 février que l'île formerait, à cause de la faiblesse de sa population, un seul département réparti en neuf districts, et toutefois elle stipulait que l'assemblée électorale pourrait, si l'intérêt du pays l'exigeait, décider la formation de deux départements et, en ce cas, choisir les chefs-lieux. Napoléon pensait que former deux départements, c'était diviser la patrie et ôter à ses représentants leur importance, que l'unité ferait la force de la Corse, que les insulaires, ne composant qu'une seule masse, obtiendraient tout de la Constituante et du roi.

Mais nombre de gens désiraient que le *Di là* fût distinct du *Di qua*. Jean-Baptiste Bacciochi envoyait à Paris un mémoire où il prétendait que le Delà payait deux fois plus de taxes et d'impôts que le Deçà, et Bacciochi avait un puissant appui, celui de Jacques-Marie Ponte, procureur du roi à Ajaccio, qui venait de séjourner deux ans à Paris comme député des États de Corse. Un groupe de transmontains ne projetait-il pas quelques semaines plus tard d'opposer Comité à Comité, et de convoquer à La Mezzana une junte qui serait tout à fait indépendante de celle de Bastia?

Le 9 avril, à l'appel de la municipalité ajaccienne et du maire Jean-Jérôme Levie, les députés des pièves du Delà des monts se réunirent à Ajaccio. L'assemblée élut Marius Peraldi président et Charles-André Pozzo di Borgo et Leca Cristinacce secrétaires. Fallait-il se rendre à l'invitation du Comité supérieur dont les membres étaient tous du Deçà des monts? Peraldi, Leca Cristinacce, Guitera voulaient répondre par un refus. Pourquoi ne pas se séparer du *Di qua*? Le *Di là* n'était-il pas injustement traité? Ne se lasserait-il pas des inégalités qui le blessaient depuis si longtemps? Pas un des siens ne siégeait dans le Conseil supérieur de Corse; pas un ne figurait dans l'état-major du régiment provincial, et sur les quatre commissaires du roi que le ministre de la guerre avait récemment nommés, un seul, Ponte, était du Delà. Vainement Jean-Jérôme Levie, Charles-André Pozzo di Borgo, l'abbé Louis Coti, Joseph Bonaparte objectèrent les désavantages et les dangers de l'abstention. Vainement Joseph remontra qu'il fallait éviter toute discussion et tout schisme, assister à une assemblée qui comprendrait maint et maint notable de la Corse, collaborer à ses travaux s'ils étaient utiles au pays, combattre ses résolutions si elles étaient contraires au bien public, assurer au Delà une part équitable dans la distribution des impôts et dans celle des emplois. La majorité du congrès d'Ajaccio décida de n'envoyer personne à Orezza. Napoléon qui n'avait pas le droit de parler ni de voter était présent à la séance; lorsqu'il sortit, il haussait dédaigneusement les épaules.

Le soir, dans la maison des Bonaparte, avait lieu un conciliabule. Napoléon exposa les suites fâcheuses d'un refus. Les Corses devaient-ils être en désaccord dans un moment de profonde commotion? Déférer au vœu du Comité, c'était sans doute reconnaître la prééminence de Bastia et amoindrir Ajaccio. Mais quelle joie pour les aristocrates si les deux parties de l'île se séparaient l'une de l'autre! Ne jetaient-ils pas des brandons de discorde dans l'opinion pour faire croire que les Corses étaient ingouvernables? Et ne serait-ce pas céder ou paraître céder à « l'influence maligne de leur exécrable cabale » que de s'isoler des Bastiais? Le lendemain, l'assemblée des pièves du Delà, revenant sur sa décision de la veille, arrêtait presque unanimement d'envoyer des députés à Orezza. Elle nomma Joseph Bonaparte, Masseria, Pozzo di Borgo, Seta, Bruni, l'abbé Coti, Colonna d'Istria, Battini, Bianchi, Sobrini, Ottaviani et Casanova de Zicavo. « On espérait, disait Napoléon, nous tenir dans la léthargie; la ville d'Ajaccio para ce coup funeste dans ses conséquences et sacrifia la vanité d'être capitale au bien de la chose publique. »

Napoléon accompagna son frère. Les deux Bonaparte firent la route à cheval, et très lentement. Joseph admirait la beauté des paysages; Napoléon ne cessait d'examiner, de juger les positions que les Corses avaient défendues contre l'étranger.

Les représentants du Delà avaient manqué jusqu'alors. Le Comité supérieur trouva qu'ils étaient trop. Il vit arriver à Orezza, outre les mandataires de l'assemblée d'Ajaccio, les députés nommés dans les assemblées particulières des pièves : les juridictions d'Ajaccio et de Vico avaient ainsi plus de six délégués, et la proportion n'était plus conservée entre transmontains et cismontains. Joseph et Pozzo di Borgo remarquaient que les seuls députés légitimes étaient ceux qu'avait choisis l'assemblée d'Ajaccio. Mais on leur répondait que les vrais députés étaient ceux des pièves et que la junte d'Ajaccio était contraire à la circulaire du Comité supérieur. Finalement, les uns et les autres furent admis au congrès d'Orezza puisqu'ils étaient tous patriotes, sous cette réserve que chaque juridiction du *Di là* n'aurait, comme chaque juridiction du *Di qua*, que six représentants au Comité supérieur. Du reste, les députés de l'assemblée d'Ajaccio avaient un mandat limité et impératif qui leur interdisait de se réunir au Comité supérieur : ils approuvèrent le Comité, ils l'engagèrent à poursuivre son œuvre, l'assurèrent de leurs dispositions favorables, mais ils se bornèrent à instruire leurs commettants des délibérations du congrès.

Ce congrès qui fut présidé d'abord par Barbaggi, puis par Antoine Ornano, dura neuf jours, du 12 au 20 avril. Dès sa première séance, il pria Gaffori de prendre part à ses travaux, Gaffori vint et promit obéissance au Comité supérieur, jura de l'aider à la formation des milices et au rétablissement de la tranquillité. Sur les instances du général, le Comité décida même de se fixer à Corte, point central et le plus commode pour toutes les provinces.

Joseph Bonaparte appartint avec Gaffori, Pozzo di Borgo, Gentili, Barbaggi, Jean-Thomas Arrighi et plusieurs autres à une commission qui fut chargée de proposer au congrès les moyens les plus propres au calme et à l'union. Il fit à cette occasion un discours pathétique et lut aux assistants la formule d'un serment de concorde et de fraternité. « Jurons, dit-il, devant l'Être créateur, moteur, conservateur et destructeur des nations, jurons de sacrifier tout ressentiment privé à la patrie; étouffons l'esprit de faction; que ce jour soit la fin de nos discordes! » Napoléon lui avait fourni quelques noms corses, Sinucello, Arrigo della Rocca, Vincentello d'Istria, qu'il plaça dans sa harangue et qui produisirent bon effet. Mais Napoléon lui donna davantage, et le discours de Joseph exprimait les idées chères à son cadet : que l'île, après avoir été sous le généralat de Paoli le refuge de la liberté, avait été soumise par les embûches d'un ministre, livrée à l'administration aristocratique de quelques étrangers, gouvernée par une « tourbe d'aventuriers »; que les nationaux avaient été méprisés, avilis par des tyrans subalternes; mais que la Révolution, cette *crise imposante*, prédite par les publicistes, avait anéanti le despotisme; que le patriotisme et la patrie n'étaient plus des mots vides de sens : « Notre liberté n'est pas incertaine et précaire; elle ne dépend plus du caprice d'une favorite ni des intrigues d'une cour; elle est unie par des nœuds indissolubles à la liberté d'un grand empire qui se régénère; une nation généreuse dont les administrateurs furent injustes, vient de réparer tous leurs torts en nous appelant dans son sein comme ses enfants! »

Quatre jours avant la fin du congrès, le 16 avril, Napoléon avait écrit à son colonel pour avoir une prolongation de congé, soit qu'il eût attrapé dans ses promenades aux Salines d'Ajaccio une fièvre maligne, soit qu'il eût des maux d'estomac, soit plutôt qu'il voulût rester en Corse quelques mois de plus. Il assurait M. de Lance que sa santé était délabrée et qu'il ne pourrait rejoindre le régiment avant le 15 octobre, avant la seconde saison des eaux minérales d'Orezza — de ces eaux acidulées et ferrugineuses que Charles Bonaparte, dans ses conversations avec les docteurs de Montpellier en 1785, déclarait si bienfaisantes. Napoléon sollicitait un congé de quatre mois et demi. Un certificat de médecin accompagnait son mémoire. Sur ce témoignage complaisant il obtint un congé de quatre mois avec appointements à dater du 15 juin.

Il avait donc le temps d'assister au retour de Paoli. Un an auparavant, lorsqu'il demandait au général l'agrément de publier les *Lettres sur la Corse,* le jeune lieutenant souhaitait d'aller à Londres pour s'entretenir avec le grand exilé des malheurs de son pays et lui exprimer ses sentiments d'admiration. Et voici que cette entrevue si passionnément désirée allait avoir lieu dans la patrie même, sur le sol corse! A cette pensée, Napoléon exultait. Il engagea Joseph et ses amis à rendre au héros un hommage éclatant et digne d'Ajaccio. Déjà l'assemblée du 9 avril avait décidé de dépêcher en France quatre députés, chargés de complimenter Paoli et de le ramener parmi les siens : Marius Peraldi, Ange Chiappe de Sartène, Antoine Moltedo de Vico, l'abbé Peretti de Levie, et bien que le Comité supérieur eût prétendu dans sa séance du 11 juin que cette députation qui n'était pas nommée par tous les délégués du *Di là*, n'avait pas l'autorité suffisante pour représenter les provinces transmontaines, les quatre personnages se regardaient comme les envoyés de leurs concitoyens du Delà des monts. Sur les instances des Bonaparte, Ajaccio voulut honorer Paoli par une députation purement ajaccienne. La ville, disait Napoléon, n'avait-elle pas toujours donné l'exemple du patriotisme le plus désintéressé? N'avait-elle pas été la première à reconnaître les vertus et la sagesse de ce Paoli qui, si rapidement, avait mené la Corse à la liberté? Ne devait-elle pas témoigner son respect et son amour à cet homme « créé pour la consolation commune », à l'homme dont le seul aspect obligerait les méchants soit à changer de conduite, soit à « cacher sous les replis de leur cœur leurs projets pernicieux et leur fiel détestable »? La municipalité résolut d'envoyer au-devant du général plusieurs de ses membres, et pour subvenir à leurs dépenses, usa d'un expédient très simple. Des gardes nationaux entrèrent au Séminaire, ouvrirent la caisse, y prirent deux mille et quelques cents livres et donnèrent un reçu : il est vrai qu'au bout de plusieurs jours le Séminaire, dépourvu d'argent, rendit ses élèves à leurs familles. C'est ainsi que le subdélégué Souiris avait dû payer les frais de voyage — 452 livres 2 sols — aux quatre députés d'Ajaccio qui étaient allés fouiller les archives de Bastia pour chercher le *Livre rouge*.

Joseph et son oncle Nicolas Paravicini, Jacques Pò, l'abbé Charles Recco et Thomas Tavera composaient la députation ajaccienne. Napoléon chargea Joseph qui devait débarquer à Marseille, de remettre à l'abbé Raynal le manuscrit des deux premières *Lettres sur la Corse*. « Mon frère, écrivait-il à Raynal, n'oubliera pas de venir recevoir une leçon de vertu et d'humanité. » La députation poussa jusqu'à Lyon où elle rencontra Paoli. Le général accueillit Joseph amicalement et lui fit don de son portrait crayonné jadis à Corte par Charles Bonaparte sur une carte de jeu.

« L'anarchie, disait Paoli après son retour, avait succédé à l'administration royale et bouleversé entièrement le pays. »
Quatre commissaires du roi, nommés le 7 mars par le ministre de la guerre, avaient charge de surveiller l'exécution des décrets de l'Assemblée. C'étaient Petriconi et les membres de la dernière députation des États de Corse, Santini, évêque du Nebbio, le comte Mattei et Jacques-Marie Ponte. Mais leur titre sonnait mal aux oreilles des insulaires, et le peuple parlait couramment de leur emploi odieux, *impiego odioso*. L'un d'eux, Petriconi, tranchait du souverain, rendait des décisions sans consulter ses collègues, cassait, annulait, suspendait de son chef les élections des nouvelles municipalités. Il avait fait imprimer et publier sa lettre de nomination en déclarant qu'il était commissaire avec l'évêque du Nebbio et *deux autres sujets*. Mattei et Ponte se plaignirent d'être ainsi méprisés : ils accusèrent Petriconi de falsifier sa commission, d'usurper la suprématie, de rétablir le despotisme. De son côté, Petriconi les traita d'aristocrates, et les Bastiais crièrent que le comte Mattei voulait vendre la Corse aux Génois.

A ces quatre commissaires du roi s'opposait le Comité supérieur. Après avoir suivi Gaffori à Corte, le Comité, se repentant de sa démarche, craignant que la liberté de ses délibérations ne fût « étouffée par la force », était revenu à Bastia. Il écrivait au ministre de la guerre que les commissaires du roi ne feraient que du mal, que le Comité seul pouvait mettre fin aux scandales qui se multipliaient tous les jours, que le Comité seul pouvait agir promptement et sans retard parce qu'il disposait, pour trancher toutes les contestations, d'une autorité efficace « collective et confidentielle, bien moins dangereuse dans les mains de beaucoup que dans celle d'un ou de peu de particuliers ». Et, à son tour, le Comité nommait six commissaires qui devaient exercer les mêmes fonctions que Petriconi, Santini, Mattei et Ponte.

La division était donc partout, et Ponte mandait au ministre que l'esprit de parti troublait les communes de l'intérieur, que plusieurs villages avaient élu deux municipalités, que certaines paroisses où l'ancienne administration existait encore, avaient trois tribunaux !

« On soupirait après l'établissement des municipalités, disait Vaudricourt, elles ont augmenté le désordre. » Comme en France, elles étaient en lutte ouverte avec les chefs militaires.

A Bastia, Barrin, accusé de faiblesse par les Français et méprisé par les Corses qui, selon le mot d'un officier, ne lui faisaient même pas la grâce de le haïr, Barrin demeurait impuissant et laissait le peuple afficher chaque nuit des placards outrageants pour les fonctionnaires et dans la soirée du 1er mars embarquer de force quatre Français des familles les plus honorables de la ville. A sa place, Petriconi, commissaire du roi et colonel de la garde nationale, s'agitait, se trémoussait, et, malgré ses airs d'importance, malgré les difficultés qu'il rencontrait, faisait bonne besogne et par son crédit, par son activité, en fatiguant, comme il disait, sa vieille carcasse, prévenait ou arrêtait les désordres. Mais, le 18 avril, Petriconi était absent de Bastia et le comte de Rully fut massacré.

Rully était ce colonel du Maine qui voulait le 5 novembre 1789 tirer sur la ville. Il avait, après l'insurrection, gagné Paris et prié le ministre de rappeler en France son régiment qui tenait garnison en Corse depuis cinq ans et qui avait « éprouvé le désagrément de se voir fusillé par les naturels du pays » : il consentait même à payer les frais de la traversée. Le 18 avril au soir, il rentrait à Bastia, faisait une visite à Barrin et se rendait à la citadelle. La plupart des officiers du régiment, au nombre de vingt-sept, étaient avec lui. Ils n'avaient d'autre arme que leur épée. Soudain, en arrivant au château, ils voient devant eux près de trois cents hommes de la milice nationale qui les couchent en joue à bout portant et les somment de s'en aller. En même temps on leur jette des pierres du haut des toits et par les fenêtres des maisons avoisinantes. Les Bastiais avancent, les chargent, les bourrent, les crossent. Les officiers se dispersent à travers les rues où des balles les poursuivent. Une femme est tuée. Le neveu de Rully est blessé à mort. Rully, atteint à la lèvre supérieure par un quartier de balle qui s'amortit sur les dents, se réfugie dans la caserne où loge la compagnie de grenadiers. La nuit se passe dans la plus grande agitation; le tocsin sonne; les rues retentissent d'appels aux armes et de coups de fusil. Mais la caserne était située au milieu de la ville et dominée de toutes parts. Au lever du jour, la garde nationale fait feu sur l'édifice, et les projectiles, sifflant de droite et de gauche, brisent les portes, brisent les fenêtres. Les grenadiers qui n'osent riposter, se couchent sur le parquet, ou se nichent dans les coins. Enfin, Rully, blessé à la jambe, se décide à ouvrir la caserne. « Voici, dit-il, le colonel du Maine. » A peine avait-il parlé qu'il tombait, frappé en pleine poitrine. Les plus acharnés venaient le fusiller encore, criant : *Evviva, il colonello è morto.* Quelques instants après, la municipalité proclamait la loi martiale!

De pareilles scènes auraient éclaté sûrement à Calvi et à Ajaccio sans la ténacité des commandants Maudet et La Ferandière. Aussi Barrin écrivait-il au ministre que les gouverneurs des places avaient mérité du roi comme en temps de guerre; qu'ils n'avaient réussi qu'à force de soins, à force de patience et de conciliation, en mêlant adresse et fermeté tout ensemble, à empêcher de grandes explosions ; que Maudet à Calvi et que La Ferandière à Ajaccio avaient eu, durant plus d'une année, des peines incroyables à maintenir les apparences de l'harmonie entre les habitants et les troupes ; que La Ferandière « n'était pas encore quitte des inquiétudes et des contrariétés qui avaient rendu sa position si critique » ; que ce brave soldat avait droit ainsi que Maudet, ainsi que Petriconi, au grade de maréchal de camp.

Napoléon était un de ceux qui rendaient la position de La Ferandière si critique. Avec son frère Joseph, avec son ami Masseria, avec le maire Levie et la plupart des municipaux d'Ajaccio, le jeune révolutionnaire voulait que le commandant se soumît absolument aux ordres de la ville, que les canons de la citadelle ne fussent plus tournés contre les habitants, que la milice bourgeoise pût entrer dans la forteresse et y faire le service conjointement avec les soldats.

Partout, sur le continent, la garde nationale s'opposait alors aux troupes de ligne et les obligeait, au nom des municipalités omnipotentes, à lui céder les forts qu'elle disait commandés par des ennemis de la liberté. N'était-elle pas la nation armée ? Pourquoi ne remplirait-elle pas toutes les fonctions militaires ? Pourquoi n'occuperait-elle pas les citadelles que le despotisme avait bâties, non pour repousser l'étranger, mais pour tenir en bride la population ? Ne les occuperait-elle pas pour défendre la Constitution ? Y avait-il un décret qui lui interdisait la faculté de concourir avec les troupes de ligne au service quel qu'il fût ? Les municipalités sommaient donc les commandants d'ôter leurs canons dont l'appareil menaçant troublait la tranquillité publique, et d'ouvrir les citadelles à la garde bourgeoise. Le peuple de Paris n'avait-il pas pris la Bastille, et le 14 juillet n'était-il pas l'époque la plus glorieuse du nom français, le jour mémorable où l'armée devait chaque année prêter le serment civique décrété par l'Assemblée ?

Comme les municipalités du continent, la municipalité

d'Ajaccio, excitée par les Bonaparte, avait déjà tenté de réduire à l'impuissance le commandant de la citadelle. Le 28 mai, elle sommait La Ferandière de changer la direction des canons qui plongeaient sur la ville. N'était-on pas dans un temps de paix et de liberté? Pourquoi ce « terrible aspect d'une forteresse armée »? La Ferandière ne pouvait-il dérober aux regards ces « instruments belliqueux », démonter les pièces et mettre dans les magasins les roues et autres effets militaires? Le commandant tint conseil de guerre et répondit qu'il était garant de la sûreté d'Ajaccio et que, s'il déférait aux vœux de la municipalité, elle lui « donnerait une décharge » et se rendrait responsable des suites du désarmement qu'elle exigeait. La municipalité lui répliqua qu'elle n'entendait pas être responsable des événements, qu'elle ne connaissait d'autre personne publique que La Ferandière, que La Ferandière n'avait qu'à se soumettre aux réquisitions des corps administratifs et à démonter les canons dirigés sur Ajaccio. Il obéit : il désarma les batteries qui dominaient la ville et, pour ne pas encourir de reproches, il informa de l'incident le ministre de la guerre en ajoutant qu'il était nécessaire de tirer les commandants de leur indécision et de régler par un décret les devoirs et les pouvoirs des municipalités et des troupes du roi.

Mais cette concession ne suffisait pas aux patriotes ajacciens dont Napoléon était un des principaux chefs et meneurs. Les uns voulaient avec Masseria se saisir de la citadelle, la « jeter par terre » : projet impraticable qui devait échouer contre la vigilance de La Ferandière et qui, suivant le mot de Giubega, aurait « provoqué l'indignation du peuple auquel la Corse avait l'avantage d'être incorporée ». Les autres — et les Bonaparte étaient du nombre — désiraient introduire dans la forteresse une ou deux compagnies de garde nationale et, par une manifestation bruyante, au besoin par une émeute, expulser d'Ajaccio certains fonctionnaires qu'ils jugeaient suspects.

Les représentants du gouvernement français à Ajaccio étaient alors La Ferandière, le directeur de l'artillerie Lajaille, le directeur de l'hôpital militaire Descamps, le subdélégué Souiris, le juge royal Raquine et l'ingénieur des ponts et chaussées Cadenol. Les démocrates de la ville regardaient ces six personnages comme les fauteurs et protecteurs de l'aristocratie.

Selon Bonaparte, La Ferandière ne respirait que l'arrogance et se croyait encore au temps où la Corse tremblait sous le poids de l'autorité militaire.

Lajaille, homme vif, impétueux, très peu accommodant, avait tenu des propos que Napoléon déclarait révoltants et indignes d'un bon citoyen. Il comptait près de quarante-cinq ans de services, neuf campagnes et plusieurs sièges; mais parmi ses campagnes était celle de la Corse, et, disait-il, les Ajacciens « sont tous furieux de ce que j'ai fait la guerre contre eux ».

Souiris — ce Souiris qui disputait si âprement l'héritage Odone à Charles Bonaparte — était non seulement subdélégué de l'intendant, mais économe des biens de l'instruction publique, trésorier des troupes, directeur de la douane, des domaines, du sel. On lui reprochait de cumuler neuf emplois. On l'accusait d'avoir soustrait ou égaré le *Livre rouge*. On croyait qu'il avait recueilli de scandaleux bénéfices en ne publiant que le 22 juin, au lendemain du marché, le décret qui permettait la vente libre du sel et que Bastia connaissait dès le 3 mai. « Il a fallu six semaines à ce décret, s'écriait Napoléon, pour venir de Bastia à Ajaccio! » Mais la femme de Souiris, une demoiselle Tscharner, et sa fille Marie, alors âgée de vingt-trois ans, étaient liées avec Letizia, et plus tard, au temps de la puissance des Bonaparte, Marie Souiris se recommandait à eux. Elle avait épousé le colonel Maingarnaud qui périt devant Cadix. L'empereur doubla la pension de la veuve.

Le juge royal Raquine était honnête homme, mais incapable. Barrin avouait qu'il n'avait pas de talents, et Napoléon assure que tout le monde connaissait son ineptie, que la juridiction d'Ajaccio se plaignait de lui depuis 1778 et proposait, pour se débarrasser de l'imbécile, de lui abonner ses appointements à condition qu'il partît.

L'ingénieur Cadenol avait, comme l'inspecteur des ponts et

chaussées Barral [1], un cabinet qui renfermait une foule d'échantillons superbes de marbre, de granit et de jaspe. C'était, au rapport de Marbeuf, un sujet précieux qui possédait toutes les qualités nécessaires pour bien remplir son état, et Barrin jugeait qu'il entendait bien son métier, prenait beaucoup de peine et ruinait sa santé au travail. Aussi, ajoutait Barrin, « est-il mal dans ses affaires et fort peu aimable ». Pour l'instant, Cadenol achevait la construction du pont d'Ucciani. Mais on disait qu'au lieu de vaquer à ses devoirs, il avait semé la désunion dans le village d'Ucciani en parlant contre la Constitution. Il méconnaissait l'autorité du Comité supérieur qui l'avait mandé plusieurs fois à Bastia et qui prescrivait le 10 juin au maire de Bocognano de l'arrêter. Il sollicitait son passeport et cherchait évidemment à s'enfuir. Inquiètes de ce projet de départ, les municipalités de la piève de Celavo présentaient un mémoire à la municipalité d'Ajaccio et la priaient de s'assurer de Cadenol qui détenait des papiers, matériaux, ferrements et autres ustensiles de toute espèce.

La municipalité d'Ajaccio appela Cadenol et, sans l'écouter, le fit conduire en prison par six fusiliers, sous prétexte qu'il avait enfreint les règlements de police. Cadenol protesta. Il se pourvut aussitôt devant la justice royale et se plaignit à Raquine que les officiers municipaux eussent refusé de l'entendre. Raquine lui donna droit et enjoignit le 24 juin de l'élargir. La municipalité ajaccienne s'irrita : elle assura que Raquine avait une conduite inconséquente et agissait de son chef, *per capriccio*, par une fantaisie qu'expliquait son caractère, sans procès, sans interrogatoire, sans sentence légale. Raquine refusa sa porte au délégué de la municipalité, et Cadenol alla se réfugier à la citadelle. Mais le peuple d'Ajaccio s'agita. Pourquoi, dit Napoléon, n'aurait-il pas « soutenu avec vigueur et par tous les moyens l'honneur et le respect dus à ses représentants? »

1. Voir sur ce Barral notre premier volume, *Brienne*, p. 124-125.

Le 25 juin, au matin, la municipalité annonçait à La Ferandière que le peuple était en rumeur et que Cadenol devait venir incontinent à la maison commune sous l'escorte de plusieurs soldats. La Ferandière répliqua que Cadenol sortirait si la municipalité répondait de sa sûreté. Elle envoya trois de ses membres et, sous leur protection, Cadenol quitta son asile. A peine avait-il franchi la barrière de la citadelle que la foule se jetait sur lui. Il fut arrêté, transféré sur-le-champ au couvent des Capucins et gardé par une vingtaine d'hommes armés de fusils ou de poignards. Trois officiers l'avaient accompagné : le major Lajaille, l'aide-major Gaudin et le capitaine Chaillet de Verges. Tous trois et notamment Lajaille furent insultés et frappés. Lajaille, couché en joue, voyant les stylets levés sur lui, certain d'être massacré s'il faisait résistance, se laissa, comme Cadenol, enfermer aux Capucins, et Napoléon reconnaît qu'on eut bien du mal à empêcher le peuple de se porter aux dernières extrémités contre lui.

Pendant ce temps, une autre bande enlevait de vive force le juge Raquine, le subdélégué Souiris, le directeur de l'hôpital militaire Descamps, et les conduisait au couvent des Capucins.

Indigné, La Ferandière écrivit à la municipalité que le désordre était au comble, que le peuple saisissait des gens de justice et des fonctionnaires malgré la garantie et au milieu même de la municipalité, que l'insurrection existait réellement, qu'il fallait proclamer la loi martiale. « Nous savons notre devoir », répondirent les municipaux, et ils ajoutèrent que La Ferandière n'avait à s'inquiéter de rien, qu'il était inutile de proclamer la loi martiale, qu'ils allaient au premier moment interroger Lajaille ainsi que ces autres messieurs arrêtés par le peuple, et « reconnaître leur faute, d'autant que Lajaille, selon le bruit public, avait deux pistolets sur lui ».

La Ferandière fut outré. Quoi, la municipalité l'invitait à ne pas s'inquiéter lorsque cinq hommes publics étaient enlevés à main armée! Elle reprochait à Lajaille d'avoir des pistolets, et pas un bourgeois d'Ajaccio ne sortait sans pistolets et sans stylet! Il tint un conseil de guerre où tous les corps de la garnison avaient un député de chaque grade. On résolut unanimement, pour rétablir la tranquillité, de ne pas protester contre l'arrestation des cinq Français; mais on prierait la municipalité d'envoyer les prisonniers à la citadelle pour leur sûreté; la garnison leur servirait de caution jusqu'à l'arrivée de Biron qui devait prononcer sur leur sort. « J'espère, marquait La Ferandière aux municipaux, que la bonne intelligence avec laquelle elle a vécu avec les citoyens de cette ville et sa bonne conduite vous engageront à accéder à sa demande. »

Le Conseil général de la commune d'Ajaccio ne répondit que le jour suivant. Il savait, disait-il, la bonne intelligence qui régnait entre les soldats et les bourgeois; mais, dans l'intérêt de la paix publique, il ne pouvait acquiescer entièrement à la requête de la garnison. *Selon l'intention du peuple*, le juge Raquine partirait pour la France. Le major Lajaille, mal vu de la population à cause des propos indiscrets qu'il avait tenus dans plusieurs circonstances, accompagnerait Raquine, et toutefois la municipalité lui donnerait un certificat qui prouverait que son départ n'était pas déshonorant. Souiris et Descamps seraient le lendemain envoyés à la citadelle pour y passer la journée sous la caution du gouverneur, et la municipalité se réservait de rassurer le peuple sur leur compte. Quant à Cadenol, il resterait au couvent des Capucins sous la sauvegarde de la municipalité jusqu'au règlement de l'affaire du pont d'Ucciani; il fallait, avant de le mettre en liberté, entendre les griefs qu'avaient contre cet ingénieur quelques communes de la piève de Celavo.

Plus attristé que jamais, La Ferandière tenta de fléchir les municipaux dans une lettre où, sous une forme verbeuse, mais naïve et touchante, s'épanchait son cœur de soldat. Il n'était pas Ajaccien, disait-il, mais il avait donné dans toutes les occasions et à une époque où le commandement n'appartenait qu'à lui seul, des preuves de son attachement aux Ajacciens; il s'était toujours empressé de les obliger; il n'avait cessé de vouloir le bien et aujourd'hui, après les décrets de l'Assemblée nationale, après les lettres de Paoli qui prêchaient la concorde, il regardait les habitants de la ville comme ses frères et les traitait en frères, puisque, sur leur désir et leur demande, ils étaient Français et soumis aux lois de la France. Et voilà que, malgré les décrets de l'Assemblée nationale, malgré les lettres de Paoli et à la veille de son arrivée, à l'instant où Biron venait exaucer les vœux des Corses, et lorsque ces deux chefs apportaient aux insulaires la liberté et le bonheur, une émeute subite, une insurrection à la fois dangereuse et inutile enlevait, emprisonnait cinq serviteurs du roi! Était-ce jalousie? Était-ce envie d'avoir des places? Mais un prochain scrutin ne donnerait-il pas à des Corses ces emplois de judicature et d'administration?

La municipalité d'Ajaccio reçut, en même temps que cette lettre, une députation de tous les corps et de tous les grades. La garnison demandait que le major Lajaille fût confié à sa garde et mis à la citadelle. Après une longue délibération, la municipalité résolut de relâcher Lajaille. Le 27 juin, à midi, cinq de ses membres amenèrent le major à la citadelle et le constituèrent prisonnier sur parole sous la caution de la garnison et spécialement des sous-officiers. Souiris et Descamps passèrent un jour à la citadelle. Le juge Raquine fut, durant la nuit du 28 au 29 juin, embarqué dans un bateau qui le déposa sur la côte de Provence. Cadenol, mené à Bastia sur la réquisition du Comité supérieur, enfermé le 29 juillet dans la citadelle de cette ville, dut bientôt, comme Raquine, regagner la France. Le major Lajaille, plus dégoûté que jamais de sa « triste position », menacé le 9 septembre par des gardes nationaux qui lui réclamaient, stylet au poing, les clefs des magasins de munitions, obligé de dégainer, demanda son rappel avec instance et l'obtint au mois de novembre.

Quel a été le rôle de Napoléon dans cette insurrection? Nasica raconte qu'il fut averti par les cris de la foule, qu'il se précipita dans la rue, le fusil à la main, sans chapeau, en pantoufles et en veste, que le peuple le reconnut pour chef et que le jeune homme, entraîné par l'élan populaire, accepta la direction du mouvement. Mais ni La Ferandière ni Lajaille ne citent dans leurs lettres le nom de l'officier. Évidemment, Napoléon fut surpris par l'événement. Si le coup de force eût été prémédité, Joseph et les municipaux seraient-ils partis la veille pour se rendre au-devant de Paoli? Il alla voir ce qui se passait; mais il n'eut garde d'intervenir activement, de se jeter dans la mêlée, et, pour parler comme lui, il craignit les « suites », craignit les « accidents qui pouvaient arriver ». Le lieutenant d'artillerie Bonaparte aurait-il de sa main arrêté le major Lajaille? Il se tint à l'écart, de même qu'au 5 novembre 1789, à Bastia, et, s'il fomenta l'émeute, il ne la dirigea pas : il laissa ce soin à Levie et aux officiers municipaux, Colonna d'Ornano, Guitera, Meuron, qui correspondirent avec La Ferandière. Dix semaines plus tard, le 8 septembre, malgré les représentations du commandant, une compagnie de la garde nationale entrait dans la citadelle d'Ajaccio et y prenait poste : Napoléon et Joseph, alors sur le chemin d'Orezza, n'eurent aucune part à cet acte de vigueur, et ce jour-là encore Levie et ses collègues agirent de leur propre autorité.

Napoléon a rédigé le mémoire justificatif de la municipalité. On attribue parfois cette pièce à Joseph, et Joseph y glissa peut-être quelques traits. Mais l'aîné des Bonaparte n'assistait pas à l'échauffourée du 25 juin, et le style de son cadet se reconnaît en nombre d'endroits. Napoléon affirme que la conspiration était générale; que les citoyens, quels qu'ils fussent, riches et pauvres, s'unissaient contre les fonctionnaires français; que les choses se passèrent tranquillement; que l'ordre et la résolution caractérisent toutes les démarches de la journée. Il accuse La Ferandière d'avoir tenu des conseils de guerre qui sont « d'infâmes complots contre la loi » et tenté une « coupable rébellion » qui eût réussi sans le « patriotisme éclairé » de la garnison. Il vante la modération et l'indulgence du corps municipal. Derechef, le fils de Charles Bonaparte flétrit ces Corses qui se jetèrent les premiers dans les bras de la France et qui se prononcent contre le régime nouveau : « Nous que l'on appelle les précurseurs de la liberté, nous laisserons-nous impunément trahir par ceux qui vivent au milieu de nous, qui ont prospéré dans l'avilissement universel et qui aujourd'hui détestent une constitution qui nous rend à nous ! »

Le mémoire contenait de sanglantes allusions à Gaffori. L'auteur regrettait que le « fils d'un grand patriote » eût parcouru les pièves à la tête des troupes, prêchant le despotisme, usurpant sur ses pouvoirs, désarmant les citoyens : « les cendres des patriotes, disait-il, sont quelquefois profanées ; des familles qui se sont illustrées par de grands sacrifices sont tout d'un coup déshonorées par les indignes actions d'un fils, d'un frère, d'un neveu. » Peu de jours après, les gafforistes d'Ajaccio essayaient de se venger. Ils répandirent le bruit que les Bonaparte, Masseria, Levie, Pozzo di Borgo et autres projetaient d'arrêter tous les Français et de les embarquer pour le continent. Ils assuraient que Masseria et Levie voulaient s'emparer de la citadelle en appelant dans la ville les paysans de Bastelica et de La Mezzana, mais que les gens de Bastelica n'étaient venus qu'en petit nombre et que ceux de la Mezzana avaient répondu par un refus à la lettre publique de Masseria ; que Levie avait toujours été d'intelligence avec Paoli et que dans l'assemblée des pièves du Delà des monts il proposait, à l'unanime horreur des assistants, d'expulser les Français ; que Napoléon Bonaparte avait pendant le congrès d'Orezza écrit à ses concitoyens qu'il fallait s'unir pour chasser l'étranger, le *straniero*. Un dimanche de juillet, tandis que Joseph et Napoléon se promenaient sur la place de l'Olmo, un abbé Recco, neveu de leur ancien maître, se jeta sur eux à la tête d'une troupe de fanatiques. Mais Étienne Conti et Jacques Pô intervinrent. Le maire Levie accourut. Un ami de la famille Bonaparte, le bandit Trentacoste, fit aux deux frères un rempart de son corps et, le pistolet au poing, menaça de mort quiconque oserait les toucher. Recco, rapporte Joseph, était l'accusateur de Napoléon dans cette émeute populaire, et il lui reprochait de n'être pas Français. Sans perdre son sang-froid, Napoléon déclara qu'il avait écrit une lettre à ses concitoyens, mais qu'elle ne renfermait aucun appel à la révolte. « Nous ne serions pas Français, s'écriait-il, horrible blasphème, *orrenda bestemmia!* J'attaquerai en justice les scélérats qui vous ont trompés ; mais s'il vous reste encore quelque doute, si vous croyez que j'ai conspiré contre vous et vos intérêts, formez aussitôt un tribunal de douze pères de famille ; que l'accusateur paraisse, et que le débat se termine par sa mort ou par la mienne ; vous arquebuserez l'un des deux. » La bande se dispersa.

Cependant Paoli était, comme avant la conquête, et selon l'expression de Napoléon, le centre de tous les mouvements du corps politique.

Il avait pressenti que les Français rendraient à la Corse sa liberté : la justice, écrivait-il, n'était-elle pas maintenant leur seule idole ? Il crut même un instant redevenir le « général » de sa patrie. Il disait complaisamment qu'il avait un jour, à la prière de Turgot, exposé ses idées sur le régime le plus propre à la Corse et que le ministre avait admiré dans le mémoire la justesse des principes et la simplicité des moyens. Au mois d'octobre 1789, il envoyait à Paris Antoine Gentili, son confident et secrétaire particulier, et Gentili qui s'abouchait avec Lafayette et La Tour du Pin, ne se bornait pas à déclarer que Paoli voyait avec une joie extrême le grand œuvre de la régénération de la monarchie ; il demandait que la Corse fût aussi libre que les autres provinces de France et qu'elle eût une forme de gouvernement analogue au génie de ses habitants, comme dans le temps où M. de Cursay l'administrait tranquillement avec une poignée d'hommes. Mais La Tour du Pin et Lafayette pensaient fort sagement que si la Corse était indépendante, elle pourrait plus tard préférer l'alliance de l'Angleterre à celle de la France. Mieux valait qu'elle fût française et que Paoli, amnistié, gagné par notre générosité, mît au service de la France son influence et son nom.

On ne se trompait pas. Lorsqu'il sut le décret du 30 novembre, Paoli écrivit qu'il baisait la main, quelle qu'elle fût, qui donnait la liberté à sa patrie, que l'Assemblée nationale avait trouvé le moyen infaillible d'attacher les Corses au gouvernement français, que les exilés qui rentreraient dans l'île défendraient la Constitution jusqu'à la dernière goutte de leur sang.

Rappelé par la junte de Bastia qui l'assurait que les Corses ne soupiraient qu'après Paoli — l'*eroe di tutti sospirato!* — rappelé par Arena qui glorifiait ses vertus et invitait ses compatriotes à le mettre à leur tête, rappelé par le comité de l'Isle-Rousse, cette ville qu'il avait fondée et qui le priait de reprendre ses premières fonctions, rappelé par toutes les communes qui dans les procès-verbaux d'organisation de leur garde nationale exprimaient le désir de son retour, il parut le 22 avril 1790 à la barre de l'assemblée et jura obéissance et fidélité au peuple français. Il fut fêté, caressé, célébré comme le martyr de la liberté, et il obtint tout ce qu'il demandait. Barrin ne pouvait et ne voulait plus rester dans l'île : il fut remplacé par Biron, bien que Biron fût député et qu'un décret défendît aux députés d'accepter aucune fonction du gouvernement; mais Paoli nommait Biron son ami et jugeait que personne n'avait de meilleures intentions pour le bien des insulaires. À la prière de Paoli, l'assemblée décida que les impôts de la Corse seraient provisoirement et comme naguère perçus en nature. Il fit augmenter le nombre des commissaires du roi : Buttafoco proposait de leur adjoindre Cesare Maestrati de Levie qui n'était pas noble; le ministre choisit trois personnages que Paoli recommandait, l'abbé Varese, Martin Quenza et Mathieu Limperani. « La confiance du ministère et de l'assemblée dans le crédit de Votre Excellence, écrivait Saliceti à Paoli, est sans limites; vos jours sont précieux à la France, et aucune des mesures qui pourront être nécessaires au maintien de notre liberté ne sera négligée. »

Les départements firent à Paoli le même accueil que Paris. Son voyage à travers la France ne fut qu'une longue ovation. À Lyon, à Tournon, à Valence, à Aix, à Marseille, à Toulon les habitants criaient *vive Paoli*, et accouraient en foule pour connaître ses traits et pour lui rendre hommage.

Sa réception en Corse fut une apothéose. Il entra le 17 juillet dans le port de Bastia. Des bâtiments pavoisés escortaient son vaisseau et sur chacun d'eux étaient des Corses renommés pour leur bravoure et leur patriotisme; Paoli les saluait au passage et leur rappelait à haute voix leurs actions passées. Il aborda sur le môle où l'attendaient les notables, au son des cloches, au bruit des salves d'artillerie et aux cris de *vive le père de la patrie!* L'enthousiasme de la population tenait du délire. Chacun voulait voir, entendre, toucher ce Paoli qui, malgré ses soixante-six ans, imposait par sa haute taille, par son air résolu, par le regard pénétrant de ses yeux bleus, par ses longs cheveux blancs.

Mais dès le lendemain se révélait ce que sa situation avait de difficile et d'extraordinaire. Paoli, parce qu'il était Paoli, devait être le maître de la Corse. Au milieu de tous les pouvoirs suspendus ou annulés, et bien qu'il eût protesté qu'il n'était et ne serait qu'un individu zélé, un simple citoyen, il était la seule autorité du département. Même plus tard, lorsque l'administration fut entièrement organisée selon les décrets de l'assemblée, il resta, comme jadis, le chef de l'île, et ne cessa d'être pour les Corses le « général », le *babbo* ou le père, un père doux et sévère à la fois, toujours aimé, toujours respecté, toujours obéi. « Il est Lui, disait Buttafoco, la patrie et la constitution sont dans sa personne. » Aussi, dès le premier jour, ses ennemis l'accusaient-ils d'affecter la tyrannie. Ils prétendirent qu'il avait accueilli la visite de Barrin, de La Guillaumye, du Conseil supérieur et du chapitre de la cathédrale avec une indifférence qui touchait au mépris. Les Bastiais lui avaient donné une compagnie de milice bourgeoise: ils virent avec déplaisir qu'une autre compagnie venue de Rostino, sa piève natale, vint monter la garde devant sa maison, et crurent qu'il se défiait d'eux, qu'il ne croyait pas à la sincérité de leurs démonstrations.

Il se débarrassa sur-le-champ de Gaffori, de l'homme qui

représentait dans l'île l'ancien régime et que les royalistes de Corse invoquaient comme leur unique soutien. Abandonné de Barrin et maugréant contre lui, Gaffori s'était retiré d'abord dans sa maison de Corte, puis dans la citadelle où il se tenait clos et coi, ou, comme disait son gendre Buttafoco, spectateur indifférent. « Il rentre, s'écriait Napoléon, dans le néant d'où mal à propos l'intrigue l'avait fait sortir! » Mais Gaffori disposait encore du régiment de Salis-Grisons, et il était plus que jamais la bête noire des Corses. Le Comité supérieur déclarait que ses menées et manœuvres causaient les troubles du pays; qu'il opprimait la population de Corte et braquait sur elle les canons du château; qu'il avait essayé d'empêcher dans cette ville la formation d'une garde bourgeoise et opposé milice à milice; que ses partisans avaient au 14 juillet incendié la demeure d'un patriote; qu'appuyé sur son cousin germain, le maire Barthélemy Arrighi, il faisait de Corte un lieu d'horreur et le réceptacle de tous les séditieux. A l'instigation de Paoli, le Comité supérieur fit ordonner par Barrin à Gaffori de disperser le régiment de Salis-Grisons dans les cités maritimes et de ne conserver à Corte qu'une seule compagnie. Puis, il décida une « marche générale » de tous les bons patriotes : cinq membres du Comité, à la tête de cinq cents hommes de la garde nationale, marcheraient sur Corte. Mais une députation vint affirmer au *babbo* que les habitants de Corte se conduiraient désormais en vrais citoyens soumis à la loi et à la constitution. Gaffori, mandé par Paoli, se rendit à Bastia. Au sortir de l'entretien, il fut arrêté par le Comité supérieur. Il s'embarqua sur-le-champ « pour laisser les esprits libres de toute sujétion ». Le régiment de Salis eut ordre de rester à Corte. Le maire Barthélemy Arrighi et deux officiers municipaux de Corte, partisans de Gaffori, furent incarcérés; mais Arrighi, tiré par Paoli de sa prison, devint paoliste fervent et entra l'année suivante dans le Conseil général du département.

D'autres gafforistes furent moins heureux ou moins dociles. Les Boccheciampe, les Cuttoli, les Fabiani, les Figarelli, les Matra, les Sansonetti devaient être bientôt embarqués de force avec un humiliant charivari ou, après des vexations sans nombre, obligés de s'exiler. Les royalistes se turent, et il n'y eut plus dans l'île qu'un grand parti, le parti des patriotes ou des paolistes qui proclamaient leur attachement à la constitution et traitaient d'aristocrates, d'hommes de sac et de corde quiconque n'exécrait pas l'ancien système et ne regardait pas Paoli comme le héros de la patrie, comme celui « dont le nom ne pouvait se proférer qu'avec tendresse ». Les paolistes eurent tous les emplois au détriment des Français qui furent pour la plupart impitoyablement renvoyés. Le général montrait, il est vrai, non sans émotion, une lettre où Louis XVI lui affirmait qu'il n'y avait plus de distinction entre Français et Corses. Il priait ses concitoyens de l'île d'avoir égard à la situation des fonctionnaires français. Il plaçait et conseillait de placer dans les tribunaux des juges français qui seraient naturellement impartiaux. Mais la réaction pouvait-elle s'éviter? Les insulaires, se gouvernant eux-mêmes, ne devaient-ils pas répudier tout ce qui leur rappelait la conquête et le régime de Marbeuf, de Narbonne et de Sionville? Les Français furent donc évincés. Les plus chauds partisans de Paoli, les Corses expatriés qui rentraient avec lui, furent électeurs et éligibles. Des bannis, à peine arrivés, furent membres de l'administration générale, et un des plus célèbres bandits, Ange-Mathieu Bonelli, dit Zampaglino, absolument illettré et incapable de signer son nom, mais brave et rusé; Zampaglino qui avait après Pontenovo continué la résistance, défait un détachement et quitté la Corse en 1774 pour se réfugier en Sardaigne, puis à Lucques; Zampaglino que les Français appelaient un chef de voleurs et d'assassins, qu'ils comparaient à Mandrin et à Cartouche, qu'ils accusaient d'avoir levé des contributions et brûlé les maisons de ceux qui refusaient de les payer; Zampaglino, honoré publiquement de la confiance de Paoli et muni par lui d'une lettre de recommandation, venait à Ajaccio, rendait visite à l'état-major de la place, mangeait à la table de Marius Peraldi, à côté de sa femme et de sa fille, et il était un des onze électeurs du canton de Celavo!

De Paris, dans des manifestes et des missives particulières, tantôt avec la clairvoyance, tantôt et plus souvent avec l'injustice de la haine, Buttafoco dénonçait Paoli, assurait qu'il était un astre malfaisant qui présageait les calamités ; qu'il établissait un pouvoir arbitraire et commandait au gré de ses caprices ; qu'il prétendait ne rien être et s'arrogeait tous les droits ; que ce martyr de la liberté était l'oppresseur de la liberté ; qu'il avait régi la Corse comme Tibère et désirait la dominer comme Sylla après l'abdication ; qu'il donnerait la paix à son pays, mais que cette paix serait celle des tombeaux ; qu'il étalait un beau dévouement à la France, mais que ses amis tentaient de s'emparer des places fortes et jetaient dans des cachots les partisans de la France ; qu'ils avaient le mot de Constitution à la bouche et non dans le cœur ; que cette Constitution servait de prétexte à leurs actes injustes et illégaux ; qu'ils avaient dans chaque circonstance substitué leur volonté propre aux décrets de l'Assemblée ; qu'ils estimaient criminel quiconque n'était pas de leur bord ; qu'ils portaient « l'examen de la plus rigide inquisition même sur les pensées ». Sans doute, ajoutait Buttafoco, Paoli ne les approuvait pas absolument ; mais il palliait leurs torts, excusait leurs violences, et s'il les réprimandait, ce n'était jamais sur ce ton imposant qu'il prenait avec d'autres. Et Buttafoco s'indignait. Paoli et paolistes feraient-ils encore marcher la Corse à coups d'éperon ? Les insulaires allaient-ils se prosterner devant Paoli comme devant une idole ?

Napoléon était un de ceux qui briguaient alors l'affection du général, un de ceux que Buttafoco nommait ses agents et ses adulateurs. Il était près de Paoli lorsque le Comité supérieur fit embarquer Gaffori. « Gaffori, écrivait-il à Joseph, est arrivé à Paris et dit vouloir abandonner la Corse. » Il applaudissait à l'emprisonnement des gafforistes, à leur expulsion et à toutes les mesures du Comité supérieur. Il lisait chez Paoli les journaux du continent et il annonçait à Joseph que les soldats se révoltaient, qu'un désordre extrême se mettait dans les régiments, que Barnave et Cazalès s'étaient battus au pistolet et que

Cazalès avait été blessé mortellement ; « c'est, disait-il, un grand aristocrate de moins ». Il prenait connaissance des lettres que Masseria envoyait d'Ajaccio à Paoli et il jugeait que Masseria n'avait pas de tact, ne proposait que des sottises, n'était bon qu'à ruiner les affaires où il s'ingérait : « ses lettres comme son visage ne persuadent pas, elles repoussent. » Il se liait avec une foule de gens et faisait beaucoup de compliments, de « finesses » aux personnages influents qui courtisaient Paoli. Il flattait Zampaglino. Et de son côté, Joseph prônait, célébrait le *babbo* en toute occasion. Il glorifiait la constitution que Paoli avait autrefois fondée sur les droits de l'homme, glorifiait sa législation qui « pliait un peuple guerrier à un frein salutaire », sa résistance aux « esclaves dorés » de Choiseul et le « sublime espoir » que le général, comme Varron après Cannes, avait emporté sur la terre de l'exil. Aussi les Bonaparte passaient-ils pour d'enragés paolistes, et un fonctionnaire français mandait alors à Paris que Paoli succomberait s'il n'avait la précaution de s'entourer des Zampaglino, des Arena, des Bonaparte, des Masseria et « autres gens perdus d'honneur et de dettes ou fanatiques ».

Ce qui préoccupait surtout Napoléon, c'était le destin de Joseph. Son aîné serait-il un des électeurs que les citoyens actifs allaient nommer dans les assemblées primaires ? Et une fois électeur, une fois admis à l'assemblée des électeurs du département qui se tenait à Orezza, deviendrait-il quelque chose ? « Procure d'être député », écrivait-il à Joseph. Il l'engageait à ne pas donner prise aux critiques, à ne s'appuyer sur la protection de personne, à n'agir qu'« avec ordre et la loi à la main ». Il le mettait en garde contre Marius Peraldi qui prendrait trop de crédit s'il présidait les assemblées primaires d'Ajaccio : « il serait fort avantageux si Marius ne pouvait pas être président. » Il faisait imprimer à Bastia pour son frère et ses partisans les manifestes et les billets ou, comme on dirait aujourd'hui, les programmes et les bulletins. « Je suis, mandait-il à Joseph le 27 août, fort inquiet de ton élection. »

Mais Joseph — que Napoléon a toujours blâmé de cajoler volontiers les gens — avait su se concilier les esprits. Marius Peraldi écrivait le 26 juillet à Cesari qu'il vivait avec les Bonaparte et les Pozzo di Borgo *dans la plus douce harmonie.* « Nous travaillons de concert, ajoutait Peraldi, ainsi que nos parents Levie pour nommer les électeurs du département ; nous avons d'un commun accord résolu de pousser Jean-Jérôme Levie, Tavera, Barbieri, Jean-Pierre Levie, Conti, Bonaparte, etc. Ces messieurs s'entendent avec nous, et il n'y aura à Orezza qu'une seule volonté et une seule opinion. »

La ville ainsi que le faubourg d'Ajaccio envoyait à Orezza six électeurs. Joseph fut élu par la ville avec Peraldi, Philippe Ponte, Tortaroli, Sébastien Colonna et Marc-Aurèle Rossi. Le *Borgo* nomma Casamarte, Jacques Pô, Thomas Tavera, Masseria, Pompeano Pozzo di Borgo et Étienne Conti. Le pays ou « rione » d'Appietto fit choix d'Octave Colonna et de Charles-André Pozzo di Borgo.

Joseph se rendit à Orezza avec Napoléon. Les deux frères rencontrèrent Paoli à Pontenovo. Une foule de jeunes gens accompagnaient le général et lui formaient une escorte d'honneur. Sur tout le trajet, les cavalcades succédaient aux cavalcades et le cortège de Paoli ne cessait de grossir. L'air retentissait de vivats et des salves de mousqueterie. A l'entrée des villages se dressaient des arcs de triomphe décorés de compliments en latin ou en italien et les milices venaient au-devant du héros en déchargeant leurs fusils et en poussant de grands cris. Napoléon marchait fièrement à côté de Paoli qui lui montrait les endroits les plus mémorables de la guerre de l'indépendance et lui expliquait la défaite de Pontenovo. Il vit avec émotion à Rostino la maison du général. Ce n'était ni un château ni une belle habitation ; elle avait trois fenêtres de façade et des volets de bois. « Si j'avais voulu, disait Paoli à Napoléon, une demeure somptueuse, je n'aurais plus le droit d'accepter l'hospitalité que mes compatriotes s'empressent de m'offrir. »

L'assemblée d'Orezza, qui comptait 419 électeurs, dura

dix-huit jours, du 9 au 27 septembre. Paoli la présidait, et elle fit tout ce qu'il désirait. Elle décida sur sa proposition que des commissions nommées par elles, et non les commissaires du roi, examineraient les procès-verbaux d'élection. Elle décida de lui élever une statue dans le chef-lieu de l'île, de lui faire chaque année un traitement de cinquante mille francs, de lui confier le commandement de toutes les milices. Elle décida qu'à Orezza même, et non dans leurs chefs-lieux, pour éviter tout retard et en réalité pour agir sous les yeux et selon les indications de Paoli, les électeurs des districts, réunis en assemblées particulières, choisiraient leurs administrations. Elle décida, sur le vœu de Paoli, que les deux députés du tiers-état auraient leur récompense, que Saliceti serait procureur général syndic et Cesari, général en second des gardes nationales, avec la faculté de se porter dans tous les districts; que la Corse formerait provisoirement un département unique; que les membres de l'administration générale se rendraient à Bastia pour y recevoir les comptes et papiers de l'ancienne administration et s'établiraient ensuite où ils le jugeraient nécessaire, mais que la prochaine assemblée fixerait définitivement le chef-lieu; que deux députés désignés par Paoli — Gentili et Pozzo di Borgo — iraient exprimer à la Constituante la reconnaissance des Corses, lui dénoncer Buttafoco et Peretti comme indignes de la confiance publique et la supplier de supprimer le régiment provincial.

Ce régiment avait rendu de grands services à la monarchie qui se rappelait le vieil adage *le Corse saisit le Corse* et pensait fort sainement que la police intérieure ne pouvait être faite que par les troupes du pays. C'était le régiment provincial qui réprimait les troubles, qui traquait et chassait les rebelles. Aussi Buttafoco proposait-il de l'augmenter et Monteynard représentait que plus il y aurait de Corses payés par le roi, moins il en resterait dans le parti contraire. Mais les patriotes ne voyaient dans le régiment provincial que l'instrument de la plus barbare tyrannie; ses officiers, lieutenants-colonels et capitaines, Raphaël et Jean-Quilico Casabianca, Abbatucci,

Octave Colonna de Cinarca, Cesari sollicitaient sa suppression ; — et il fut supprimé.

La plupart des résolutions de l'assemblée d'Orezza qui n'avait d'autre mission que d'élire les membres du Département et de désigner le chef-lieu où ils siégeraient, étaient illégales. Illégale était la nomination de Paoli et de Cesari au commandement de toutes les milices corses, puisque la Constitution disait que nul ne commanderait la garde nationale de plus d'un district. Illégale, la mission de Gentili et de Pozzo di Borgo, chargés de porter à l'Assemblée nationale et au monarque deux adresses qui reprochaient à l'ancien gouvernement royal « le plus cruel despotisme » et « les horreurs de la plus violente servitude ». Illégale, l'élection des administrateurs des districts. Illégale, l'élection de bannis qui n'étaient ni propriétaires ni domiciliés dans l'île depuis un an. Illégale, la foule des décisions unanimement adoptée par le Congrès, comme celle de désapprouver la conduite de Buttafoco et de Peretti; celle de casser toutes les délibérations des États de Corse en faveur de Marbeuf, Narbonne et Sionville, ennemis de la patrie; celle d'annuler les sentences rendues contre les martyrs de la liberté corse; celle de réhabiliter la mémoire de ces victimes du pouvoir judiciaire et du pouvoir militaire; celle de révoquer les concessions d'étangs et de terres communales prononcées par la royauté; celle de remettre en possession de leurs biens les émigrés qui s'étaient réfugiés en Toscane et de leur restituer les revenus indûment perçus par les trésoriers du roi; celle de demander au ministère douze mille fusils pour le moins puisque l'île désarmée par la conquête avait alors perdu plus de quarante mille mousquets; celle de former un comité des recherches et de solder provisoirement une partie de la garde nationale pour poursuivre les agents et partisans de Gênes et les adversaires de la Constitution. Mais, écrivait Paoli, tout s'était fait « de bon accord, dans la plus parfaite tranquillité et le meilleur ordre », et le général ajoutait que les Corses étaient « vrais Français », que le roi n'avait dans son vaste empire aucun département plus loyalement dévoué à sa personne et à sa gloire.

Napoléon était à ce congrès d'Orezza. On a prétendu, contre toute vraisemblance, qu'il harangua deux fois en italien les électeurs, qu'il s'exprima d'abord avec hésitation et embarras, mais qu'il s'enhardit, s'anima peu à peu et finit par obtenir les applaudissements de l'assistance. On rapporte aussi, peut-être avec plus de fondement, qu'il courut les villages d'alentour en distribuant de l'argent, surtout à ceux qui s'exerçaient au maniement des armes et tiraient le mieux à la cible. Son hôte raconta qu'il avait arpenté toute la pièce et enflammé les jeunes gens qui ne parlaient plus que de patrie et de liberté. Napoléon, remarquait naïvement ce paysan d'Orezza, avait tant griffonné, tant déchiré, tant brûlé de papier qu'on aurait peine à en trouver dans le village ; c'était évidemment un homme de talent et de science, mais de pareils personnages étaient ordinairement fous.

Quant à Joseph, il avait pris la parole de même qu'à la précédente assemblée d'Orezza. Il pensait — comme a dit plus tard Napoléon — qu'il fallait placer le centre de l'administration à Ajaccio parce que Bastia, situé du côté de l'Italie, communique très difficilement avec la France. Mais il n'osa se prononcer nettement, et il demanda, avec Pozzo di Borgo, que le chef-lieu du département fût alternativement à Bastia et à Ajaccio. Il fit une motion patriotique que le *Consesso* adopta : il s'agissait d'élever une pyramide qui porterait sur une de ses faces les noms de tous ceux qui s'étaient distingués en 1769 dans la défense de la cause commune, sur l'autre face les noms des martyrs de la liberté, sur la troisième face la date de la régénération du peuple corse, sur la quatrième face le témoignage de l'indignation publique contre les traîtres.

Mais il ne fut pas des cinq commissaires du district d'Ajaccio qui vérifièrent les pouvoirs des électeurs du district de Vico, et il ne réussit pas à se faire nommer administrateur du département. Le Congrès avait arrêté que chacun des neuf districts de l'île enverrait quatre des siens au Conseil général. Les quatre personnages choisis pour le district d'Ajaccio furent Casamarte, Pozzo di Borgo, Abbatucci et Marius Peraldi.

Joseph a dit qu'il aurait pu être membre de l'administration du département, qu'il dut céder au vœu de ses amis. Ils lui représentèrent sans doute sa trop grande jeunesse. L'aîné des Bonaparte était dans sa vingt-deuxième année et n'avait même pas l'âge légal pour être électeur.

Du moins fut-il élu président du Directoire du district d'Ajaccio, et il était fort satisfait de ce résultat. Il écrivait à un ancien camarade du collège d'Autun, le négociant James, qu'il avait prononcé à Orezza des discours dont l'assemblée avait voté l'impression, qu'il était plus que jamais novateur zélé et partisan très ardent de la Révolution, et que la crise, l'espèce d'anarchie où était toute la France, provenait nécessairement d'un renversement total; qu'il comptait être député de la Corse dans la prochaine législature.

Le congé de Napoléon expirait à ce moment. Le lieutenant n'attendait qu'un vent favorable pour s'embarquer. Il eut soin de se mettre en règle et de se munir des certificats les plus élogieux. Le 16 novembre, la municipalité et le Directoire du district d'Ajaccio attestaient que Napoléon possédait le caractère et les qualités d'un honnête citoyen, qu'il était animé du patriotisme le plus pur, qu'il avait donné depuis le commencement de la Révolution des preuves réitérées et indubitables de son attachement à la Constitution, qu'il n'avait pas craint de s'exposer aux ressentiments des « vils adulateurs et partisans de l'aristocratie », que ses compatriotes ne se séparaient de lui qu'avec les plus vifs regrets.

Jusqu'au jour de son départ il ne cessa d'exprimer, d'*esterner*, comme il disait, son opinion sans ménagement. Des administrateurs du district d'Ajaccio avaient protesté contre l'élection de Joseph et des autres membres du Directoire. Le Conseil général du département les désapprouva et déclara l'élection valide et régulière. Mais Napoléon était outré. Il écrivait à Pozzo di Borgo le 11 octobre 1790 qu'il n'y avait dans Ajaccio que de mauvais citoyens, qu'on ne pouvait imaginer leur « méchanceté et leur folie ». Il accusait Ponte de « fomenter » le peuple et assurait que la maison de Ponte était « le centre de toutes les menées », le foyer de l'opposition au nouveau système. Oui, Ponte causait tout le mal; Ponte excitait les Ajacciens à précipiter dans la mer le buste de Paoli que la municipalité avait fait placer en grande pompe dans la salle de l'hôtel de ville quelques mois auparavant; Ponte cherchait de toutes les façons à accroître le mécontentement; Ponte semait perfidement le bruit que le prochain lazaret serait, non pas à Ajaccio, mais à Saint-Florent. « A Orezza, s'écriait Napoléon, ils n'osaient pas parler et ici ils publient des impostures! » Il se plaignait des administrateurs du district qui avaient « très mal commencé », et il proposait au Conseil général du département de casser trois d'entre eux, Jean-Baptiste Leca Ondella du canton de La Mezzana, Philippe Folacci du canton de Bastelica et Jérôme Celli du canton de Celavo. Il avouait que le moyen était violent, illégal; mais la mesure lui semblait indispensable, et il rappelait à Pozzo le mot de Montesquieu, qu'il y a des cas où il faut mettre un voile sur la liberté comme on cache les statues des dieux.

Voilà où était arrivé Napoléon! Il disait très nettement, très crûment que le salut du peuple fait fléchir les principes. Il invoquait une sentence de Montesquieu qu'ont toujours invoquée les auteurs et prôneurs des coups de force. N'avait-il pas assisté sur le continent à des émeutes triomphantes? N'avait-il pas organisé dans son île des insurrections victorieuses? N'avait-il pas vu Paoli et les amis de Paoli user de violence ou de ruse pour se débarrasser des adversaires qui les gênaient, emprisonner les uns et embarquer les autres, enfreindre à tout instant la Constitution dont ils se proclamaient les soutiens? Dans ses *Lettres sur la Corse*, ne jugeait-il pas que Sambucuccio manquait de modération, mais que les excès auxquels ce héros se laissait aller étaient « justifiés par la nécessité » et, en retraçant la carrière des Giovannali, n'écrivait-il pas qu'un homme qui tente la régénération de son pays, doit employer, non les palliatifs qui ne sont pas de saison, mais les moyens les plus forts?

Il était jacobin de nom autant que de cœur et de pensée. Rejeté deux fois de suite par les vents sur la côte de Corse, il se trouvait encore au commencement de 1791 à Ajaccio. Il vit donc, le 6 janvier, l'ouverture du club patriotique, du *Globo patriottico* dont Masseria, Joseph, Fesch et soixante autres souscripteurs annonçaient la fondation depuis le mois de décembre précédent. La Société devait, selon les mots de Joseph, répandre l'esprit public, diminuer les ridicules rivalités des familles ajacciennes, et une de ses premières mesures fut excellente; pour mettre fin aux querelles et aux rixes, elle arrêta qu'il fallait laisser aux sbires les stylets et les pistolets. Elle conféra la présidence à Masseria, et élut secrétaires Chiappe, Tortaroli et Ballero. Pour grossir le nombre de ses membres, elle admit des jeunes gens de quatorze à quinze ans, comme Lucien Bonaparto.

Napoléon ne manqua pas une séance du *Globo*. Il était, rapporte un contemporain, l'âme de la société, et lorsque se débattait une question difficile, tous les regards cherchaient dans la salle le citoyen lieutenant qui d'un seul mot levait les doutes et fixait les incertitudes.

Son dernier acte fut la *Lettre à Buttafoco*. Les deux députés extraordinaires, Gentili et Pozzo di Borgo, chargés d'exprimer à la Constituante et au roi la reconnaissance des Corses, s'étaient acquittés de leur mission. Leur principale tâche avait été de protester contre un manifeste de Buttafoco et de Peretti qui traitait Paoli de charlatan politique. Pozzo lut cette protestation le 6 novembre à la barre de l'assemblée : Saliceti et Cesari, disait-il, suivaient la ligne du devoir, mais Buttafoco osait calomnier un grand homme et Peretti engageait le clergé corse à s'opposer aux décrets. Les *noirs* interrompirent Pozzo avec fureur; mais Saliceti déclara que ses deux collègues étaient certainement très coupables, et Mirabeau donna communication de deux lettres de Peretti qui reprochaient au parti dominant de détruire la religion. Pozzo et Gentili furent admis aux honneurs de la séance.

Le récit de cet événement émut Napoléon. Il applaudissait au courage de Saliceti et, se rappelant peut-être que Saint-Preux rapporte à Julie de son voyage dans le Valais un habit complet à la valaisane, il proposait au club patriotique d'Ajaccio d'offrir à Mirabeau un habillement complet à la Corse, barette, veste, culotte et caleçon, cartouchière, stylet, pistolet et fusil; cela, disait-il, ferait un bon effet. Il blâmait vivement Peretti qui, selon plusieurs journaux, avait menacé Mirabeau d'un coup de couteau, et il jugeait qu'un acte pareil « ne faisait pas honneur à la nation ». Mais c'était surtout contre Buttafoco que s'exhalait sa colère.

Les patriotes d'Ajaccio avaient déjà par deux fois, à la voix des Bonaparte, et non sans fracas, marqué la haine que leur inspirait le député de la noblesse. Un factum signé de Buttafoco et de Peretti avait été répandu dans l'île avant le retour de Paoli. Le chapitre de la cathédrale témoigna hautement son indignation, et Napoléon le félicita de se montrer « pénétré des vrais principes de l'Évangile ». Le Conseil général de la commune décida que le libelle serait brûlé et envoya à l'assemblée nationale une adresse vigoureuse qui flétrissait Peretti et Buttafoco. « Cet imprimé, dernier effort de l'aristocratie expirante, disait Napoléon, n'était-il pas séditieux dans ses fins, absurde dans ses moyens? »

Une lettre que Buttafoco écrivit à Vidau excita la même irritation. Il y comparait Paoli au renard qui perd bien son poil, mais ne perd jamais sa malice. La lettre fut connue à Ajaccio. La municipalité instruisit contre Buttafoco un procès juridique et le condamna à être brûlé en effigie. La garde nationale se mit sous les armes; le procureur-syndic du district se ceignit de son écharpe; le greffier lut la sentence, et un homme de paille qui représentait le traître fut livré aux flammes. C'est ainsi que les Bordelais avaient naguère brûlé solennellement les mannequins des députés aristocrates de leur ville. « Les Ajacciens, s'écria Napoléon, font à l'image de Buttafoco ce qu'ils voudraient faire à sa personne ! »

Buttafoco était donc à cette époque plus impopulaire encore que Gaffori. De Bonifacio au cap Corse, comme dit Bonaparte, ce n'était contre lui qu'un chorus d'imprécations, et les gens les plus modérés se laissaient entraîner par l'effervescence générale. Le club patriotique d'Ajaccio se signala par la violence de ses motions. Masseria y lut une diatribe qu'il n'avait pu lire à l'assemblée électorale d'Orezza parce que Paoli la trouvait trop virulente. « Profondément indignée », la Société déclara, dans le style et avec les hyperboles coutumières de ce temps-là, que Buttafoco tenait une conduite scandaleuse et criminelle, qu'il avait une impudence sans exemple, qu'il ne montait à la tribune de l'assemblée que pour débiter la calomnie la plus atroce, qu'il ne cessait de déchirer son pays dans des brochures, qu'en conséquence il ne serait appelé désormais que l' « infâme » Buttafoco, et qu'un membre du club lui exprimerait, sous forme de lettre, les sentiments de répulsion et d'horreur que ses compatriotes éprouvaient à son égard. Napoléon fut chargé d'être l'organe du *Globo*. Il se mit aussitôt à l'œuvre et, le 23 janvier 1791, dans le réduit qu'il nommait son cabinet de Milelli, il terminait sa *Lettre à Buttafoco*.

Le révolutionnaire corse vit et respire dans la *Lettre à Buttafoco*.

Comme dans ses œuvres précédentes, Napoléon loue le génie de Paoli, ses ressources, sa fermeté, son éloquence : Paoli avait, par de sages institutions, assuré le bonheur des Corses; il faisait face à tout; il combattait les Génois et, dans le même temps, établissait la constitution et créait une fonderie, un moulin à poudre, des fortifications, des ports, une marine, une université « où, pour la première fois peut-être, l'on enseignait dans les montagnes de Corse les sciences utiles au développement de la raison ».

Comme dans ses œuvres précédentes, Napoléon rappelle complaisamment les difficultés que les Français rencontrèrent dans leur conquête, les défaites qu'ils essuyèrent, l'extrême découragement qui les prit : malgré leur or, leurs brevets, la discipline de leur infanterie, la légèreté de leurs escadrons, l'adresse de leurs artilleurs, ils ne durent la victoire qu'à leur supériorité numérique et à l'aide de quelques traîtres.

Comme dans ses œuvres précédentes, Napoléon flétrit les cruautés du vainqueur qui ne put « asseoir son empire que sur l'anéantissement absolu des patriotes ». Il répète que le gouvernement royal, « le plus oppressif des gouvernements », avait réduit la Corse à un état misérable. Il déplore la destinée de ses concitoyens périssant, soit sur l'échafaud, soit dans la tour de Toulon où Narbonne Fritzlar les entasse, les enchaîne, les accable de mauvais traitements. Il stigmatise, ainsi que dans ses lettres à Paoli et à Giubega, l'impertinent robin, le publicain rapace, l' « atroce » militaire. A ses yeux, la Corse d'avant 1789 est un nid de tyrans, une terre hideuse, qui, jonchée de victimes et fumante encore du sang des martyrs, inspire à chaque pas des idées de vengeance.

Mais il insiste particulièrement sur la carrière de Buttafoco, qu'il représente comme « l'artisan d'un tissu d'horreurs », comme un traître qui, « sous l'extérieur d'un homme sensé, cachait une avidité de valet ». Il le suit dès ses débuts jusqu'à la fin de l'année 1790, et il prétend montrer que ce Corse, indigne du nom de Corse, abandonné par ses amis, désavoué par ses parents, condamné par les sages que l'opinion populaire ne maîtrise pas, a commis les plus grands délits, a tenu la conduite la plus vile.

Buttafoco, entré au service de France, revient en Corse et y trouve un gouvernement national. Mais ce n'est pas lui qui se soucie de la chose publique. Il « raisonne avec flegme »; il n'entend qu'avec pitié ce bavardage de patrie, de liberté, d'indépendance et de constitution qui séduit et « boursoufle » jusqu'aux derniers paysans; il méprise les « sentiments factices » et les « ridicules préjugés » de ses concitoyens, et le « fanatisme » de tous les enthousiastes dont s'entoure Paoli. Sa naissance, son éducation, sa fortune ne l'appellent-elles pas au commandement? Ira-t-il être dupe, sacrifier ses commodités et sa considération à une chimère, s'abaisser à courtiser un savetier, et se soumettre à l'homme du peuple, comme si l'homme du peuple, au lieu de faire le héros, ne devait pas d'abord respecter l'autorité!

Mais Buttafoco dissimule. Il s'efforce de captiver Paoli, réussit à souhait et obtient du général une importante mission. Il est chargé de négocier avec le cabinet de Versailles. Naturellement il se laisse gagner par Choiseul, qui sait aussitôt apprécier une âme de cette trempe : représentant d'un peuple libre, Buttafoco se transforme en « commis d'un satrape »; il communique à Choiseul les instructions, les projets, les secrets de Paoli! Pourquoi eût-il résisté à Choiseul, qui était très libéral? Pourquoi eût-il défendu la patrie qui, selon sa plaisante coutume, ne le payait que par l'honneur de la servir? Les maximes de Buttafoco et celles d'un certain monde ne sont-elles pas qu'il faut être nigaud pour refuser de l'argent, que l'argent donne tous les plaisirs des sens et que les plaisirs des sens sont les seuls estimables?

Et Buttafoco, muni de plusieurs millions, jurant à Choiseul de tout prendre sans obstacle « comme Philippe prenait des villes avec sa mule », suit les Français à la conquête de l'île. Il n'imagine pas qu'un homme puisse préférer la patrie à l'argent, et il croit, parce qu'il s'est vendu, acheter tous les Corses. « Quelques livres d'or de plus ou de moins nuancent à ses yeux la disparité des caractères. » Il se trompe pourtant, et il ne rencontre que des gens de cœur qui refusent de déchirer le sein de la patrie. Lorsqu'il propose d'appeler le régiment de Royal Corse pour désabuser les bons paysans et les accoutumer à la vue d'insulaires francisés, les officiers, Rossi, Marengo et autres « fous » protestent qu'ils aimeraient mieux renvoyer leurs brevets que de violer leurs devoirs envers leur pays. Lorsqu'il se jette dans le Vescovato, il en est « déniché » par le terrible Clément Paoli; sa maison et les maisons de ses amis sont brûlées, et il gémit d'avoir affaire à un peuple enfant qui n'a pas les sentiments raffinés et qui répugne à la domination étrangère. Mais Choiseul l'indemnise bien au delà de ses pertes, et Buttafoco, donnant une bagatelle à ses compagnons d'aventures, garde pour lui des milliers d'écus. Choiseul tombe; Buttafoco se tourne vers les bureaux qui lui accordent tout. Au milieu du désastre universel, parmi les cris et les lamentations d'une nation infortunée, il reçoit honneurs, domaines et pensions.

Vient la Révolution. Buttafoco craint le retour d'un gouvernement national; sa conscience l'épouvante. Mais il est homme de tête, et il a résolu de jouer le tout pour le tout. Il épouse la fille de Gaffori et accroît le nombre de ses appuis; il se ligue avec les fonctionnaires français; il manœuvre adroitement, et envoyé comme député de la noblesse aux États-Généraux, prend de l'ascendant sur les ministres, prétend que la Constitution ne convient pas à la Corse, fait envoyer Gaffori dans l'île et projette d'y renvoyer Narbonne.

Mais ce système de perfidie échoue, et la Corse est « intégrée » à la France. « Craignez, crie Bonaparte à Buttafoco, il est des remords vengeurs! Les biens, les pensions, fruits de vos trahisons, vous seront ôtés! Dans la décrépitude de la vieillesse et de la misère, dans l'affreuse solitude du crime, vous vivrez assez longtemps pour être tourmenté par votre conscience... O Lameth, ô Robespierre, ô Petion, ô Volney, ô Mirabeau, ô Barnave, ô Bailly, ô La Fayette, voilà l'homme qui ose s'asseoir à côté de vous! Tout dégouttant du sang de ses frères, souillé par des crimes de toute espèce, il se présente avec confiance sous une veste de général, inique récompense de ses forfaits! Il ose se dire représentant de la nation, lui qui la vendit, et vous le souffrez! Il ose lever les yeux, prêter les oreilles à vos discours, et vous le souffrez! »

Sous la forme d'une biographie de Buttafoco, la *Lettre* retrace donc la conquête de la Corse et les événements de 1769 à 1790. Mais voilà le seul mérite de cette déclamation uniquement inspirée par l'esprit de parti. Elle est — Bonaparte l'avoue en propres termes — d'une épouvantable longueur. L'ironie qui la parcourt d'un bout à l'autre a, dans son amertume, quelque chose de poignant. L'auteur se souvenait-il de ce mot de Raynal, que « l'arme de l'ironie a souvent tranché les nœuds les plus importants » ? Il semble trouver la conduite de Buttafoco toute simple. Est-ce que Buttafoco aspire à la réputation de Caton ou de Catinat ? Est-ce qu'il croit à la vertu ? Est-ce qu'il a des principes ? De même qu'une coquette persifle une prude qui la juge, de même Buttafoco se moque de l'opinion. Toutefois cette ironie, étendue et comme délayée, cette âcre ironie qui ne sait pas glisser et qui appuie trop, finit par être fatigante et jette de l'obscurité sur certains endroits. L'invective est par instants éloquente. Bonaparte a trouvé de fortes images pour représenter l'insurrection de ses compatriotes : ils craignent, dit-il, de « voir le père, le frère, l'ami qui périt en défendant la patrie, soulever la pierre sépulcrale pour les accabler de malédictions ». Il évoque en une page énergique la figure de la Patrie qui croyait en Buttafoco : « Eh quoi, votre cœur fut-il donc sans mouvement à la vue des rochers, des arbres, des maisons, des sites, théâtre des jeux de votre enfance ? Arrivé au monde, elle vous porta sur son sein, elle vous nourrit de ses fruits. Arrivé à l'âge de raison, elle mit en vous son espoir, elle vous honora de sa confiance, elle vous dit : « Vous voyez l'état de misère où m'a réduite l'injustice des hommes : volez, mon fils, volez à Versailles, éclairez le grand roi, dissipez ses soupçons, demandez-lui son amitié. » Eh bien, un peu d'or vous fit trahir sa confiance, et pour un peu d'or, l'on vous vit, le fer parricide à la main, entre-déchirer ses entrailles ! » Mais des traits d'emphase et de mauvais goût gâtent les meilleurs passages. La Corse dira, par exemple, à Buttafoco : « Concentrée dans ma chaleur, je reprends des forces qui me promettent un prompt et infaillible rétablissement. » Et qu'il est peu délicat de mettre en scène la fille de Gaffori, femme de Buttafoco ! Bonaparte la plaint d'être associée pour la vie à cet homme égoïste et froid, la plaint d'avoir dû « prostituer sa jeunesse et ses grâces » à un criminel, la plaint de subir les caresses d'un Corse parjure !

Enfin, il y a dans cette œuvre des exagérations singulières.

Napoléon, parlant d'Achille Murati, le nomme pompeusement le conquérant de Capraja et assure que ce Murati porta la désolation jusque dans Gênes, qu'il ne lui manqua pour être un Turenne que des circonstances et un théâtre plus vaste. « Vous préconisez, lui répondit spirituellement Buttafoco, le courage de Murati, et avec raison; mais n'atténuez pas les talents militaires et les vertus du grand Turenne par des comparaisons trop outrées; vous êtes mathématicien et ne connaissez pas les proportions. »

Pareillement Buttafoco reproche avec raison au jeune pamphlétaire de ravaler le mérite de Gaffori et de Narbonne. « Vous donnez, lui disait-il, à Gaffori ainsi qu'au brave et estimable Narbonne, des épithètes qui vous font tort. » Et Napoléon revint de sa haine contre Narbonne. Il fit en 1803 donner un certificat d'amnistie au vieux général émigré. Talleyrand, qui s'entretint de Narbonne avec lui, rapporte que le premier consul se rappelait parfaitement le défenseur de Fritzlar et s'exprimait favorablement sur son compte.

Quant à Buttafoco, méritait-il tant d'injures? La lettre de Bonaparte ne le courrouça pas, et il répliquait justement que le libelliste ne le connaissait que par des souffleurs, ne le jugeait que sur la simple assertion de Paoli, ne puisait ses renseignements qu'à des « sources impures ». Il est vrai qu'en 1795, dans l'extrême embarras de ses affaires, il se soumit au gouvernement anglais et accepta secrètement du vice-roi Elliot une somme de deux cents livres sterling. Mais Buttafoco, que Rousseau nommait un très galant homme, instruit et doué d'esprit, avait un sincère attachement pour la France où il servait dès l'âge de huit ans comme cadet dans la compagnie de son père au régiment de Royal Italien. Il fut l'ennemi de Paoli. Il croyait que Paoli « séduisait les Corses par le fantôme de la liberté tout en les conduisant à la servitude par une imperceptible et douce violence ». Il croyait que Paoli n'avait d'autre but que de garder la puissance suprême et ne soulevait la Corse que dans son intérêt personnel. Il croyait que Paoli, d'ailleurs trop mauvais militaire pour diriger les opérations, aurait dû s'oublier lui-même, rentrer dans la vie privée, et ne pas jeter ses concitoyens dans une lutte inutile. Plus d'une fois il l'avertit que l'état de l'île était « précaire », qu'elle ne pourrait jamais être une république, que ses ports seraient toujours aux mains des étrangers, et que les Corses, entourés, resserrés de tous côtés, n'avaient dans l'intérieur qu'une liberté de nom. « Il faut, écrivait-il à Paoli, renoncer à l'idée flatteuse, mais inconsistante, d'une malheureuse indépendance. » Selon Buttafoco, la France seule pouvait assurer le repos et la prospérité de la Corse en lui donnant un gouvernement solide et, dans ses mémoires à Choiseul, il prédisait que si la France ne s'établissait pas dans l'île, les Anglais prendraient les devants pour se dédommager de la perte de Minorque. Aussi, en 1768, suivit-il les drapeaux du roi. Il eut des gratifications, des dotations, des honneurs. Mais ses courses, ses voyages, ses services méritaient une récompense, et il ne devint maréchal de camp qu'à son tour d'ancienneté en 1781. Napoléon le blâme d'avoir défendu l'ancien régime : « Je courus, dit Buttafoco, la carrière de mon ordre et je fus zélé royaliste parce que c'était mon devoir », et il ajoute qu'il tenait alors pour une monarchie réglée et tempérée par des États-Généraux permanents. Sa réponse à Napoléon a été trouvée dans ses papiers, et il ne l'écrivit que sur le tard, lorsque Bonaparte, empereur, ne se souciait plus de la Corse : « Votre allocution au nom de la Corse, dit-il dignement, est pathétique, mais mal appliquée. Cette patrie commune n'a rien à me reprocher. Que de motifs, au contraire, n'a-t-elle pas de vous dire : Quoi ! mon fils, votre cœur est-il donc insensible pour l'île où vous reçûtes le jour ! Quand vous fûtes parvenu à l'âge de raison, j'augurai bien de vous. Lorsque je vous vis sur un grand théâtre, mon cœur tressaillit de joie ; j'espérai alors que votre patrie, que vos frères vous seraient chers. Il est affreux qu'un de leurs frères les néglige à ce point. C'est pour vous, ne fussiez-vous pas Corse, un devoir sacré ! »

Et n'est-ce pas à Buttafoco que pensait Napoléon lorsqu'il disait à Antomarchi qu'il était alors neuf, étranger à tout, et

jugeait avec impertinence les gens qui maniaient les affaires?
En 1801, le frère de Mlle Bou, vendant sa maison, y trouva
quelques exemplaires de la *Lettre à Buttafoco* et les fit porter
au premier consul. « Ces brochures, dit Napoléon, sont sans
objet, il faut les brûler. » Mais, en 1791, lorsqu'il accablait
d'outrages Buttafoco et le vouait à l'opprobre, Bonaparte était
mû par la haine ardente du démocrate contre l'aristocrate et du
paoliste contre l'anti-paoliste; il se regardait comme le champion de ses concitoyens, comme le redresseur de leurs torts, et
par cette *Lettre* dont il faisait trophée, il voulait soutenir l'opinion avantageuse qu'avaient conçue de lui les patriotes. Il ne
se trompait pas. Le factum lu au club d'Ajaccio fut couvert
d'applaudissements. La Société en vota l'impression comme
utile au bien public, et Masseria félicita Bonaparte d'avoir
« dévoilé les menées obscures de l'infâme Buttafoco avec autant
de finesse que de force et de vérité ».

Paoli ne fut pas aussi complimenteur. Il jugea que la brochure aurait fait meilleur effet si elle avait « dit moins et
montré moins de partialité ». Et il écrivait à Napoléon sur un
ton froid et sec, comme s'il n'avait pas eu besoin, pour abattre
Buttafoco, de la plume du jeune lieutenant : « Ne vous donnez
pas la peine de démentir les impostures de Buttafoco. Cet
homme ne peut avoir de crédit auprès d'un peuple qui a toujours estimé l'honneur et qui a maintenant reconquis sa
liberté. Le nommer c'est lui faire plaisir. Il ne peut aspirer
à d'autre célébrité qu'à celle que chercha l'incendiaire du
temple d'Éphèse. Il écrit et parle pour faire croire qu'il est
de quelque conséquence. Ses parents mêmes ont honte de lui.
Laissez-le au mépris et à l'indifférence du public. »

Napoléon fut sans doute dépité d'une pareille réponse. Mais
n'était-il pas, selon le mot de Buttafoco, de ces flatteurs qui,
pour obtenir la faveur de Paoli, déployaient une énergie pusillanime et venaient à l'envi, comme l'âne de la fable, donner
un coup de pied au vaincu?

CHAPITRE IX

Le Discours de Lyon.

Retour à Auxonne (février 1791). — Louis Bonaparte. — Excursions à Dôle. — L'imprimeur Joly. — Amitiés. — Les Suremain. — Menace de noyade. — Girault. — Le voyage sentimental de Nuits. — Maquillage de 1791. — Réorganisation de l'artillerie. — Napoléon premier lieutenant au 4ᵉ régiment (à la date du 1ᵉʳ avril 1791). — Adieux à Auxonne. — Souvenirs du régiment de La Fère. — L'insurrection de Turin. — Le fédéré de 1815. — Leoni. — Brazier. — Les généraux Pierre et Jouffroy. — Arrivée de Napoléon à Valence (16 juin 1791). — La Cattonne. — Le lieutenant Danon. — Amis d'antan. — Les Aurel. — Mésangère. — Les amies du bord du Rhône. — Sucy. — Montalivet. — Les femmes royalistes. — Progrès de la cause populaire. — Sentiments des canonniers. — Les officiers d'artillerie. — Le 4ᵉ régiment. — Le baron Du Teil. — Campagnol. — Dujard. — Catellan. — Deydier. — La Grange. — Mainville. — La Salette. — Vaubois. — Gouvion. — Bollemont. — Sugny. — Pernety. — Taviel. — Villantroys. — Borthon. — Du Fort. — Philippe de Faultrier. — Chaillet de Grandfontaine. — Beaumaretz. — Ducos de Lahitte. — Dulieu. — Fonton. — Monestrol. — Fouler. — D'Anthouard. — Songis. — Le chirurgien Parmentier. — Gaudenard, Pellegrin, Bernard. — Fuite de Louis XVI. — Serment de Bonaparte (6 juillet). — Son républicanisme. — Les refus de serment. — L'émigration. — Les d'Arthan. — Bonnard. — Jussac. — Darcjean. — Du Chaffaut. — Loyauté. — D'Arthaud. — Desguers. — Romain. — Du Prat. — Les Du Boisbaudry. — Les De Langle. — Gondallier de Tugny. — Baudran. — La Chapelle, Bouville, Le Sart. — Ce que pense Bonaparte de l'émigration. — D'Ablincourt. — Hédouville. — Rapports de Napoléon avec Romain. — Lecture du Moniteur. — Les deux clubs de Valence. — Napoléon bibliothécaire et secrétaire de la Société des amis de la constitution. — Les fédérations. — Assemblée du 3 juillet 1791. — Impressions de Napoléon. — Fête du 14 juillet. — Toast de Bonaparte aux patriotes d'Auxonne. — Lettre curieuse à Naudin (27 juillet). — Études et extraits. — Le Discours de Lyon. — Ses défauts. — Amour de la Corse. — Enthousiasme pour Paoli. — Réminiscences de Rousseau et de Raynal. — Stoïcisme. — Liberté et égalité. — Singulières tirades contre l'ambition. — L'homme de génie.

Le 8 février 1791, à quatre heures de l'après-midi, Bonaparte se trouvait en Dauphiné, sur la route de Lyon, à six kilomètres de Saint-Vallier-sur-Rhône. Le temps, quoique froid, était doux, et la neige, bien que prochaine, ne tombait pas encore. Pour se dégourdir les jambes et s'amuser, comme il dit, à marcher, Napoléon était parti de Valence à pied, sans attendre la voiture. Au petit village de Serves, il s'arrêta dans une cabane, s'entretint avec ses hôtes qui lui parurent de braves gens, puis écrivit à Fesch. Il reprit la diligence lorsqu'elle passa. Le soir, il couchait à Saint-Vallier et dans sa chambre d'auberge jetait sur le papier quelques réflexions.

Le lendemain, il traversait Chalon-sur-Saône. Il aurait pu voir James, un des meilleurs camarades de Joseph au collège d'Autun. Mais il était en retard, et il remit sa visite à la première occasion. « Le frère de votre ami, mandait-il à James, doit un peu être le vôtre. » Et James devint en effet son ami. Il l'emmène dans la campagne d'Égypte et le fait, ainsi que Monge, Caffarelli, Blanc et d'Aure, membre du Conseil des finances. Il le nomme receveur général de l'administration des droits réunis et l'un des régents de la Banque de France.

Dès son arrivée à Auxonne, il produisit les certificats du Directoire du district d'Ajaccio et de la municipalité de la ville. Ces attestations n'étaient pas seulement des brevets de patriotisme. Elles constataient que Napoléon voulait rejoindre son régiment au 15 octobre 1790, qu'il avait essayé par deux fois de retourner en France et que par deux fois le mauvais temps avait empêché son départ. Le colonel, M. de Lance, lui fit bon accueil, convint que le lieutenant avait été « retenu indispensablement » à Ajaccio et apostilla le mémoire où Bonaparte demandait l'arriéré, le « relief » de sa solde pour trois mois et demi, du 15 octobre au 1er février. Le 10 mars, le ministre accordait ce rappel d'appointements.

Les royalistes du régiment reçurent plus froidement Napoléon. Quelques-uns lui reprochèrent d'avoir eu pendant son semestre une allure insurrectionnelle. Pourquoi soutenait-il, guidait-il les Corses contre le lieutenant général M. de Barrin ?

Pourquoi n'avait-il pas suivi l'exemple de Massoni? Et, s'il arrivait si tard, n'était-ce pas qu'il avait passé le temps à faire des motions et à fomenter des troubles? Il répondit qu'il n'avait pas eu la conduite « antiroyaliste » et « antimilitaire » qu'on lui prêtait. Il était persuadé, disait-il, qu'une monarchie ne peut subsister que si l'armée est dévouée à son roi; il savait que le premier devoir d'un officier consiste dans l'obéissance et il avait regagné ses drapeaux aussitôt qu'il l'avait pu; il s'était joint à ses concitoyens, mais il agissait par patriotisme pour assimiler plus promptement aux provinces de France une province nouvelle, pour hâter l'exécution des décrets de l'assemblée, pour assurer à la Corse tous les avantages de la Révolution, et il ne se croyait pas obligé de s'interdire tout rôle dans son pays natal. Quant à Massoni, il était né à Gênes, et son père avait été tué en 1766 au service de Gênes à la défense de l'île de Capraja : rien d'étonnant que ce Génois se fût tourné contre les Bastiais.

Sa vie durant ce second séjour d'Auxonne fut aussi laborieuse qu'en 1788 et en 1789. C'était le temps où, de son propre témoignage, il travaillait sans fatigue quinze à seize heures par jour.

Comme en 1788 et en 1789, il demeura dans un pavillon des casernes, le pavillon de la Ville. Chaque logement d'officier comprenait une chambre et un cabinet de domestique. La chambre fut pour lui. Louis Bonaparte coucha dans le cabinet.

Napoléon avait emmené son jeune frère, celui qu'il nommait en plaisantant *Monsieur Louis*. « Mon frère, disait-il à ses camarades, vient observer une nation qui tend à se détruire ou à se régénérer. » Il le destinait à l'artillerie et lui donnait quotidiennement des leçons de mathématiques, le faisait « étudier à force », l'encourageait à lire l'histoire. Parfois il le traitait assez durement et lui infligeait selon la mode du temps des corrections manuelles. « Vilain marabout! » lui cria un jour à Valence une vieille domestique qui le voyait souffleter Louis. Mais qui aime bien, châtie bien, et Napoléon chérissait son frère. Les progrès de Louis l'enchantaient, le ravissaient.

Louis, écrivait-il, avait de l'application et du jugement ; Louis était un charmant, un excellent sujet, et qui serait le plus distingué des fils de la signora Letizia : lequel d'entre eux aurait jamais une aussi jolie éducation ? « Louis est travailleur par inclination autant que par amour-propre, et puis, pétri de sentiment. Il ne lui manque que l'acquis. Il a pris un petit ton français, propre, leste ; il entre dans une société, salue avec grâce, fait les questions d'usage avec un sérieux et une dignité de trente ans. Toutes les femmes de ce pays-ci en sont amoureuses. »

Louis n'était pas le seul objet de ses préoccupations. Il se souciait de l'avenir de tous les siens et de l'honneur, du bon renom de la famille. N'avait-il pas au mois d'août de l'année précédente grondé sa mère et son aîné qui devaient douze écus à Buonarroti ? « Il est urgent, disait-il, de les donner ; Buonarroti me les a demandés plusieurs fois ; c'est une créance honteuse, c'est une violation de dépôt. » Il priait Fesch et Joseph de terminer, d' « ultimer », l'affaire de la Pépinière et projetait de réclamer de l'Assemblée nationale l'indemnité qu'il avait jusqu'alors sollicitée du ministère. Il conseillait à Lucien de postuler une place de commis à Ajaccio soit au bureau de l'enregistrement des domaines, soit chez le trésorier Conti ; le trésorier du district de Saint-Jean-de-Losne n'avait-il pas trois employés pour faire sa besogne ?

La pensée d'Ajaccio et de l'île natale ne le quittait pas. Il poussait un jour jusqu'à Besançon et proposait à l'imprimeur Daclin de publier son histoire de la Corse. Il allait, accompagné de son frère, corriger à Dôle, chez l'imprimeur Joly, les épreuves de sa *Lettre à Buttafoco* qui fut tirée à cent exemplaires : les deux Bonaparte partaient d'Auxonne à pied dès quatre heures du matin et y revenaient avant midi après avoir fait six lieues de poste. Joly demeurait au numéro 17 de la rue de Besançon dans la maison de M. Titon de Raze. On raconte qu'un jour Napoléon vint le voir en carmagnole et en pantalon de toile blanche rayée. A plusieurs reprises l'officier accepta le modeste déjeuner de Joly et durant le repas, de sa voix brève et saccadée, il affirma sa résolution de ne servir que la cause de la liberté. Une fois, Joly se rendit à Auxonne pour régler compte. Bonaparte lui donna en paiement des *corsets* ou assignats de cinq livres, les premiers qu'on eût encore vus dans le pays, et lui montrant une malle à clous dorés : « Vous n'avez pas entendu la messe ce matin, dit-il à Joly, si vous voulez, je puis vous la dire. » Il ouvrit la malle. Elle contenait les ornements sacerdotaux que l'aumônier du régiment, alors absent, avait confiés en dépôt au lieutenant Bonaparte.

On a prétendu — et l'on a mis ce propos dans sa propre bouche — qu'à cette époque, il n'allait ni au café ni dans le monde ; qu'il mangeait du pain sec à son déjeuner et brossait ses habits lui-même pour les garder plus longtemps ; qu'afin de ne pas faire tache parmi ses camarades, il vivait comme un ours, toujours seul dans sa chambre ; qu'il s'imposait les plus dures économies pour acheter des livres et que lorsqu'il avait, à force d'abstinence, amassé quelques écus, il s'acheminait vers la librairie et des rayons qu'il avait souvent visités avec le péché d'envie, tirait l'ouvrage convoité, le payait, l'emportait au logis : telles étaient les joies et les débauches de sa jeunesse.

Il était pauvre en effet, et au mois de novembre 1813, lorsqu'il se plaignait de l'ingratitude de son frère Louis qu'il avait comblé de bienfaits : « Pour son éducation, s'écriait-il, je me suis privé, à l'âge de vingt ans, de tout, même du nécessaire ! » Mais il ne vivait pas dans l'isolement. Il retrouvait à Auxonne les lieutenants Desmazis, Rolland de Villarceaux, Jullien de Bidon, le commissaire des guerres Naudin, le quartier-maître trésorier Degoy et bien d'autres. Cette période de sa vie n'a pas eu la teinte sévère, austère qu'on lui prête. Lié comme il l'était avec les officiers de La Fère, il ne put se livrer à un régime d'existence aussi rigide, aussi stoïque qu'on l'a dit.

Il avait fait dans la société d'Auxonne de nouvelles connaissances et il eut de bons rapports avec M. de Suremain, naguère subdélégué de l'intendance de Bourgogne, et alors administrateur du district de Saint-Jean-de-Losne. Ce Suremain fut suspendu de ses fonctions, traduit au tribunal révolutionnaire de Paris et condamné à mort pour avoir publié des *Réflexions sur la constitution de 1793*. Il avait épousé la sœur d'un M. Royer qui devint sous l'empire maire de Chalon-sur-Saône. A deux reprises, le 7 avril 1805 et le 31 décembre 1807, Napoléon, passant à Chalon, s'entretint avec Royer, non seulement des affaires de la ville, mais du sort des Suremain, et Royer, tout fier de cette marque de faveur, s'écriait en 1808 : « Nous chérissons dans notre famille la personne de Sa Majesté comme nous admirons avec l'univers les prodiges de son génie; Sa Majesté a dû reconnaître cet amour lorsque dans ses deux passages elle a daigné me faire appeler auprès d'elle. » Un fils de l'ancien subdélégué, Alexandre Suremain, fut soldat de Napoléon. Admis l'un des premiers dans le corps des gendarmes d'ordonnance, il avait obtenu le grade de brigadier durant la campagne de Pologne. De retour à Chalon, après avoir eu son congé, il désira rentrer dans l'armée. « Je brûle, écrivait-il, de servir un maître que j'adore, et suis dévoré d'impatience de ne recevoir aucun ordre; Sa Majesté impériale, à son passage à Chalon, daigna demander au maire des nouvelles de ma mère restée veuve avec trois enfants et sans fortune : cette bonté est enivrante pour ma mère et pour nous! » Suremain fut sous-lieutenant au 4e chasseurs; il était lieutenant en 1812, capitaine en 1813... et suivit à Gand Louis XVIII.

Un autre Suremain, lieutenant au régiment d'Auxonne, et plus tard capitaine au régiment de La Fère, venait à Auxonne en congé, et Napoléon l'a certainement entrevu. C'est le Suremain qui fut premier aide de camp du roi Charles XIII et lieutenant général au service de Suède. Il obtint du consul Bonaparte sa radiation de la liste des émigrés : « J'ose, écrivait-il, m'adresser directement à vous; ce qui intéresse un ancien capitaine au 1er régiment d'artillerie, ne peut vous être tout à fait indifférent. » Chargé d'une mission en France après l'abdication de Gustave IV dans l'année 1809, Suremain, alors colonel, se rendit à Paris, non sans hésiter ni se demander comment il aborderait l'empereur qu'il avait « connu subalterne » : il allait avoir une audience lorsque Napoléon dut partir subitement à la nouvelle de l'entrée des Autrichiens en Bavière. Suremain revint, après le couronnement de Charles XIII, et cette fois encore en pure perte : l'empereur, lui dit Champagny, ne vous voit pas de mauvais œil, mais il trouve déplacé qu'un de ses sujets lui propose le maintien d'une liaison entre la Suède et l'Angleterre.

Le lieutenant Bonaparte ne se confinait donc pas dans sa chambre du pavillon de la Ville. Il eut un jour sur les bords de la Saône une vive discussion avec des camarades et il les irrita tellement par ses propos qu'ils voulaient le précipiter dans la rivière. On dit même que deux officiers le sommèrent d'émigrer, et, sur son refus, le couvrirent d'invectives, menacèrent de le jeter à l'eau. Bonaparte, ajoute la tradition, se vengea d'eux de la façon la plus noble et la plus magnanime. Les deux officiers, prévenus du crime d'embauchement, allaient être arrêtés. Il courut à leur logement et les avertit. Ses persécuteurs eurent le temps de s'enfuir.

Il ne craignait pas, avec l'enthousiasme de son âge et la hardiesse qu'il avait développée en Corse, d'exprimer hautement son opinion. Il lisait fièrement à ses amis d'Auxonne l'adresse que son frère Joseph avait rédigée au nom du club d'Ajaccio et qui paraissait dans le *Journal des jacobins* : « ton adresse, écrivait-il à son aîné, a fait très bon effet. » Dans ses conversations avec les habitants, notamment avec Girault, le futur maire de la ville, il exaltait les décrets de l'assemblée. Il applaudissait à toutes les démonstrations patriotiques, aux fédérations entre les troupes de ligne et les milices bourgeoises, à la fusion de l'armée et du peuple, et il fut un des premiers qui proposèrent d'organiser à Auxonne une manifestation civique et de réunir dans un grand banquet la garde nationale et le régiment de La Fère. « Souvent, a dit Girault, nous avons été témoins de ses entretiens familiers sur la chose publique et nous l'avons vu fraterniser avec nous à ce premier élan de civisme qui donna lieu au banquet entre la garnison et la garde nationale. »

Une amusante excursion qu'il fit à Nuits et qu'il nommait en riant son « voyage sentimental », lui fournit l'occasion de déployer son ardeur révolutionnaire. Son camarade, le capitaine Gassendi, avait été envoyé en détachement à Nuits le 6 août 1789 avec son lieutenant en second Le Lieur de Ville-sur-Arce et ne devait rentrer à Auxonne que le 4 août 1791. Durant son séjour, il devint amoureux de la fille unique du médecin de la ville, Mlle Reine Soucelyer, et le 4 mai 1790 il l'épousa. Le mariage était superbe, les chefs de Gassendi l'avaient déclaré fort sortable, et le bon colonel de Lance félicitait le capitaine d'acquérir, avec la main d'une demoiselle de très honnête famille, cinq mille livres de rente en fonds de terre et, de plus, un mobilier : Gribeauval ne disait-il pas qu'il faut, quand on se marie, « avoir à vivre » et que « cela ne se peut avec les seuls appointements d'un officier d'artillerie »? Bonaparte alla voir à Nuits Gassendi et Le Lieur de Ville-sur-Arce. Or, Gassendi était royaliste, et M. Soucelyer, patriote. Sitôt arrivé, Bonaparte prit parti pour le beau-père contre le gendre, et le lendemain qui était un dimanche, de grand matin, M. Soucelyer lui rendait une visite de reconnaissance et de sympathie. Déjà le bruit courait qu'il y avait à Nuits un jeune officier de bonne logique et de langue alerte. Bonaparte faisait sensation. Du bout de la rue, on lui tirait le chapeau. Mais le soir, il fut invité chez Mme Marcy dont Le Lieur de Ville-sur-Arce était le soupirant. Il tomba dans un véritable guêpier. Bien que mariée à un marchand de vin, la dame avait grande fortune et belles manières. C'était la duchesse de l'endroit. Toute la gentilhommerie des environs assistait au repas. Napoléon dut rompre de nouvelles lances contre la plupart des convives. Au milieu de la discussion, arriva le maire en habit cramoisi. Bonaparte se crut sauvé; mais cet homme était encore plus aristocrate que les autres. Heureusement, la maîtresse de la maison sut avec une spirituelle adresse détourner les coups, émousser et préserver de toute blessure le jeune démocrate.

. Le second séjour de Napoléon à Auxonne ne fut pas de longue durée.

L'assemblée avait décrété cette nouvelle organisation de l'artillerie que les mécontents appelèrent le maquillage de 1791. L'artillerie était désormais une arme distincte, séparée de l'infanterie. Les sept régiments quittaient le nom des écoles où ils s'étaient formés sous le règne de Louis XV pour être désignés dorénavant par leur rang de création : le régiment de La Fère devenait le 1er régiment; le régiment de Metz, le 2e; le régiment de Besançon, le 3; le régiment de Grenoble, le 4e, et ainsi de suite. Les cinq brigades dont se composait un régiment, n'existaient plus ; mais le régiment conservait ses deux bataillons qui comprenaient chacun dix compagnies. Plus de sapeurs : on ne les revit qu'en 1794 sous le nom de sapeurs du génie. Plus de bombardiers : c'étaient en fait des canonniers, et leur dénomination n'avait plus de sens puisque les bombardes étaient depuis longtemps hors d'usage. Tous les soldats s'appelaient *canonniers* ; il y avait seulement dans chaque compagnie un artificier qui recevait un sou de haute paie en sus de sa solde. Certains grades disparaissaient. Les chefs de brigade et le major devenaient lieutenants-colonels, et deux adjudants-majors, un par bataillon, remplaçaient l'aide-major. On disait, non plus capitaine en premier, lieutenant en premier, lieutenant en second, mais capitaine-commandant, premier lieutenant, second lieutenant. Les capitaines en second qui servaient dans les places ou établissements d'artillerie, étaient attachés, sous le nom de seconds capitaines, à chaque compagnie de canonniers et chargés des détails d'instruction et de discipline. Plus de lieutenants en troisième. Ces officiers dits de fortune obtenaient les emplois vacants de second lieutenant et, prenant rang à la date de leur premier brevet d'officier, pouvaient dès lors arriver au grade de premier lieutenant à condition de se présenter à l'examen et de posséder les connaissances exigées des élèves de l'artillerie. Les lieutenants en second, comme Bonaparte, recevaient par ancienneté l'emploi de premier lieutenant, de préférence dans la compagnie où ils étaient alors.

Le ministre s'efforçait ainsi de démocratiser l'artillerie comme le reste de l'armée. Il ne se contentait pas de faire lieutenants en second tous les lieutenants en troisième ; il les transférait d'un régiment dans un autre et les répartissait en nombre égal sur tout le corps en leur donnant par lieue un supplément de solde de dix livres payable sur la masse. Les officiers de tout grade qui se retiraient, avaient pour retraite les deux tiers de leurs appointements, s'ils comptaient plus de vingt ans de service, ou conservaient leurs droits à la croix de Saint-Louis, s'ils ne comptaient que quinze ans de service ; beaucoup usèrent de la permission ; c'étaient autant de royalistes de moins.

Comme toujours, le ministère antidata les nominations. Le travail des mutations fut expédié le 1er juin, mais les officiers prirent rang du 1er avril.

Napoléon était nommé premier lieutenant au 4e régiment, ci-devant régiment de Grenoble, qui tenait garnison à Valence, et il touchait désormais par mois cent livres d'appointements. Avec lui, s'éloignaient d'Auxonne et du régiment de La Fère le colonel de Lance, les capitaines Menibus, Molines, Roquefère, Lepinay et Coquebert, les lieutenants Malet, du Raget, Jullien de Bidon, Mongenet, Huon de Rosne, d'Andigné de Sainte-Gemme, Saint-Germain et Carmejane. En même temps que lui, entraient au 4e régiment le colonel Campagnol, sous-directeur à l'arsenal de La Fère ; les lieutenants-colonels Catellan qui sortait des mineurs, Dujard et Deydier de Marqueyret qui venaient tous deux du régiment d'Auxonne ; les capitaines Bollemont, Bonnard, Borthon, du Chaffaut, Molines, Monestrol, Roquefère, et les lieutenants d'Anthouard, Du Prat et Fouler.

Bonaparte aimait son régiment de La Fère, où il comptait

d'excellents camarades; il craignait la dépense que lui causerait un déplacement; il jugeait l'École d'artillerie d'Auxonne meilleure que celle de Valence. Comme son ami, le premier lieutenant Mongenet, qui demandait alors au ministre un emploi de second capitaine dans le 1er régiment, où il avait toujours servi, Napoléon écrivit le 3 juin à M. Le Sancquer, chef du bureau de l'artillerie, qu'à tous les points de vue il désirait rester au 1er régiment : il avait avec lui son frère qui se destinait au corps royal, et il ne pouvait dans un autre régiment se charger de son éducation. Mais le « travail » avait déjà paru. Le 14 juin 1791, Bonaparte quittait Auxonne.

Il devait revoir la ville le 8 mai 1800 et il n'y séjourna que deux heures. Il descendit à la Direction de l'artillerie et dit en entrant dans la grande salle basse de la maison : « Voilà une salle où j'ai fait bien des lotos. » Quelques habitants lui rendirent visite : le fils du professeur Lombard, le pauvre Terrier qui lui donnait des leçons de musique en 1786, d'autres encore. Il les accueillit tous avec bonté, cherchant à les reconnaître, et, au bout d'un instant de réflexion, mettant leur nom sur leur visage, leur rappelant le passé, leur demandant des nouvelles d'autrui, assurant que, s'il n'avait pas été si pressé, il aurait offert ses hommages à la vieille et infirme Mme Pillon d'Arquebouville, veuve du directeur d'artillerie. On lui présenta le commandant Jean, frappé de cécité à la suite de la canonnade de Valmy, où un boulet avait passé tout près de ses yeux. Le brave Jean, ancien canonnier du 6e régiment, n'avait d'autre soutien qu'un neveu désigné pour la conscription; Bonaparte ordonna que le jeune homme ne partirait pas, et il promit à Jean une solde de retraite de deux mille francs : « Vous pouvez être tranquille, lui dit-il, envoyez votre mémoire et je ne vous oublierai pas. »

Quant au régiment de La Fère, Napoléon se souvint toujours d'y avoir fait ses débuts. Le 12 juillet 1801, à Turin, cinq compagnies de ce régiment, outrées des procédés tyranniques du général Delmas envers les sapeurs, se mutinèrent et envahirent la citadelle, malgré leurs officiers qui s'efforçaient de les arrêter. Le commandant de la citadelle, Jacquin, perdit la tête. Il courut au-devant des officiers et déchargea son pistolet sur le lieutenant Genevais, qui tomba mort. Mais l'instant d'après, un canonnier tuait Jacquin d'un coup de fusil. A cette nouvelle, le premier consul, dans un transport d'indignation, prescrivit de dissoudre les cinq compagnies qui tenaient garnison à Turin, de suspendre les officiers, d'incorporer les soldats dans les autres régiments de l'arme, de former le 1ᵉʳ régiment, pour lui « conserver la bonne composition qui l'avait toujours distingué », du reste des compagnies et d'un des meilleurs régiments d'artillerie à cheval, de déposer à l'hôtel des Invalides ou temple de Mars les drapeaux voilés d'un crêpe noir, d'élever à Metz une statue au Messin Jacquin mort sur le pont-levis en défendant l'entrée de la citadelle qui lui était confiée. « Vous avez rendu de grands services, disait-il dans une proclamation aux soldats, vous êtes couverts d'honorables blessures, vous les avez reçues pour la gloire de la République, et elle a triomphé de ses ennemis, elle tient le premier rang parmi les puissances. Mais que lui importerait tant de grandeur, si ses enfants indisciplinés se laissaient guider par les passions effrénées de quelques misérables! Vous êtes entrés sans ordre et tumultueusement dans une forteresse, en violant toutes les consignes, sans porter aucun respect au drapeau du peuple français qui y était arboré. Le brave officier qui était chargé de le défendre, vous l'avez tué. Vous avez passé sur son cadavre. Vous êtes tous coupables! » Pourtant, lorsqu'il sut les détails de l'événement, il revint de sa colère. Le chef de brigade Allix plaidait la cause de ses hommes et sollicitait leur pardon : « Le régiment, écrivait-il à Bonaparte, se rappelle avec fierté qu'il a eu l'honneur de vous compter parmi ses officiers et attend tout de votre justice connue. » Le premier consul voulait d'abord laisser aux Invalides les anciens drapeaux qu'il regardait comme violés et les remplacer par deux drapeaux neufs et vierges. Après mûre réflexion, et songeant que les coupables n'étaient plus au régiment, il décida de rendre les mêmes bannières. Le 4 juin 1802, à Paris, il arrachait des drapeaux les crêpes noirs, que Berthier remplaçait par de nouvelles cravates. « Officiers et soldats du 1er régiment d'artillerie à pied, disait-il ensuite, c'est dans votre régiment que j'ai pris les premières leçons de l'art militaire; j'ai toujours vu votre régiment uniquement sensible au sentiment de l'honneur; soyez dignes d'être les premiers du premier corps de l'armée. »

Il n'oublia pas les braves gens qu'il avait trouvés à La Fère dans les rangs subalternes. Le 14 mai 1815, lorsqu'il reçut à la parade dans la cour des Tuileries les fédérés des faubourgs Saint-Antoine et Saint-Marceau, parmi les anciens soldats qu'il reconnut et appela par leur nom avec une incroyable rapidité de mémoire, était un bombardier de sa compagnie de La Fère. L'homme fit quelques pas en avant pour se présenter à l'empereur. « C'est toi », lui dit Napoléon en le nommant. Deux grosses larmes coulèrent des yeux du vétéran. « Sire, répondit-il, est-il possible que vous me reconnaissiez encore ? »

Leoni et Brazier sont des canonniers de La Fère qu'il se plut à récompenser. Le Corse Leoni, entré au mois d'avril 1786 dans la compagnie de Napoléon, fit les campagnes de la Révolution aux armées de Sambre-et-Meuse et du Rhin. En 1800, à deux reprises, il demandait au premier consul un emploi qui lui servît de retraite et lui permît de vivre honorablement et d'être utile, soit celui d'adjudant de place à l'Isle-Rousse, soit celui de garde d'artillerie en Corse. « J'ai eu l'honneur, disait-il, d'être sous vos ordres dans le 1er régiment d'artillerie, et vous connaissez ma conduite à cette époque. » Bonaparte apostilla la seconde pétition. « Lui accorder, écrivait-il le 31 octobre 1800, une place de garde d'artillerie en Corse ». Leoni fut envoyé provisoirement à l'île de Port-Cros, puis nommé garde d'artillerie à Saint-Florent.

Le Picard Brazier, sergent à La Fère un an après le départ de Bonaparte, fut blessé en 1793 au siège du Quesnoy par un affût de canon qui lui passa sur le corps. Il alla vivre à Laon d'une fort modeste pension. Au mois d'août 1811, il invoqua le souvenir de Napoléon. L'empereur se rappela l'ancien caporal de La Fère et lui donna 500 francs.

Deux autres soldats de La Fère, qui furent généraux, Pierre et Jouffroy, méritent une mention. Pierre était des détachements que le régiment de La Fère envoya dans l'île de Minorque et en Amérique. La Révolution fit de ce lieutenant en troisième un second lieutenant, et il était adjudant-major lorsque Bonaparte s'éloigna d'Auxonne. Promu capitaine, puis chef de bataillon, il reçut à la fin de novembre 1793, sur la recommandation d'un camarade employé dans les bureaux de la guerre, le brevet de général de brigade. Il commanda Toulon, mena quelque temps l'aile gauche de l'armée d'Italie, et revit alors Napoléon, devenu, comme lui, général. Mais Pierre avouait qu'il était caduc, absolument usé, et il accepta très volontiers sa retraite en 1795.

Jouffroy, canonnier en 1781, sergent en 1786, second lieutenant en 1792 et s'élevant peu à peu, était général de brigade en 1811 et il commanda l'artillerie au siège de Hambourg. « J'ai eu à me féliciter, disait-il, d'être parvenu au grade de maréchal de camp dans une arme aussi belle que la mienne. » Il resta fidèle à Napoléon. Après avoir assisté durant les années 1805, 1806 et 1812 à toutes les grandes batailles, il fut en 1815 un chaud partisan de l'empereur, et les royalistes prétendaient qu'il avait dans la nuit du 20 mars, à Douai, reçu Drouet d'Erlon dans sa maison, et concerté avec ce général les moyens de faire filer de l'artillerie sur Paris.

Le 16 juin Napoléon arrivait à Valence. Il appartenait à la 1re compagnie du second bataillon. Son capitaine-commandant, La Cattonne, était détaché à Embrun pour faire des recrues. Très bon officier et fort estimé, La Cattonne avait été, avec le major Hennet, envoyé par le régiment à Paris au mois de mai 1790 pour rendre compte au ministre de l'assassinat du maréchal de camp Voisins, commandant de l'École d'artillerie de Valence. Il devint lieutenant-colonel. Mais il déplut au commissaire Chépy ainsi qu'aux jacobins de Grenoble, et lorsque la commission militaire qu'il présidait eut acquitté Camille Rossi, il fut qualifié d'aristocrate et d'ennemi de la Révolution, dénoncé par la Société populaire, dénoncé par Chépy qui l'accusait d'avoir intrigué à Paris en 1790 pour obtenir que le régiment fût licencié. Carteaux, alors général en chef de l'armée des Alpes, ordonna d'arrêter La Cattonne et de saisir ses papiers; mais à l'instant où les commissaires de la municipalité grenobloise entraient dans sa chambre, La Cattonne se brûlait la cervelle.

Le second capitaine de Bonaparte fut jusqu'au 25 juillet 1791 Chaillet de Grandfontaine, qui devint capitaine-commandant, — Napoléon put lui dire qu'il avait connu à Ajaccio son frère cadet, le capitaine d'artillerie Chaillet de Verges, — puis ce Félix de Romain qui nous a laissé sous le titre de *Souvenirs d'un officier royaliste* d'attachants et véridiques Mémoires.

Le second lieutenant de la compagnie se nommait Danon. Napoléon l'invita plusieurs fois à sa table et s'entretint avec lui de la Corse, où cet officier de fortune avait fait trois campagnes comme sergent. Danon fut rapidement capitaine et chef de bataillon. Mais il était déjà sexagénaire en 1791, et un coup de feu reçu à Hastenbeck lui avait affaibli la vue et rendu l'ouïe fort dure. Il dut prendre sa retraite en 1794 et accepter une place de capitaine en second de vétérans nationaux. En 1800, il écrivit au premier consul une lettre pleine de fautes d'orthographe, mais naïve et touchante : « Citoyen, si vous voulez bien vous rappeler de moi, j'étais votre lieutenant en second dans la compagnie de La Cattonne à Valence, et même vous m'avez fait l'honneur de m'inviter à dîner plusieurs fois avec vous. » Et il priait Bonaparte de le réintégrer dans l'artillerie : il ne connaissait pas de plus grand plaisir que de s'occuper aux manœuvres de l'artillerie, et surtout aux manœuvres de force : « il est bien malheureux pour moi après un si long service dans l'artillerie d'en être privé. » Mais Danon était trop âgé et infirme pour que sa demande fût accueillie.

Napoléon s'installa de nouveau chez Mlle Bou dans la chambre qu'il occupait naguère : « Je viens, disait-il en riant, me reposer chez moi. » Il reprit pension chez le traiteur Gény, à l'hôtel des Trois-Pigeons. Son frère Louis mangeait avec Mlle Bou et habitait une pièce, sise, comme la chambre de Napoléon, au premier étage et donnant sur la rue de l'Équerre; un petit cabinet obscur qui dépendait de cette pièce servit quelquefois de prison au futur roi de Hollande.

Il retrouvait ses amis et connaissances d'antan. C'était le curé Marbos que les électeurs avaient fait évêque et devaient envoyer à la Convention; Napoléon le nomma conseiller de préfecture à Valence.

C'était l'avocat Boveron-Desplaces que le premier consul fit président du tribunal civil de l'arrondissement de Valence.

C'était le libraire Pierre Aurel, chez qui Bonaparte allait lire les journaux. Parfois le lieutenant d'artillerie s'amusait à faire une niche au colonel Montjobert qui passait alors son congé à Valence : Montjobert était fort distrait, et lorsqu'il lisait la gazette de Perlet, sa feuille favorite, il ne remarquait pas que Bonaparte avait substitué malicieusement un vieil exemplaire au numéro du jour. Aurel avait joint à son commerce de livres une imprimerie que son fils Marc-Antoine s'efforça de développer. Napoléon emmena Marc Aurel en Égypte. Le Valentinois s'établit au Caire comme imprimeur de l'armée. Mais Bonaparte trouvait qu'il imprimait bien mal la *Décade égyptienne*.

C'était le notaire Mésangère-Cleyrac dont le fils François était le seul ami de Louis Bonaparte. Les deux garçons allaient jouer dans le jardin de M. Mésangère ou dans la vigne de Mlle Bou, et Louis n'oublia jamais son camarade de Valence, et ne cessa jamais de l'affectionner : quoique François eût l'humeur bourrue et le caractère entier, Louis le combla de cadeaux, le fit nommer sous-lieutenant au 5e régiment de dragons dont il était colonel, le nomma son aide de camp, le nomma chambellan, trésorier-payeur général de la couronne de Hollande, administrateur de ses domaines de France.

JEUNESSE DE NAPOLÉON. — T. II.   11

Valence n'avait guère changé. L'abbé de Saint-Ruf était mort le 14 janvier 1791, et Mlle de Laurencin avait en 1789 épousé le comte Du Pont, capitaine au régiment d'infanterie de Lyonnais. Mais Mme du Colombier habitait toujours sa campagne de Basseaux. Sa fille Caroline et Mlle de Saint-Germain ne se mariaient pas. L'aimable société que le jeune lieutenant avait fréquentée ne s'était pas dissoute. Les dames qu'il nommait ses *amies du bord du Rhône* l'accueillirent comme jadis, et il les revit avec joie. Ne disait-il pas l'année suivante, dans un séjour en Corse, lorsqu'il sut qu'elles se portaient bien, que cette bonne nouvelle lui faisait un sensible plaisir et qu'il « prenait un intérêt bien juste à leur santé et à leur félicité »?

Il présenta son frère à Mme du Colombier, et l'on raconte que Louis, mangeant des cerises dans une chambre du premier étage, sans assiette, et les fenêtres fermées, était très embarrassé des noyaux, qu'il n'osait avaler.

Mais, parmi les amis de Bonaparte, deux hommes, le commissaire des guerres Sucy et Bachasson de Montalivet, avaient alors le premier rang et le gardèrent depuis.

Sucy était le septième titulaire de son nom dans la fonction qu'il exerçait et qui appartenait, comme de droit, à sa famille depuis un siècle et demi. Élève au corps royal, sous-lieutenant au régiment provincial d'artillerie de Grenoble et ensuite au régiment des grenadiers royaux de Lyonnais, il était devenu en 1788, pour recueillir la charge paternelle, élève commissaire des guerres. Il perdit son père la même année. La mort de ce brave et digne homme excita les regrets de la province. Tout le Dauphiné demanda sur-le-champ qu'il eût pour successeur un fils qui donnait les plus belles espérances. Nommé commissaire des guerres du département de Valence, Sucy fut bientôt expert en son métier. Son intelligence et son exactitude lui valurent l'éloge des meilleurs juges. Pas un de ses inspecteurs qui ne le reconnût comme un excellent commissaire à tous les égards et fait pour remplir les places supérieures. Avec cela, très instruit et populaire, parlant et écrivant l'italien qu'il avait appris durant un voyage de vingt mois au delà des Alpes, lisant l'anglais et l'espagnol, jouissant de la confiance de ses compatriotes et présidant, comme commissaire du roi, à la formation du département de la Drôme et à la levée des bataillons de volontaires, passant, malgré sa noblesse, pour un chaud adhérent du nouveau régime, dissimulant avec adresse ses sentiments modérés, assurant qu'aucun de ses parents n'avait émigré, entrant un des premiers au club de Valence et restant jusqu'au bout dans cette société qui certifiait en 1793 son civisme pur et éclairé, député à Paris en 1794 par l'administration municipale pour plaider devant le Comité de la guerre la cause de Valence qui désirait conserver son École d'artillerie. Bonaparte appréciait cet homme remarquable qu'il nomme en 1792 son « cher Sucy » et son « vieux ami ». Il l'employa plus tard avec prédilection, et lorsqu'en 1796 Sucy était commissaire des guerres à Gênes : « Adieu, lui mandait affectueusement le général, adieu, mon cher ordonnateur, activité et courage! » Pendant la campagne d'Italie, il se rappelait au souvenir de Sucy, le remerciait de dénoncer les tripotages et les friponneries de toute sorte qui se commettaient à l'armée. En 1798, il le nommait avec Blanquet du Chayla, Dommartin et Le Roy, membre de la commission de l'armement des côtes de la Méditerranée, et Sucy lui écrivait de Turin : « C'est à vous que je dois ce témoignage de confiance du gouvernement; je ferai tous mes efforts pour y répondre; je pars, marche jour et nuit, et suis dans l'espérance que vous me donnerez, comme à mes collègues, un rendez-vous général. » Napoléon l'emmena dans l'expédition d'Égypte comme ordonnateur en chef, le chargea de diviser le territoire de Malte en municipalités, et le fit entrer dans la section d'économie politique de l'Institut du Caire. A cette époque, et depuis quelques années, Sucy avait deviné Bonaparte : au mois d'août 1797, il ne croyait pas que le général fût au bout de sa carrière. « Je ne lui connais pas, disait-il à M. Josselin, de point d'arrêt autre que le trône ou l'échafaud. »

Le meilleur ami de Sucy, son camarade à l'École royale militaire de Tournon et son fondé de pouvoirs tant qu'il fut aux armées, son auxiliaire et collaborateur en 1796 à Gênes lorsque l'accablaient à l'ouverture de la campagne les multiples devoirs de son emploi, était Bachasson de Montalivet. Né en 1766 à Sarreguemines où son père, maréchal de camp, résidait comme lieutenant de roi, Montalivet appartenait à une vieille famille valentinoise. Il se destinait d'abord au métier militaire et il fut cadet aux hussards de Nassau, puis lieutenant en second aux dragons de Lorraine. Mais il perdit son père. Il revint auprès de sa mère pour se livrer à l'étude de la jurisprudence, et fut successivement bachelier en droit, avocat, conseiller au parlement de Grenoble. Privé de sa charge par les décrets de l'Assemblée nationale, il s'établit à Valence, et c'est alors, en 1791, qu'il se lie avec Bonaparte par l'entremise de Sucy. Après s'être engagé sous le nom de Bachasson dans un bataillon de la Drôme, où il eut le grade de caporal, il fut maire de Valence. En 1801, le premier consul l'appelait à Paris et lui offrait la préfecture de la Manche. Montalivet passa toute une journée à La Malmaison. Bonaparte l'accabla de questions sur Valence et les personnes qu'il y avait connues; il se souvenait des moindres incidents de son séjour, citait une foule de noms, jugeait le caractère, le talent, l'opinion des gens, et devinait le parti qu'ils avaient dû prendre dans le cours de la Révolution. Il finit par demander des nouvelles d'une limonadière. Montalivet lui répondit qu'elle vivait encore. « Je crains bien, dit Napoléon, de n'avoir pas exactement payé toutes les tasses de café que j'ai bues chez elle; voici cinquante louis que vous lui ferez passer de ma part. » Préfet de la Manche, Montalivet sut réunir dans sa maison de Saint-Lô les familles qui formaient la bonne compagnie, quels que fussent leurs sentiments politiques, et il s'acquit la réputation d'homme de cabinet et d'homme du monde. Il devint, en 1804, préfet de Seine-et-Oise; en 1805, conseiller d'État; en 1806, directeur général des ponts et chaussées — et l'empereur fut très satisfait de la précision et de la clarté des comptes qu'il présentait en 1808; — en 1809, ministre de l'intérieur, et c'est lui qui, en 1813, trace le dernier et saisissant tableau de la situation de la France et comme le testament de l'administration impériale. En 1814, il eut une altercation avec Napoléon. Il signalait les menées des royalistes. « En parler seulement, s'écria l'empereur, c'est pure lâcheté! » Montalivet, blessé, déposa son portefeuille et se retira. Quelques heures plus tard, un chambellan se présentait chez lui : « L'empereur, dit-il, m'a chargé de vous apporter les paroles suivantes qu'il m'a recommandé de répéter textuellement : *Je prie mon ami Montalivet de venir me voir.* » Montalivet se rendit aussitôt aux Tuileries. Napoléon accourut au-devant de lui : « N'est-ce pas que nous oublions ce qui vient de se passer? » Il le fit aux Cent-Jours intendant général de la couronne.

Bonaparte comptait donc à Valence, pendant ce second séjour, des amitiés nombreuses. Mais il était trop démocrate pour fréquenter les salons. Qu'était-ce que la bonne société, ou, comme il dit, ce qu'on appelle ainsi? Ne se composait-elle pas d'aristocrates qui « se couvraient du masque de la constitution anglaise »? Les femmes ne tenaient-elles pas à l'ancien régime? Il se prenait à rechercher la cause de leur royalisme. Voyaient-elles dans la Révolution quelque chose de sérieux et de sévère? Trouvaient-elles les patriotes trop peu galants? Se plaignaient-elles que les hommes ne fussent plus sous les lois du beau sexe et n'eussent plus le temps, comme naguère, de languir dans les chaînes d'une molle passion? Oui, s'écriait Napoléon, « la liberté est une femme plus jolie qu'elles qui les éclipse! »

Et, malgré les femmes, la liberté triomphait. Du Nord au Midi, la majorité de la population acclamait le nouveau régime. Dans ses promenades ou ses voyages, soit au mois de février, lorsqu'il rejoignait à Auxonne le régiment de La Fère, soit lorsqu'il allait à Dôle chez l'imprimeur Joly, et que, suivant son habitude, il s'efforçait de connaître l'état des esprits en questionnant tous ceux qu'il rencontrait, Napoléon remarquait avec joie ces progrès de la cause populaire. Les paysans de la Drôme lui avaient paru « très fermes sur leurs étriers » et « disposés à périr pour le maintien de la constitution ». Le peuple de Valence lui semblait « résolu ». Si l'évêque, M. de Messey, refusait le serment civique et quittait le palais épiscopal où la municipalité faisait sur-le-champ apposer les scellés, si le curé de la paroisse de Saint-Jean et ses vicaires imitaient leur évêque, le curé et les vicaires de la paroisse de Saint-Apollinaire et nombre d'autres ecclésiastiques n'hésitaient pas à se soumettre.

L'armée suivait la nation. Convaincus de la nullité d'un roi qui ne montait pas à cheval, attachés à l'assemblée qui augmentait leur paie et les avait soustraits à la discipline allemande de Saint-Germain, désireux de montrer qu'ils étaient aussi bien que les gardes nationales les enfants et les soutiens de la patrie, imbus de l'esprit d'égalité, certains d'arriver à des grades qu'ils n'osaient pas envisager auparavant et de franchir des bornes naguère infranchissables, les soldats s'étaient dès le commencement déclarés en faveur de la Révolution. Mais nulle arme n'était plus dévouée à la cause populaire que l'artillerie. Au mois de juillet 1789, à Paris, elle imitait les gardes françaises, et, violant la consigne, forçant les sentinelles, venait au Palais-Royal se mêler aux patriotes et boire avec eux. Lorsqu'elle marcha de Metz sur Varennes, à la nouvelle de l'arrestation de Louis XVI, elle dit aux officiers que le premier coup de canon serait pour la berline royale, et le second, pour eux, s'ils ne faisaient pas leur devoir. Après le 10 août, au camp de Sedan, ce fut elle qui se prononça contre Lafayette et entraîna le reste de l'armée. Au mois d'avril 1793, quand Dumouriez proclama Louis XVII, ce fut elle qui donna le signal du départ, qui délaissa le général pour rejoindre à Valenciennes les commissaires de la Convention. Elle compta toujours plus de clubistes et de harangueurs que les autres corps. Dumouriez la nomme très justement la garde prétorienne de la Révolution, et les représentants du peuple ne cessent de vanter l'incorruptible patriotisme de ce corps si précieux à la République.

Les officiers ne partageaient pas les opinions des soldats.

On croit d'ordinaire et l'on répète, sur un mot de Gouvion Saint-Cyr, que l'émigration fit peu de prosélytes parmi les officiers de l'artillerie qui n'avaient pas besoin de prouver leur noblesse. Mais depuis la décision du 22 mai 1781, quiconque se présentait aux examens d'élève ou de lieutenant en second, devait produire un certificat du généalogiste, à moins d'être fils, petit-fils ou frère d'un officier de l'arme. Le corps des officiers de l'artillerie était donc aristocratique : *la classe des officiers*, lit-on dans un mémoire du temps, *est celle de la noblesse*.

De même le génie. Les élèves de l'école de Mézières se révoltèrent un jour, en alléguant que le ministre leur donnait pour camarades des gens de basse extraction. En 1768 plusieurs sujets, entre autres un Cochon de Lapparent, n'eurent pas de lettres d'examen parce qu'ils « pouvaient, du côté de la naissance, occasionner des troubles dans l'école », et en 1793 le conventionnel Ferry se plaignait de la « perverse aristocratie » des élèves auxquels il avait l'année précédente enseigné les mathématiques.

Beaucoup d'officiers de l'artillerie et du génie quittèrent donc le service par haine de la Révolution. Lafayette, à l'armée du Nord, et Biron, à celle du Rhin, remarquaient dans l'artillerie un « déficit effrayant ». Des élèves de l'école de Châlons allaient s'enrôler sous le drapeau des princes. « Les circonstances, écrivait l'un d'eux, Villiers, au commandant d'Agoult, ne me permettent plus d'occuper la place d'élève », et Duroc, Duroc que d'Agoult jugeait sage et infiniment studieux, donnait le 22 août et réitérait le 25 août 1792 sa démission.

Pareillement, pour combler les vides que l'émigration avait faits dans le génie, il fallut envoyer à la frontière les élèves de l'école de Mézières et employer les ingénieurs des ponts et chaussées.

Mais un grand nombre d'officiers des armes savantes, jeunes et vieux, se rallièrent au nouvel ordre de choses, les uns parce qu'ils étaient issus de très petite et pauvre noblesse, les autres parce qu'ils avaient des chances d'avancer rapidement, d'autres par enthousiasme et pour servir leur pays qu'ils plaçaient au-dessus de tout.

Dès le début de la Révolution, quelques officiers d'artillerie se mettaient en évidence et profitaient de leur semestre pour briguer des emplois dans leur département.

Le capitaine Aubry, le futur membre du Comité de salut public, se faisait nommer au mois de mars 1790 commandant de la garde nationale de Nîmes, et, appuyé par le Directoire du département, par le Directoire du district de Nîmes, par la société des Amis de la constitution, par la garde nationale qui le déclarait indispensable au maintien de la tranquillité, il obtenait, tout en conservant ses appointements, des prolongations de congé jusqu'au mois de juin 1791, où il devenait capitaine de la gendarmerie du Gard.

D'Hennezel, capitaine au 7° régiment ou régiment de Toul, était durant plusieurs mois membre et président du district de Neufchâteau.

Bouisson de Fonterouget, capitaine au 7° régiment, qui devait émigrer et tomber à Quiberon sous les balles républicaines, siégeait, avec congé du ministre, dans l'administration générale, puis dans le Directoire du département de Lot-et-Garonne.

Lacombe Saint-Michel, capitaine de bombardiers au même régiment, acceptait, avec la permission du ministre, la vice-présidence du Directoire dans le département du Tarn, et il demandait un congé avec appointements pour vaquer sans relâche à ses nouvelles fonctions, en déclarant que le vœu de la nation était de rendre le citoyen militaire et le militaire citoyen; que, d'après les récentes ordonnances, la place d'officier était compatible avec la charge momentanée d'administrateur; qu'il saurait, sans avertissement, quitter tout emploi civil si la guerre éclatait.

Le capitaine Lefebvre, en résidence à Mézières, où il avait une maison, était nommé membre de la municipalité, et choisi pour porter à l'Assemblée nationale les plaintes de la ville. Il allégua qu'il était sourd et ne pourrait répondre aux objections. La municipalité macérienne lui donna pour adjoint un autre capitaine d'artillerie, son neveu Songis l'aîné, et le ministre de la guerre, désireux d' « entretenir l'harmonie entre les citoyens », accorda deux mois de congé à Songis et à Lefebvre.

Corbeau de Saint-Albin, capitaine au régiment de Metz et détaché à l'école de Valence, acquérait dans la ville un grand crédit en y fondant durant l'hiver de 1789 un bureau général d'aumône, et son influence apaisait deux émeutes provoquées par la cherté de la viande et la disette des grains. Bientôt, il est vrai, le vent tournait, et Corbeau devait quitter Valence en toute hâte : le bruit courait qu'il avait intrigué pour faire transférer à Vienne, où habitait sa famille, l'école d'artillerie, et, au mois de novembre 1790, le ministre s'empressait de lui donner un congé « vu qu'à Valence les mouvements populaires sont terribles ». Mais il parvenait à se justifier, et, le 6 février 1791, lorsque Napoléon passait à Valence pour se rendre à Auxonne, c'était Corbeau qui présidait le club, et Bonaparte l'entendit remercier ses auditrices valentinoises de leur présence, leur assurer galamment qu'il faudrait la délicatesse naturelle à leur sexe pour peindre son émotion, et les engager à déposer tout esprit de frivolité pour être les citoyennes de la France régénérée. Quelques jours plus tard, Corbeau allait au nom du club prêcher la concorde dans le Comtat Venaissin, et, au retour de sa mission, il se vantait d'avoir « fait des heureux », d'avoir sans caractère légal, sans autre force et égide que son patriotisme, calmé les esprits aigris et courroucés des Contadins. L'année suivante, il priait le ministre de l'envoyer chez « les peuples méridionaux, qui lui avaient toujours accordé leur confiance », et, sans avoir de congé, sans informer officiellement ses chefs, il partait de nouveau pour pacifier le pays d'Avignon. Il fut destitué, comme le fut Bonaparte, parce qu'il était absent à la revue générale du 1er janvier 1792; mais il se fit réintégrer et obtint de l'Assemblée législative, outre son relief d'appointements, une indemnité de 2 400 francs. Curieux personnage qui reparaît plusieurs fois encore dans le cours de la Révolution, haranguant les clubistes de Neufbrisach et de Mayence, négociant de son propre mouvement en 1793 avec la Prusse, et, lorsqu'il eut sa retraite, nommant le premier consul son ancien collègue!

A mesure que se précipitait la Révolution, les officiers d'artillerie jouaient un rôle de plus en plus considérable.

Le lieutenant Desperrières, en congé à Paris au mois de juillet 1789, devenait aide de camp de Lafayette et, après avoir commandé l'artillerie de la garde nationale soldée, major de division, lieutenant-colonel d'un régiment d'infanterie, colonel : le 30 juin 1793, il était déjà général de brigade.

D'Arblay, capitaine au régiment de Toul, donnait sa démission de son emploi pour être successivement major de la 2ᵉ division de la garde nationale parisienne, colonel du 103ᵉ régiment, adjudant-général, et, au 10 août, quittait l'armée avec Lafayette.

Le capitaine Laclos n'est connu que par son roman des *Liaisons dangereuses*, énergique peinture de la corruption froide et cynique du xviiiᵉ siècle. Mais cet homme plein d'esprit, né pour l'intrigue, capable de grandes combinaisons, prenait à la Révolution une part active. Il traçait de piquants portraits dans sa *Galerie des États Généraux* où Lafayette se devinait sous le nom de Philarète et Talleyrand sous celui d'Amène ; il publiait le premier *Journal des Jacobins* ; il demandait la déchéance de Louis XVI ; il rédigeait avec Brissot la pétition du Champ de Mars ; retiré du service le 1ᵉʳ juin 1791 avec une pension de dix-huit cents livres, il devenait, après le 10 août 1792, commissaire du Conseil exécutif, allait à Châlons surveiller et mener le vieux Luckner, rentrait dans l'armée au surlendemain de Valmy avec le grade de général de brigade, donnait des avis au Comité de défense, proposait une expédition dans l'Inde et de nouveaux moyens pour augmenter l'effet des bombes.

Le chevalier Du Teil, frère cadet du maréchal de camp Jean-Pierre du Teil, et lieutenant-colonel du régiment d'Auxonne, assisté du chef de brigade Deydier, du capitaine Grandchamp et de l'aide-major Laprun, entraînait le corps des officiers à signer un acte d'adhésion aux décrets de l'Assemblée, et, malgré Bouillé, se faisait élire colonel général de la garde nationale de Metz.

Galbaud, lieutenant-colonel du 6ᵉ régiment, protestait à Strasbourg contre l'arrestation du journaliste jacobin Laveaux et, du camp de Douzy, dénonçait à l'Assemblée législative les projets de Lafayette.

Manscourt, capitaine au régiment de La Fère, fondait, malgré les tracasseries de ses chefs et de ses camarades, le club d'Auxonne, et lorsqu'à Philippeville il recevait la proclamation du Département des Ardennes qui se ralliait à Lafayette, il s'élevait contre cet « arrêté coupable », contre cette « œuvre de délire », et aux soldats qui, dit-il, l'écoutaient avec respect et reconnaissance pour les législateurs, il ne lisait que le décret qui suspendait le roi.

Si quelques élèves de l'école de Châlons s'échappaient pour rejoindre les princes, Foy, Demarçay, d'autres encore étaient membres du club jacobin, et Duroc, après avoir émigré, rentrait à l'école le 1ᵉʳ mars 1793, prétextant qu'il avait dû vaquer à des affaires de famille, présentant un certificat qui attestait son service dans la garde nationale de Pont-à-Mousson, et, en réalité, selon le mot de son patron La Barolière, regrettant son erreur, avouant qu'il avait fait comme les autres, étourdiment et sans regarder plus loin que son nez.

Des officiers d'artillerie, Aubry, d'Espinassy, Lacombe Saint-Michel et des officiers du génie, Calon, Carnot, Le Tourneur, Prieur de la Côte d'Or, Trullard, Varlet ne siégèrent-ils pas à la Convention? Lorsque le Messin Anthoine proposait en 1791 de licencier tous les officiers, n'exceptait-il pas les corps de l'artillerie et du génie, non seulement parce que les connaissances nécessaires à ces deux corps ne s'acquièrent que par de longues études, mais parce que « leurs lumières les préservaient du venin aristocratique »? Et ne peut-on dire que ces officiers, éloignés de la cour, tenant étroitement au territoire, attachés au sol qu'ils fouillaient, aux remparts qu'ils construisaient et armaient, aux arsenaux qu'ils approvisionnaient, aimaient doublement le pays qu'ils avaient pourvu de retranchements et de canons?

Le régiment de La Fère, où Napoléon avait servi jusqu'alors, était attaché fermement à la cause de la liberté, et au mois de mai 1790 ses canonniers, priant la garde nationale d'Auxonne d'être leur interprète à la fédération de Dijon, juraient d' « exposer mille fois leur vie pour écraser et anéantir cette foule d'aristocrates que l'enfer n'avait pu vomir qu'à de longs intervalles ». Le régiment de Grenoble, où entrait Napoléon, n'était pas moins patriote. Il avait pris part à l'émeute du 10 mai 1790 où le vicomte de Voisins, maréchal de camp et commandant de l'école d'artillerie, avait été massacré, et ses soldats s'étaient mêlés aux bateliers du Rhône et aux habitants du port et des basses rues qui menaçaient dans cette journée les officiers aristocrates. Quelques-uns n'ôtaient plus leur chapeau lorsqu'ils rencontraient un supérieur : ils affectaient de fraterniser avec la garde nationale; ils portaient respectueusement les armes à l'officier de la milice bourgeoise qui passait devant leur guérite, et, dans le même moment, pour éviter de rendre pareil honneur à un officier du régiment, ils détournaient la tête. Jean-Pierre du Teil, chargé de l'inspection en 1791, reconnaissait que la troupe, qui recevait de nombreuses recrues, était une « très belle espèce d'hommes », qu'elle avait assez bonne figure sous les armes, qu'elle faisait le service avec exactitude; mais, disait-il, les soldats et les sous-officiers ont « contracté un air de scélératesse, un air d'insubordination tacite qui se laisse apercevoir dans tous les points ». Il assurait que les officiers étaient « on ne peut plus instruits », qu'ils employaient tous les moyens et usaient de toute leur prudence pour « empêcher de nouvelles explosions »; mais il avouait en gémissant que tant de soins étaient gâtés par les mauvais conseils de quelques-uns d'entre eux et que la municipalité de Valence exerçait sur le régiment une détestable influence.

Avec le colonel Campagnol, il déclarait un changement de garnison indispensable.

Mais Du Teil émigrait-il? Du Teil donnait-il sa démission? Non. Il servait cette Révolution qu'il n'aimait pas. Il acceptait le grade de lieutenant-général. Il disait tout haut qu'il désirait le triomphe de la liberté et de l'égalité. Et il eût mieux fait d'émigrer. Arrêté à Grenoble par le Comité révolutionnaire qui lui reprochait d'avoir usé de moyens trop lents pour envoyer de l'artillerie sous les murs de Toulon, il fut traduit à Lyon devant les représentants Fouché et Collot d'Herbois, déféré à la commission militaire et condamné à mort. Vainement il produisit des lettres que Bonaparte lui écrivait pour le remercier de l'ordre et de l'activité qu'il mettait dans ses envois.

Comme Du Teil, beaucoup d'officiers du 4ᵉ régiment d'artillerie refusèrent d'émigrer. Ce furent, outre le malheureux La Catonne, et les camarades de Bonaparte au régiment de La Fère, outre Molines et Roquefère, le colonel Campagnol, les lieutenants-colonels Dujard, Catellan, Deydier, La Grange et Mainville; les capitaines La Salette, Vaubois, Gouvion, Bollemont, Sugny, Pernety, Taviel, Villantroys, Borthon, Galbaud du Fort, Faultrier, Chaillet de Grandfontaine, Beaumaretz, Ducos de Lahitte, Dulieu, Fonton, Monestrol, Songis; les lieutenants Fouler et d'Anthouard. Nombre d'entre eux devaient suivre la fortune de Napoléon.

Le colonel Campagnol, brave et habile homme que le Comité des inspecteurs généraux regardait comme bon à tout, royaliste d'ailleurs et très profondément chrétien, se laissait inscrire au club de Valence, prenait part à la campagne de Montesquiou en Savoie, et lorsqu'il fut nommé commandant d'artillerie à l'École de Strasbourg, remettait aux municipaux de la ville sa croix de Saint-Louis. Plus tard, il aimait à se dire l'ancien frère d'armes de celui qu'il appelait encore Buonaparté, et, en 1800, quand il eut sa retraite : « Vous avez été à même, écrivait-il au premier consul, de juger du zèle que j'ai toujours mis à remplir mes devoirs dans les années 1791 et 1792 où j'ai eu l'honneur de servir avec vous, étant chef de brigade du 4e régiment d'artillerie. » Il avait soixante-dix-sept ans lorsqu'il mourut en 1809, dans sa propriété de La Coste près de Penne en Agenais. Quelques mois auparavant, le 30 juillet 1808, il avait obtenu de Napoléon, qui passait à Agen, une audience particulière. Chargé d'une très nombreuse famille et n'ayant plus que peu d'instants à vivre, il voulait recommander sa femme et ses enfants à l'empereur : il reçut la croix de la Légion d'honneur et la promesse que sa veuve aurait une pension de survivance.

Le lieutenant-colonel Dujard passait pour un officier de grand mérite. Il s'intitulait en 1793 le républicain Dujard, assurait qu'il avait toujours été franc et bon patriote, qu'il avait fréquenté la Société populaire dans toutes les garnisons où il se trouvait. On tardait à lui conférer le grade de général ; il se récriait avec vivacité, protestait que ce serait « couvrir d'un vernis défavorable sa conduite civique ». Il devint général de brigade et fut chef d'état-major de son ancien lieutenant lorsque Bonaparte commanda l'artillerie de l'armée d'Italie en 1794. Deux ans plus tard, dans les mois d'avril et de mai 1796, il dirigeait tous les services de l'arme. Mais Bonaparte le jugea vieux et mou. Il le chargea de commander l'artillerie de côte. Le 2 juillet de la même année, en se rendant à Nice, Dujard fut tué par des barbets dans le Limonet, au nord du col de Tende. Outré, Bonaparte enjoignit de remettre sur-le-champ en activité la commission militaire qui devait juger les barbets et d'organiser une colonne mobile pour faire justice des brigands, des assassins de Dujard. Le général laissait un neveu qui fut commissaire-ordonnateur, et une nièce. Lorsque le neveu mourut à Nantes au mois d'avril 1807, la nièce, Marguerite Dujard, implora les bontés de Napoléon : elle était « grabataire » depuis dix ans, dénuée de ressources. Mais la loi n'accordait une pension qu'aux veuves ou enfants des militaires tombés sur le champ de bataille ou morts de leurs blessures dans les six mois. Par une décision du 22 juin 1807, Napoléon fit donner à la nièce de son ancien colonel une somme de deux mille francs qui lui permit d'entrer à l'Hospice des ménages, et le 4 août suivant, un décret la gratifia d'une pension annuelle de cinq cents francs.

Cathelan ou, comme il signait, Catellan, alors sexagénaire, avait vu plusieurs affaires : le siège de Mahon, les batailles de Hastenbeck et de Lutterberg, le blocus de Wesel. Durant trois années, de 1770 à 1773, il avait tenu garnison en Corse. Il était en 1793 colonel-directeur d'artillerie dans l'île. Le représentant Lacombe Saint-Michel le nomma général de brigade : Catellan, disait-il, était un patriote prononcé qui avait quarante-cinq ans de services et des talents. Après la capitulation de Bastia, Catellan se rendit à l'armée d'Italie. Il commandait en 1795 à Antibes lorsqu'il fut réformé : lui-même désirait cesser ses fonctions à cause de sa fatigue et de son âge.

Deydier de Marqueyret, chargé de l'instruction du régiment, commandait en 1792 et en 1793 à Grenoble le détachement auquel étaient attachés les drapeaux.

La Grange, qui fut colonel et directeur d'artillerie, devait commander en chef l'artillerie de l'armée des Alpes, notamment au siège de Lyon. En 1800, lorsque de graves infirmités eurent altéré sa santé, il demanda sa retraite, après avoir, au témoignage du général Savournin, constamment joui de l'estime de ses camarades et de ses chefs tant pour ses profondes connaissances que pour l'aménité de ses manières et sa bienveillance envers les officiers qui voulaient s'instruire.

Mainville n'était pas noble : son père se nommait Jean Mainville, et lorsqu'il entra dans le corps de l'artillerie, il fut inscrit sur le registre des officiers comme issu d'une famille honnête vivant noblement; il n'avait donc pas eu, remarquèrent les jacobins de 1793, la morgue de se qualifier du titre de noble. Il fut révolutionnaire ardent; les deux clubs de Valence l'avaient nommé membre honoraire, et au lendemain de Valmy il proclamait hautement son adhésion aux vrais principes de la République. Comme La Grange, Mainville devint colonel et directeur d'artillerie. Il se rappelait le lieutenant corse qu'il avait eu sous ses ordres à Valence, et dans une lettre à l'inspecteur général d'Aboville, vers la fin de 1800 : « Mon dernier soupir, écrivait-il, sera pour la prospérité de la République et la conservation du premier consul Bonaparte, à qui je suis attaché de cœur, ayant eu l'avantage de servir avec lui dans le 4ᵉ régiment d'artillerie en 1791. » Mais, de son côté, Bonaparte se souvint de Mainville. Il l'accueillit avec bonté et lui accorda pour son fils — qui fut plus tard chef de bataillon d'artillerie — une bourse au lycée de Mayence. Mainville mourut dans la retraite en 1805. Sa veuve écrivit à Napoléon ; elle priait l'empereur d'avoir pitié de la détresse où elle était : « Le colonel, ajoutait-elle, avait l'honneur et le bonheur d'être connu de vous ; il était lieutenant-colonel du régiment de Grenoble-artillerie lorsque Votre Majesté commençait sa carrière militaire. » Elle reçut, par exception, une pension de 450 francs.

Le capitaine La Salette était aussi noble qu'on pouvait l'être au corps royal de l'artillerie avant la décision du 22 mai 1781, et lorsqu'il débuta dans l'arme, le bureau constata que sa famille avait produit des officiers de distinction, que deux de ses parents étaient capitaines d'infanterie, qu'un autre était évêque d'Apt, que ses ancêtres avaient rempli des charges de judicature et que son frère exerçait les fonctions d'avocat consistorial au parlement de Grenoble. Il n'hésita pas à se ranger du côté des révolutionnaires. A Valence, le long du Rhône, en se promenant avec Bonaparte, il souhaitait le triomphe du régime nouveau, et il avait en 1793 la réputation non seulement d'un bon officier, mais d'un bon patriote. Il commanda l'artillerie à Metz, puis à Longwy, fut chef d'état-major de Lamartillière à l'armée des Pyrénées Orientales et devint général de brigade. Le premier consul le mit à la retraite en 1799, selon la loi récente du 28 fructidor, en même temps que Campagnol, Olry-Valcin et Senneville, parce que l'âge et les infirmités ne permettaient plus à ces quatre généraux l'activité nécessaire. La Salette protesta vainement. Il ne croyait pas, disait-il, que son âge dût marquer le terme de sa carrière militaire ; il n'était pas infirme ni incapable de continuer ses services dans le corps de l'artillerie ; il se plaignait d'être obligé de réclamer, et il écrivait au premier consul sur un ton de reproche : « Ce que j'ai le moins su dans toute ma vie, c'est l'art de me faire valoir et de demander quelque chose pour moi, et vous me reconnaîtriez aisément ce caractère si votre mémoire pouvait se fixer un instant sur moi et vous rappeler un ancien camarade qui avait eu l'avantage de partager vos opinions lorsqu'à l'aurore de vos pensées vous faisiez obligeamment avec lui sur les rives du Rhône un échange de réflexions. »

Belgrand de Vaubois était, disait-on dans l'artillerie, d'une bonne famille et il avait plusieurs parents au service tant dans la maison du roi que dans l'infanterie. Employé à l'arsenal de Strasbourg, il arriva le 30 juin 1791 au 4ᵉ régiment, et il eut le temps de connaître Bonaparte, de converser avec lui sur la situation politique. Propriétaire et électeur dans la Haute-Marne, Vaubois avait eu naguère une prolongation de congé pour concourir à la formation du département et du district. Son civisme allait lui valoir le commandement du 3ᵉ bataillon des volontaires de la Drôme. Général de brigade, puis général de division, il se laissa forcer dans la position de Rivoli, et Bonaparte écrivait qu'il était brave, propre à soutenir un siège et à gouverner sagement une place, mais dépourvu de caractère et de l'habitude de manier des masses, nullement propre à un genre de guerre vigoureux et hardi. Vaubois fut envoyé à Livourne et de là en Corse. Mais les députés du Golo, Arena, Pompei, Saliceti, confirmèrent le jugement de Napoléon et demandèrent que Vaubois fût changé : il avait mollement réprimé la révolte ; il usait de ménagements et de demi-mesures ; il gardait les coupables en prison au lieu de les punir promptement. Et Vaubois ne désirait-il pas quitter l'île parce qu'il fallait en Corse « un homme dont la fermeté aille jusqu'à la dureté »? Toutefois, à Malte où il résista vingt-sept mois aux Anglais, il se montra très digne de la fonction difficile que Bonaparte lui avait conférée, et le premier consul le proposait au choix du Sénat en assurant que l'élection de Vaubois prouverait la satisfaction nationale et l'intérêt qu'inspiraient les défenseurs de Malte. Le général témoigna sa reconnaissance à Bonaparte. « Mon héros, lui écrivait-il à son retour, vous avez voulu égaler vos bienfaits à mon dévouement. Quelle jouissance en traversant la France! Combien mon cœur savourait les bénédictions du peuple français! » Son langage en 1815 fut très différent. Il dit dans une lettre à Louis XVIII qu'il n'a jamais « partagé la basse condescendance du Sénat aux idées insensées du tyran » et déplore « l'apparition de ce cruel homme qui plongeait la France dans un cruel abîme ». Pourtant Napoléon l'avait nommé comte de l'Empire, grand officier de la Légion d'honneur, titulaire de la sénatorerie de Poitiers, toutes charges qui rapportaient à Vaubois, avec sa retraite militaire, plus de soixante mille francs de rente.

Gouvion était, de l'avis de ses inspecteurs, un officier qui tenait la meilleure conduite et remplissait avec exactitude les devoirs de son état. Il fut élu lieutenant-colonel en second de ce 3ᵉ bataillon de la Drôme que Vaubois commandait en chef. Comme Vaubois, il devint rapidement général de brigade et général de division. Comme Vaubois, il eut part aux faveurs de Napoléon, qui le nomma grand officier de la Légion d'honneur, sénateur, inspecteur général de la gendarmerie. Il resta fidèle à l'empereur. Sous les Cent-Jours il prêtait avec empressement le serment de fidélité et priait le ministre Davout de le mettre sous les yeux de Napoléon. Ce fut lui qui, à Valence, apprit au lieutenant Bonaparte à jouer aux échecs; Napoléon se fâchait parce qu'il était trop souvent battu, et Gouvion, riant de sa mauvaise humeur, lui disait avec calme : « Mais, Bonaparte, vous ne pouvez pas toujours gagner. »

Bollemont devait servir, lui aussi, la Révolution, sauver avec Boubers et l'aîné des Songis le parc d'artillerie que Dumouriez voulait saisir, diriger avec Boubers et Eblé les batteries qui décidèrent de la victoire de Wattignies, défendre Wurzbourg, où il fut fait prisonnier en 1796, et devenir inspecteur général de l'arme. En 1801, Bonaparte ordonnait de nommer le vieil officier commandant d'une place de premier ordre.

Sugny, alors détaché à Marseille, fut à Toulon le collaborateur de Bonaparte. En 1796, dans la seconde partie de la campagne d'Italie, il remplaça Dujard à la tête de l'artillerie. Napoléon lui fit conférer en 1797 le grade de général de brigade de l'arme et le nomma plus tard général de division, comte de l'Empire, inspecteur général d'artillerie, premier inspecteur général de l'artillerie de marine. Sugny, reconnaissant, pria Napoléon en 1815 d'agréer l'hommage de sa soumission et de son entier dévouement : il avait, disait-il, toujours partagé les sentiments des Français dont les vœux appelaient l'heureux retour de l'empereur. Le 10 mai 1815, il recevait la direction du parc qui se formait sur la place des Invalides et qui devait réunir trois cents pièces venues du Havre.

Pernety était Valentinois et avait à Valence sa famille et ses biens. Il dut tout à Napoléon, qui le fit chef de bataillon, directeur d'artillerie, colonel du 1er régiment, général de brigade, général de division, inspecteur général, baron de l'Empire, et lui donna une dotation de dix mille francs de rentes en Westphalie. L'empereur se plaignait une fois que Pernety fût toujours malade; mais il lui confiait en 1811 l'artillerie du corps de l'Elbe et en 1813 celle de l'armée du Main. En 1812 il le nommait commandant en second de l'artillerie de la Grande Armée.

Taviel, que ses chefs reconnaissaient comme ami du régime républicain, défendit Bastia sous les ordres de Lacombe Saint-Michel, et le représentant déclarait que cet officier servait de la manière la plus distinguée et joignait à des sentiments civiques bien prononcés une infatigable activité et le plus grand ascendant sur la troupe. Chargé de commander le camp de Fornali qui fut surpris, Taviel, ainsi que Gentili, essaya vainement de rallier les soldats en criant : « Ce n'est rien, courage, nous sommes les plus forts ! »; il dut se faire jour à coups de sabre. Il devint, lui aussi, général de division et inspecteur général. Napoléon le chargea de commander en 1807 l'artillerie de l'armée de Portugal et en 1815 celle de l'armée du Jura.

Villantroys se piquait, lorsqu'il passa le premier examen de l'artillerie, d'appartenir par son père et sa mère à une famille qui rendait depuis deux siècles des services dans le militaire et dans la robe. Son frère, Henry-Nicolas, ancien garde du corps du roi, émigra. Un autre frère, Jean-François, lieutenant-colonel du 2e régiment de chasseurs à cheval, fut suspendu par les commissaires de la Législative pour avoir refusé de se soumettre après le 10 août aux décrets de l'assemblée. Mais l'artilleur Villantroys aimait la Révolution et lui demeura fidèle. Il était avec son camarade Taviel à Bastia en 1793 et en 1794 durant les derniers jours de la domination française; Lacombe Saint-Michel le fit, en même temps que Taviel, chef de bataillon et le chargea de commander l'artillerie à Saint-Florent et au camp de San Bernardino. Mais à cette surprise de Fornali où Taviel se signala par son courage, Villantroys tomba dans les mains des Anglais, et pendant une longue détention il fut oublié du gouvernement et devancé par nombre de ses cadets. Il était membre du Comité central lorsque le ministre le nomma sous-inspecteur aux revues. Les chefs de l'artillerie, Andréossy, Aboville, protestèrent; Villantroys, disaient-ils, était un officier précieux; son ancienneté et son mérite personnel lui créaient des droits; il avait déjà trente ans de bons services et possédait les talents les plus rares. On le réintégra dans l'artillerie et on le promut colonel pour le dédommager. Atteint de la goutte et incapable de monter à cheval, il demanda sa retraite en l'an XIII lorsqu'il était directeur du parc d'artillerie au corps de gauche de l'armée des côtes de l'Océan. Toutefois Napoléon ne l'oubliait pas. Il apostilla favorablement une pétition de Villantroys, dont le frère Henry-Nicolas désirait obtenir une place dans l'administration sans fournir de cautionnement. Il le remit en activité durant quelques mois tant à Douai qu'à La Fère pour la fonte et l'épreuve de nouveaux obusiers, et quand il connut l'heureux résultat des expériences, il témoigna sa satisfaction à son ancien camarade et résolut de le récompenser. Au mois de janvier 1814, il le nommait directeur général du parc d'artillerie de la garde nationale parisienne.

Borthon était à Arnay-le-Duc au passage de Mesdames et avait contribué, disait-on, à leur arrestation. Il fut élu lieutenant-colonel du 2º bataillon des volontaires de la Drôme, mais n'eut pas, comme Vaubois et Gouvion, la chance de devenir dès les premières hostilités général de brigade. Il rentra dans son corps et devint, comme Villantroys, colonel et directeur d'artillerie.

Galbaud du Fort devait accompagner à Saint-Domingue son frère le général, un des combattants de l'Argonne. Il était colonel lorsqu'il mourut à Gênes en 1805. Sa veuve, réduite à la misère, recourut à Napoléon. Après s'être fait rendre compte des services de l'ancien capitaine du 4º régiment, l'empereur accorda par un décret particulier du 20 mars 1810 une pension de six cents francs à Mme Galbaud du Fort.

Philippe de Faultrier était l'aîné de quatre frères qui servaient tous dans l'artillerie. Mais les occasions de se distinguer lui manquèrent et il avança plus lentement que ses deux cadets François et Simon, qui furent l'un, général de division, et l'autre, général de brigade. Aussi disait-il volontiers que, bien que l'aîné, il était le plus en retard. Il prit sa retraite en 1807.

Chaillet de Grandfontaine assistait en 1793 au siège de Lyon et commanda par intérim le dépôt du 4º régiment à Grenoble; il quitta le service dès qu'il sut l'arrestation de son infortuné cadet, Chaillet de Verges, qui devait périr sur l'échafaud.

Beaumaretz était colonel et directeur de l'artillerie à Gênes lorsque l'état de sa santé, que Gassendi jugeait misérable, l'obligea de demander sa retraite.

Ducos de Lahitte fut suspendu par Bouchotte et obligé en l'an V de quitter la France, qu'il ne revit qu'en 1800.

Dulieu fit les campagnes des Alpes et d'Italie, et il commandait depuis trois ans l'artillerie de la place d'Avignon lorsqu'il donna sa démission en 1799 à cause de l'affaiblissement extraordinaire de sa vue.

Fonton devint chef de bataillon et sous-directeur.

Monestrol était encore capitaine lorsqu'il périt dans l'île de Saint-Domingue à l'attaque de la Crête à Pierrot.

Fouler, alors premier lieutenant dans la compagnie des canonniers de Vaubois, était chef de bataillon lorsqu'il suivit Bonaparte en Égypte. Durant la traversée de l'*Orient* il servait à bord du vaisseau une batterie de douze pendant que les généraux Caffarelli et Dommartin servaient, l'un, les pièces des gaillards, l'autre, une batterie de vingt-quatre. Après avoir commandé des convois et bloqué le fort d'El-A'rych, il périt devant Saint-Jean-d'Acre dans ce quatorzième et dernier assaut où le général Bon fut tué et Croisier, l'aide de camp de Bonaparte, mortellement blessé.

. . . . Fouler, Croisier, Venaux
Rougissent de leur sang les débris des créneaux.

D'Anthouard combattit dans les rangs de l'armée républicaine au siège de Lyon en 1793 et, lorsqu'il fut suspendu par Bouchotte, il s'indigna d'être « soupçonné et remplacé après la conduite qu'il avait tenue ». Napoléon répara les torts de la Terreur. Il regardait d'Anthouard comme un officier de distinction. Dans la campagne d'Égypte, il le promut chef de bataillon pour sa vaillance à la bataille des Pyramides et directeur de l'artillerie de la place de Damiette. Sous l'Empire, il le fit colonel du 1er régiment d'artillerie légère, général de brigade, général de division. D'Anthouard commanda, sous les ordres de Lariboisière, l'artillerie française au siège de Danzig, où Napoléon l'envoyait exprès pour le tenir en haleine et lui donner de l'expérience. Il fut premier aide de camp du prince Eugène et mena l'artillerie du 4e corps dans la campagne de Russie. En 1813 l'empereur lui confiait le gouvernement des provinces illyriennes et le chargeait de diriger sous le nom du vice-roi la défense de l'Italie. En 1814 il le nommait inspecteur général d'artillerie. Tant de services et d'honneurs ont moins fait pour la réputation de cet homme de guerre que la lettre spirituelle où Paul-Louis Courier a raconté comment les officiers du 1ᵉʳ régiment d'artillerie légère, réunis à Plaisance par le colonel d'Anthouard, reconnurent Napoléon empereur. Le maréchal Castellane cite d'Anthouard dans son journal : « C'est de lui, dit-il, que parle Paul-Louis Courier ».

De tous ces officiers, ceux que Bonaparte aimait le plus, étaient Gouvion, Borthon et Vaubois : ce sont les seuls qu'il nomme dans une lettre de février 1792 à Sucy, les seuls de « ces messieurs du régiment » auxquels il envoie des compliments. Mais on ne saurait oublier qu'il fit alors la connaissance de Songis. Il y avait deux frères Songis capitaines d'artillerie. L'aîné, Charles-Louis-Didier, était à cette époque détaché aux forges de Mézières. Ce fut lui qui, dans la journée du 5 avril 1793, ramena le parc d'artillerie de Saint-Amand à Valenciennes. Aussi obtint-il en quelques mois les grades de colonel, de brigadier et de divisionnaire. Il prit sa retraite en l'an IX pour devenir conservateur des forêts. Comme bien d'autres, il avait fini par croire que l'empereur régnait plutôt pour le malheur que pour la gloire de la France, et le 7 avril 1814, il félicitait Dupont, le vaincu de Baylen, son ancien camarade à l'armée du Nord, d'avoir reçu d'un Bourbon le portefeuille de la guerre : « La main qui vient de briser nos fers, lui écrivait-il, a délivré la France du joug oppresseur qui pesait sur elle depuis trop longtemps; la tyrannie de Bonaparte est enfin arrivée à son terme; la justice et la paix vont s'asseoir sur le trône avec le descendant de Henri IV. » Son frère cadet, Nicolas-Marie, eut une fortune plus brillante. Napoléon, qui le revit devant Toulon, le combla de faveurs. Il l'avait fait, en 1795, grâce à la protection de Luce Casabianca, rayer de la liste des émigrés. Au lendemain de Castiglione, il le nomma chef de brigade d'artillerie et directeur du parc. En Égypte, il lui témoigna sa satisfaction du bon état des établissements de Gizeh, le chargea de diriger la principale attaque de Jaffa et lui confia le commandement de l'artillerie après la mort de Dommartin. Il le fit plus tard général de brigade, général de division, commandant de l'artillerie de la garde des consuls, premier inspecteur de l'artillerie, commandant en chef de l'artillerie de la Grande Armée, et lui donna le domaine polonais de Zelgniewo, estimé en capital à 350 000 francs. Mais le cadet des Songis mourut à la fin de 1810 et son aîné lui survécut de trente ans.

Le chirurgien-major Parmentier et trois sous-officiers du régiment de Grenoble, Gaudenard, Pellegrin et Bernard, ont aussi leur place dans l'histoire du jeune Bonaparte.

Parmentier était chirurgien-major au régiment depuis 1790 et il y resta jusqu'au jour de sa retraite, au 30 décembre 1815, aimé, estimé de tous, très bien noté par ses chefs qui ne cessaient de louer son savoir et son activité. C'est en présence de Parmentier que Louis Bonaparte aurait dit à son frère : « J'ai rêvé que j'étais roi. » — « Quand tu seras roi, aurait répondu Napoléon, je serai empereur. » Mais un tel propos ne mérite pas créance.

Gaudenard, sergent-major au mois d'avril 1791, était nommé, le 1er décembre, quartier-maître trésorier. Comme Degoy, son collègue du 1er régiment, il devint chef de bataillon. Mais, moins heureux que Degoy, il ne fut pas colonel. Il racontait plus tard à Coston qu'en 1792 Bonaparte avait, de Corse, demandé le rappel de ses appointements pour les derniers mois de l'année précédente, et que, lui, Gaudenard, malgré la défense du lieutenant-colonel Catellan et à la sollicitation de l'adjudant Pellegrin qui travaillait dans son bureau, avait envoyé l'argent à Napoléon; mais, ajoutait-il avec amertume, Pellegrin avait exploité cette condescendance à son profit et obtenu de Napoléon grades et honneurs : *sic vos non vobis*. Gaudenard se vantait et n'avait pas rendu le moindre service à Bonaparte.

Pellegrin, enrôlé canonnier en 1779, était sergent à l'époque où Napoléon changea de régiment. La Révolution lui donna l'avancement que l'ancien régime lui aurait sans doute refusé.

Quatorze mois lui suffirent pour devenir capitaine, et il avait ce grade lorsque Bonaparte l'appela devant Toulon, en septembre 1793. Un ralentissement naturel se produit alors dans la carrière de Pellegrin. Mais il est, à la fin de 1807, colonel, en 1811, baron de l'Empire, et, aux premiers jours de 1813, général de brigade et commandant de l'artillerie du corps d'observation de Bavière. Il était à la tête de l'École d'Auxonne lorsque Napoléon revint de l'île d'Elbe. Quatre heures avant l'arrivée de Ney, il fit battre la générale, arbora le drapeau tricolore, se rendit aux casernes et cria *Vive l'empereur* à la garnison. Napoléon le chargea d'inspecter les batteries des côtes du Midi. Les Bourbons le mirent à la retraite.

Bernard suivit, comme sergent, Bonaparte en Égypte et perdit la vue durant l'expédition. Mais il avait la conviction que le célèbre oculiste Grandjean lui rendrait la lumière et, lorsqu'il sut à son retour que Bonaparte avait établi à Paris et confié à Grandjean un hospice pour les aveugles de l'armée d'Égypte, il fit intercéder en sa faveur le directeur d'artillerie de Toulon. « Bernard, écrivait cet officier, a l'honneur d'être avantageusement connu du premier consul et il bénit sans cesse le nom de Bonaparte. » Le brave sergent qui servait depuis 1777 sous les mêmes drapeaux, obtint une feuille de route, gagna Paris et apprit au bureau des récompenses militaires qu'il était admis aux Invalides comme capitaine.

Quelques jours après l'arrivée de Napoléon au 4ᵉ régiment d'artillerie, Louis XVI s'échappait de Paris, mais il était reconnu dans sa fuite et rentrait bientôt aux Tuileries humilié, méprisé. L'événement fut décisif. « Le roi, s'écriait un camarade de Bonaparte, est aux trois quarts mort. » La Constituante enjoignit aux officiers de lui prêter serment. Ils durent jurer de maintenir la constitution contre tous les ennemis du dedans et du dehors, de mourir plutôt que de souffrir l'invasion du territoire par les troupes étrangères, de n'obéir qu'aux ordres donnés en vertu des décrets de l'Assemblée nationale. Ce serment n'était pas verbal. Il ne fut pas, comme précédemment, prêté en masse. Il dut être écrit de la main même des officiers et signé de leur nom. Le 6 juillet, Bonaparte écrivit et signa son serment.

Il disait plus tard que la Constituante aurait dû, dans cette circonstance, envoyer des commissaires extraordinaires, non pour ramener le monarque à Paris, mais pour le conduire au delà des frontières; qu'elle aurait dû décréter l'abdication de Louis XVI, proclamer Louis XVII, créer une régence composée des membres les plus notables de l'assemblée, et il assurait que ce gouvernement national et conforme aux principes aurait bientôt opéré dans la Constitution les changements nécessaires et triomphé des ennemis de l'intérieur et de l'extérieur : c'était, suivant lui, affermir la Révolution et la mettre à l'abri de toute atteinte lorsque le roi serait majeur; agir autrement, c'était confier le navire à un pilote incapable de gouverner, c'était appeler l'équipage à la révolte, c'était susciter l'anarchie. A l'entendre, on pourrait donc croire qu'il était en 1791 royaliste modéré. Il était, au contraire, républicain, et républicain décidé.

Les jacobins de Paris hésitaient encore. Danton proposait d'interdire l' « individu royal » comme imbécile; Anthoine, d'établir une régence; Rœderer, d'instituer une régence sans régent; Girey-Dupré, de proclamer la déchéance de Louis XVI, de le faire juger avant le 30 août par un haut jury et de se souvenir du grand exemple que les Anglais avaient donné deux fois. C'était condamner le monarque, et non la monarchie. Mais déjà quelques voix s'élevaient en faveur de la République. Le colonel Achille du Chastellet, aide de camp de Lafayette, déclarait, en un placard affiché sur les murs de Paris et dans les couloirs de l'assemblée, que la France ne devait plus obéissance au roi et que les rois avaient toujours causé les malheurs du peuple; Camille Desmoulins, que l'assemblée, si monarchique qu'elle fût, était entraînée à des mesures républicaines et que puisqu'on ne voulait ni roi ni régent, on aurait la république comme par la force des cartes;

Brissot, que l'opinion républicaine gagnait sans cesse et ne marchait qu'à pas de géant; Réal, que la République est le pain des forts et que le gouvernement républicain serait dans vingt ans le gouvernement de tous les peuples de l'Europe; Condorcet, que la nécessité d'un roi n'existait nullement.

Telle était depuis longtemps la pensée de Bonaparte, et il l'exprimait vigoureusement soit dans ses notes, soit dans ses entretiens avec Sucy et Montalivet, lorsque les trois amis allaient se promener à la Vache ou à Planèze, ou sur le cours de Valence, planté de jeunes tilleuls, et ces trois hommes formaient comme une gradation d'opinions, représentaient chacun les trois partis qui divisaient la France : Sucy, royaliste et avouant ses préférences pour la royauté que sa famille avait constamment servie; Montalivet, constitutionnel, demandant un équilibre entre la nation et le prince, souhaitant un parlement qui fît la loi avec le concours du monarque; Bonaparte, citant Raynal, affirmant l'instabilité du gouvernement monarchique qui n'a ni système ni suite dans sa politique, assurant qu'en République un esprit général vit et se perpétue dans la nation, que les maximes d'un peuple libre le ramènent toujours à ses intérêts permanents et que sous le régime populaire, sous le régime par excellence, le salut public, et non le bon plaisir d'un maître, décide tout et fait tout, soutenant avec Brissot que l'assemblée avait eu raison de saisir la puissance exécutive et que, pendant la fuite et la déchéance momentanée de Louis XVI, la République avait réellement existé, que sous la République comme sous la monarchie la nation française ne formerait qu'une seule masse, qu'une seule association homogène, que l'étendue du territoire n'était pas un obstacle à l'établissement d'une république puisque l'Amérique était dix fois plus grande que la France, que la Révolution n'avait pas atteint son terme et qu'elle ferait encore un pas qui serait l'abolition de la royauté, que les Français esclaves sous un roi de l'ancien régime et à moitié libres sous un roi du régime de 1790, ne seraient entièrement libres que sans roi. L'officier d'artillerie avait lu tous les discours des orateurs royalistes, et cette lecture l'affermissait dans sa conviction. Jusqu'alors, selon lui, un publiciste sans préjugés pouvait avoir des doutes. Ces doutes étaient « levés » désormais. Et injurier les républicains, les calomnier, les menacer, serait-ce démontrer que la monarchie est le meilleur des gouvernements? Les royalistes, ajoutait-il, « font de grands efforts pour soutenir une mauvaise cause »; ils « s'essoufflent en de vaines analyses » et « divaguent dans des assertions qu'ils ne prouvent pas ». Dire toujours que la république est impossible parce qu'elle est impossible, que vingt-cinq millions d'habitants ne peuvent vivre que sous une monarchie, n'est-ce pas un « adage impolitique »?

Deux années auparavant, le 23 août 1789, à Auxonne, sur la place des casernes, en présence des municipaux et du baron Du Teil, devant les drapeaux du régiment de La Fère, Bonaparte avait, avec ses camarades, juré de rester fidèle à la nation, au roi et à la loi. Dans la nouvelle formule de serment, les officiers promettaient fidélité et soumission, non plus au roi dont le nom n'était pas prononcé, mais à l'assemblée, qui devenait ainsi la seule autorité, et, comme s'exprimaient les journalistes, le palladium de la France, le point de réunion et de ralliement.

Mais au XVIII° siècle et malgré les maximes de la philosophie, les gentilshommes rapportaient tout au roi comme à la fin unique de la société; ils voyaient en lui le maître de la nation; c'était le roi qu'ils servaient, et non la patrie, et ils mettaient le roi à la place de la loi. L'obéissance passive, aveugle envers le prince, a dit l'un d'eux, leur était inculquée dès leur enfance, et ils regardaient comme leur principale prérogative celle de se ruiner et de mourir pour la défense du trône et de l'état. Ces deux mots *trône* et *état* n'étaient-ils pas inséparables? Louis XVI n'exprimait-il pas la pensée de sa noblesse lorsqu'il écrivait, à la veille de sa fuite, que les services rendus à la personne du roi étaient des services rendus à l'état?

La formule du nouveau serment émut donc les officiers qui,

pour la plupart, appartenaient à la noblesse. Pouvaient-ils signer un pareil engagement? Ne serait-ce pas agir contrairement à leur devoir de chevalier français et manquer aux principes de délicatesse et d'honneur dont ils avaient toujours fait profession? Quoi! si le roi s'était échappé, s'il avait reparu escorté des Allemands que son beau-frère l'empereur lui aurait donnés pour sa sûreté, il aurait fallu tirer sur lui! La promesse qu'exigeait l'assemblée n'était-elle pas monstrueuse?

Quelques-uns déclarèrent qu'ils aimaient mieux renoncer à tout que de trahir leur conscience. « Le serment, disait Roquefeuil, sous-lieutenant du 5ᵉ hussards, étant diamétralement opposé à mes principes, puisqu'il n'est point parlé du roi, je me crois dans la nécessité de le refuser. » Un condisciple de Napoléon à Brienne, Montrond, et deux de ses camarades à l'École militaire de Paris, Sanzillon et Quarré de Chelers, quittèrent l'armée plutôt que de prêter ce serment qu'ils qualifiaient d'impie. Deux lieutenants que Bonaparte avait connus au régiment de La Fère, Deschamps du Vaizeau et Huon de Rosne, disparurent, l'un de Seyssel, l'autre de Fort-Louis, où ils étaient détachés, et rejoignirent Condé sur les bords du Rhin. Le premier lieutenant Bovet du 4ᵉ régiment d'artillerie se rendit à Pont-de-Beauvoisin, son pays natal, et de là, le 21 juillet, envoya sa démission; quelques semaines plus tard, il passait la frontière et gagnait Worms. Deux officiers du même régiment, les frères Du Boisbaudry, vinrent, au sortir de semestre, toucher leurs appointements à Valence et s'éloignèrent presque aussitôt pour écrire, de Paris, l'aîné, le 16, le cadet, le 17 août, au colonel Campagnol, qu'ils refusaient de jurer. Le second lieutenant Trémuéjoul du Chayla partit de Valence après n'y être demeuré que deux jours; on ne le revit plus.

Toutefois, beaucoup de ces officiers nobles n'avaient d'autre fortune que leur épaulette et leur épée. Ils voulaient, avant d'abandonner leur drapeau, consulter leur famille, prendre l'avis des hommes qui leur inspiraient confiance, se concerter entre eux. Ils craignaient de causer en France un bouleversement dont le roi serait la victime et ils ne voyaient aucun général s'élever contre l'assemblée, se mettre à la tête des troupes, annoncer qu'il marcherait sur Paris pour détruire le « repaire des factieux » et rendre au monarque la plénitude de son autorité. Bouillé que les royalistes nommaient leur boussole, Bouillé à qui nombre de régiments avaient envoyé des députations, Bouillé qui répondait d'abord qu'il n'y avait pas deux chemins à suivre et qu'il fallait *passer* sur l'instant, Bouillé, se ravisant et songeant qu'on ne saurait se ménager trop d'intelligences dans l'armée et les forteresses, Bouillé invitait les officiers à tenir tant qu'ils pourraient et il priait surtout ceux de l'artillerie de rester à leur poste puisqu'ils avaient la garde des dépôts d'armes et de munitions.

La grande majorité des officiers prêta donc le serment. Au 4º régiment où servait Bonaparte, tous les capitaines présents au corps et la plupart des lieutenants l'ont écrit et signé.

Mais ce serment avait été prononcé de bouche, non de cœur, et les royalistes assuraient volontiers qu'ils ne se croyaient liés que par leur premier serment, le serment d'avant la Révolution, le seul qu'ils eussent prêté librement. Dans sa déclaration autographe du 20 juin, Louis XVI ne disait-il pas qu'il était prisonnier, qu'il ne pouvait espérer le bien et empêcher le mal, qu'il protestait contre tous les actes émanés de lui pendant sa captivité, contre le gouvernement métaphysique, philosophique, absolument impraticable que l'assemblée avait établi, contre les suggestions et les mensonges des jacobins? Ne révoquait-il pas tous les décrets qu'il avait sanctionnés le couteau sur la gorge? Et ses officiers ne devaient-ils pas se référer à son dernier dire?

Aussi, les plus fervents royalistes ne tardèrent-ils pas à se retirer. Ils avaient prêté le serment dans l'espoir d'être utiles. Mais le roi, devenu l'instrument de l'assemblée, leur ôtait les moyens de le servir efficacement. Mieux valait rejoindre à l'étranger les comtes de Provence et d'Artois et revenir avec eux pour tirer le monarque des mains de la faction. Sans doute Louis XVI avait accepté la Constitution; mais l'avait-il acceptée de bonne foi? Ses frères n'appelaient-ils pas à eux la noblesse française? Et Monsieur n'avait-il pas emporté toute la pensée du souverain? Enfin, les officiers royalistes étaient suspects, et ils voyaient la méfiance qu'inspirait leur façon de penser, augmenter chaque jour. Ils émigrèrent et, se regardant comme les vrais enfants de la patrie, se rendirent, selon leur expression, au poste de l'honneur pour prendre part à la croisade des croisades sous les ordres des princes, fils de saint Louis, les seuls chefs qui eussent le droit de commander aux Français puisque le roi n'était plus libre.

Le déchirement fut profond, universel. La différence d'opinions divisait à la fois les régiments et les familles. Camarades, amis, frères se séparaient, les uns demeurant en France pour servir la Révolution, les autres partant pour la combattre. Desaix s'attachait au nouveau régime et ses deux frères s'enrôlaient sous l'oriflamme des lys. Bosquillon de Bouchoir, condisciple de Napoléon à Brienne, et sous-lieutenant d'infanterie, faisait toutes les campagnes de l'émigration pendant que son frère s'engageait au bataillon du Panthéon et assistait à toutes les campagnes de la Révolution, et en 1808, tous deux se retrouvaient dans le même régiment westphalien, l'émigré comme capitaine, le patriote comme quartier-maître-trésorier. Théodore de Hédouville passait les Pyrénées, et son frère qui restait sur le sol natal, devenait chef d'état-major de Hoche. Tous les Faultrier, Philippe, François, Simon, Casimir, se ralliaient à la République; mais l'un d'eux, le plus jeune, Benjamin, rejoignait l'armée de Condé en 1792 et ne la quittait qu'en 1801. Claude-Joseph de Malet donnait sa démission pour se dévouer à la cause des Bourbons, tandis que son frère Claude-François, élu lieutenant-colonel des volontaires de son département, défendait la frontière de l'Alsace. Un autre camarade de Napoléon au régiment de La Fère, Bouvier de Cachard, émigrait avec deux de ses frères, et deux autres frères, dans le camp opposé, tombaient, l'un à Trafalgar, l'autre à Sainte-Euphémie, au pouvoir des Anglais. Lacombe Saint-Michel siégeait à la Législative et à la Convention, et son frère cadet, qui semblait un instant adhérer au système populaire, qui signait le serment à Cherbourg le 7 juillet 1791, qui, sur la recommandation de son aîné, et bien qu'il ne fût que second capitaine, obtenait à la manufacture d'armes de Klingenthal un poste de capitaine-commandant, suivait l'armée des princes en Champagne et celle de Condé à Heilbronn, entrait dans les grenadiers de la légion de Mirabeau, puis dans les chasseurs nobles, se signalait à toutes les affaires, à Rülzheim, à Bundenthal, et recevait deux coups de feu à travers les cuisses à la prise des lignes de Wissembourg.

Les officiers du 4e régiment d'artillerie qui gardèrent leur foi à la royauté et refusèrent de servir le régime populaire ou républicain, furent, outre Bovet et Du Chayla, le lieutenant-colonel d'Arthan et son frère le capitaine d'Arthan d'Auroy, les capitaines-commandants Bonnard, Champeaux, Charbonnel de Jussac, Darejean, Desdiguères, Desegaulx, Du Chaffaut, Loyauté et Montille; les seconds capitaines d'Ablincourt, d'Arthaud, Berthault de la Bossère, Desguers, Gounon, Romain et Tavernol; les premiers lieutenants Du Prat, Hédouville, les deux Du Boisbaudry, les deux de Langle, Gondallier de Tugny, Baudran, La Chapelle de Choisy, Cellier de Bouville et Le Sart de Mouchin. Les capitaines Berthault de la Bossère, Champeaux, Desegaulx et Gounon démissionnèrent, soit à la fin de 1791, soit en 1792. Tous les autres ont, selon l'expression du temps, déserté ou abandonné leur emploi sans démission. On connaît le destin de la plupart d'entre eux.

Les deux d'Arthan, l'aîné lieutenant-colonel, le cadet capitaine, émigrèrent. L'aîné, aimé de ses camarades et considéré comme un sujet plein de savoir et de talent, fut chargé au mois de juin 1792 de se rendre à la réserve du Var pour y commander toutes les compagnies de canonniers. Mais, disait le maréchal de camp Mauroy, « la reconnaissance et l'attachement sont des sentiments trop faibles contre la fureur de l'émigration » : d'Arthan partit avec le capitaine Bonnard, son intime ami.

Son frère fit plusieurs campagnes à l'armée de Condé, où il

reçut de Monsieur, le 20 mai 1794, le brevet de lieutenant-colonel. Il revint en France après la bataille de Zurich et vécut à Romans, sa ville natale. Sous la première Restauration, au mois d'avril 1814, il écrivit qu'il présentait sa respectueuse soumission aux volontés de son roi, et l'on s'étonnait qu'il n'eût pas donné son adresse, qu'il n'eût pas fourni de pièces, qu'il n'eût rien demandé.

Bonnard était à Grenoble lorsqu'il résolut d'émigrer. Il gagna Chambéry au mois de juillet 1792 et arriva le 6 août au camp de l'armée de Condé à Neustadt. Blessé deux fois à l'attaque des lignes de Wissembourg et au combat de Berstheim, il fut en 1794 nommé par le Régent chef de brigade à la suite du corps de l'artillerie. La Restauration lui donna le brevet et la retraite de colonel.

Charbonnel de Jussac, qui s'était distingué en Amérique à l'expédition de Saint-Eustache, n'avait pas rejoint le régiment. Il se fit tuer sur sa pièce à Rülzheim le 17 mai 1793. Un cavalier républicain lui criait de demander quartier. « Nous l'accordons quelquefois, répondit Jussac, nous ne le demandons jamais. »

Darejean, qui suivit les princes en Champagne et Quiefdeville en Hollande, obtint de la Restauration la retraite de chef de bataillon et le grade honorifique de lieutenant-colonel.

Du Chaffaut n'émigra pas. Il avait en 1792 un congé qu'il passait à Paris. Muni d'une carte d'entrée que lui donna Bertrand de Moleville, il vint tous les soirs au coucher du roi et le 10 août, avec les militaires qui s'étaient mis sous les ordres de Vioménil, il défendit les Tuileries. Nommé quelques jours plus tard lieutenant-colonel, puis rayé dès qu'on sut sa présence au Château, il vivait à Digne lorsqu'il fut arrêté et envoyé dans les prisons d'Avignon. Thermidor le sauva. En l'an XIII, avec l'appui du préfet des Basses-Alpes, Alexandre de Lameth, son ancien compagnon d'armes, et bien qu'il n'eût pas trente ans de services, il sollicita du ministre Berthier une pension de retraite. Il ne reçut aucune réponse. Les Bourbons le traitèrent presque aussi mal; il leur demandait un cordon rouge ou le grade d'officier général; il n'eut que le brevet honorifique de colonel.

Loyauté, malade, obtint un congé en produisant un certificat de médecin qui constatait que sa mauvaise santé l'empêchait de faire une route aussi longue que celle de Paris à Valence; mais le 1er octobre, à l'expiration de son congé, il ne parut pas. Il est moins connu que son aîné Anne-Philippe-Dieudonné. Chargé par le prince de Condé de tenter un coup de main sur la citadelle de Strasbourg, arrêté par le Directoire du Bas-Rhin, conduit à Orléans pour comparaître devant la Haute-Cour, transféré à Versailles, Anne-Philippe de Loyauté n'échappa le 9 septembre 1792 au massacre des prisonniers qu'après avoir reçu cinq blessures. Repris pour la seconde fois sur le sol français en 1801, relâché sur la recommandation de Kellermann, il dut en 1812 entrer au service des vivres comme simple commis aux écritures et tomba dans les mains des Russes. Il avait servi l'Empire : les Bourbons ne lui donnèrent que la retraite de lieutenant-colonel.

D'Arthaud, second capitaine, ne voulait pas émigrer. Mais au mois d'août 1792 il quitta le régiment pour former à Lyon un équipage d'artillerie, et lorsqu'il revint au camp douze jours après, sa compagnie refusa de le recevoir et de le reconnaître : il ne se représentait, disait-on, que parce qu'il n'avait pas trouvé les moyens d'émigrer. Montesquiou, craignant une émeute, dut le renvoyer à l'arsenal de Lyon. Aigri, d'Arthaud servit comme ingénieur dans les rangs des révoltés pendant le siège de la ville et alla faire trois campagnes à l'armée de Condé. Malgré la recommandation de Pernety et de d'Anthouard, il n'eut en 1815 que le grade de capitaine en premier. Il prit sa retraite en déclarant qu'il renonçait en faveur de l'État au paiement de la pension de douze cents francs que le roi lui accordait.

Desguers était alors détaché en Corse, et il prétendait plus tard avoir fait dans l'île la campagne de 1791! Napoléon le vit peut-être à Bastia. Ce Desguers disait en 1815 qu'il n'avait cessé de servir de cœur l'auguste maison de Bourbon. Mais, s'il émigra, il ne fit d'autre campagne que celle de 1792 à l'armée de Condé, et il resta jusqu'à la fin de 1802 en Allemagne sans porter les armes. Aussi n'eut-il en 1815 que le grade de capitaine de première classe. Mais il eut recours à Pernety devenu vicomte, lieutenant général et inspecteur du corps royal. « J'ai eu, écrivait-il à Pernety, l'honneur de servir dans le même régiment et pendant quelque temps dans la même compagnie que vous. » Sur la proposition de Pernety, Desguers eut la croix de Saint-Louis.

Romain était à Paris lorsque Louis XVI y rentra captif. Il frémissait de rage; il avait pris des pistolets et il eût voulu que le roi, se montrant à la portière, fît un signe à ses sujets dévoués. Mais lorsqu'il vit le peuple silencieux et gardant le chapeau sur la tête, les milices tenant le fusil renversé, tout Paris témoignant le « délire de l'animosité », il se tut, ainsi que ses amis, et se contenta de pleurer. Il partit pour rejoindre son régiment, obtint non sans peine avec un des Du Bois-baudry une place sur l'impériale de la diligence et à Lyon s'embarqua sur le bateau de poste qui le mena dans le jour à Valence. Le lendemain il se présentait au colonel Campagnol, jurait qu'il ne signerait pas le nouveau serment, et il tenait parole. Résolu de passer à l'étranger, il gagna Marseille comme pour se rendre en Corse, où se trouvait la compagnie dont il était lieutenant, et son colonel écrivait le 21 août que M. de Romain, étant détaché dans l'île, n'avait encore pu envoyer son serment. Mais Romain fut nommé second capitaine de la compagnie de Bonaparte; il revint à Valence pour toucher ses appointements et s'aboucher avec plusieurs camarades qui voulaient s'éloigner de France, et au bout de quelques semaines, il quittait le régiment. Ce fut un des plus braves officiers de l'émigration : au mois d'octobre 1792, à l'approche de Custine, il se jetait dans Mayence; au mois de décembre 1793, il restait à Lauterbourg avec une poignée d'hommes qui couvrait la retraite des condéens; en 1799, à l'affaire de Constance, il sauvait sa pièce d'artillerie en se frayant un chemin à travers les rues occupées par l'ennemi. A son retour en France, il dédaigna la protection de Napoléon. Il le détestait et il disait volontiers que le Corse Bonaparte avait achevé la ruine du royaume commencée par le Genevois Rousseau. Jamais il ne crut au génie de l'empereur. Selon Romain, Napoléon devait sa réputation aux circonstances, au courage de ses soldats, à la nullité de ses adversaires, et, dans plusieurs de ses batailles et de ses campagnes, sa maladresse, sa faiblesse avaient été si manifestes que la postérité refuserait de le reconnaître pour un grand homme. On lui objectait la conquête de l'Italie. Le beau mérite! Bonaparte était né Italien, il parlait l'italien, et, comme les Italiens, avait un caractère de Scapin.

Du Prat, qui partit de Valence le 20 septembre 1791, eut de singulières aventures. Enrôlé dans l'armée des princes, pris par les patriotes au siège de Thionville et captif jusqu'aux premiers jours d'avril 1793, il réussit à s'échapper et rejoignit au mois de mai suivant l'armée de Condé, où il fut canonnier noble. Mais bientôt il revient en France et durant deux années, de 1795 à 1796, guerroie dans le Berry. Battu à Buzançais, capturé et emmené à Orléans et de là à Châteauroux, condamné à mort, il se sauve au moyen d'une corde qui lui déchire les mains et, pendant qu'on l'exécute en effigie, repasse la frontière, rentre à l'armée de Condé comme lieutenant d'artillerie. Au bout d'un an, sur un nouvel ordre du roi transmis par d'Avaray, il regagne la France, et en 1798, en 1799 tient la campagne dans la Marche et l'Auvergne. Il reparaît en 1814 pour nouer des intelligences avec Canuel et le duc de Duras. En 1815, tandis que des chasseurs à cheval de l'armée de la Loire pillent sa maison, il s'empare d'Aubusson et de Felletin. Il avait reçu quatorze blessures pour les Bourbons. Ils le nommèrent lieutenant-colonel, adjoint au commandant d'artillerie à La Fère, directeur à Antibes et à Marseille. Mais ses inspecteurs se plaignirent de lui. Après sa longue émigration, il n'entendait plus rien au service de l'arme; il manquait de tenue et de mesure, affectait d'éviter les autorités supérieures; enfin, sa santé était délabrée. Il fut mis à la retraite en 1828.

Les deux frères Du Boisbaudry appartenaient à la promotion de Napoléon, et tous deux avaient été reçus en 1785 officiers d'artillerie dans un excellent rang, l'aîné, troisième, le cadet, sixième. Le cadet, lieutenant au régiment du Dresnay, fut tué le 16 juillet 1795 à l'attaque des retranchements de Sainte-Barbe. L'aîné prit part à la campagne des princes, aux campagnes de Hollande, à la seconde expédition de Quiberon, habita l'Angleterre jusqu'en 1814 et termina sa carrière comme lieutenant-colonel sous-directeur d'artillerie à Rennes.

Les deux de Langle de Beaumanoir ne rejoignirent pas le régiment de Grenoble. Comme Du Prat, le cadet revint en France au commencement de 1796 lorsque les royalistes de l'Orléanais demandèrent des officiers d'artillerie à l'armée de Condé. Arrêté comme Du Prat et, comme lui, traîné d'Orléans à Châteauroux, il s'évada, comme lui, de sa prison au mois d'octobre, et rentra six semaines plus tard dans les rangs des Condéens. Il obtint de la Restauration un brevet de lieutenant-colonel d'infanterie. Son frère aîné Louis était mort vaillamment dans l'expédition de Quiberon : lorsqu'il vit la partie perdue, il refusa de suivre Rotalier et de gagner la flotte anglaise, déclara qu'il ne quitterait pour rien au monde sa terre natale de Bretagne, et, ramassant un fusil et des cartouches, tira sur les républicains jusqu'à ce qu'il fût fait prisonnier. Mené à Vannes, il fut condamné par la commission militaire et le 31 juillet 1795, fusillé sur son propre domaine de l'Armor dont il était seigneur. Il passa devant son manoir, sous les yeux de ses fermiers qui pleuraient en le reconnaissant; « adieu, mes amis », dit-il d'une voix forte, et, tournant à droite, il alla tomber sous les balles dans un pré qui dépendait de son château.

Gondallier de Tugny — qu'il ne faut pas confondre avec le Tugny qui fut cadet gentilhomme à l'École militaire de Paris et général de brigade — s'enrôla, ainsi que son compatriote et parent Belly de Bussy, dans l'armée du duc de

Bourbon, accompagna les hussards de Salm et de Choiseul comme sous-officier d'artillerie, assista, de même que Belly de Bussy, à la seconde expédition de Quiberon et, avec lui, cessa de servir l'émigration à la fin de 1796. Les Bourbons le nommèrent capitaine.

Baudran, camarade de Napoléon à l'École militaire de Paris, venait d'avoir un semestre, puis un congé de la cour qui cessait au 1ᵉʳ septembre 1791 ; il ne parut pas.

De même, La Chapelle de Choisy, Cellier de Bouville, Le Sart de Mouchin n'ont « pas joint ». Le Sart fut un de ceux qui suivirent la petite armée du duc de Bourbon en 1792 et défendirent Maestricht l'année d'après : c'était peu, mais c'était assez pour obtenir en 1815 la croix de Saint-Louis et le grade de capitaine.

Bonaparte désapprouvait l'émigration de ses camarades. Il mettait la nation au-dessus du roi, ou, comme il dit, il ne connaissait que la nation, et c'était chez le jeune lieutenant une idée fermement arrêtée qu'il faut tout sacrifier à la patrie, amour-propre, ambition et attachements, quels qu'ils soient. Plusieurs années auparavant, il déclarait qu'un citoyen ne doit pas s'armer contre son pays pour venger un outrage particulier : Robert d'Artois, Gaston d'Orléans, le grand Condé et une foule d'autres, écrivait-il, « ne rougirent pas de dévaster les campagnes qui les avaient vus naître; ils n'avaient pas été nourris dans les préceptes du patriotisme ». Lorsqu'il sut que certains gentilshommes qui tardaient à quitter la France, recevaient des quenouilles et des fuseaux : « ces cadeaux d'Omphale, dit-il, ne conviennent guère aux Hercules de nos jours. » Il blâme en 1793 dans le *Souper de Beaucaire* ceux qui, selon son expression, ont abandonné leur corps et refusé de se battre pour la liberté du peuple. Pendant la campagne d'Italie il qualifie les émigrés de fils parricides que nul caractère ne peut rendre sacrés et qui déshonorent même l'armée autrichienne par leur présence. Mais lorsqu'il eut le pouvoir, il fut indulgent envers eux. Il comprenait que beaucoup avaient dû s'éloigner parce que la place était pour eux intenable, qu'ils aimaient la patrie à leur manière, qu'ils gardaient le cœur français tout en marchant à côté des étrangers; il se souvint qu'ils avaient servi comme simples soldats et supporté courageusement la misère; il les rappela, les employa, et en 1805 Courier se plaignait de la bienveillance de Napoléon envers les émigrés : « A Paris on les honore fort; l'empereur les chérit et révère. »

Il accueillit toujours avec intérêt ses camarades du 4ᵉ régiment. Mais la plupart n'avaient rien perdu de leurs prétentions, malgré l'exil, et Napoléon dut leur répondre qu'ils feraient bien de prendre l'air de la France et de fixer leurs idées. Quelques-uns désiraient rentrer dans l'armée et objectaient qu'ils seraient sous les ordres de leurs cadets ou de leurs anciens subalternes. « Vous ne voulez donc pas servir sous moi, répliquait Bonaparte; faites vos réflexions et revenez me voir. »

Il plaça d'Ablincourt et Hédouville. Le chevalier d'Ablincourt de Gomiécourt — qui émigra la veille de l'entrée de nos troupes en Savoie — s'était, après les campagnes de l'émigration, établi dans l'Aisne et il remplissait les fonctions gratuites d'adjoint au maire de Saint-Quentin lorsqu'il sollicita de Napoléon un emploi dans l'administration. Au mois de juin 1810 il fut nommé sous-préfet de Sarrebrück, et il s'écriait avec joie : « Je vais donc servir mon prince! »

Hédouville, sorti, comme Bonaparte, de l'École militaire de Paris, et, comme lui, promu second lieutenant en 1785, appartint à l'armée espagnole jusqu'en 1800, et Napoléon contait à son sujet une curieuse anecdote. « Hédouville et Serurier, disait-il, marchent de concert pour passer en Espagne; une patrouille les rencontre; Hédouville, plus jeune, plus leste, franchit la frontière, se croit plus heureux et va végéter misérablement; Serurier, obligé de rebrousser chemin dans l'intérieur et se désolant, devient maréchal! » A son retour en France, Hédouville fut nommé par le premier consul aide de camp de son frère le général. Dans une audience publique, Napoléon le reçut froidement ; mais, lorsque la foule se fut écoulée, il le poussa dans un coin et lui tirant l'oreille : « Bonjour, chevalier, lui dit-il, d'où viens-tu ? — Je viens d'Espagne. — Tu étais émigré ? » Hédouville hésitait à répondre. « Tu mens, reprit Napoléon, je vois que tu seras bon pour la diplomatie. » Employé d'abord à la légation de France à Rome, Hédouville fut ensuite ministre plénipotentiaire à Ratisbonne et à Francfort. Il savait l'espagnol, et il était honnête et loyal. Aussi Napoléon conseillait-il au roi Joseph de s'attacher comme secrétaire intime un homme qui joignait à la connaissance de la langue du pays une droiture absolue ; Hédouville, écrivait-il, était parfaitement sûr et l'on pouvait compter sur son dévouement et sa probité. Par deux fois, en 1808, au voyage de Bayonne, et en 1809, dans la campagne d'Espagne, l'empereur emmena Hédouville, qui, sans être en pied, l'accompagnait comme une sorte d'officier d'ordonnance, en conservant son rang et son traitement de ministre plénipotentiaire et en touchant une indemnité de route.

A une de ses audiences, Napoléon, montrant Hédouville à son entourage : « Voilà, disait-il, un de mes anciens camarades avec qui j'ai rompu bien des lances sur la place des Clercs à Valence, à propos de la constitution de 1791 ; je ne voulais accorder au roi que le veto suspensif ; Hédouville s'obstinait à lui donner le veto absolu, et je reconnais aujourd'hui qu'il avait raison. » Durant l'année 1791, les officiers du 4e régiment d'artillerie ne cessèrent en effet de batailler entre eux et, comme s'exprime Romain, de faire quotidiennement un cours de politique. On était convenu de ne pas parler pendant le repas des choses du métier, des manœuvres, des exercices, et Napoléon, raconte Hédouville, aimait tellement sa profession qu'il était de tous les officiers celui qui le plus souvent enfreignait la règle et payait l'amende. Mais la politique n'était pas exclue des entretiens, et, comme en 1789, comme en 1790, elle passionnait les esprits et les exaspérait.

Les royalistes affichaient leur mépris pour les partisans de l'Assemblée. Romain n'avait avec Bonaparte que les rapports indispensables et, hors des heures de service, lui tournait le dos. Du Prat, voyant un jour à la pension son couvert à côté de celui de Bonaparte, appela la servante, et à haute voix : « Une fois pour toutes, lui dit-il, ne me donnez jamais cet homme pour voisin », et Napoléon fit semblant de ne pas entendre.

Mais peu importent au lieutenant Bonaparte les fureurs de ses camarades Du Prat et Romain. Peu lui importe que les aristocrates du régiment le qualifient d'enragé démagogue et d'émule de Laclos, lui reprochent de tenir une conduite indigne d'un officier français élevé gratuitement à l'École militaire et comblé des bienfaits du roi. Peu lui importe qu'ils se disent entre eux que les patriotes ne fleurent pas comme baume et que les jacobins sont des ingrats, des parjures, des félons sortis de l'enfer, des êtres épouvantables qui veulent tout comprimer. Il lit chaque jour aux sous-officiers de sa compagnie des articles du *Moniteur*. « Ce régiment, écrit-il à son ami d'Auxonne, le commissaire des guerres Naudin, est très sûr; les soldats et sergents et la moitié des officiers. » Ce sont donc les officiers patriotes qui mènent la troupe et font la loi, puisqu'ils ont les soldats de leur côté. Ils n'osent parler trop haut dans les salons; mais, suivant le mot de Napoléon, sitôt qu'ils sont dans la rue ou parmi les hommes de leur compagnie, ils se trouvent au milieu de la nation entière. En certains moments de crise, c'est à eux qu'ont recours leurs camarades du parti contraire et leurs chefs mêmes. Le 25 août, jour de la Saint-Louis, Du Prat, debout à la fenêtre de la salle à manger de l'hôtel des *Trois-Pigeons*, s'avisa de chanter l'air célèbre *O Richard, ô mon roi*; la population faillit l'écharper, et il ne fut sauvé que par l'intervention de Bonaparte. « Pouvais-je me douter, s'écria le prisonnier de Sainte-Hélène, que cet air serait aussi proscrit à cause de moi? »

Il y avait deux clubs à Valence. L'un, la Société des amis

de la Constitution, fondé par le médecin Bellon et par Marbos le 25 avril 1790, et affilié aux Jacobins de Paris, siégeait ordinairement dans une des salles du Présidial et tenait ses séances publiques dans l'église Saint-Apollinaire. Son rôle était considérable. La Société faisait célébrer des services funèbres en l'honneur des victimes de Nîmes et de Nancy et dire une messe pour « changer le cœur de ses ennemis et les ramener aux principes de la sainte Constitution »; Elle faisait décider par la municipalité que les frères des écoles chrétiennes liraient chaque jour à leurs élèves un manuel civique, le *Petit Catéchisme* du curé Bérenger. Elle félicitait de son patriotisme le premier acquéreur de biens nationaux dans le département de la Drôme. Elle applaudissait aux discours du prêtre Didier ci-devant Récollet, qui assurait que les ecclésiastiques assermentés n'agissaient pas contre leur conscience. Elle déléguait à Tain deux de ses membres, Corbeau et Bou, qui réconciliaient si bien les deux sociétés populaires de l'endroit qu'elles se fondaient en une seule. Elle envoyait dans le Comtat Corbeau et un ex-Chartreux, l'homme de loi Trie, offrir la médiation du grand club valentinois aux deux cités d'Avignon et de Carpentras, et lorsqu'ils revenaient à Valence, elle décernait la couronne civique à ces « deux fils qui la couvraient de gloire » et les reconduisait en triomphe dans leur logis, au bruit des tambours de la garde nationale et au son de la musique du 4e régiment d'artillerie. Le 7 juin, elle priait la municipalité de dresser la liste des émigrés de Valence et de tenir une pièce de 24 toujours chargée pour donner pendant la nuit le signal d'alarme à la ville et aux environs.

L'autre club, fondé le 11 février 1791, se nommait la Société des Surveillants. C'était le club de la bourgeoisie. Elle avait pour président le menuisier Allié, et, durant les séances, ses membres se coiffaient d'un bonnet blanc à la houppe bleue et au retroussis rouge. Mais elle ne s'opposait nullement à la Société des amis de la Constitution qu'elle nommait sa sœur aînée. Quelquefois les deux clubs délibéraient ensemble et prenaient des résolutions communes. Le 26 avril ils demandaient de concert que tous les officiers des troupes de ligne fussent licenciés et que ceux qui seraient nommés, dussent prêter le serment civique publiquement et à haute voix. Les Surveillants voulaient une liberté sage et professaient le respect de la religion. Ils avaient arrêté de ne pas se réunir aux heures du service divin, et le prédicateur du carême, prêtre assermenté, n'ayant plus d'auditeurs, ni « hommes de marque », ni dames aux « robes soyeuses et traînantes », ils décidèrent d'aller à ses sermons en masse avec femme et enfants.

Napoléon appartint à la Société des amis de la Constitution. Ce club comptait plus de deux cents membres, entre autres le président du tribunal, Gaillard, le médecin Badon, le libraire Pierre Aurel, Mésangère-Cleyrac, Réalier-Dumas et Championnet, alors lieutenant de la garde nationale et un des quatre délégués du canton de Valence à la fédération de Paris. Mais il s'était surtout recruté dans le 4ᵉ régiment d'artillerie. Lorsque le prédécesseur du colonel Campagnol, d'Hangest, avait quitté la Société, les sous-officiers et les soldats étaient venus en foule pour se faire recevoir, et vingt-trois se présentèrent le 24 mai, le jour même où d'Hangest se retirait.

Le lieutenant Bonaparte se fit inscrire à la Société dès son arrivée. Il y prononce bientôt un discours qui lui vaut de grands applaudissements. On le nomme bibliothécaire; on le charge des fonctions de secrétaire; on veut le porter à la présidence. Des officiers, entrés comme lui au 4ᵉ régiment dans les derniers jours de juin, se présentent au club, qui les accueille par des bravos; ils rivalisent avec Napoléon de ferveur civique et d'assiduité; ils proposent de chasser du régiment quiconque ne marche pas dans le droit chemin et n'adhère pas avec eux au système populaire; ils vouent à l'infamie Bouillé et ses complices, comme Bonaparte et les clubistes ajacciens avaient voué à l'infamie Buttafoco.

L'ardeur révolutionnaire de Valence et du Dauphiné répondait à celle de Napoléon. « Ce pays-ci, écrivait-il à Naudin, est plein de zèle et de feu. » Entre toutes les gardes nationales de France, celle de Valence se signalait par son amour de la liberté. Elle disait volontiers qu'elle était un des plus fermes soutiens de la constitution naissante, et que Valence, étant le centre de la région du Rhône, devait être aussi le centre du patriotisme. Formée après la prise de la Bastille sous le nom de milice bourgeoise ou citoyenne et commandée par M. de Josselin, elle avait participé le 29 novembre 1789 dans la plaine d'Étoile à cette fédération, la première du genre, où les gardes nationaux de vingt communes du Vivarais et du Dauphiné, le genou en terre, la main tendue vers un autel de gazon, juraient sur leurs armes à la face du ciel d'abjurer toute distinction de province et de rester à jamais unis pour la défense de l'Assemblée et du « plus adoré des rois ». Et depuis cette journée de novembre, que de fois la garde nationale de Valence avait figuré dans les fédérations du Midi, à Montélimar, le 13 décembre 1789, à Valence, le 31 janvier 1790, à Romans le 14 février, à Grenoble le 11 avril!

La fédération du 31 janvier 1790 avait été très brillante. La « patriotique coalition » se composait de 268 communes du Dauphiné, du Vivarais et de la Provence. « Que les âmes tièdes s'échauffent, avait dit la garde nationale de Valence dans une adresse aux gardes nationales des deux rives du Rhône, que les timides s'encouragent, que nos cœurs ne cessent de former de nouvelles alliances pour entretenir le feu sacré qui les anime! » Et, sur le Champ de Mars désormais appelé le Champ de l'Union, avaient défilé, précédés de la musique du 4ᵉ régiment d'artillerie, précédés des curés et des pasteurs qui marchaient sur la même ligne en se donnant le bras, tous les détachements des gardes nationales. Devant un autel et sous les auspices de l'Être suprême, l'armée, comme on la nommait pompeusement, avait prêté serment à la Constitution. Émue et attendrie, la foule assistait à cette scène imposante : hommages rendus à la Divinité, dix mille citoyens sous les armes, les drapeaux flottant de toutes parts, la joie pointe dans les yeux, le bruit des tambours et des instruments militaires, le plus grand ordre dans les rangs, le site le plus beau, le ciel le plus pur !

L'évasion du roi provoqua de pareilles manifestations. Le 3 juillet 1791, vingt-trois sociétés populaires de la Drôme, de l'Isère et de l'Ardèche, désireuses d'être, dans ces conjonctures difficiles, « éclairées par une plus grande masse de lumières », se réunissaient à Valence. L'émotion dans la ville était extraordinaire ; on déclamait contre l'aristocratie ; on parlait de la guerre imminente ; la Société des Surveillants avait exigé la destruction de toutes les armoiries qui subsistaient encore sur la façade des maisons et demandé que la compagnie des pompiers apprît la manœuvre du canon. A sept heures du matin, les clubistes s'assemblèrent au Champ de l'Union et, après avoir entendu la messe que l'évêque célébrait exprès à la cathédrale, se rendirent à l'ancienne église de Saint-Ruf, décorée d'emblèmes patriotiques pour la circonstance. Rouvière, président de la Société valentinoise des amis de la Constitution et administrateur du département, lut une formule de serment. Tous les assistants jurèrent d'être fidèles à la nation et à la loi, de maintenir la Constitution au péril de leur vie et de se rallier toujours au drapeau de la liberté, de surveiller les ennemis de la chose publique, de défendre de leur fortune et de leur sang quiconque aurait le courage de dénoncer les traîtres. Mais, d'un mouvement spontané, l'assemblée s'écria qu'elle voulait prêter aussi le serment imposé par la Constituante aux officiers, et le président ayant lu la formule de ce second serment, tous les citoyens présents, la main levée, prononcèrent les trois mots : *je le jure*. Puis vinrent d'autres discours, des lectures, des assurances de dévouement : discours de l'évêque sur la constitution civile du clergé, lecture du discours de Girey-Dupré sur l'évasion du roi, harangue d'un jacobin de Valence demandant que les traîtres qui fuyaient hors du royaume subissent leur châtiment, que l'état détaillé des émigrés fût envoyé par chaque municipalité à l'Assemblée nationale et la déclaration des droits de l'homme traduite dans toutes les langues de l'Europe. Une souscription patriotique termina la séance.

Napoléon reçut de cette journée une impression profonde. Il avait vu des soldats de son régiment s'associer aux transports des clubistes, et l'un d'eux s'avancer en criant au nom de tous ses camarades : « Nous avons des canons, des bras et des cœurs, nous les devons à la Constitution ! » L'assemblée avait discuté sur le discours de Girey-Dupré. Le roi était-il parjure? Avait-il commis le plus grand des crimes et, bien qu'inviolable, pouvait-il être puni? Le mot *inviolabilité* signifiait-il *impunissabilité*? Ne fallait-il pas punir Louis XVI pour conserver la Constitution dont il ne voulait pas? Après trois heures de débats, l'assemblée déclara par un vote unanime que tous les individus du royaume sans exception étaient soumis à la loi. « On fit, écrivait Bonaparte à Naudin, la pétition que le roi fût jugé. »

Le 14 juillet avait lieu la prestation du serment civique. A dix heures du matin, les corps administratifs et judiciaires, escortés par la garde nationale et la gendarmerie, se rendaient au Champ de l'Union et arrivaient au bruit du canon, en même temps que l'évêque et son clergé, devant l'autel. Une multitude immense remplissait la plaine et autour de l'autel le 4ᵉ régiment d'artillerie formait le carré. On chantait aussitôt le *Veni creator*. Un vicaire épiscopal faisait un sermon qui respirait le patriotisme et l'amour de la Constitution. Une citoyenne prononçait un discours que les assistants applaudissaient parce qu'il était « analogue à la Révolution et à son sexe ». L'évêque disait la messe, et, à l'issue de l'office, les chefs des corps militaires s'avançaient vers l'autel. Un municipal leur lisait le serment; tous, la main levée, répétaient : *je le jure*, et allaient à leur tour lire le serment à leurs officiers, sous-officiers et soldats. Devant le Conseil général de la commune et en présence du peuple, le curé de Saint-Romain de Romans, Delacour, le vicaire Maigron et trois autres prêtres, Cluze, Grégoire et Testous, promettaient solennellement d'être fidèles à la nation et à la loi. Les cris *je le jure* retentissaient de tous côtés et se mêlaient au grondement du canon et au son des musiques qui jouaient le refrain du *Ça ira*. A midi, après le *Te Deum*, la cérémonie était terminée; bourgeois et militaires rentraient à Valence; un banquet rassemblait les plus ardents, et, au dessert, Napoléon portait un toast aux patriotes d'Auxonne et à tous ceux qui dans la cité bourguignonne défendaient les droits du peuple. Il savait que Naudin allait fonder à Auxonne avec quelques citoyens de la ville, le professeur Lombard et le capitaine d'artillerie Manscourt, une Société des amis de la Révolution, et quelques semaines plus tard il apprenait que cette Société avait tenu sa première séance le 19 juillet et obtenu son affiliation aux jacobins de Paris; que Naudin était estimé des jacobins d'Auxonne pour ses sentiments civiques autant que pour ses talents; que la Société louait en Lombard non seulement l'homme de grand mérite, mais le patriote recommandable; que Manscourt était le seul officier d'artillerie qui fût membre du club et que ses opinions prononcées lui attiraient dans son corps de violentes inimitiés; mais, écrivait Manscourt, « les officiers ci-devant de fortune dont j'ai toujours été le camarade et l'ami, les sous-officiers et les canonniers accourent en foule à la Société, et leurs devoirs militaires n'en sont que mieux remplis ».

Ces fêtes où les cœurs s'unissaient pour un instant et débordaient d'allégresse, exaltaient Napoléon. Il nageait dans l'enthousiasme, et avec une sorte de fièvre, comme d'un trait, et de son écriture fougueuse, emportée, presque illisible, il mandait à Naudin ses espoirs et ses ardeurs : « Le sang méridional coule dans mes veines avec la rapidité du Rhône; pardonnez donc si vous prenez de la peine à lire mon griffonnage. » Le soir du 27 juillet — il avait l'habitude, lorsqu'il était un peu échauffé, de s'entretenir avec ses amis en attendant le sommeil, — il disait à Naudin qu'il voulait employer les derniers moments de la journée à causer de la France et de la victoire certaine du nouveau régime : « S'endormir la cervelle pleine de la grande chose publique et le cœur ému des personnes que l'on estime et que l'on a un regret sincère d'avoir quittées, c'est une volupté que les grands cœurs seuls connaissent! » Il parle à Naudin de la guerre prochaine. Mais il ne croit pas que l'Europe attaque la France. N'y a-t-il pas deux sortes de souverains, ceux qui commandent à des hommes, et ceux qui commandent à des bœufs et à des chevaux? Or, ceux qui commandent à des hommes, le roi d'Angleterre, le stathouder de Hollande et autres, comprenaient parfaitement la Révolution; ils en étaient épouvantés et ils feraient volontiers des sacrifices pécuniaires pour l'anéantir; mais ils n'oseraient lever le masque, de peur que le feu ne prît chez eux. Quant aux souverains qui commandaient à des bœufs et à des chevaux, ils méprisaient la Constitution et ne pouvaient en saisir l'ensemble; ils s'imaginaient que ce « chaos d'idées incohérentes entraînerait la ruine de l'empire français » et que les patriotes, après s'être entr'égorgés, « ploieraient la tête plus bas que jamais sous le despote mitré, sous le fakir cloîtré et surtout sous le brigand à parchemins »; ils ne feraient donc aucun mouvement; ils attendraient simplement l'explosion de la guerre civile que leur *plat ministre* Kaunitz regardait comme infaillible.

Singulière lettre qui devait arracher à l'un de nos plus spirituels soldats, au général Thiébault, un cri d'étonnement! « On n'imaginerait guère, dit Thiébault dans ses Mémoires, que l'auteur de cette lettre dominerait par son génie toutes les célébrités du monde et par sa puissance tous les rois du continent; qu'il rétablirait en France les ordres, les titres, une noblesse et le pouvoir absolu; qu'il musellerait et garrotterait la liberté; qu'il ferait pendre quelques-uns des patriotes compris dans son toast du 14 juillet; qu'il se ferait sacrer par le despote mitré et qu'autant qu'il le pourrait, il ornerait un jour sa cour de brigands à parchemins. »

Au milieu de cette effervescence, Napoléon restait avide de culture, appliqué, comme auparavant, à de sérieuses études, continuant à faire, selon son expression, la conquête de l'histoire, mais ne voulant, ne retenant que ce qui lui donnait une idée de plus, dédaignant l'inutile, s'enquérant du pourquoi et du comment. Il lisait le *Voyage* de Coxe où il trouvait d'intéressants détails sur l'organisation politique de la Suisse et la constitution des cantons, et il pouvait dire en 1802 aux députés de l'Helvétie qu'il avait étudié la géographie et les habitudes de leur pays. Il lisait Machiavel, traduit par Barrett, et s'instruisait des vicissitudes du gouvernement de Florence. Il lisait les *Mémoires secrets* de Duclos et apprenait à connaître l'histoire intime du règne de Louis XIV. Il dépouillait la plume à la main le premier tome de l'*Essai sur les mœurs*. Il s'efforçait de savoir à fond la langue française et d'en posséder tout le vocabulaire, et il couchait par écrit les termes, les locutions, les allusions qu'il ignorait. S'il feuilletait une œuvre de Meissner aujourd'hui oubliée, le roman d'*Alcibiade*, il notait dans ses cahiers que la danse pyrrhique est une danse militaire; que Timon est le type du misanthrope; le Prytanée, un monument public, et Laïs, une courtisane de Corinthe; que les ilotes sont des esclaves, et les caméléons, les hommes qui changent de parti. Il tire de Coxe des mots rares comme *goitre* et *crétin*, de Bernardin de Saint-Pierre *cophtes, effendi, brames, coolie, cipaye, pion* ou *coureur, bayadère, fakir, natte, rajah, typhon, paria*; de Duclos, *cortès* ou « États Généraux d'Espagne », *particularisme* au sens d'intérêt personnel, *hobereau*; de Voltaire, *lama* ou « pape du Tibet », *bonzes, mandarins*; des *Incas* de Marmontel, *autodafé, apogée* ou « maximum », et l'exclamation de Guatimozin : « Suis-je sur un lit de roses? » d'une traduction de l'Arioste[1], *palefroi, hippogriffe, talisman*, et des noms fréquemment cités en littérature

1. Gassendi a mis en vers français les débuts du chant XXXI du *Roland furieux* et le XXVIII° chapitre des *Incas*. Ne serait-ce pas lui qui attira Bonaparte vers Marmontel et l'Arioste? L'abbé Raynal a loué d'ailleurs le poète italien : « L'Arioste, dit-il, confondit tous les genres dans un ouvrage qu'on peut appeler un labyrinthe de poésie plutôt qu'un poème; cet auteur sera dans l'histoire de la littérature isolé comme les palais enchantés qu'il a bâtis dans les déserts. »

et dans la conversation, le cheval Bayard, le casque de Mambrin, la guerrière Bradamante, l'enchanteur Merlin, Astolphe et son cor, Rodomont, Durandal.

Mais, dans ses lectures, Napoléon revient le plus souvent aux questions flagrantes et aux luttes du présent. Il fait des extraits de l'*Histoire de la Sorbonne* de l'abbé Duvernet et remarque que la Sorbonne « toujours raisonnable et irraisonnable » a condamné le *Bélisaire* de Marmontel et persécuté Buffon, Raynal, Mably, Rousseau. Il résume en deux pages l'*Esprit de Gerson*, d'Eustache Le Noble : « Le pape n'est que le chef ministériel de l'Église; l'infaillibilité appartient à l'Église légitimement assemblée et non au pape; le concile est au-dessus du pape lorsqu'il est œcuménique et légitime. » Il parcourt le livre de Dulaure, *Histoire critique de la noblesse*, et en transcrit plusieurs passages : les rapines des seigneurs qui furent « le fléau du peuple », leurs trahisons, les cruautés de Monluc, « ce monstre gascon », les conjurations qui menacèrent la vie d'Henri IV.

Tout en meublant son esprit, il rêvait, méditait, se repliait sur lui-même. Peu à peu il s'exerçait à réfléchir librement, à penser de son chef, à renoncer aux idées qui lui venaient d'autrui, à donner jour aux idées originales.

L'Académie de Lyon devait décerner en 1791 un prix de douze cents livres à l'auteur du meilleur discours sur le sujet suivant : *Quelles vérités et quels sentiments il importe le plus d'inculquer aux hommes pour leur bonheur*. Raynal avait fondé le prix. Napoléon résolut de concourir, peut-être sur les conseils de l'abbé. Nombre d'officiers qui se piquaient de littérature, consacraient alors leurs loisirs aux joutes académiques. Guibert dont Bonaparte connaissait, ne fût-ce que par l'*Espion anglais*, le *Traité de tactique* à la « préface fort hardie » et la tragédie du *Connétable de Bourbon*, Guibert composait des *Éloges* de Catinat et de l'Hôpital. Le capitaine du génie Carnot faisait un *Éloge* de Vauban que l'Académie de Dijon couronnait. Le capitaine d'artillerie Gassendi envoyait à l'Académie de Marseille une *Épître d'un vieillard à son dernier ami*, à l'Académie de Toulouse une *Ode sur la mort de Louis XV* et à l'Académie française une traduction des cent soixante-sept premiers vers du xvi⁸ chant de l'*Iliade*.

Durant son séjour à Ajaccio, en se promenant sur le rivage de la mer, Napoléon s'entretint avec Joseph du sujet proposé par l'Académie de Lyon. A son retour sur le continent, au mois de février 1791, il est évidemment hanté par cette question. Il cherche à la résoudre. Il s'interroge, s'efforce, comme il dit, de descendre dans son propre cœur et d'y lire. En quoi consiste le bonheur? Serait-ce dans l'amour? Peut-être, et le 8 février, dans sa chambre d'auberge, à Saint-Vallier, ce contempteur de l'amour reconnaît que l'homme doit aimer, doit « s'identifier une personne » et que, surtout s'il est en pays étranger, s'il sent sa faiblesse et son isolement, il a besoin d'une liaison, d'un appui. L'homme, conclut Bonaparte, aime à treize ans son ami, à vingt, son amante, à quarante, sa fortune, et à soixante, lui seul; mais lorsqu'il ne connaît pas l'égoïsme, il doit goûter les sensations et l'ivresse de l'amour; il craint alors « le vide, l'horrible solitude du cœur ».

L'officier relit en même temps le Discours de Jean-Jacques sur l'origine et les fondements de l'inégalité, ce Discours couronné par l'Académie de Dijon. Il le relit pour savoir au juste ce que pense Rousseau des vérités et des sentiments qu'il faut inculquer aux hommes afin de les rendre heureux. Il le relit, selon son habitude, la plume à la main, et cette fois, il ne jure plus en aveugle sur la parole du maître. Son esprit tâche visiblement de s'émanciper. Rousseau dit qu'il n'y avait pour l'homme d'autres biens que la nourriture, une femelle, le repos, d'autres maux que la douleur et la faim : *je ne crois pas cela*, écrit Bonaparte. Rousseau dit que dans l'état primitif mâles et femelles s'unissaient et se quittaient avec la même facilité, finissaient par ne plus se reconnaître les uns les autres : *je ne crois pas cela*, écrit Bonaparte. Rousseau dit que l'homme sauvage est sujet à peu de passions : *je ne crois rien de cela*, écrit Bonaparte, et en deux pages qu'il intitule « Mes réflexions sur l'état de nature », il déclare que l'homme eut toujours besoin de ses semblables et ne put jamais vivre errant, isolé, sans domicile ni liaison, que l'homme possède dans l'état naturel la faculté de sentir et de raisonner, que sentir est un besoin du cœur comme manger est un besoin du corps, et que, puisque sentir, c'est s'attacher et aimer, l'homme dut éprouver la pitié, l'amitié, l'amour, et, dès lors, la reconnaissance, le respect. « Si le sentiment et la raison ne sont pas inhérents à l'homme, il n'y aurait point de devoir pour la vertu, point de bonheur pour la vertu; ce ne sera pas le citoyen de Genève qui nous dira ceci. »

Dans cet essai de réfutation du Discours de Dijon se dessine déjà l'idée maîtresse du *Discours* de Lyon. Si les hommes, selon Bonaparte, furent jamais heureux dans les âges primitifs, c'est parce qu'ils eurent une nourriture copieuse, un abri contre les intempéries de la saison, et les beaux produits de la nature; c'est qu'ils « jouirent du sentiment et de la religion naturelle ».

Cette idée se marque plus fortement encore dans le brouillon qu'il griffonne à Valence au mois d'août 1791 et qui forme le canevas du futur *Discours*. Le bonheur n'est-il pas le but de l'homme sur cette terre? N'est-ce pas à ses yeux la vraie jouissance de la vie? Et la jouissance de la vie, n'est-ce pas la satisfaction de ses nécessités physiques et de ses nécessités morales? Et que sont ces nécessités morales, sinon les passions qui l'agitent sans cesse et que l'imagination produit en lui? Mais l'homme prostitue le nom de bonheur en l'appliquant à des passions qui l'égarent; il cherche la félicité dans les honneurs, les richesses, l'amour, l'étude, et ne la trouve pas : il n'est jamais de sang-froid, il ne sait pas se gouverner.

C'est à la suite de ces réflexions que Napoléon rédigea son *Discours*. Il dit, dès le début, que l'homme est né pour être heureux, et doit, pour jouir du bonheur, vivre d'une manière conforme à son organisation animale et intellectuelle, doit, par conséquent, manger, dormir et engendrer, doit sentir et raisonner. Aussi les Spartiates étaient-ils heureux : ils avaient une nourriture abondante, des vêtements et des maisons commodes, des femmes robustes; ils sentaient et raisonnaient. Il faut donc tout d'abord que l'homme ait une compagne; il faut que la loi civile assure à chacun son nécessaire physique et sa portion de propriété. Mais notre organisation intellectuelle a des appétits non moins impérieux dont l'entière satisfaction constitue le bonheur. Il faut encore, pour être heureux, sentir et raisonner. Dans la deuxième partie de son Discours, Bonaparte expose les sentiments qu'on doit inspirer à l'homme. Ces sentiments sont ceux de la nature. Que l'homme goûte avec délices les sensations que lui fait éprouver la contemplation d'une belle nuit ou d'un beau monument; qu'il tressaille à la vue de la mer en furie; qu'il s'abandonne aux émotions que lui cause la venue de l'aurore ou le coucher du soleil; qu'il s'attache à son pays; qu'il aime sa femme et ses enfants; qu'il admire ce qui est grand et juste; qu'il s'indigne contre le méchant.

Toutefois la raison devra se marier au sentiment. Elle est la règle du sentiment. Si le sentiment a fait naître la société, c'est la raison qui la conserve. La raison soutient l'homme, le modère, le guide; elle dissipe les fantômes de l'imagination; elle assure la durée des vrais plaisirs; elle réprime les passions toujours désordonnées, violentes, *incontentables*, les passions qui, dès qu'elles s'emparent de l'homme, le suivent partout, et « traversent les mers et grimpent les rochers avec lui ». Ne chercher que le sentiment, c'est ne trouver que le délire. Le riche qui couvre l'océan de ses vaisseaux, ira s'exposer aux ouragans, comme s'il était nécessiteux, et ni ses palais, ni ses campagnes, ni la cohue qui l'entoure ne pourront l'arracher à son malaise : il ne sera pas satisfait. L'avare ne fera qu'accroître son trésor et entasser écus sur écus au lieu de tenter une noble entreprise ou d'immortaliser son nom par un établissement utile [1], de mériter le titre de père des pauvres, et vainement il encaisserait dans ses coffres les mines du Potosi;

---

1. N'y a-t-il pas là une réminiscence de Raynal? « Voulez-vous, a dit l'abbé, être honoré pendant votre vie et après votre mort, consacrez une portion de votre fortune à quelque monument d'une utilité publique. »

lui aussi n'est pas heureux. De même, l'ambitieux au faîte des grandeurs. De même, celui que transporte l'amour : « un feu dévorant circule dans ses veines ; tantôt il frémit, il hurle comme le lion d'Afrique ; tantôt il chante avec la mélodie du cygne ou la tendresse de la colombe. Il se crée des monstres pour les combattre et en être tourmenté. Le monde est réduit pour lui à un seul appartement ; l'opinion, à une seule bouche ; le bonheur, à une seule fantaisie. Tout lui devient étranger, insupportable [1]. » Mieux vaut sans doute la tempête que la stagnation, l'enthousiasme que l'insensibilité, l'exaltation du sentiment que son assoupissement absolu et sa mort. Mais l'homme qui veut vivre selon le but de la création en se conformant à la nature, ne doit jamais s'abandonner au torrent de sa passion ; il doit la maîtriser dès l'origine ; elle ressemble au Danube que l'enfant de Donaueschingen détourne dans ses jeux et qui, plusieurs lieues plus bas, inonde les provinces et renverse les villes. Il faut donc que l'homme cultive la raison, et, sitôt qu'il se livre à la passion, que la raison apparaisse.

Bonaparte appuie sa démonstration par un exemple. Au commencement du *Discours*, il nous montre un jeune homme vigoureux, fier et sensible, qui ne possède presque rien, et qui voit la terre « servir d'aliment au luxe et à la superfluité ». Ce jeune homme consulte un prêtre qui lui commande de croire, d'obéir et de travailler sans raisonner jamais. Il consulte un notaire qui lui exhibe ses actes, lui prouve la légitimité des partages... et le jeune homme, indigné, lance les paperasses dans les flammes : « Quoi ! ce sont là les titres de ces messieurs ! Les miens sont plus sacrés, plus incontestables, plus universels. Ils se renouvellent avec ma transpiration, circulent avec mon sang, sont écrits sur mes nerfs, dans mon cœur. C'est la nécessité de mon existence et surtout de mon bonheur ! » Mais son vieux père le calme. N'a-t-il pas des vêtements, si grossiers qu'ils soient, une demeure rustique, une nourriture simple, une femme, des enfants, le « nécessaire

---

1. Cf., p. 35-36, sa conversation avec Desmazis.

physique » et l'habitude du travail? Qu'il sache donc brider son imagination ; qu'il se garde de la cupidité ; qu'il rejette loin de lui toutes les richesses de la contrée, même si on les lui offrait ; être maître de soi, être content de son état, voilà le vrai bonheur, le bonheur de la raison et du sentiment. Et à la fin du *Discours*, le jeune homme reparaît. Il a compris que la richesse est inutile, voire dangereuse. Il se modère ; il contracte le goût du devoir et de la simplicité ; son existence s'écoule au milieu des travaux domestiques, et lorsqu'il meurt, il conseille à ses enfants de sentir et de raisonner comme lui, d'avoir, comme lui, une vie réglée, exempte de passions violentes.

Tel est, résumé sommairement et débarrassé de ses digressions, le *Discours* de Lyon. L'officier a trouvé de remarquables accents et il est vraiment poète lorsqu'il retrace les principaux aspects de la nature et qu'il esquisse, pour parler comme lui, des modulations différentes sur ce thème inépuisable. Il mêle à ces peintures quelque chose de ses propres impressions, et cette série de descriptions est une sorte de revue des paysages de l'île natale où son cœur errait alors jour et nuit. Dans une de ses traversées, il avait été jeté par les courants à Monte-Cristo ; il prit terre et passa deux heures sur ce roc : « Vous l'avez, dit-il, bientôt parcouru ; vous trouvez, au milieu, sur une hauteur, les débris d'un vieux monastère ; derrière un pan de mur couvert par le lierre et le romarin, vous faites dresser votre tente. Le mugissement rauque des vagues qui se brisent sur les rochers, car le vaste gouffre des mers vous environne, vous représente l'idée de cet élément terrible pour le faible passager. Une légère toile et un mur de plus de quinze siècles vous abritent. »

Il a parfois le ton emphatique. Il dira que les ennemis de la nature feraient bien de se taire et d' « avaler de rage leur langue de serpent » ; que « l'écume épaisse de l'effervescence voile la nature aux yeux de l'homme tourmenté par la passion » ; que, si le cœur s'attendrit, « les perles du sentiment errent dans les yeux ». Il a le langage de l'époque et tombe dans ce pathos qui se mêlait à tout; il nomme le sentiment un « agent consolateur »; il parle des « douces émotions de l'épanchement », du « nectar de la volupté », du « baume salutaire de la rêverie », du « baume restaurateur de l'énergie », des « glaces de la vieillesse », du « poignard de la fureur[1] », des lis qui sur un visage remplacent les roses et du drap noir qui succède à la tapisserie de la gaieté. Quand le jeune homme qu'il met en scène, se plaint à son père, le « respectable », le « vénérable » vieillard répond dans le style du temps : « Mon fils, le sacré caractère de la nature est tracé dans ton sein avec toute son énergie. »

La liaison, la cohésion manquent. Comme ces sciences qu'il cite au début de son mémoire, Bonaparte s'entortille dans le labyrinthe de l'obscurité, et l'on a peine à suivre en certains passages au milieu d'un verbeux remplissage le raisonnement de l'auteur. Quelques développements ne conviennent pas à la place où Napoléon les a mis, et l'on remarque l'effort qu'il a fait pour rassembler et coudre ces morceaux ajoutés après coup[2]. Que de hors-d'œuvre comme la critique d'*Alzire* et les tirades contre la musique perfide, dépravatrice qui n'inspire que la mollesse ou n'excite que « l'appétit déréglé »! Que d'idées bizarres! Napoléon conseille d'enseigner aux enfants, pour « accélérer et fortifier la logique », plusieurs propositions d'Euclide et de substituer au catéchisme des leçons de mathématiques. Il s'imagine qu'un bon cours de géométrie et d'algèbre, joint à l'étude de l'histoire, découvre à la jeunesse toutes les vérités politiques et la rend capable de concourir puissamment à la prospérité de l'État.

1. Cf. dans la nouvelle des *Réfugiés de Gorgona* « le glaive de l'indignation » et « le stylet de la vengeance » (Masson, II, 82); dans les *Lettres sur la Corse* (*id.*, II, 164), « le poignard de la vengeance ». C'est une phrase du temps, et Robespierre, à la fête du 20 prairial, déclame contre les rois, armés des poignards du fanatisme et des poisons de l'athéisme.
2. On peut retrouver çà et là dans le *Discours* les traces de récentes lectures : c'est ainsi que Napoléon cite l'Eurotas (Masson, II, 258 et 295), les Ilotes (259 et 301), le fakir (261, 209, 302), l'ichtyophage et le rhizophage (259, 316, 318), Morgarten et Naefels (229, 233, 317), Winkelried (232 et 318), Donaueschingen (227 et 328), le palladium (264 et 331).

Aussi l'étude de Napoléon ne fut-elle pas couronnée, bien qu'il eût qualifié de « sages » les académiciens de Lyon et vanté la question qu'ils avaient proposée comme vraiment digne des méditations de l'homme libre. La commission d'examen qui comprenait cinq membres, MM. de Campigneulles, Jacquet, Mathon de La Cour, Vasselier et de Savy, avait reçu seize mémoires. Celui de Napoléon porte le numéro quinze. Vasselier le qualifia de « songe très prononcé » et le rapporteur, M. de Campigneulles, déclara qu'il ne devait pas arrêter longtemps les regards, qu'il était peut-être l'œuvre d'un homme sensible, mais qu'il était « trop mal ordonné, trop disparate, trop décousu et trop mal écrit pour fixer l'attention ». Le 29 novembre 1791, l'Académie de Lyon décidait qu'elle ne décernerait le prix que dans deux ans, et elle accordait simplement une mention honorable au manuscrit qui portait le numéro huit. L'auteur de ce mémoire était Daunou; il remania son travail et remporta le prix en 1793. Napoléon avait-il espéré, comme il dit, enlever la palme? On peut croire qu'il retoucha son discours, dans le dessein de l'imprimer et d'en appeler au public. « Mon ouvrage, écrit-il à Joseph le 7 août 1792, est fini, corrigé, copié; mais, ajoutait-il, ce n'est pas dans ces circonstances que l'on fait imprimer; aussi bien je n'ai plus la petite ambition d'être auteur. »

En réalité, Bonaparte avait déchargé son âme dans le *Discours* de Lyon. Au lieu de traiter le sujet proposé par l'Académie ou du moins de se renfermer dans les limites de sa matière, il avait laissé déborder son cœur. Et voilà ce qui fait l'intérêt et l'originalité de ce Discours. A chaque page se reconnaît le Bonaparte de ce temps-là.

Même amour de la Corse. Bonaparte évoque le souvenir de ces Corses vendus à Rome comme esclaves et demeurant impassibles, se raidissant contre les mauvais traitements, résolus à périr de faim et refusant toute nourriture, aimant mieux mourir que de rendre aucun service à leurs bourreaux. Lorsqu'il cite des traits de l'héroïsme des peuples, il rappelle, outre les Athéniens de Marathon et les Spartiates des Thermopyles, outre les Suisses de Morgarten et de Naefels, ces vingt et un Corses qui battirent huit cents Allemands et cette vaillante troupe de sept insulaires qui désarma cent Génois à elle seule. Parmi les bêtes que l'espèce humaine a domptées, il compte le mouflon qui « vole sur les rochers ».

Même enthousiasme pour Paoli. A plusieurs reprises le nom du législateur corse qu'on n'attendait guère en cette affaire, revient dans le *Discours*. Comme Boswell, Napoléon le compare à Lycurgue, loue sa sollicitude pour ses compatriotes, son incroyable activité, son éloquence persuasive et chaleureuse, son génie fertile, pénétrant, transcendant. Paoli, dit-il, a eu ces sentiments « que la nature réunit dans un même homme pour la consolation des peuples[1] »; il a su « maîtriser les choses et les conduire à une heureuse fin »; il a fait renaître pour un moment au milieu de la Méditerranée les beaux jours de Sparte et d'Athènes; il a été le précurseur de la Révolution de 1789. La constitution nouvelle de la France n'est-elle pas fondée sur les mêmes divisions administratives que la constitution donnée par Paoli à son île? N'y a-t-il pas en France, comme en Corse, au temps du généralat de Paoli, des municipalités, des districts, des procureurs-syndics, des procureurs de la commune? Ainsi que Paoli, la nation française a « renversé le clergé » et s'est « approprié le bien des évêques ». La Révolution actuelle a eu presque la même marche que le gouvernement de Paoli.

Mêmes réminiscences de Rousseau. Quand Bonaparte écrit que le récit des crimes de Sylla révolte encore les humains après deux mille ans, que la vue de l'oppresseur les indigne ou que le spectacle de l'innocence enchaînée leur brise le cœur, il imite un célèbre passage de la *Profession de foi du vicaire savoyard*. Comme Rousseau, il pense que « dans le sentiment gît la conscience », et il fait l'éloge de l'homme de la nature qui « vit heureux dans le sein du sentiment et de la raison naturelle » lorsque tant d'infortunés Européens sont le jouet de leurs propres passions et le « triste rebut des grands ».

---

1. Cf., p. 110, une expression semblable dans le mémoire du 25 juin 1790 : « cet homme créé pour la consolation commune ».

Comme Rousseau, il déclare que la loi est l'acquiescement de la raison individuelle à la raison générale sur des objets qui intéressent tous les citoyens. C'est à Rousseau qu'il prend l'idée principale de son *Discours*. Jean-Jacques ne veut-il pas dans *Émile* retenir le tempérament et exciter la raison? Ne dit-il pas à son élève que le bonheur est la fin de tout être sensible, que la route du bonheur est la route de la nature, qu'il faut imposer des lois aux appétits et aux désirs, vaincre les affections, résister au cœur et écouter la raison?

D'un bout à l'autre du *Discours*, Bonaparte recommande cette énergie qu'il possède et que ses proches, ses amis remarquaient alors dans ses conversations et son caractère. Que de fois il emploie dans son mémoire les mots *force* et *énergie*! Il ne faut pas, selon lui, que le sentiment se pervertisse et que la tendresse nous conduise à la mollesse, car « sans force, sans énergie, il n'est ni vertu ni bonheur ». Il loue les Spartiates parce qu'ils avaient cette force, cette énergie qui « est la vie de l'âme comme le principal ressort de la raison ». Il admire la mort de Caton parce qu'elle offre « le spectacle de la force ». Il glorifie les vingt mois qui se sont écoulés depuis les commencements de la Révolution, ces « mois de force et d'énergie ». Mais Rousseau n'avait-il pas dit dans l'*Émile* qu'il n'y a point de bonheur sans courage ni de vertu sans combat, que le mot « vertu » vient de force et que la force est la base de toute vertu? « O Rousseau, s'écrie Napoléon en un endroit du *Discours*, pourquoi faut-il que tu n'aies vécu que soixante ans! Dans l'intérêt de la vertu, tu aurais dû être immortel! »

Mêmes réminiscences de Raynal. Comme Raynal, Napoléon méprise la théologie, « cloaque de préjugés et d'erreurs de tout genre ». Comme Raynal, il déclare que l'« humiliation monacale » détruit toute vertu, toute énergie, tout gouvernement. Comme Raynal, il s'emporte contre les prêtres qui, dans le dessein d'affermir leur empire, assurent que cette vie n'est qu'un voyage et que l'homme, s'abandonnant à la Providence et travaillant sans raisonner jamais, doit bien se garder d'approfondir les décrets de la justice divine et de réfléchir sur l'existence de la société.

Raynal s'élève contre le célibat qu'il nomme le célibat de convenance par opposition au célibat ecclésiastique ou de profession et au célibat militaire ou d'usage, et il s'indigne que des gens de toutes classes renoncent à être pères de famille et corrompent les femmes d'autrui, jouissent des plaisirs du mariage sans en avoir les peines. A l'exemple de Raynal, Napoléon ne veut pas de célibataires. L'inquiétude, le dégoût, la maladie, « la mort désolante de la solitude » ne sont-elles pas leur partage? Ces libertins peuvent-ils concourir au maintien de l'ordre dont ils violent les lois? Ne se révoltent-ils pas contre les décrets de la nature? Ne « fondent-ils pas sur les femmes des autres la satisfaction de leur appétit? »

Raynal rappelait au clergé que Dieu a dit *croissez et multipliez*, et il ajoutait que le vœu de chasteté répugne à la nature et nuit à la population. Napoléon souhaite que le ministre de la religion vive en homme et choisisse une compagne : le jour où le prêtre prendra femme sera « le vrai triomphe de la morale »; une fois marié, l'ecclésiastique mérite confiance parce qu'il est « l'homme de la nature et l'interprète de ses décrets ».

Même républicanisme, même haine de la monarchie absolue. « Où les rois sont souverains, dit Bonaparte, il n'est point d'hommes; il n'y a que l'esclave oppresseur plus vil que l'esclave opprimé. » Les rois, suivant lui, furent toujours égoïstes; ils s'imaginent que tout est fait pour eux; « ils croient porter dans eux leur peuple, leur devoir, les lois, comme Louis XI portait avec lui son conseil ». Honneur aux hommes courageux qui délivrent leur patrie du joug d'un despote! Bonaparte préconise ces « rédempteurs » des nations; il se prosterne devant eux; il leur « offre de l'encens ». Il voudrait s'enrôler sous les drapeaux de Thrasybule pour frapper les tyrans d'un « bras désespéré [1] qui ne connaît plus

---

1. Masson, II, 308; cf. la même expression dans les *Lettres sur la Corse* (*id.*, II, 154, et plus haut, p. 58) et dans la nouvelle de la *Gorgona* (*id.*, II, 78); Bonaparte l'a prise dans *Alzire*, V, 4.

de dangers ». Il voudrait être à côté de Brutus qui vengea le monde ravagé et la République renversée, suivre Brutus au Capitole, l'accompagner partout, lui faire plastron de son corps et crier avec lui dans les champs de Philippes à l'heure de la mort et dans l'accablement de l'âme : « Vertu, ne serais-tu qu'une chimère! » A la vue de Caton qui s'entr'ouvre les entrailles pour ne pas survivre à la perte de la liberté, il se sent « enorgueilli de son espèce » et se jette aux pieds de la statue de ce dernier des Romains. L'héroïsme des stoïciens qui bravèrent les tyrans et moururent pour la République le remplit d'une admiration profonde : « Ce spectacle m'enlève, m'inspire le respect, l'étonnement; mais je ne me sens pas le courage d'y arriver. Le dirais-je même? Cette perfection est un travail continu, n'est pas l'état naturel, n'est... mais je m'arrête, la plume me tombe des mains, la vénération m'impose silence. Caton était stoïcien, Brutus était stoïcien, Thraséas était stoïcien. Ombres des plus grands des humains, à qui tout ami de la vertu ne peut penser qu'avec un religieux enthousiasme, votre vie fut la perfection du sage et du patriote! »

Les événements de la Révolution le transportent presque autant que la « force indomptable », que le « calme inaltérable » que déployait le stoïcisme antique. Il rend honneur et justice aux quelques hommes hardis qui ne craignirent « ni le tonnerre des despotes ni les cachots de la Bastille » et qui, de même qu'Ubalde ramenait Renaud à la vertu en lui présentant le divin bouclier[1], éclairèrent la nation en lui présentant leurs ouvrages. Il célèbre la liberté que les Français ont « conquise après vingt mois de lutte et de chocs les plus violents » et qui fera leur gloire à jamais : « après des siècles, les

---

1. Napoléon se souvenait-il de ses conversations sur le Tasse avec Gassendi, qui traduisit, comme on sait, le poème italien? Ubalde, dit Gassendi, tourne vers Renaud

        ce bouclier fameux
Où des diamants purs étincelaient les feux.
Là, comme en un cristal, rencontrant son image,
Il voit d'un luxe vain le superbe étalage...
Le héros se regarde avec étonnement.

Français, abrutis par les rois et leurs ministres, les nobles et leurs préjugés, les prêtres et leurs impostures, se sont tout à coup réveillés et ont tracé les droits de l'homme! »

Ces droits de l'homme doivent servir de règle au législateur. Liberté absolue et entière de penser, liberté de parler et d'écrire pourvu que l'ordre social ne soit pas blessé, voilà le fondement du bonheur [1]. Quoi! l'homme serait esclave! Il souffrirait d'appartenir à un autre, d'être la propriété d'un autre! Il souffrirait d'être acheté, vendu par un autre! Quoi! les rois, les seigneurs le trafiquent au gré de leurs passions! Il se laisse ravaler au niveau du bœuf et du cheval! Il supporte un maître qui l'estime moins que les animaux de son écurie! Ne sait-il pas que le droit de résister à l'oppression est le plus beau de ses droits? « Homme, tu as été esclave et tu as pu te résoudre à vivre! Réveille-toi : il est temps ou jamais. Le coq a chanté; le signal est donné; de tes chaînes forge le fer vengeur. Il te restituera à toi-même, au bonheur, à la patrie... Le peux-tu faire sans crime?... Plaisante perplexité! Il n'est ni devoir ni loi où il n'est point de liberté. Où il n'est point de liberté, les hommes peuvent s'égorger respectivement, peuvent égorger leurs tyrans, leurs prétendus magistrats. Où l'association n'a pas le bonheur de tous pour principe, elle est nulle, et tout homme devient magistrat. Où la loi n'est pas la raison générale, la raison individuelle rentre dans son indépendance pour jouir de tous ses droits. Ne crains pas les clabauderies de la superstition, sois sûr que l'homme libre est le seul digne du Créateur. Tous les tyrans seront aux enfers sans doute; mais leurs esclaves y seront aussi; car, après le crime d'opprimer une nation, celui de le souffrir est le plus énorme [2]. »

---

1. « Les lois, les lois pour sauver cette nation de sa perte, et la liberté des écrits pour sauver les lois! » (Raynal.)
2. « Le même courage, disait Raynal, que la religion inspire pour soustraire la conscience à la tyrannie exercée sur les opinions, l'homme de bien, le citoyen, l'ami du peuple doit l'avoir pour garantir les nations de la tyrannie des puissances conjurées contre la liberté du genre humain. Malheur à l'État où il ne se trouverait pas un seul défenseur du droit public! » Et encore : « On

Mais pas de liberté sans égalité. Bonaparte déclare que tous les mortels naissent inégaux en moyens, mais égaux en droits : si l'homme n'est pas aux yeux de la loi l'égal d'un autre, il faut brûler le code et chasser les magistrats. Aussi fait-il l'éloge du jury : « Que la loi sacrée des jurys soit adoptée; si la félicité et la liberté même venaient sur la terre, elles n'en dicteraient point d'autre. »

Toutefois, il ne suffit pas que la loi criminelle assure aux hommes l'indépendance de leur vie et le maintien de leur liberté, que la loi politique leur assure l'intégrité de leurs droits et de leur dignité. La loi civile doit assurer à chacun une portion quelconque de propriété. Pas de partage inégal des biens, pas de loi barbare comme celle de primogéniture, pas de riches ni de misérables, pas de gens qui aient trop ou qui n'aient pas assez. Qu'au premier bout de la chaîne sociale soient les riches, et qu'au dernier soit, non pas le misérable, mais le petit marchand ou l'artisan. Que tous les hommes, même les moindres, aient quelque chose. Non que Bonaparte désire l'égalité absolue qui lui semble impossible. Mais, si les hommes peuvent être heureux dans une hutte comme dans un palais, sous des peaux comme sous des broderies de Lyon, à la table frugale de Cincinnatus comme à celle de Vitellius, encore faut-il qu'ils aient cette hutte, ces peaux et cette table frugale. Paoli faisait partager tous les trois ans les *piagge* ou terres de la plaine entre les habitants. Pourquoi chaque homme, comme chaque Corse sous le généralat de Paoli, n'aurait-il pas une portion de propriété qui pût, grâce à son travail, suffire à son entretien ?

Ce qu'il y a peut-être de plus curieux dans le *Discours* de Lyon, c'est le contraste des sentiments du lieutenant Bonaparte avec ceux du général Bonaparte. Les passions qu'il combat alors, sont celles mêmes qui le gouverneront plus tard et qui déjà, par instants, le gouvernent à son insu. Cet homme d'imagination

pourrait douter si les esclaves ne sont pas aussi coupables que leurs tyrans, et si la liberté a plus à se plaindre de ceux qui ont l'insolence de l'envahir que de l'imbécillité de ceux qui ne la savent pas défendre. » Cf. plus haut, p. 19.

déclame contre l'imagination. Cet homme actif, remuant, inquiet, qui ne connaît pas le repos, qui semble faire allusion à lui-même lorsqu'il parle des âmes « ardentes comme le foyer de l'Etna », prêche la simplicité du cœur et le calme de l'esprit. Cet homme qui sera bientôt dévoré par une soif inextinguible de gloire et hanté par de vastes désirs, par des rêves gigantesques, ne cesse dans ce *Discours* de réprouver, de condamner l'ambition. On croirait, à l'entendre, qu'il est de ceux qui, comme Fabricius, Cincinnatus et Catinat, maîtrisent l'ambition au lieu d'en être maîtrisés, et qu'il veut s'élever dans l'unique dessein de contribuer à la félicité publique. « Est-il, lit-on en un endroit, rien de plus consolant que de pouvoir dire : je viens d'assurer le bonheur de cent familles; je me suis agité, mais l'État en ira mieux; mes concitoyens vivent tranquilles par mon inquiétude, sont heureux par mes perplexités, gais par mes chagrins? » A la façon de Fénelon dans le *Télémaque*, Bonaparte représente l'ambition « au teint pâle, aux yeux égarés, à la démarche précipitée, aux mouvements irréguliers, au rire sardonique [1] ». Il flétrit l'ambition d'Alexandre, de Cromwell, de Richelieu, de Louis XIV; une pareille ambition est une passion désordonnée, une folie qui altère la cervelle, un délire violent qui ne cesse qu'avec la vie, un incendie qui ne finit qu'après avoir tout consumé; elle a pour but, non de faire le bien, mais de contenter un insatiable orgueil; elle renverse les États et les fortunes particulières; elle se nourrit de sang : « les crimes ne lui sont plus que des jeux; la cabale ne lui est plus qu'un moyen; le mensonge, la calomnie, la médisance, un argument, une figure d'élocution. » Que fait Alexandre qui court de Thèbes en Perse, et de là dans l'Inde? Il s'agite, il s'égare, il se croit Dieu. A quoi aboutit Cromwell? A mener l'Angleterre. Mais n'est-il pas « tourmenté par tous les poignards des furies? » Richelieu, né dans la médiocrité, arrive au pouvoir après des peines infinies;

---

1. Il aime dans sa jeunesse ces sortes de personnifications; il dira, dans une lettre à Joséphine, du 17 octobre 1796 : « Tout avilit hors la haine. Mais l'indifférence au pouls de marbre, à l'œil fixe, à la démarche monotone! »

il est roi sous le nom de ministre; mais il veut être cardinal, et, dès qu'il obtient le chapeau, il jalouse Corneille et se fait placer par ses flatteurs au premier rang des poètes !

Quelles assertions extraordinaires ! A plusieurs années de là, Napoléon exalte cet Alexandre qu'il traitait de fou furieux, et l'idée qu'avait le conquérant de se proclamer le descendant d'un dieu, lui semble inspirée par l'instinct de la vraie politique. Quel eût été son étonnement à Sainte-Hélène s'il avait relu ce discours de 1791 ! Quel retour il eût fait sur lui-même à la lecture de ce passage sur le sort de l'homme de génie : « L'infortuné ! Je le plains. Il sera l'admiration et l'envie de ses semblables, et le plus misérable de tous. L'équilibre est rompu : il vivra malheureux. Ah ! le feu du génie ! Mais ne nous alarmons pas. Il est si rare ! Que d'années qui s'écoulent sans que la nature en produise ! Les hommes de génie sont des météores destinés à brûler pour éclairer leur siècle ! »

CHAPITRE X

Ajaccio.

Formation des bataillons de volontaires. — Le 4ᵉ régiment d'artillerie et les bataillons de la Drôme. — Napoléon au château de Pommier. — Permission de trois mois accordée par le baron Du Teil. — Départ de Valence (29 août 1791). — Arrivée à Ajaccio (en septembre). — Mort de l'archidiacre Lucien (15 octobre). — Puissance de Paoli. — Répression de l'insurrection de Bastia. — Assemblée électorale de Corte (13-30 septembre). — Joseph membre de l'administration générale et du Directoire du département. — Napoléon à Corte (février 1792). — Relations avec Volney. — Le maréchal de camp Rossi. — Napoléon adjudant-major du 2ᵉ bataillon corse. — Lettres à Sucy (17 et 27 février 1792). — Loi qui empêche Napoléon d'être adjudant-major. — Il brigue la place de lieutenant-colonel. — Les candidats. — Entente avec Quenza contre Mathieu Pozzo di Borgo. — Manœuvres de Napoléon. — Jean Peraldi. — Les trois commissaires du Département. — Enlèvement de Morati. — Élection de Napoléon (1ᵉʳ avril). — Rupture avec les Pozzo di Borgo et les Peraldi. — Le deuxième bataillon corse. — Pianelli, Leonardi, Agostini. — Jean Susini. — Sanseverino Peraldi. — Orsone. — Les Ortoli. — Jean Peretti. — Pierre Peretti. — Les deux Bonelli. — Les Costa de Bastelica, Nunzio, Pascal, le docteur François-Marie. Jean Burrasca. — Certificat de Rossi (31 mars). — Lettre de Napoléon à Rossi et réponse de Rossi (11 avril). — Vues du Directoire et de Paoli sur les forteresses. — La constitution civile du clergé à Ajaccio. — Fesch. — Départ des capucins. — Mission de Tortaroli et de Grandin à Corte. — Irritation de Napoléon. — Réception du bataillon par Maillard et Despuisarts (2 avril). — Inquiétudes des Ajacciens. — La soirée du 8 avril, jour de Pâques. — Meurtre de Rocca Serra. — Visite de Napoléon à Maillard. — Journée du 9 avril. — Fusillade des volontaires. — Réquisitions des municipaux à Maillard. — Sommation de Maillard à Quenza. — Billet de Quenza et de Bonaparte à l'abbé Coti. — Contre-réquisition de Coti. — Quenza et Bonaparte chez Maillard. — Journée du 10 avril. — Convention ou espèce d'armistice. — Journée du 11 avril. — Visées de Napoléon sur la citadelle. — Lettre de Masseria à la garnison. — Un détachement du 42ᵉ requis contre les volontaires. — Somis et d'Anglemont. — Les commissaires du Directoire. — Sentiments de

Napoléon. — Lettre menaçante à la municipalité (12 avril). — Défense à ses députés de sortir d'Ajaccio (13 avril). — Cervoni et Volney. — Arrivée d'Arrighi et de Cesari. — Leurs mesures. — Arrêtés du Directoire du département. — Mémoire de Napoléon. — Le futur général Bonaparte. — Opinion de Paoli. — Manifestes de la municipalité et du Directoire du district. — Lettres de Charles-André Pozzo et de Peraldi. — Napoléon, la cause de tout, le Jourdan de la Corse, l'auteur d'une Saint-Barthélemy. — Son départ pour le continent (mai 1792).

Le jeune auteur du *Discours de Lyon* avait eu depuis sa sortie de l'École militaire deux congés, dont l'un avait duré vingt et un mois et l'autre dix-sept. Mais, tout en terminant son travail académique, il songeait à prendre un troisième et aussi long congé.

La Constituante allait se séparer, et Napoléon voulait retourner dans son île pour faire entrer Joseph, son aîné, à la prochaine législature. « Mon frère, écrivait-il à James au mois de février 1791, espère venir député à l'Assemblée nationale, renouveler votre connaissance. »

Mais il pensait encore à lui-même. La formation des bataillons de volontaires ouvrait à son esprit inquiet des perspectives inattendues. Il ne se contentait pas de rédiger un mémoire — qu'il faisait copier par un ancien canonnier de la compagnie La Cattonne, Augustin Mitton, qui l'année précédente avait eu son congé de grâce — et de proposer au ministre un moyen commode d'armer les bataillons de volontaires corses : leur donner les fusils que l'administration de la guerre ôterait sans doute à l'artillerie. Il comptait obtenir un grade supérieur dans un de ces bataillons.

Plusieurs de ses camarades du 4° régiment d'artillerie, les capitaines Vaubois, Gouvion, Borthon, n'annonçaient-ils pas l'intention de briguer les suffrages de leurs concitoyens ? Vaubois et Gouvion ne furent-ils pas élus lieutenants-colonels du 3° bataillon de volontaires de la Drôme, et Borthon, lieutenant-colonel du 2° bataillon ? Des hommes qui sortaient du rang et qui servaient, comme Bonaparte, au 4° régiment d'artillerie, le lieutenant Rivereau, le sergent-major Jean-Baptiste Dubois, le sergent-major Davin — ce Davin qui devint général et que

Napoléon chargeait en 1796 de commander le château de Milan — ne furent-ils pas nommés au mois de novembre 1791, Rivereau, adjudant-major du 1ᵉʳ bataillon, Dubois, adjudant-major du 2ᵉ bataillon, et Davin, adjudant sous-officier du 3ᵉ bataillon de la Drôme? Un soldat du 4ᵉ régiment d'artillerie qui venait d'acheter son congé pour épouser la fille du greffier du tribunal criminel de Valence et occuper un emploi de commis dans les bureaux de la municipalité, Victor Perrin, le futur maréchal et duc de Bellune, n'allait-il pas s'engager au 3ᵉ bataillon de la Drôme et y recevoir l'année suivante, sur la recommandation de Gouvion, le brevet d'adjudant sous-officier? Deux Valentinois, destinés au généralat, Argod et Fugière, ne devaient-ils pas entrer au même bataillon de volontaires, celui-ci comme capitaine, celui-là comme adjudant-major, Argod, fils d'un tailleur, naguère maréchal des logis du 20ᵉ cavalerie, alors maître d'écriture, et que Napoléon retrouva sous les murs de Toulon, Fugière, ancien sergent-major au régiment de Barrois, et pendant la campagne d'Italie, chef de cette 18ᵉ demi-brigade à qui Bonaparte disait ces mots inscrits après Roveredo sur les drapeaux de l'héroïque régiment : « Brave 18ᵉ, je vous connais, l'ennemi ne tiendra pas devant vous? »

Bonaparte demanda donc un semestre. Mais la guerre semblait imminente; le ministre avait suspendu les semestres pour l'année 1791 et prévenu les commandants d'artillerie d'être très réservés sur le nombre des congés particuliers qu'ils proposeraient d'accorder. Un lieutenant en second de la promotion de Napoléon, Dommartin, ne put avoir ni au mois d'août le congé qu'il sollicitait, ni au mois de septembre, lorsqu'il passa par Langres avec sa troupe, la permission d'aller dans sa famille, près de là, à quelques heures de chemin, ni au mois de novembre, lorsque son père fut à toute extrémité, l'autorisation de quitter le régiment.

Le colonel Campagnol déclara que Bonaparte ne pouvait s'éloigner. Notre lieutenant eut l'idée de s'adresser au maréchal de camp baron Du Teil, l'ancien commandant de l'école d'Auxonne, promu tout récemment inspecteur général d'artillerie du sixième département qui comprenait la place et direction de Grenoble, l'école de Valence et la manufacture d'armes de Saint-Étienne. Le baron Du Teil était alors à son château de Pommier dans l'Isère. Il avait conservé le meilleur souvenir du jeune Corse qu'il regardait comme un excellent sujet et donnait en exemple aux officiers du corps. Un soir d'août, à dix heures, Bonaparte frappait à la porte du château. Les temps étaient peu sûrs, et la porte ne s'ouvrit que lorsque le visiteur se fut nommé. Bonaparte reçut l'accueil le plus bienveillant, coucha dans une chambre qu'on appelait la chambre verte, et demeura quelques jours près de Du Teil, l'écoutant disserter sur l'art militaire, consultant avec lui des cartes étendues sur la table, lui soumettant le plan d'une route qui conduirait de France en Italie par la plaine de la Valloire que domine la colline de Pommier. Une fillette de dix ans, Alexandrine, la plus jeune des enfants du baron Du Teil, venait parfois dans le cabinet de son père ; mais elle avait ordre de ne pas faire de bruit et de ne pas bouger. Lorsque Bonaparte partit, « c'est un homme de grands moyens, dit Du Teil, et il fera parler de lui [1] ».

Napoléon avait enlevé le consentement de Du Teil. Il pouvait se rendre en Corse et, par une insigne faveur, conserver ses appointements; mais il avait une permission, non un congé, et il devait rejoindre son régiment en novembre, au bout de trois mois. Lucien a donc eu tort, dans ses *Mémoires*, de parler, à ce propos, d'une « escapade » de son frère qui « faillit se compromettre beaucoup » en s'éloignant « de sa seule et personnelle volonté ». Napoléon s'empressa de régler ses comptes avec le quartier-maître trésorier. Il lui revenait 416 livres 13 sols 4 deniers pour quatre mois, du 1er juin au 1er octobre. De cet argent il fallait soustraire : 10 livres pour la retenue de six deniers par livre ; 10 livres 6 sols 4 deniers pour la quote-part de Bonaparte aux repas que Grenoble-artil-

---

1. Baron Joseph du Teil, *Une famille militaire au xviiie siècle*, 311-312 et 536-537 (cf. *Napoléon Bonaparte et les généraux Du Teil*, 107-108 et 264).

lerie avait offerts à un détachement de chasseurs et à trois régiments, La Fère-infanterie, Sonnenberg-Suisse et Berchiny-hussards, qui passaient par Valence ; 6 livres pour la gratification que valait aux tambours et aux cuisiniers l'arrivée d'un nouveau lieutenant ; et 14 livres 3 sols 10 deniers que réclamait la caisse du régiment de La Fère-artillerie. Le 24 juillet, Napoléon avait reçu 180 livres. Le 26 août, probablement avant le voyage de Pommier, il demandait 90 livres. Le 29 août, sans doute à son retour de Pommier et sur le point de quitter Valence, il touchait le reste de la somme, 106 livres 3 sols 2 deniers, c'est-à-dire à peu près son traitement de septembre, et il courait s'embarquer avec son frère Louis [1].

Un certificat de la municipalité d'Ajaccio prouve que Bonaparte débarqua dans sa ville natale au mois de septembre. Il eut peut-être le temps d'aller à Corte où avaient lieu les élections législatives. Mais bientôt sa famille avait besoin de lui. Le 15 octobre, mourait le chef de la maison et le second père des Bonaparte, le grand-oncle Lucien.

Au contraire de Charles Bonaparte, l'archidiacre, bien qu'homme d'église, bien que très pieux et véritable croyant, mourut sans vouloir de prêtres autour de lui. Fesch vint en étole et en surplis pour l'assister : il pria Fesch de se tenir tranquille et finit, environné des siens, leur donnant, témoigne Napoléon, les instructions du sage et la bénédiction du patriarche.

La scène fut-elle, suivant le mot du *Mémorial*, un vrai deshéritage et rappelait-elle la scène de Jacob et d'Esaü ? « Tu es l'aîné, aurait dit l'archidiacre à Joseph, mais Napoléon est le chef de la famille ; ne l'oublie jamais. » Le vieux Lucien ne tint pas ce langage. Joseph demeura le chef de la famille selon l'usage corse. Mais l'archidiacre lui recommanda de déférer dans les occasions les plus importantes aux conseils de Napoléon. « Letizia, disait-il, cesse tes pleurs ; je meurs content

---

1. Feuille de solde du lieutenant Bonaparte de juin 1791 à octobre 1792 (Jung, II, 493).

puisque je te vois entourée de tous tes enfants; ma vie ne leur est plus nécessaire; Joseph est à la tête de l'administration du pays, il peut donc diriger vos affaires. Toi, Napoléon, tu seras un grand homme, *un omone*. »

Mme Letizia, aidée de Joseph, mena la maison, et, selon l'expression d'un contemporain, Pozzo di Borgo, elle remplit ses devoirs de mère avec cette prudente économie et ce bon sens qui ne l'abandonnèrent jamais, pas même dans cette sorte d'apothéose qu'elle eut depuis. Mais Napoléon ne cessait d'intervenir, de se mêler à tout, et il fallait prendre son avis dans les petites choses comme dans les grandes. Frères et sœurs lui obéissaient docilement sans réplique ni objection. Joseph n'osait trop lui répondre et lui tenir tête. « On ne discutait pas avec lui, raconte Lucien, — le seul qui parfois regimbait, — il se fâchait des moindres observations et s'emportait à la plus légère résistance. »

L'archidiacre Lucien laissait-il, comme l'a prétendu Montholon, cinq mille livres de rentes? Quoi qu'il en soit, les Bonaparte trouvèrent sous son oreiller la bourse que l'espiègle Pauline lui avait soustraite un matin pour ne la lui rendre que le soir après avoir joui tout le jour de son désespoir. Le magot était considérable. A la fin de l'année, Napoléon achetait de moitié avec Fesch dans la ville d'Ajaccio la maison de la Trabocchina et dans la banlieue les deux terres de Saint-Antoine et de Vignale.

L'argent dont disposaient Joseph et son cadet, ne servait pas seulement à l'achat de biens nationaux. Les deux frères voulaient l'employer à la politique. « Tout Corse, dit Lacombe Saint-Michel, qui a un peu de fortune ou un peu d'esprit, veut se créer un parti. »

Ils étaient encore paolistes. Le *babbo* dominait l'île. Commandant en chef des gardes nationales et président de l'administration du département, il concentrait dans ses mains presque tous les pouvoirs, et la répression de l'insurrection de Bastia avait récemment affermi son autorité.

Il n'aimait pas les Bastiais qui s'étaient autrefois déclarés pour Gênes, puis pour la France, et il les qualifiait volontiers de populace et de canaille : ils s'enorgueillissaient, disait-il, d'avoir formé les milices, mais la moindre commune en avait fait autant et l'on comptait dans les villages bien peu de familles qui n'eussent versé leur sang pour la patrie ; Bastia ferait bien d'être plus modeste, plus soumise, et de songer que d'autres villes, plus avantageusement situées, revendiquaient le titre de capitale. Or, la municipalité de la ville, soutenue par un grand nombre d'habitants, était en lutte avec le Directoire du département qui, suivant le mot de Buttafoco, affectait plus d'agir en corps politique qu'en commission administrative. Elle reprochait au procureur général syndic Arena — qui suppléait provisoirement Saliceti — de la traiter avec un dédain insultant et de la contrarier sans cesse dans ses opérations, au Directoire de forcer tous les citoyens à faire le service de la garde nationale, à l'administration générale de solder une troupe qui lui était exclusivement attachée, au comité des recherches d'être un comité de vengeances, à Paoli d'aspirer à la tyrannie, et un de ses membres, Marengo, affichait sur le mur de la maison commune un grand placard avec cette inscription : *hæc domus inimica tyrannis*. L'occasion de châtier Bastia se présenta dans les premiers jours du mois de juin 1791.

L'Assemblée constituante n'avait gardé des cinq évêchés de la Corse que celui de Mariana et Accia. L'évêque, Mgr de Verclos, refusa de prêter le serment civique, et le 8 mai 1791, dans la cathédrale de Bastia, 104 électeurs, sur 215, élurent évêque constitutionnel du département l'abbé Guasco, vicaire général de Mgr de Verclos et ami de Paoli. Mais la ville était dévote, d'autant plus dévote qu'elle était voisine de l'Italie ; elle n'avait accueilli la constitution civile du clergé qu'avec horreur, et il y avait dans sa municipalité des ecclésiastiques « imbus, disaient les révolutionnaires, de préjugés ultramontains ». Le choix de Guasco en qui le peuple voyait un intrus et un schismatique, le départ de Mgr de Verclos qui dut le 12 mai sur l'ordre de l'administration s'embarquer dans les six heures, la polémique de Buonarotti qui, dans son *Journal patriotique*, attaquait le pape et les prêtres, achevèrent d'irriter les Bastiais. Le 1ᵉʳ juin, dernier jour des Rogations, ils firent une procession dont l'appareil extraordinaire était propre à émouvoir les cœurs : les membres des confréries marchaient pieds nus, quelques-uns se frappant avec des disciplines, d'autres portant la corde au cou, d'autres traînant des chaînes ; les femmes gémissaient et pleuraient ; les prêtres, sans aucun ornement, suivaient le crucifix avec des marques d'affliction. Le lendemain, les Bastiais se réunissaient dans l'église Saint-Jean et déclaraient solennellement qu'ils tenaient pour le plus grand des avantages d'être Français, et Français libres, qu'ils respectaient profondément les décrets de l'Assemblée sur les affaires temporelles, mais qu'ils étaient attachés au culte de leurs pères et au Saint-Siège apostolique romain, que les choses de l'Église devaient rester telles qu'elles étaient avant la convocation des États généraux, qu'il fallait conserver à son diocèse Mgʳ de Verclos légitimement nommé par le souverain pontife, conserver également les communautés ecclésiastiques des deux sexes, tant régulières que séculières, et ils arrêtaient qu'une délégation ramènerait Mgʳ de Verclos et que Buonarroti qui répandait des maximes contraires à la religion et s'efforçait d'inspirer le mépris pour les ministres des autels, serait aussitôt chassé de la cité. A la nuit, une centaine d'exaltés enfonçaient les portes de la citadelle, pénétraient dans le Directoire du département, enlevaient le procureur général syndic Arena, le secrétaire général Panattieri, le gazetier Buonarotti, et, au matin, les jetait sur un bateau qui les débarquait en Italie. Les femmes avaient fait aussi dans cette journée du 2 juin leur manifestation, *un movimento femminile* : conduites par une certaine Flore Oliva qui dès lors eut le sobriquet de *la colonnelle*, elles envahissaient le palais épiscopal, puis saccageaient la loge des francs-maçons et de tout ce qu'elles y trouvaient, papiers et ornements symboliques, faisaient un grand feu de joie au bord de la mer.

Paoli était alors à Ajaccio où il avait été reçu en souverain au son des cloches, au bruit de l'artillerie, et, durant son séjour, il sut gagner les cœurs, donnant audience à tous, aux citadins et aux paysans, les accueillant avec grâce, les nommant par leur nom, jouant le soir au reversis avec Letizia Bonaparte, et, une fois, menant la farandole à travers les rues, prenant la main à l'un ou à l'autre sans distinction. A la nouvelle des événements de Bastia, il écrivit sur-le-champ à Paris qu'il répondait de l'ordre, mais que Bastia ne devait plus être le siège du gouvernement et qu'il fallait transférer toutes les autorités à Corte jusqu'à la prochaine assemblée électorale. Le Directoire se réunit à Corte et déclara Bastia rebelle à la loi. 6000 gardes nationaux marchèrent sur la ville. C'étaient surtout des habitants de la montagne qui détestaient la population bastiaise parce qu'elle vendait ses denrées aux employés français et avait plus de part aux faveurs du gouvernement que le reste de l'île. Paoli les commandait, et il avait avec lui cinq commissaires du département, Jean-Baptiste Quenza, Ciavaldini, Casalta, Achille Murati et Boerio. Une foule de gens, entre autres les deux Galeazzini, furent envoyés sans jugement dans les prisons de Corte et ne recouvrèrent la liberté que lorsque la Constituante eut voté l'amnistie générale. Tous les Bastiais durent livrer leurs armes sous peine de mort. Les gardes nationaux logèrent chez l'habitant et pendant un mois firent, comme on dit en ce temps-là, vie de cocagne dans la cité conquise. « La punition, écrivait le commissaire du roi Franceschi, a été bien grave et exemplaire; pauvres droits de l'homme! »

Paoli était donc plus que jamais, depuis cette *cuccagna* de Bastia, le maître de l'île, et, lorsque les électeurs, au nombre de 346, s'assemblèrent à Corte, du 13 au 30 septembre, pour élire six députés à la Législative, renouveler par moitié l'administration générale, nommer deux jurés à la Haute-Cour d'Orléans, et fixer le chef-lieu du département ainsi que le siège de l'évêché, il dirigea les opérations du congrès. 340 suffrages lui donnèrent la présidence, et vainement les membres du Directoire qui souffraient de la sujétion où il prétendait les tenir, engagèrent une lutte sourde contre lui; l'avantage lui resta.

Le Directoire, sûr qu'il serait attaqué par d'enragés paolistes, avait muni de billets d'entrée quelques-uns de ses partisans qui n'étaient pas électeurs. Ils firent du bruit lorsqu'un électeur du canton de Talavo, l'abbé Coti, prit la parole contre le Directoire, et le vacarme fut si grand que la voix sonore de Coti ne put le dominer. Alors un paoliste, Marius Folacci, électeur de Bastelica, monta sur un banc, se mit une corde au cou : « Excellence, dit-il à Paoli, si les délégués du peuple ne peuvent plus parler, nous serons esclaves une seconde fois. » Paoli avait préparé la scène : son neveu Leonetti dépensa un louis pour faire imprimer aussitôt le discours de Coti avec la réflexion de Folacci.

Les six députés que l'assemblée électorale de Corte envoya à la Législative, l'emportèrent parce que Paoli les protégeait. Barthélemy Arena, procureur général syndic provisoire, croyait être élu premier député et disait présomptueusement qu'il aurait quarante voix de majorité. Mais Leonetti, son concurrent, était neveu de Paoli, et, s'il échouait, le Directoire du département chanterait victoire. Le *babbo* l'appuya. « Es-tu candidat? lui dit-il. — Je servirai la Corse, répondit Leonetti, en cette occasion comme je l'ai toujours servie. — Bravo, répliqua Paoli, il faut toujours servir la patrie, et il ne déplaira pas à l'Assemblée nationale de voir sur ses bancs un membre de ma famille. » Le mot avait été prononcé sur la place publique devant de nombreux électeurs. Leonetti fut nommé.

Le deuxième député fut Pietri de Fozzano. Le Directoire proposait Casabianca. Mais le général déclara que l'élection de Pietri lui tenait plus à cœur que celle de son neveu, et Pietri eut plus de voix que Leonetti.

Pozzo di Borgo, membre du Directoire, concourait avec Varèse pour le troisième siège. Il avait profité de la leçon et il vint avec Arena trouver Paoli. Le général, satisfait de leur humiliation, les encouragea tous deux, leur donna bon espoir.

« Mais, objecta Pozzo, vos intimes et surtout Leonetti disent que vous êtes contre nous, et cela suffit pour décider notre échec. — Mon neveu, répondit Paoli, n'a pas reçu de moi cette commission, et c'est vous que j'ai en vue. » Il alla sur la place, appela un religieux observantin, et tout haut : « Dites à mon neveu qu'il se tienne coi et que les élections sont libres. » Pozzo fut élu et il eut plus de suffrages encore que Pietri.

Boerio, président du tribunal du district de Corte et beau-père de Saliceti, obtint le quatrième siège.

Arena eut le cinquième après deux tours de scrutin. Mais il avait dû s'abaisser devant Paoli et solliciter son « oracle ». Il n'oublia pas cette mortification d'amour-propre.

Le sixième député fut Marius Peraldi.

Il y eut deux suppléants : Panattieri, le secrétaire général de l'administration du département, et un électeur de Bastia, Français de nom et d'origine, Regnier du Tillet, commissaire des ports et arsenaux en Corse.

Jean-Baptiste Tortaroli, juge au tribunal du district d'Ajaccio, et Jacques Pasqualini, juge au tribunal du district de La Porta, furent élus jurés à la Haute-Cour.

Restait le choix du chef-lieu et de la résidence de l'évêque. Malgré l'opposition des Bastiais qui demandaient le scrutin secret, l'assemblée arrêta de voter sur ce double objet à haute voix et par appel nominal. 168 électeurs assistaient à la séance : 162 décidèrent qu'Ajaccio serait le siège de l'évêché, et 163, que Corte demeurait chef-lieu.

Joseph Bonaparte avait échoué. Vainement il avait fait imprimer en français et en italien un livre élémentaire sur la constitution à l'usage des citoyens du département de la Corse. Vainement, à l'assemblée de Bastia où fut élu l'évêque Guasco, il avait, lorsqu'un bateau de poste apporta la nouvelle de la mort de Mirabeau, prononcé sur-le-champ en l'honneur du tribun un discours dont les journaux parisiens lui fournirent les principaux traits. Ses rivaux d'influence, Pozzo di Borgo et Peraldi, lui enlevaient la députation. Il ne fut même pas proposé !

Mais il se consola facilement de son échec. Il avait exercé les fonctions de secrétaire dans les deux premières séances, et il était un des *Trente-six*, un des membres de l'administration du département : les deux électeurs du district d'Ajaccio que l'assemblée avait choisis, l'un par 192 voix, l'autre par 176, étaient Joseph Bonaparte et Dominique Moltedo. Il fut même davantage. Ses nouveaux collègues l'élurent bientôt membre du Directoire, et il siégea dans cette commission exécutive durant l'année 1792 avec sept autres : Mattei, Gentili, Pompei Paoli, Jacques-Marie Pietri, Barthélemy Arrighi, Ange Chiappe et Antoine-Louis Poli de Cervione.

Il est vrai que Joseph devait désormais résider à Corte et que cet éloignement lui fit perdre l'influence qu'il avait gagnée à Ajaccio : « il donnait la main à Levie, dit un contemporain, et ces deux hommes, s'unissant, obtenaient du peuple tout ce qu'ils voulaient. » Mais, pour l'instant, les Bonaparte ne remarquaient pas ce désavantage. Napoléon se réjouissait que son aîné eût une part du pouvoir et, d'Ajaccio, lui envoyait des conseils, voire des consultations. L'administration générale avait la tâche de répartir les contributions directes. Un jour, Napoléon écrivit à Joseph qu'elle se trompait en prenant pour base d'imposition foncière l'ancien impôt du vingtième; qu'elle ne tenait pas compte de deux autres éléments de répartition, l'imposition sur les maisons et celle qui existerait sur les maisons occupées par les propriétaires mêmes; qu'elle oubliait que l'imposition foncière était perçue sur le produit net, et le vingtième sur le produit brut.

Au mois de février 1792, il venait à Corte. Il vit alors pour la première fois ce Volney qu'il admit plus tard dans son logis de la rue Chantereine et à La Malmaison comme un de ses familiers, qu'il désira pour collègue du Consulat, qu'il consultait et écoutait en 1799 et en 1800, qu'il fit sénateur et comte de l'Empire. Depuis longtemps Volney souhaitait de s'établir dans l'île. Il avait à la fin de 1789 obtenu la direction générale de l'agriculture et du commerce en Corse, et Biron, qui voulait le présenter au ministre de la guerre, assurait qu'il pourrait remplir en même temps la charge de commissaire du roi avec distinction et à la satisfaction des partis. Mais, le 26 janvier 1790, la Constituante, dont Volney était membre, défendit aux députés d'accepter aucune fonction du gouvernement, même s'ils donnaient leur démission, et il dut renoncer, non sans mauvaise grâce, à son emploi. Les hommages des Corses le consolèrent. A la dernière séance de l'assemblée d'Orezza, le 27 septembre de la même année, Marius Peraldi rappelait que Volney avait souvent plaidé la cause des insulaires, et, sur sa proposition, les électeurs décidaient de confier au législateur la place de directeur du commerce, si elle dépendait du Département, et, en tout cas, de « le prier de venir pour quelque temps dans l'île, où il pourrait être très utile ». Gentili et Pozzo di Borgo portèrent à Volney cette invitation du peuple corse. Le philosophe arriva au commencement de 1792. Il avait résolu de tenter dans le pays une entreprise industrielle ; convaincu que les colonies françaises seraient perdues, il jugeait avantageux de naturaliser sur les plages chaudes de la Corse quelques productions des tropiques et d'y introduire la culture du coton. Il acheta le domaine de la Confina del Principe, concédé en 1778 par le roi à Georges Stephanopoli et rentré naguère dans les mains de la nation ; ce domaine contenait plus de six cents hectares, et Volney le nomma ses *petites Indes* : nulle part, lui avait-on dit, il ne trouverait à si bas prix un terrain si bon et si vaste. Il se fit inscrire au nombre des citoyens d'Ajaccio, et la municipalité se félicitait de cette « acquisition toujours chère et précieuse ». Pour mieux servir ses intérêts personnels, il projetait de fonder une gazette à laquelle s'abonneraient toutes les communes.

Il fut aisé de rencontrer un officier d'artillerie intelligent, instruit, qui le renseignait sur les choses de la Corse. Mais Napoléon n'était pas moins heureux d'entrer en relations avec Volney. Sitôt qu'il avait su sa venue, il s'était hâté de faire sa connaissance, et Paoli à qui Napoléon témoignait le désir d'être présenté à Volney, disait que cet empressement auprès des hommes supérieurs confirmait la bonne opinion qu'il avait du jeune Bonaparte. « M. de Volney, mandait notre lieutenant à Sucy le 17 février 1792, est connu dans la république des lettres par son voyage en Égypte, par ses mémoires sur l'agriculture, par ses discussions politiques et commerciales sur le traité de 56, par sa méditation sur les *Ruines*, et il l'est également dans les annales patriotes par sa constance à soutenir le bon parti à l'Assemblée constituante. »

Il s'était mis à la disposition de Volney et il l'engageait fortement à se fixer en Corse, « dans le sein d'un peuple simple, d'un sol fécond et d'un printemps perpétuel ». Il fit avec lui un tour dans l'île et, selon toute vraisemblance, il fut un de ceux qui lui conseillèrent d'acquérir le domaine de la Confina.

On ne sait s'il avait lu les ouvrages qu'il cite dans sa lettre à Sucy. Mais il était, comme Volney, pénétré de l'esprit du siècle. Il partageait les idées du célèbre écrivain sur la religion et la politique. De même que Volney dans les *Ruines*, il évoque dans le *Discours* de Lyon des hommes qui vengeront les nations et puniront les despotes. De même que Volney, il s'indigne qu' « un petit nombre de brigands dévorent la multitude » et que « la multitude se laisse dévorer ». De même que Volney, il croit à un siècle nouveau, « siècle de surprise et d'effroi pour les tyrans, d'affranchissement pour un grand peuple, d'espérance pour toute la terre », et il veut, comme lui, « ôter tout effet civil aux opinions théologiques et religieuses ». N'avait-il pas, n'aura-t-il pas dans sa manière de représenter les choses quelques affinités avec Volney ? Il aimait, ainsi que lui, à saisir l'ensemble des faits et à démêler leurs rapports et leurs causes, à connaître dans l'état d'un pays les « circonstances d'administration », à analyser « le jeu compliqué de toute la machine politique », et plus tard, lorsqu'à son tour il décrit la région du Nil, il a, avec plus de trait, la précision, l'exactitude rigoureuse, la brièveté un peu sèche et maigre de Volney. Mais l'Orient l'attirait déjà, et il avait studieusement feuilleté l'*Histoire ancienne* de Rollin, l'*Histoire des Arabes* de Marigny et les *Mémoires* du baron de Tott. Avec quelle curiosité, quelle avidité il dut questionner le voyageur et l'écouter, lorsque de sa voix assez faible, mais avec netteté, comme si cela coulait de source, et sur un ton légèrement apprêté, d'une façon lente et sentencieuse, Volney lui parlait de l'Égypte, lui dépeignait la situation de cette contrée, la puissance des Mameluks, le servage d'une population qui ne pourrait sur un terrain de plaine résister à des cavaliers exercés et armés de pied en cap, mais qui parfois se lassait et montrait par des émeutes que le feu couvait et ferait explosion lorsqu'il serait agité par des mains habiles! Napoléon ne pensait guère qu'il combattrait et vaincrait ce Mourad dont Volney lui retraçait l'esprit intrigant et l'humeur guerrière. Il n'imaginait pas qu'il essaierait de réaliser les desseins de Volney, qui souhaitait une révolution en Égypte et appelait de ses vœux sur les bords du Nil une nation assez amie des arts pour fouiller le sable et ouvrir les Pyramides. Mais Volney, de son côté, Volney qui maudissait les conquérants, qui, malgré sa foi dans l'amélioration de l'espèce, croyait que le monde changerait de tyrans sans changer de tyrannie, Volney se doutait-il que ce petit lieutenant, son respectueux auditeur, imposerait à la France et à l'Europe son absolue volonté?

Au milieu de ses conversations avec Volney et de ses pérégrinations à travers l'île, Bonaparte ne perdait pas de vue son emploi dans les bataillons de volontaires. Le grade qu'il ambitionnait, était celui d'adjudant-major. D'après la loi du 12 août 1791, tous les grades de ces bataillons étaient donnés par l'élection; seuls, l'adjudant-major et l'adjudant sous-officier, pris, le premier parmi les officiers, le second parmi les sous-officiers alors en activité dans les troupes de ligne, étaient nommés par le général qui commandait la division militaire où les bataillons commençaient leur service.

Le général qui commandait l'île était Biron, riche seigneur, assurait Paoli, qui n'avait rien à craindre de la cabale des bureaux et qui se proposait de laisser en Corse beaucoup d'argent et d'y faire des expériences pour améliorer les productions du sol. Mais Biron ne se pressait pas : il ne voulait venir que lorsque la tranquillité serait entièrement rétablie sur la frontière des Alpes et, comme disait Colonna Cesari, il chantait la même chanson, *la sua cantilena*, promettait de partir et ne partait jamais. Le commandant en chef était donc le second de Biron, un Corse, le maréchal de camp Antoine Rossi.

Ce Rossi, Ajaccien, aimait sa ville natale et protestait que le bataillon des volontaires d'Ajaccio avait plus de droits sur son cœur que les autres bataillons corses. Il était cousin éloigné des Bonaparte et, en 1795, lorsqu'il vivait dans la retraite à Avallon, il recevait une lettre affectueuse de Napoléon qui l'appelait *cher parent*. « Rien, lui écrivait Napoléon, n'égale le désir que j'ai de pouvoir vous être bon à quelque chose, que le souvenir des bontés que vous avez toujours eues pour moi. » Et un an plus tard, de Villefranche, le 16 mars 1796, lorsqu'il se rendait à l'armée d'Italie, Bonaparte mandait à Rossi, qui l'invitait à passer quelques jours à Avallon, qu'il avait dû pour des raisons de service prendre son chemin par Troyes, mais qu'il serait plus heureux dans une autre circonstance, qu'il espérait lui être utile : « Je vous prie, ajoutait-il, de compter toujours sur l'estime et l'amitié que vous avez droit d'attendre de moi. »

Or, Rossi avait peine à trouver des adjudants-majors : les officiers des régiments qui tenaient garnison en Corse étaient presque tous en congé de semestre, et aucun d'eux ne savait assez l'italien pour instruire les insulaires aux manœuvres. Aussi avait-il sollicité l'autorisation de choisir des adjudants-majors soit dans les deux bataillons de chasseurs corses stationnés à Grenoble et à Tournon, soit dans le régiment provincial, et c'est ainsi qu'il faisait adjudant sous-officier au 4ᵉ bataillon de volontaires un natif de Bocognano, sergent aux chasseurs corses, dit d'abord Arbace, puis Guerriero, et qui se nommait en réalité Paolo Marcaggi.

Il accueillit donc avec empressement la requête de Napoléon, et dès le 1ᵉʳ novembre 1791 il demandait au ministre de la guerre s'il pouvait donner une place d'adjudant-major au lieutenant d'artillerie Bonaparte.

Rossi croyait que la réponse serait favorable, et Napoléon qui tablait là-dessus, ne pensait plus à regagner la France. Une loi dite loi du 11 décembre portait, il est vrai, qu'une revue générale de toutes les troupes serait passée dans les garnisons du 25 décembre 1791 au 10 janvier 1792 par les commissaires des guerres en présence des municipalités et que tout officier qui serait absent et ne justifierait pas d'un congé serait destitué. Mais Napoléon, adjudant-major d'un bataillon de volontaires corses, pouvait-il rejoindre le 4ᵉ régiment d'artillerie? Le service des adjudants-majors dans les bataillons nationaux ne leur comptait-il pas comme s'ils étaient présents à leur corps?

Cependant la réponse du ministre n'arrivait pas. Bonaparte s'alarma. Allait-il rester entre deux selles? S'il n'entrait pas dans un bataillon de volontaires, pourrait-il reprendre sa place au 4ᵉ régiment d'artillerie? Absent à la revue du 1ᵉʳ janvier, sans avoir de congé, n'était-il pas destitué de sa lieutenance? Pour sortir de ses perplexités, il écrivit de Corte le 17 février 1792 à Sucy. D'impérieuses circonstances, disait-il — en faisant allusion à la mort du grand-oncle Lucien, — l'avaient retenu dans son île; mais il n'avait rien à se reprocher; des devoirs plus sacrés, plus chers que les devoirs de son emploi le justifiaient, et maintenant qu'il était libre, il désirait revenir. Comment était-il porté dans la revue du 1ᵉʳ janvier? Avait-on disposé de sa place? Et, s'il était rayé des contrôles, par quelle démarche obtiendrait-il sa réintégration? Bonaparte priait Sucy de lui donner un conseil, assurait que s'il avait la certitude de conserver son grade, il quitterait la Corse sur-le-champ : « Il ne dépend que de vous de faire hâter mon voyage; à la réception de votre lettre, je partirai. »

Il fut bientôt tiré d'inquiétude. Le ministre de la guerre était ce Narbonne qui devait être aide de camp de Napoléon et qui conquit dès le premier jour la faveur du maître en lui présentant, selon l'usage de l'ancienne cour, une lettre sur son chapeau. Le 14 janvier 1792 Narbonne répondait à Rossi que la loi du 4 août 1791 n'avait exclu de l'emploi d'adjudant-major les officiers et sous-officiers d'aucune arme; que la nomination de Bonaparte serait très légale; qu'à la vérité un décret du 28 décembre laissait aux volontaires le choix de leur adjudant-major; mais que le décret n'était encore ni sanctionné ni promulgué; que Rossi pouvait donc, pour le bien du service, nommer les adjudants-majors des bataillons corses qui seraient formés avant cette promulgation.

Le 22 février, Rossi prévint le colonel Campagnol qu'il avait avec l'autorisation du ministre placé le lieutenant d'artillerie Bonaparte dans le bataillon des gardes nationaux volontaires d'Ajaccio en qualité d'adjudant-major.

Cinq jours plus tard, Napoléon mandait la nouvelle à Sucy. Il se proposait, disait-il, de donner sa démission de lieutenant d'artillerie, parce qu' « il ne savait pas transiger avec son devoir »; mais Rossi avait trouvé un *mezzo termine* qui conciliait tout en lui offrant une place d'adjudant-major dans un bataillon de volontaires : « Dans ces circonstances difficiles le poste d'honneur d'un bon Corse est de se trouver dans son pays; c'est dans cette idée que les miens ont exigé que je m'établisse parmi eux [1]. »

Avant tout, il est donc Corse, et bon Corse. En parlant à Sucy, il emploie le mot *votre nation* : « dans ce moment-ci, si votre nation perd courage, elle a vécu pour toujours », et c'est ainsi qu'il écrivait naguère dans le récit qu'il envoyait à l'abbé Raynal *ma nation*. Mais il aime la France et ne cesse pas de la regarder comme la « mère patrie » [2]. Il ne la croit pas menacée : pourquoi les adversaires de la Révolution hâteraient-ils le moment des hostilités, puisqu'ils savent que le royaume se ruine par l'état de défensive autant que par la guerre? Et il ne s'exprime pas sur ce point avec indifférence; il demande des

---

1. Cf. le fac-similé de Coston (II, 178); le mot que Coston juge indéchiffrable (I, 204) et que Masson lit « me misse » (II, 340) est évidemment « m'établisse » (voir le mot « s'établir » dans la lettre du 17 février où il faut lire, ce semble, « porté » au lieu de « passé » (Coston, I, 199) ou de « placé » (Masson, II, 339).
2. Ce mot de « mère patrie » se trouve dans la lettre du 27 juillet 1791 à Naudin (Coston, II, 143).

nouvelles ; s'il dit *votre nation*, il dit aussi *nous* et *nos ennemis* ; il espère, si la paix dure et « si les affaires vont bien », revoir la France, rentrer au régiment — puisqu'il ne quitte pas l'artillerie, grâce au « moyen terme » de Rossi — et renouer connaissance avec Sucy.

Sur ces entrefaites Rossi avait reçu le décret du 28 décembre 1791 sanctionné, promulgué et devenu la loi du 3 février 1792. Selon cette loi, les officiers de toutes les armes, employés dans les bataillons de volontaires, devaient rejoindre leur corps le 1er avril au plus tard. Rossi notifia à Bonaparte qu'il ne pouvait plus lui confier les fonctions d'adjudant-major. Mais la loi exceptait les lieutenants-colonels en premier et en second des bataillons nationaux. Napoléon résolut d'être lieutenant-colonel du 2e bataillon des volontaires corses, le bataillon dit d'Ajaccio et de Tallano.

Ces bataillons corses, au nombre de quatre, ne s'étaient organisés que lentement, avec peine et non sans scandale. Leur formation fut accompagnée des illégalités les plus criantes, et Monestier, le commissaire civil qu'envoya la Constituante, attestait après une sérieuse enquête que les suffrages avaient été contraints, que les membres de l'administration du département, chargés de présider à la levée, avaient abusé de leur mission pour se faire élire eux-mêmes lieutenants-colonels, exclu arbitrairement tout ce qui n'était pas de leur parenté ou de leur parti, préféré des gens mal bâtis ou vicieux dont ils restaient les maîtres, à de beaux hommes et à de bons sujets. Paoli avouait que ces bataillons, composés du rebut des villages, étaient très mauvais : « Ils n'ont pas, disait-il, d'officiers qui les fassent obéir, car, pour être officier, il fallait intriguer et corrompre ; ils ne servent pas et ils volent l'argent qu'ils touchent ; mieux vaudrait un bataillon de gendarmes que ces quatre bataillons de volontaires recrutés avec tant d'irrégularité et d'indécence. » Mais qu'importait à Napoléon ? Commander un de ces bataillons, c'était demeurer en Corse, c'était accroître dans l'île le renom et l'influence des Bonaparte, c'était avoir la force en main, *la forza in mano*.

Il avait des concurrents. Cinq personnages se mettaient sur les rangs : Pietrino Cuneo, Louis d'Ornano, Hugues Peretti de Levie, Mathieu Pozzo di Borgo et Jean-Baptiste Quenza.

Cuneo avait du crédit à Ajaccio.

Louis d'Ornano disposait des suffrages de Sainte-Marie.

Hugues Peretti de Levie était populaire ; il avait été capitaine au régiment de Buttafoco et il rappelait avec orgueil que sa famille servait la France et la maison de Bourbon depuis le règne de Henri II ; il possédait une assez belle fortune ; Paoli, qui devait l'entraîner dans sa rébellion, l'honorait de sa bienveillance et l'employait alors comme secrétaire.

Mathieu Pozzo di Borgo parlait avec feu et faisait valoir en sa faveur le rôle que son frère Charles-André avait joué jusqu'alors dans la révolution de Corse.

Jean-Baptiste Quenza était fils d'Horace Quenza, président du Magistrat de la province de la Rocca et l'un des compagnons d'armes de Paoli. Électeur du canton de Porto-Vecchio, administrateur du département, Quenza avait reçu le commandement des gardes nationales demeurées à Bastia après la répression de l'insurrection pour surveiller la ville, et le *babbo* qui lui témoignait en toute circonstance confiance et amitié, le chargeait d'inspirer aux Bastiais son patriotisme et sa prudente façon de penser.

Cuneo et Louis d'Ornano étaient peu redoutables. Hugues Peretti se désista sur les instances de son beau-frère Quenza et lorsqu'il sut qu'il était — depuis le 10 janvier — capitaine de la gendarmerie nationale du département. Restaient Quenza et Pozzo.

Quenza devait réussir, et Paoli, apprenant sa candidature, annonçait à l'avance que chacun voterait pour lui. N'était-il pas dans l'affaire juge et partie à la fois ? Le 9 novembre 1791, le Directoire avait nommé les membres de l'administration générale qui procéderaient à la formation des bataillons de volontaires dans les neuf districts, et il avait fait, comme il disait, la distribution suivante : Achille Murati et Carlotti pour les districts de La Porta et de Campoloro ; Abbatucci et

Giafferi pour Bastia et le Nebbio; Santo Dominici et Casalta pour l'Isle-Rousse et Corte; Quenza, Charles-François Morati et Grimaldi pour Vico, Tallano et Ajaccio, avec cette clause expresse que Quenza ne pourrait organiser la garde nationale soldée de son propre district, qui était celui de Tallano. Or, Quenza, sûr des gens de Tallano, ses compatriotes, recueillerait certainement les suffrages des volontaires nationaux du district d'Ajaccio : il n'avait qu'à présider la séance où se ferait l'élection.

Napoléon résolut de s'entendre avec Quenza contre Pozzo : il consentait à être lieutenant-colonel en second et à servir sous les ordres de Quenza qui serait lieutenant-colonel en premier. Mais qui voterait pour l'un, voterait pour l'autre; les bonapartistes — le mot existait déjà — donneraient leurs voix à Quenza; les amis de Quenza nommeraient Bonaparte. L'accord fut conclu.

Durant le mois de mars Napoléon mit tous les moyens en œuvre pour atteindre son but. Taciturne et pensif dans son intérieur, méditant ses pas et ses démarches, s'enfermant le jour où arrivait le courrier de France, lisant les gazettes et prenant des notes, il était au dehors communicatif et familier. Jamais on ne le vit plus expansif. Il s'entretenait avec ceux qu'il rencontrait, s'attachait à leur plaire, leur donnait des nouvelles du continent; il passait dans Ajaccio pour l'homme qui connaissait le mieux les événements de la Révolution. Certains le trouvaient extrêmement jeune, et, suivant un contemporain, il avait à vingt-trois ans l'air d'en avoir quinze. Mais il imposait par son grade et son uniforme d'officier d'artillerie, par l'assurance de ses manières, par la fierté de son attitude, par la chaleur et l'audace de son langage. On l'engageait à se défier de ses ennemis; il répondait en mettant la main à la garde de son épée : « Je n'ai pas peur si l'on m'attaque de front. » Il voulait toujours aller de l'avant : « Autant vaut ne rien faire, disait-il, que de faire les choses à demi. »

Pozzo di Borgo était appuyé par le clan de Peraldi, et il avait pour principal protecteur et patron Jean Peraldi, ancien lieutenant aux chasseurs royaux corses, nommé tout récemment capitaine au 83ᵉ régiment d'infanterie, mais qui préférait à cet emploi une place de capitaine dans la gendarmerie et qui l'obtint bientôt grâce à la recommandation de son frère Marius, le député. Jean Peraldi s'efforçait de discréditer Napoléon : il raillait son ambition et sa *petulanza*; il se moquait de sa petite taille et de sa petite fortune. Napoléon changeait de visage lorsqu'on lui répétait ces propos outrageants, et il fut plus d'une fois sur le point de courir au logis de l'insulteur. Il se maîtrisa. Mais un jour, poussé à bout, il jura d'obtenir sur-le-champ une réparation éclatante; il appela Peraldi en duel, lui fit dire de se trouver dans une heure à la chapelle des Grecs. Il maniait assez bien l'épée, et à Brienne, aux exercices publics de 1783, il était désigné parmi les élèves qui devaient tirer au mur et faire assaut. Peraldi acceptait la provocation : il dut céder aux instances de ses parents et partisans qui le suppliaient de ne pas s'exposer; jusqu'au soir, Napoléon l'attendit vainement sur le terrain.

L'instant de l'élection approchait. Les quatre compagnies que le district d'Ajaccio devait fournir étaient déjà levées et organisées depuis deux ou trois mois. Sur l'ordre de Rossi et la réquisition du Directoire, elles vinrent dans les premiers jours de mars à Ajaccio comme en garnison. Le commandant de la place, Maillard, les reçut au service de la nation, et le commissaire des guerres Despuisarts leur fit donner la subsistance. Elles s'établirent dans l'ancien Séminaire. Mais les quatre compagnies du district de Tallano qui comprenait Sartène, Bonifacio et Porto-Vecchio, ne se formaient que difficilement et avec lenteur; à l'instigation de Quenza et de Bonaparte et pour favoriser leur élection, un des commissaires du département, Grimaldi sans doute, décida que ces compagnies iraient s'organiser à Ajaccio. Elles arrivèrent dans la dernière quinzaine de mars. On ne savait où les mettre ni comment les nourrir. Napoléon se chargea de ce soin. Au grand désespoir de Mᵐᵉ Letizia, il dépensait sans compter les écus de l'archidiacre Lucien et tenait table ouverte. La maison de la rue

Saint-Charles ne désemplissait pas ; elle était le rendez-vous des volontaires dévoués aux Bonaparte ; ils couchaient sur des matelas dans les chambres et les escaliers.

Les trois commissaires du Département, Quenza, Morati et Grimaldi, avaient fixé la nomination des lieutenants-colonels au 1er avril. Tous trois arrivèrent la veille. Le choix de leur gîte devait influer sur le scrutin : ils indiquaient par là leurs préférences. Morati descendit chez les Peraldi ; Quenza logea chez les Ramolino ; Grimaldi s'installa chez les Bonaparte qu'il connaissait d'ancienne date. Il s'agissait donc d'héberger Morati et de l'enlever aux Peraldi ; l'avoir chez soi, c'était l'avoir à soi. On raconte que, durant toute la journée, Napoléon, soucieux, perplexe, resta dans sa chambre, tantôt se promenant de long en large, tantôt se jetant sur une chaise. Il hésitait. Enfin, au soir, un des siens, François Bonelli, vient lui demander ses instructions. Napoléon lui enjoint de se saisir de Morati et de l'emmener dans la maison de la rue Saint-Charles. Aussitôt Bonelli, accompagné de quelques hommes, court chez Peraldi. Il entre dans la salle à manger ; il fait écarter la signora Peraldi qui s'indigne de cette violation de domicile ; il couche en joue Jean Peraldi ; il entraîne Morati chez les Bonaparte. « J'ai voulu, dit Napoléon à Morati, que vous fussiez libre ; vous ne l'étiez pas chez Peraldi ; ici vous êtes chez vous. » Morati, tout surpris d'être escamoté de la sorte, devient bon gré mal gré l'hôte des Bonaparte ; il passe la nuit sous le toit des Bonaparte, et le lendemain de ce rapt burlesque qui rappelle la comédie italienne, lorsqu'il se rend à l'assemblée électorale, c'est sous l'escorte et la protection des Bonaparte.

Le vote eut lieu à l'église Saint-François. Tous les volontaires étaient là. Ils n'avaient pas encore d'uniforme ; leur équipement et habillement était à faire entièrement, et ils ne se distinguaient du reste des Corses que par leur petit bonnet ou barrette. Les commissaires avaient ordonné que personne ne parût armé ; mais la plupart cachaient sous leurs vêtements pistolets et stylets. Dès l'ouverture de la séance, Mathieu Pozzo protesta contre la violence de la veille, et, bien qu'il fût hué et conspué par les adhérents de Bonaparte, il ne quittait pas la place et d'une voix calme et forte tâchait de couvrir le bruit. Mais les volontaires ne se bornèrent pas à lui crier *abasso*; ils le tirèrent par les jambes et le jetèrent à bas de la tribune; il aurait péri sans Napoléon et le capitaine Quilico Casanova de Sartène qui lui firent un rempart de leur corps. Quenza fut élu lieutenant-colonel en premier et Bonaparte, lieutenant-colonel en second.

Nasica, le seul biographe qui rapporte cet épisode de la jeunesse de Napoléon, est peut-être aussi le seul qui l'admire. Ses réflexions valent la peine d'être reproduites. Il voit dans l'élection de Bonaparte ainsi menée et emportée d'assaut non une scène de mœurs corses, mais « l'avant-coureur des grands coups d'État », le « prélude d'un autre drame politique », la « faible image » du 18 brumaire.

Quoi qu'il en soit, le résultat était atteint. La maison de la rue Saint-Charles retentissait de cris d'allégresse. Tous les amis et partisans des Bonaparte venaient féliciter le nouveau chef des volontaires, et Lucien se hâtait d'envoyer un messager à Joseph : « Napoléon, écrivait-il, est lieutenant-colonel avec Quenza; dans ce moment, la maison est pleine de gens, et la musique du régiment. »

Mais Paoli disait très justement que cette élection remplie d'irrégularités mécontenterait un grand nombre de personnes. Les Bonaparte rompaient pour toujours avec les Pozzo di Borgo et les Peraldi. Ils avaient jusqu'alors entretenu de bons rapports avec Charles-André, le futur ambassadeur de toutes les Russies : c'était Charles-André, l'habile avocat, qui, après la mort de Charles Bonaparte, aidait Joseph à régler mainte affaire d'intérêt, et Napoléon, dans ses congés, aimait à converser avec Pozzo du passé et de l'avenir de la Corse, de Montesquieu et de Rousseau, de la supériorité des institutions républicaines sur le système monarchique, tous deux s'étudiant, se comprenant, attirés l'un vers l'autre par certaines affinités, tous deux intelligents, passionnés pour la politique, avides d'influence et de pouvoir, mais Pozzo cupide, et parce qu'il était l'aîné — il naquit en 1764 — et avait fait son droit, plus retors, plus discret que Napoléon, et néanmoins l'admirant, s'étonnant que le jeune lieutenant eût tant de connaissances, tant de pénétration et saisît toutes les grandes idées avec tant de vivacité.

Marius Peraldi avait, de même que Pozzo, fait bonne mine aux Bonaparte. Cependant, il se défiait d'eux; il les considérait comme des gens dénués de scrupules et décidés à tout, capables de sacrifier leurs amis les plus chers à leur intérêt particulier. Plus d'une fois il prévint Pozzo, le pria d'être sur ses gardes, lui reprocha de se laisser envelopper dans les rêts que lui tendaient les Bonaparte, lui prédit qu'ils le lâcheraient un jour sans vergogne, qu'ils deviendraient ses plus vigoureux ennemis. Plus d'une fois il se plaignit à ses intimes de l'ambition de ces Bonaparte qui se faisaient un parti « en agitant le peuple par l'apparence de grands projets », qui ne cessaient d'écrire et de recevoir des lettres pour se donner l'air de correspondre avec les plus notables personnages de l'île, qui collaboraient à la gazette de Buonarroti pour diffamer leurs adversaires et acquérir un renom de patriotisme : « Auprès des hommes de bon sens, s'écriait-il, ils n'auront qu'une réputation d'excellence dans le vice! » Mais il avait besoin d'eux comme ils avaient besoin de lui, et, lorsqu'il fut élu député, il poussa Joseph à l'administration générale du département.

Pourtant, les Bonaparte en voulurent à Pozzo et à Peraldi d'avoir conquis un siège à l'assemblée nationale. Ils mirent à profit l'absence des deux législateurs, et de Paris, Peraldi qui savait leurs menées, mandait, dans un accès de colère, à un ami : « Tant que j'ai été à Ajaccio, les Bonaparte n'osaient lever la tête; je me suis toujours opposé à l'explosion de leur ambition; j'ai toujours éventé leurs mines; je les ai sauvés plusieurs fois du sentiment populaire; je les ai vus plusieurs fois s'agenouiller à mes pieds lorsqu'ils étaient candidats; le plus grand triomphe de l'homme vertueux, c'est d'oublier les injures d'un homme qui s'humilie, et voilà ce que j'ai fait à la dernière élection, mais j'en aurai constamment un remords amer! »

L'irritation de Peraldi s'accrut lorsqu'il apprit que Napoléon avait obtenu la place de lieutenant-colonel. « Étais-je bon prophète? » disait-il à Charles-André Pozzo, et il déblatérait contre le cadet des Bonaparte, réprouvait, flétrissait énergiquement les manœuvres dont Mathieu Pozzo avait été la victime, et accusait Napoléon d'avoir répandu la calomnie, d'avoir revendiqué pour lui seul le titre de patriote, d'avoir exclu de l'élection des officiers du bataillon, sous prétexte d'incivisme et de fanatisme, de braves et honnêtes citoyens, d'avoir foulé aux pieds tous les droits de l'amitié et de la reconnaissance : *E per divenir il commandante, si sagrifica, si minaccia Pozzo di Borgo, si calpestra la riconoscenza e si oltraggia l'amicizia!*

Le deuxième bataillon des volontaires corses dont Quenza et Bonaparte étaient lieutenants-colonels, avait pour adjudant-major Pierre Peretti et pour quartier-maître Antoine Robaglia que les Français appelaient Robaille. Les compagnies, à l'exception de celle des grenadiers, prirent le nom de leur capitaine. Les capitaines de ces compagnies étaient, pour le district d'Ajaccio, Bonelli et Orsone de Bocognano, Ottavi d'Appietto et Gabrielli de Ciamannacce; pour le district de Tallano, Ortoli de Tallano, Ortoli de Sartène, Jean-Baptiste Pietri de Porto-Vecchio et Jean Peretti d'Olmeto. La compagnie de grenadiers, composée des plus beaux hommes du bataillon, avait à sa tête Jacques Peretti de Levie.

Quelques-uns de ces volontaires, soldats et officiers, devaient prendre part à l'expédition de la Madeleine avec Bonaparte, puis à la guerre de Corse, entrer dans les armées françaises, et, parce qu'ils étaient peu instruits ou ignorants de notre langue, passer au service italien.

François-Giocante Pianelli obtint une lieutenance au régiment Royal Corse.

Jérôme Leonardi, attaché en 1798 à une demi-brigade

italienne, fut capitaine adjudant de place à Palmanova et à Pavie.

Jules Agostini était capitaine dans une demi-brigade d'infanterie légère lorsqu'à l'affaire de Pérouse, près de Fénestrelle, le 3 juin 1799, il reçut une blessure à l'épaule au moment où il saisissait un drapeau ennemi. Il fut mis à l'ordre du jour de l'armée et attaché à l'état-major général. Mais il savait à peine signer son nom, et une compagnie de grenadiers eût mieux fait son affaire. Réformé, il se rendit à Paris en 1801 et grâce aux témoignages de Brune qui le déclarait probe, exact et dévoué au gouvernement, grâce à Joseph Bonaparte qui le recommanda vivement, grâce au premier consul qui se rappela le volontaire de 1792, il fut rétabli dans son grade et mis à la disposition de Murat. Avant de partir, il alla voir Mme Letizia et il écrivait superbement qu'il était chargé « d'une mission pour Mme Murat de la part de Mme sa mère ».

Jean Susini, lieutenant de la compagnie Ottavi, fit les campagnes d'Italie et devint capitaine dans une demi-brigade, puis adjudant de place à Pizzighettone et au fort d'Osoppo. Après le licenciement de l'armée d'Italie en 1814, il gagna l'île d'Elbe où Napoléon l'admit à son service comme officier à la suite avec un traitement mensuel de cinquante francs et le nomma gouverneur du fort Saint-Albero. Il accompagna l'empereur à Paris, reçut le 12 mars la décoration de la Légion d'honneur et le 14 mai, avec le grade de chef de bataillon, le commandement de l'île de Port-Cros. Les Bourbons le punirent en ne lui reconnaissant que le grade de capitaine.

Sanseverino Peraldi, ancien sergent-major au régiment provincial et lieutenant de la compagnie Gabrielli au 2e bataillon de volontaires corses, devint, de même que Susini, capitaine dans une demi-brigade et mérita par sa bravoure au siège de Gênes le grade de chef de bataillon. Mais il désirait un commandement d'armes en Italie; l'Italie, disait-il, était comme son pays natal. Il eut en 1803 cinq audiences consécutives du consul. « Votre volonté, lui écrivait-il, est pour moi un oracle. » Napoléon lui répondit : « j'ai donné des ordres pour vous », et la pétition de Peraldi, apostillée une première fois par Bonaparte et une seconde par Duroc, fut envoyée au ministre de la guerre. Peraldi eut un commandement de place dans diverses villes d'Italie et plus tard en Espagne, à Hernani et à Mondragon.

Le capitaine Jean Tavera, dit Orsone, était fils d'un des héros de l'indépendance corse, Orsone de Bocognano. Il se déclara contre la France en 1793 et se signala par son activité, par sa valeur; le représentant Lacombe Saint-Michel le regardait comme un des meilleurs lieutenants de Paoli. Après une résistance acharnée et lorsqu'il eut été délaissé par les gens de Patrimonio, Orsone fut fait prisonnier au couvent de Farinole, condamné à mort par une commission militaire et fusillé. « J'aime mieux, disait-il, être fusillé en Corse que guillotiné en France. »

Ortoli de Tallano qui suivit, comme Tavera, la fortune de Paoli, reparaît aux Cent-Jours : avant de quitter l'île d'Elbe, Napoléon le nomma avec Ordioni, Poli et plusieurs autres, membre du Comité d'exécution.

Ortoli de Sartène, beau-frère du conventionnel Chiappe, n'est plus cité dans l'histoire de l'île. Son fils Raphaël fut protégé par Napoléon. « Sire, écrivait-il à l'empereur le 4 décembre 1810, je suis fils unique d'un homme qui a l'honneur de vous être connu et d'avoir servi sous vos ordres en Corse. Le capitaine Ortoli de Sartène est mon père; vous l'avez honoré de vos bontés dans vos premiers pas vers l'immortalité. Je venais de finir mes études à Paris lorsque Votre Majesté daigna me faire admettre comme élève du gouvernement à l'école militaire de Fontainebleau. » Les bienfaits de l'empereur le suivirent au sortir de l'école. Sous-lieutenant au bataillon des tirailleurs corses en 1806, Raphaël Ortoli fut, après le passage du pont d'Ebersberg, nommé capitaine des voltigeurs. Trois blessures reçues l'une à Eylau et les deux autres devant Vienne, l'obligèrent à quitter l'infanterie et à passer dans la cavalerie légère. Aux Cent-Jours, il devint chef d'escadron d'état-major. Renvoyé dans ses foyers à l'âge de vingt-sept ans, il reprit du service sous la monarchie de juillet et lorsqu'il eut sa retraite en 1848, il était colonel du 14º de ligne.

Le capitaine Jean Peretti d'Olmeto se vantait plus tard d'avoir fait l'expédition de Sardaigne sous les ordres de Sa Majesté l'Empereur des Français, alors lieutenant-colonel, et d'avoir reçu dans l'attaque de l'île Saint-Étienne une blessure à la jambe droite. Mais il ne se vantait pas d'avoir ensuite défendu la cause de Paoli. Il avait été sous le gouvernement du général Morand à la tête d'une colonne mobile dans le Liamone et il était chef du 4º bataillon de la légion corse lorsqu'en 1806 il passa au service de Naples pour devenir la même année colonel et commandant du fort de l'Œuf. Il se retira en 1811 et mourut sept ans après dans son village natal. Napoléon l'avait, aux Cent-Jours, nommé membre de la junte de gouvernement.

Un autre Peretti, Pierre, était adjudant-major du 2º bataillon corse, et Napoléon lui exposait ainsi les devoirs de sa fonction : « L'adjudant-major est un homme tout entier à son service; ses devoirs exigent de l'activité et de l'ordre; c'est sur lui que roule tout le commandement du bataillon. » Pierre Peretti se distingua par son courage dans l'expédition de la Madeleine et au retour de cette entreprise, à Bonifacio, il fut celui des officiers du bataillon qui se prononça de la façon la plus franche et la plus énergique en faveur de la Convention; ses camarades du régiment de Limousin reconnaissent son sincère attachement à la mère patrie et attestent qu'il manifestait à tout instant ses principes républicains, malgré les mauvais traitements et les persécutions que les patriotes essuyaient des paolistes. Il s'enfuit de Bonifacio, tint quelque temps la campagne avec Abbatucci, participa comme simple volontaire à la défense de Calvi et jusqu'à sa mort qui survint en 1808, commanda différentes places d'Italie, Crème, Monza, Reggio, Pizzighettone, Sacile. Le premier consul l'avait en 1801 nommé chef de bataillon et mis à la disposition de Murat : « Je vous dois, écrivait Peretti à Bonaparte, une existence honorable, il ne me reste rien à désirer et vous avez fait un heureux de plus. »

Les deux frères François et Ange-Toussaint Bonelli, de Bocognano, l'un capitaine, l'autre sergent-major dans la même compagnie du 2º bataillon des volontaires corses, étaient fils du célèbre bandit Zampaglino, et tous deux devaient prendre parti pour la France, s'insurger, comme ils disaient, avec les Bonaparte.

Ange-Toussaint Bonelli, nommé par Lacombe Saint-Michel capitaine de la compagnie franche que commandait son aîné, attaché dans le même grade à la suite d'une demi-brigade à l'armée d'Italie, devint, grâce à Lucien Bonaparte qui le protégeait, chef de bataillon adjoint à l'état-major et chef d'un bataillon d'infanterie légère corse. En 1806 il entrait comme chef d'escadron de gendarmerie au service de Naples. Il rétablit la tranquillité dans la Basilicate et obtint de Murat le grade de colonel et le titre de baron. La Restauration le réadmit au service de France et lui fit une retraite de lieutenant-colonel.

L'aîné des Bonelli, François, est plus connu que son cadet. Au siège de Bastia et dans les opérations qui le précédèrent, François Bonelli, à la tête de sa compagnie franche qu'on appelait le corps volant et qui comprenait deux cents hommes d'élite tirés de la garnison, donna des preuves répétées d'intelligence autant que d'intrépidité, et Lacombe Saint-Michel assurait qu'il se conduisait en héros, qu'il se montrait de la plus grande utilité, qu'il était la terreur des Corses. Aussi fut-il nommé par le représentant chef du deuxième bataillon de la 16º demi-brigade légère : il remplaçait dans ce grade Joseph Arena, promu devant Toulon chef de brigade à l'état-major. Après la capitulation de Bastia, il se rendit à l'armée d'Italie. Chargé en 1796 par Bonaparte de passer en Corse, ainsi que trente-six officiers ou volontaires, avec des fusils, des pistolets, de la poudre et du plomb, pour secourir les patriotes soulevés contre l'Angleterre, Bonelli arrivait le 23 juin à Bocognano. « Faites bientôt parler de vous », lui écrivait Napoléon. Il fit bientôt parler de lui. Aidé de tout son clan, de ses parents, de ses amis, d'hommes qu'il prit à la solde de la République, il établit son camp aux Moulins, à six kilomètres d'Ajaccio, et le 15 octobre, dès que les Anglais furent partis, il entra dans la ville au milieu des vivats, occupa la citadelle et décloua les canons. Bonaparte le félicita : « Vous vous êtes acquis, lui mandait-il, des droits à la reconnaissance nationale », et il lui confia une des colonnes mobiles du Liamone. Notre Bocognanais ne parlait pas le français et ne l'entendait que fort peu ; mais on l'employa toujours dans son pays natal. Lorsqu'il fut réformé en 1798, deux frères Bonaparte, Joseph et Lucien, intervinrent en sa faveur : « Il est difficile, disaient-ils, de servir avec plus de dévouement la République que ne l'a fait le citoyen Bonelli en Corse et en Italie. » Lorsqu'il fut de nouveau réformé, il obtint du premier consul le commandement d'un bataillon corse. « Permettez, lui avait dit Bonelli, que le plus zélé de vos admirateurs, le plus sincère et le plus fidèle des braves militaires que vous avez conduits à la victoire, vienne se rappeler à l'honneur de votre souvenir. Oui, général consul, j'ai le même cœur, le même courage, la même prudence que j'ai montrés en servant sous vos ordres ; j'ai été un instant oublié, humilié ; mais vous daignerez jeter un regard sur ma position. » Il fut chef du 1er bataillon des chasseurs du Liamone, puis du 2e bataillon des chasseurs du Golo. Les généraux qui gouvernèrent l'île, faisaient tous son éloge. Vaubois déclarait qu'il avait été « extrêmement utile au recouvrement de la Corse ». Ambert qui le chargea d'une expédition à Porto-Vecchio, le disait excellent dans la guerre des montagnes. Morand voyait en lui le meilleur officier qu'on pût trouver pour commander en Corse une colonne mobile ou un corps de partisans. Ce fut Bonelli qui, au mois de juin 1808, réprima la révolte du Fiumorbo : en six jours, il sut rejeter les bandits sur Isolaccio, les refoula dans l'église et les captura tous, au nombre de cent quarante-huit. Il eut sa retraite en 1809 avec une pension de dix-huit cents francs que Napoléon lui octroyait à cause de la distinction de ses services et de la gravité de ses deux blessures, reçues l'une à Fornali, l'autre à Saint-Michel près Mondovi. Mais

Bonelli n'oubliait pas son empereur, et bien qu'il eût sous la première Restauration fait payer par son influence les contributions arriérées de son canton, il accueillit avec joie le retour de Napoléon aux Tuileries. Le 2 juin 1815, le duc de Padoue le nommait chevalier de la Légion d'honneur « en récompense de son zèle et de son dévouement dans les dernières circonstances pour l'empereur et la cause nationale ». Lorsque Murat vint en Corse, Bonelli le reçut dans sa maison de Bocognano, et il accepta du roi fugitif la croix de l'ordre des Deux-Siciles. Jusqu'à sa mort, en 1843, il se livra, ainsi que son frère Ange-Toussaint, à l'agriculture. Il créa le domaine de la Pianiccia sur les bords de la Gravone. Les terres étaient couvertes de maquis et des cailloux que roulait le torrent : Bonelli y planta des oliviers, des arbres fruitiers et des vignes ; c'étaient les premières vignes et les premiers arbres à fruits de la commune de Bocognano qui ne connaissait encore que le châtaignier. Pour améliorer la laine des moutons, il leur fit construire des étables. Les habitants du canton, un des plus montagneux et des plus sauvages de la Corse, avaient toujours dédaigné le travail : l'exemple des Bonelli et la réussite des divers genres de culture qu'ils avaient introduits, tirèrent la population de son indifférence apathique.

Un lieutenant de la compagnie Bonelli, Nunzio Costa de Bastelica, fut également un des plus fidèles compagnons de Bonaparte. Il était de ce Bastelica que les voyageurs du xviiie siècle jugeaient si ravissant, semblable à un village anglais, mais plus pittoresque à cause de sa situation élevée, de ce Bastelica où Boswell admirait la noble fierté des hommes et où Elliot s'étonnait de voir les femmes, vieilles et jeunes, filer continuellement de la laine sur une quenouille. La famille Bonaparte aimait beaucoup Nunzio Costa. Au mois d'octobre 1792, Napoléon, revenant de France, lui écrivait qu'il avait le vif désir de l'embrasser, et Lucien, dans un postscriptum de la lettre, envoyait mille compliments à son « cher lieutenant ». Costa suivit Napoléon à l'expédition de la Madeleine et dans la campagne d'Italie. Le général lui reprochait d'avoir par instants mauvaise tête et d'agir avec ses amis comme avec des étrangers; mais, ajoutait-il, Costa doit néanmoins « compter sur moi comme sur une personne qui lui est entièrement attachée ». Il le fit commissaire du Directoire exécutif près l'administration centrale du département du Liamone. Mais Costa préférait une place dans la gendarmerie. Lieutenant à Ajaccio, il logeait en 1798 dans la maison des Bonaparte. Capitaine en 1801, il reçut les éloges de Radet qui vantait son zèle, sa prudence et sa célérité. Désigné vers la fin de 1812 pour un emploi d'adjudant-major à la 86° cohorte à Florence, il déclara que l'âge et les infirmités le rendaient impropre à la marche ainsi qu'au service de l'infanterie, et il obtint sa retraite. Par deux fois il alla voir Napoléon à l'île d'Elbe. Sous les Cent-Jours il rentra dans l'armée et fut employé comme chef d'escadron de gendarmerie à Ajaccio. La seconde Restauration le rejeta dans la vie privée. Mais l'empereur se rappela le lieutenant du 2° bataillon de volontaires corses, le guide de Letizia fugitive, celui que les Bonaparte nommaient le brave Costa; il lui légua cent mille francs par un article de son testament.

Un fils de Nunzio Costa, Pascal, fut sous la monarchie de Juillet sous-préfet de Sartène. Napoléon l'avait protégé. Élève du prytanée de Saint-Cyr, Pascal Costa était sous l'Empire inspecteur des octrois de la Corse et aux Cent-Jours membre de la junte de gouvernement et sous-préfet de Calvi.

Tous ces Costa de Bastelica s'associèrent à la fortune des Bonaparte. Un frère de Nunzio, François-Marie Costa ou, comme on l'appelait ordinairement, Costa le docteur, était médecin. Il avait étudié son métier durant cinq ans et l'exerçait à Perpignan lorsque la Révolution le fit juge de paix dans son île. Réfugié à Calvi, puis sur le continent, il servit avec distinction à l'armée d'Italie et revint en Corse après les victoires de Bonaparte pour être médecin de l'hôpital militaire d'Ajaccio. Il était grand ami de Napoléon qui le tutoyait et recevait ses lettres avec un vrai plaisir. « Tu as tort de penser, écrivait Bonaparte en 1795 à ce Costa, que j'eusse mis jamais la moindre négligence à ce qui pourrait t'intéresser. » Il le nomma conservateur des eaux et forêts de la Corse.

Un autre membre de cette nombreuse tribu des Costa de Bastelica, Jean Costa, fils de Dominique Costa, dit *Burrasca* à cause de son caractère turbulent et emporté, fut un des défenseurs de Bastia et il était maréchal des logis de la 28º division de gendarmerie à l'armée d'Italie lorsqu'il fut assassiné le 1ᵉʳ juillet 1796 sur le chemin de Brescia en escortant le trésor. Mᵐᵉ Letizia se le remémorait et plusieurs fois elle cita le nom de Burrasca à son secrétaire, l'abbé Don Pietro Nunzi. Ce Burrasca avait un fils qui mourut à l'âge de vingt et un ans : Lucien affectionnait ce jeune homme et s'était chargé de son éducation.

A peine élu, Napoléon exerça le commandement et fit sentir son autorité. Quenza n'avait pas une grande expérience du métier. Il se laissa mener par son second, et ce fut Bonaparte qui rédigea dans les moindres détails le règlement pour la police et le service du bataillon qu'on ne nommait plus que le bataillon Quenza-Bonaparte. « Pauvre Quenza, disait Marius Peraldi, le voilà enveloppé dans les projets des Bonaparte, et ces nouveaux Agamemnons feront de lui l'instrument passif de leurs volontés ! »

Napoléon était d'ailleurs homme de précaution, et, s'il n'avait pas eu la majorité des suffrages, il aurait sur-le-champ rejoint son régiment et justifié son absence par une attestation de Rossi. Le 31 mars, le général lui envoyait ce certificat qui le mettait à couvert. Rossi déclarait qu'il avait eu besoin de Bonaparte qui savait la langue italienne, qu'il lui avait promis le grade d'adjudant-major dans le bataillon de volontaires d'Ajaccio, qu'il avait informé de ce choix le colonel du 4º régiment d'artillerie, qu'après la promulgation de la loi du 3 février il avait prié Napoléon de regagner sa garnison, mais que la réponse du ministre était arrivée très tard, que la loi du 3 février n'avait été connue que tout récemment dans l'île, que les bateaux avaient manqué, et que par suite le jeune Corse ne pouvait se rendre plus tôt à son corps.

Le certificat était excellent. Aussi Napoléon, quoique lieutenant-colonel de volontaires, eut-il aussitôt l'idée de recouvrer, grâce à cette pièce, son grade de lieutenant d'artillerie. Il remercia Rossi et lui demanda l'autorisation d'aller à Paris : il voulait régler ses affaires, obtenir des bureaux sa réintégration au 4ᵉ régiment, s'il avait été rayé des cadres à la revue du 1ᵉʳ janvier, et soumettre au ministre des mesures indispensables au bien-être de ses hommes qui n'avaient pas d'effets et ne savaient où loger.

Rossi lui répondit le 11 avril. Il avait, écrivait-il, délivré le certificat à cause des « contrariétés » que Bonaparte éprouvait ; mais il ne pouvait l'autoriser à partir sans en référer au ministre parce que les officiers des gardes nationales soldées, assimilés à ceux de la ligne, devaient avoir, croyait-il, un congé de la cour pour être compris dans les revues. Si Napoléon se rendait à Paris, ce ne serait pas à lui de proposer des mesures et modifications pour le coucher et l'habillement des volontaires ; c'était au Directoire du département à traiter de ces objets avec le ministre par l'intermédiaire des députés.

Mais lorsque Napoléon reçut cette lettre de Rossi, de très graves événements s'étaient passés à Ajaccio.

Le nouveau lieutenant-colonel avait résolu de prendre pied dans la citadelle d'Ajaccio.

Son frère Joseph et les collègues de Joseph, membres du Directoire, l'encourageaient dans ce dessein. Durant les sept premiers mois de l'année 1792, le Directoire s'efforce de mettre les volontaires dans les quatre présides, à Bastia, à Calvi, à Ajaccio, à Bonifacio ainsi qu'au château de Corte : non qu'il ait des projets de révolte contre la France, mais il veut exercer son droit, affirme que les volontaires sont destinés par la loi à la défense du pays et qu'ils doivent servir la patrie dans les villes, au lieu d'être répandus par la campagne où ils foulent les pauvres habitants.

À Bastia, Rossi objecte que la citadelle renferme déjà cent cinquante hommes de la garde nationale. Mais le Directoire insiste, exige une « augmentation » des milices corses, et cela, dit Rossi, sur le ton d'une volonté absolue.

A Calvi, le vieux Maudet refuse d'obtempérer aux réquisitions du Directoire, et lorsque les députés de la Corse, joignant leurs plaintes à celles du Directoire, l'accusent d'indécision et de faiblesse, il réplique gaillardement que les vieux renards valent bien les jeunes, que Calvi est la seule place de l'île où le sang n'ait pas coulé, et les municipaux, unis de cœur avec lui et soutenus par Giubega qui commande la garde nationale, vantent la prudence de Maudet et son dévouement à la loi. Mais le Directoire continue à demander que les volontaires d'Achille Murati entrent dans la forteresse.

Mêmes prétentions sur le château de Corte. Il n'y avait là qu'une poignée de Suisses. Mais par deux fois s'échappèrent des prisonniers, entre autres deux fils de Gaffori qui s'esquivèrent avec leur sentinelle et le caporal de garde gagnés à prix d'argent. Le Directoire se plaignit de cette évasion qu'il qualifiait de scandaleuse, et il requit Rossi de confier dorénavant le service à un détachement mixte d'infanterie régulière et de volontaires nationaux. Rossi, obligé de reconnaître que les Suisses avaient manqué de vigilance, obéit à la réquisition. Mais le Directoire lui reprocha de n'avoir mis dans le château que cinq volontaires à côté de cinquante soldats des troupes de ligne et lui déclara qu'il devait y avoir des uns autant que des autres. Rossi répondit qu'il prescrivait au commandant Michel de doubler, de tripler le nombre des volontaires, qu'il ne pouvait néanmoins, sans encourir le blâme du ministre de la guerre, ordonner que la garnison fût composée de deux parties égales. Les membres du Directoire s'obstinèrent, et lorsque le ministre de l'intérieur leur remontra qu'ils empiétaient sur le pouvoir militaire, ils alléguèrent que leur réquisition avait été dictée par le devoir; si le service mixte, ajoutaient-ils, offrait des inconvénients, Rossi n'avait qu'à remettre aux volontaires seuls la garde du château!

Mais la situation de Rossi devenait intenable. Le Directoire agissait en maître, sans se soucier de la loi ni des règlements, et les agents militaires, tout en protestant, n'osaient résister à ses ordres; il autorisait les communes à prendre les fournitures destinées au coucher des troupes de ligne; il dressait un tableau de répartition des volontaires et requérait Rossi de les mettre en garnison dans les places et postes maritimes, conjointement avec les vieux régiments, quand ce ne serait que pour les tirer du désordre, les exercer et les instruire, les dresser à « sentir l'ensemble » : six compagnies à Bastia et six à Ajaccio, quatre à Calvi, à Corte, à Bonifacio, deux à Saint-Florent et à Cervione, une à Luri, à l'Isle-Rousse, à Algajola, à Porto-Vecchio. Et vainement Rossi remarquait que cette répartition entraînerait des charges onéreuses, que les chefs des volontaires pourraient à grade supérieur commander les garnisons sans avoir la moindre notion du service, que la différence de langue et d'habillement causerait des querelles. Il écrivait à Paris qu'après avoir regimbé aussi longtemps que possible, il finirait de guerre lasse par céder aux injonctions du Directoire « pour éviter l'éclat d'une résistance qui compromettrait tout », et il concluait qu'autant vaudrait laisser aux administrateurs le pouvoir exécutif.

Paoli avait les mêmes vues sur les forteresses. Comme auparavant, il n'était pas satisfait des membres du Directoire : à l'entendre, ces jeunes gens manquaient d'expérience et tranchaient de toutes choses avec aplomb. Mais lui aussi pensait qu'il fallait s'assurer des présides, *esser sicuro dei presidi*, et puisque la guerre était imminente, de prendre ses précautions pour qu'à la nouvelle de quelque revers la fidélité des troupes de ligne ne fût pas en défaut, ne mettre dans les principaux postes que des gens éprouvés et sur qui l'on pût compter, se défier même de telle ou telle compagnie qui « ne serait pas nôtre au moindre changement de fortune ». Il s'irritait que Rossi ne voulût pas se prêter à cette mesure : c'était, selon lui, offenser l'amour-propre des Corses ; si l'ennemi se présentait, les mercenaires qui gardaient les places pourraient-ils les défendre sans l'assistance des milices? Les bataillons nationaux étaient à peine formés qu'il projetait de les envoyer dans les présides. Il s'indignait que la municipalité de Calvi, l'« infâme parti » de Giubega, eût refusé de recevoir les volontaires; « nous n'avons rien à craindre, disait-il, si Calvi est à nous ». Ajaccio était un de ses points de mire. Déjà, au mois de septembre 1790, La Férandière avait dû introduire dans le « maschio » qui domine la citadelle une compagnie de la garde bourgeoise, la compagnie de Jean-Pierre Levie. Mais cette compagnie, dégoûtée du service et craignant que la garnison ne lui fît un mauvais parti, avait fini par s'en aller, et le successeur de La Férandière, le colonel du 42ᵉ régiment, Maillard, était un homme ferme et vigilant qui ne connaissait que sa consigne et n'ouvrirait les portes de la forteresse à qui que ce fût. Paoli se plaignait de ce nouveau commandant et lui reprochait d'« assujettir la ville » et de « se défier des gardes nationales ».

Prendre la citadelle d'Ajaccio ou du moins y faire entrer les volontaires corses, c'était donc exaucer les vœux de Paoli, et sûrement le général ne verrait pas sans déplaisir qu'Ajaccio eût, comme Bastia, sa *cuccagna*. Malgré l'accueil qu'il avait reçu naguère et les éloges qu'il donnait à la population, Paoli n'aimait pas Ajaccio. De même que Bastia, Ajaccio était à ses yeux une ville accoutumée à vivre sous le despotisme, et ses amis n'hésitaient pas à dire que la Corse pouvait exister sans ces deux capitales, qu'il faudrait les avilir ou les détruire parce qu'elles étaient exposées à l'invasion et que leurs habitants n'avaient jamais eu pour la patrie le même attachement que les montagnards.

Au désir du Directoire et de Paoli de mettre les Corses dans une des citadelles les plus importantes de l'île se joignait la colère que leur inspirait le fanatisme religieux des Ajacciens. Le Directoire du département se composait de vrais révolutionnaires, chauds partisans des réformes de la Constituante, et le procureur général syndic, Saliceti, aussi vigoureux que rusé, aussi énergique qu'habile, avait résolu d'appliquer coûte que coûte et dans toute leur rigueur les décrets de l'Assemblée. Le 7 mai 1792, Joseph Bonaparte, Ange Chiappe, Pompei Paoli et Mattei écrivaient au ministre de l'intérieur que les moines fanatiques n'osaient pas se montrer, que le peuple corse aimait trop ardemment la liberté pour « se laisser égarer par des hypocrites », que le Département ne payait pas avec exactitude les quartiers de leurs traitements aux « réfractaires » afin de les amener à résipiscence, et que, grâce à cette mesure, il n'y avait plus dans l'île que vingt à vingt-deux ecclésiastiques, fonctionnaires publics, qui fussent *non conformistes*. « Des prêtres, ajoutait le Directoire au mois de juillet, s'agitent, se débattent, invoquent les vengeances terrestres pour défendre la cause du ciel : nous nous sommes débarrassés de leurs personnes ou les surveillons de près. »

Or, Ajaccio était, ainsi que Bastia, une cité dévote. Quelques habitants, comme les Bonaparte, comme Fesch qui d'archidiacre devenait vicaire général et le premier dignitaire de la cathédrale, comme l'abbé Louis Coti, procureur-syndic du district, comme Masseria et certains membres du club patriotique, approuvaient la constitution civile du clergé. Fesch et Coti étaient du nombre des *giurati* ou jureurs, et l'année précédente, au mois de février, lorsqu'il traversait le Dauphiné, Napoléon mandait à Fesch sur un ton d'allégresse : « tous les curés ont prêté le serment civique, l'on se moque du cri des évêques. » Mais, bien que Fesch eût démontré dans un long discours que la Constitution nouvelle rendait à la religion sa simplicité primitive, bien que le *Moniteur* eût loué la sévérité de ses mœurs, sa « conduite vraiment pastorale » et le zèle constant qu'il mettait « à déjouer les manœuvres de l'aristocratie de Paris et de la politique de Rome », la majorité des bourgeois d'Ajaccio, les artisans, les mariniers se prononçaient contre les décrets de l'Assemblée : ils regardaient les insermentés comme les véritables pasteurs et leur messe comme la seule bonne; ils tournaient le dos au prêtre constitutionnel et le traitaient hautement de schismatique et d'hérétique; « une population composée de matelots, dit plus tard Napoléon qui se souvenait sans doute d'Ajaccio, est dès lors extrêmement superstitieuse ».

L'émotion fut grande dans la ville lorsqu'à la fin de 1791 le bruit courut que le couvent des Capucins allait être supprimé. Le Directoire du district, consulté par le Conseil général du département, écrivit qu'il serait convenable de ne pas inquiéter des religieux dont l'influence s'étendait sur nombre de villages. Plusieurs centaines d'Ajacciens se rendirent sans armes à la municipalité et la prièrent d'empêcher le départ des moines. « Les dévotes dames de la ville, disait railleusement Paoli, veulent conserver ces barbes tant vénérées et tant agréables. » Mais le Directoire du département, strict exécuteur de la loi, arrêta le 25 février 1792 la suppression des couvents d'Ajaccio, de Bastia, de Bonifacio et de Corte. Les Capucins d'Ajaccio partirent un mois plus tard, le 25 mars, aux approches de la semaine sainte, après avoir donné la communion pascale à la plupart des habitants qui craignaient de recourir à des prêtres jureurs. Pourtant, puisqu'ils obéissaient aux ordres du Département et faisaient preuve de modération, ne pouvait-on obtenir leur retour ? Le 25 mars, les corps municipaux, administratifs et judiciaires se réunissaient dans l'église Saint-François et décidaient d'envoyer une députation à Corte pour solliciter du Directoire la réintégration des Capucins dans le couvent d'Ajaccio. Les chefs de cette députation furent Grandin, commissaire du roi près le tribunal du district, et Tortaroli, l'ancien podestat, président du tribunal du district et membre de la Haute-Cour d'Orléans. Ils se présentèrent au Directoire qui fut inflexible et taxa d'illégale l'assemblée du 25 mars. « Partez, leur dit Joseph Bonaparte, si le signor Saliceti qui est absent vous trouvait ici, vous iriez dans la prison du château, et, après vous, ceux qui vous ont délégués ; partez vite et ne faites plus de demandes inutiles. »

Tout poussait donc Napoléon à un acte de violence. Le disciple de Rousseau et de Raynal, imprégné de la philosophie du siècle, s'indignait que des prêtres et des moines fussent si récalcitrants, si puissants encore dans sa ville natale, et il répétait avec l'auteur d'une *Histoire de la Corse* qu'il avait récemment consultée, avec l'un des officiers les plus instruits et les plus spirituels du corps royal de l'artillerie — ce Pommereul qu'il fit plus tard préfet du Nord et inspecteur de la librairie, — que l'encensoir du clergé doit être soumis à la loi de l'État comme l'épée du militaire, le comptoir du négociant et la robe du magistrat, que les Corses avaient tort d'entretenir et d'engraisser tant de moines fainéants, que cette engeance inutile partout était en outre dangereuse dans leur île, que l'abolition des ordres monastiques changerait la face du pays. De même que Paoli, de même que Joseph et les membres du Directoire, il s'emportait contre les prêtres réfractaires : « la religion, disait-il, lorsqu'elle est maniée par des hommes qui ne comprennent pas l'éminente sainteté de leur caractère, est une arme redoutable et de tout temps funeste à la liberté des nations. » Il les accusait de « travailler de toutes les manières et en tous sens le pauvre peuple d'Ajaccio »; il les qualifiait de « malintentionnés », de « perturbateurs », de « conspirateurs », d' « ennemis de la nation »; il proposait de les réduire à l'impuissance, eux et leurs adhérents. Ne comptaient-ils pas des complices jusque dans les corps administratifs, dans la municipalité où un parti voulait remplacer Jean-Jérôme Levie par Tortaroli ou par Jean-Baptiste Bacciochi, et dans le Directoire et le tribunal du district dont plusieurs membres « se comportaient avec le plus grand scandale », et fréquentaient, non pas la paroisse constitutionnelle, mais les églises des moines?

Il ne manqua pas de dénoncer à Joseph ces « progrès rapides » du fanatisme, et le 1er mars le Directoire du département écrivait à Rossi qu'il était « urgent d'empêcher à Ajaccio les éclats de l'incivisme », que la présence des quatre compagnies de volontaires du district y était « très instante et nécessaire », qu'elles devaient s'y rendre non seulement pour commencer leur service, mais pour assurer la tranquillité publique. Quelques jours plus tard, les compagnies entraient à Ajaccio où le procureur général syndic Saliceti vint exprès les installer, les imposer à la population.

Le 2 avril, sur la place d'armes, au nom de Rossi et devant deux commissaires, Quenza et Arrighi, désignés à cet effet par le Directoire du département, le colonel Maillard, accompagné du commissaire des guerres Despuisarts, passait la revue du bataillon Quenza-Bonaparte et, comme on disait, le recevait. Suivant les instructions de Rossi, il enjoignit à Quenza d'envoyer une partie de sa troupe dans les quartiers et cantonnements de l'intérieur. Mais Quenza objecta qu'il fallait dresser la comptabilité de toutes les compagnies et organiser le conseil d'administration et il pria Maillard de différer jusqu'au mercredi 11 avril le départ de ses hommes. Maillard y consentit. Mais si les compagnies du district d'Ajaccio occupaient le Séminaire, celles du district de Tallano n'avaient pas encore de logement. L'une d'elles, la compagnie de Pietri, fut mise dans une maison de la ville. Les trois autres s'établirent hors de l'enceinte des remparts, au quartier neuf, dans une maison qui venait d'être réparée et qui était nommée la caserne neuve.

La population fut saisie d'inquiétude. On rappelait combien d'intrigues et de troubles avait suscité l'élection de Bonaparte. On s'étonnait que la revue des compagnies eût été passée à Ajaccio et non à La Mezzana où elle devait avoir lieu d'abord. On se demandait pourquoi le bataillon qui aurait dû partir sans délai, prolongeait son retour et quels motifs secrets déterminaient les lieutenants-colonels à le conserver entièrement sous leur main, malgré l'ordre qu'ils avaient reçu de le disséminer. Plusieurs familles, craignant pour leur sûreté, gagnèrent l'Italie. L'antipathie qui, selon le mot de Napoléon, existe entre les habitants des villes et ceux de l'intérieur, se manifestait hautement. Les volontaires traitaient les Ajacciens de *citadins*, et les Ajacciens qualifiaient dédaigneusement les volontaires de *paysans* ou de rustres. A diverses reprises les gardes nationaux eurent des rixes avec les matelots du port.

Ces disputes quotidiennes, l'exode des Capucins, la mission de Grandin et de Tortaroli à Corte avaient exaspéré Napoléon et ses amis. Le 8 avril, jour de Pâques, les prêtres inconstitutionnels officiaient publiquement au couvent de Saint-François et leurs partisans annonçaient qu'une procession, retardée depuis deux semaines par la prudence de la municipalité, se ferait le lendemain, qu'on avait trouvé des prétextes pour qu'elle ne fût pas escortée par des piquets de volontaires. « Ils déclarent le schisme, s'écriait Napoléon avec colère, et ce peuple est prêt à toutes les folies! »

Le jour même, dans l'après-midi, se produisait un incident qui rendait le conflit entre les citadins et les paysans inévitable.

Vers cinq heures du soir, dans la rue de la Cathédrale, des jeunes filles qui jouaient aux quilles ou *sbriglie*, se prirent de querelle. Deux matelots, d'ailleurs cousins, Étienne-Antoine Rocca, dit Fiordispina, et Jean-Dominique Tavera, se mêlèrent au débat et se disputèrent à leur tour. Le premier traita le second de « porco » et de « cuglione ». Tavera brandit son stylet. Mais des témoins de la scène, entre autres Ignace Carbone et sa femme Madeleine, lui ôtèrent son arme. Il s'échappa, puis reparut avec un pistolet; mais un ancien père du commun, membre du Directoire du district, Paul-Félix Peraldi, réussit derechef à l'apaiser. Au bruit survint de la caserne du Séminaire un peloton de douze volontaires commandé par un officier du nom de Tancredi. Il arrêta sur son chemin un homme qui portait un pistolet; l'homme résistait; Tancredi lui mit son épée sur la poitrine et l'envoya au Séminaire. Un maître maçon, Joachim Favella, passait. L'officier ordonna de le fouiller, et un soldat braqua son fusil sur Favella en disant *arrête*. Mais Favella saisit le fusil d'une main et leva de l'autre son stylet : « Je n'ai rien fait, protestait-il, et ne veux pas qu'on m'arrête. » Son frère Baptiste accourut, un pistolet au poing, et le déchargea sur les gardes nationaux. *Feu!* cria Tancredi, et les volontaires firent feu.

Les deux Favella ne furent pas atteints. Mais des artisans, des matelots viennent à leur aide. Trois « paysans » sont désarmés. Un quatrième est grièvement blessé. Tancredi et ses hommes, poursuivis par les coups de fusil qu'on leur tire des fenêtres, rentrent précipitamment au quartier.

Napoléon était alors dans la Grande Rue. Il se dirige rapidement vers le Séminaire, en ralliant à lui six ou sept officiers du bataillon. Mais lorsqu'il arrive près de la cathédrale, en face de la maison Ternano, il voit à une croisée Marianne Ternano qui, toute en pleurs, lui fait signe de se sauver. Il avance néanmoins et rencontre le maître charpentier Ignace Sari qui tient deux fusils dans ses mains. Le capitaine Jean Peretti reconnaît les mousquets de deux soldats de sa compagnie. « Rends-moi ces fusils », dit-il à Sari en lui tapant sur l'épaule, et il prend un des mousquets, et donne l'autre au lieutenant Pianelli. A cet instant, un parent de Sari, Joseph-Antoine Gabella, surnommé Bartinione, se montre sur les marches de la cathédrale. Sa femme Xavière lui remet un fusil, et Bartinione, après avoir fait quelques pas, couche en joue le groupe des officiers. Napoléon lui parle, et, comme s'il écoutait la voix de la raison, Bartinione abaisse son fusil. Mais quatre ou cinq de ses amis sortent de la cathédrale pour se joindre à lui : il vise de nouveau les officiers, il lâche la détente, et la balle frappe le lieutenant Rocca Serra qui tombe mort devant la porte de la signora Scaffa.

Bonaparte et ses compagnons avaient eu le temps de fuir. Ils s'étaient jetés dans le vestibule de la maison Ternano et de là, par une basse-cour, ils gagnèrent le Séminaire. Mais de tous côtés retentissaient les cris : *Adosso alle berrette! Adosso alle spallette!* « Sus aux barrettes! Sus aux épaulettes! » Des Ajacciens couraient les rues, le fusil et le stylet à la main. Ils tirèrent contre les fenêtres de la maison de Quenza. Ils tirèrent sur le capitaine Jacques Peretti. Ils tirèrent sur un volontaire de Porto Vecchio. Ils enlevèrent leurs armes à cinq hommes de Talavo. Ils assaillirent l'adjudant-major Pierre Peretti qui put trouver asile dans la maison Orto et le capitaine Orsone qui, pour se garantir des coups de stylet, se servit d'une femme comme d'un bouclier et se réfugia dans la maison Cattaneo.

Le Conseil général de la commune décida dans la soirée de rechercher et de punir les coupables. Le juge de paix Drago se rendit à la cathédrale où avait été porté le corps de Rocca Serra, et il dressa procès-verbal en présence de la brigade de gendarmerie. Mais ces résolutions ne furent prises et exécutées que fort tard; Drago n'alla que vers dix heures à la cathédrale, et Napoléon accusa la municipalité et le district de lenteur et d'inaction : « Ils ne se donnent aucun mouvement, disait-il, ils ne font pas même battre la générale, pas même arborer le drapeau rouge, et, la nuit arrivée, des magistrats faits pour veiller lorsque les citoyens dorment, vont dormir quand tout le monde veille! »

Lui, Napoléon, veillait avec Quenza. Les deux lieutenants-colonels, rentrés au quartier, avaient déclaré que le bataillon était en droit de tirer sur les Ajacciens, puisque la ville se mettait en insurrection contre lui. Bonaparte faisait venir de la rue Saint-Charles des provisions de poudre et de balles. Postés comme ils l'étaient, ses volontaires pouvaient, quand ils voudraient, fermer à la cité toutes les communications, et balayer de leur feu une partie d'Ajaccio, puisque la tour du Séminaire qui dépendait des fortifications, dominait à la fois la rue de la Cathédrale et la place d'armes.

« L'idée de la vengeance, écrivait naguère le vicomte de Barrin, est la première qui se présente à cette nation. » Napoléon voulait venger la mort de Rocca Serra, et, comme il dit, les avanies de toute espèce que son bataillon avait essuyées. Il voulait exercer des représailles personnelles, punir ses adversaires de leurs injures et de leur mépris, leur montrer ce qu'était ce petit Bonaparte dont ils raillaient les visées orgueilleuses, jeter l'épouvante dans cette ville qu'il n'avait encore pu dominer. Il voulait châtier les partisans des Capucins. Il voulait enfin profiter de l'échauffourée pour entrer de façon ou d'autre dans la citadelle.

Dans la nuit même du 8 avril, il se rendait avec Quenza chez le colonel Maillard. Il lui raconta l'événement, lui exposa que les volontaires étaient menacés par la population d'Ajaccio qui continuerait évidemment de les attaquer, et il pria Maillard de leur venir en aide et, pour les mieux préserver de toute insulte, de leur ouvrir les portes de la forteresse.

Maillard devina le piège. Brave officier, attaché, selon son expression, à l'inviolabilité de ses serments, il avait le dessein de se conduire en cette circonstance avec une extrême modération, de faire respecter sa troupe de part et d'autre, au risque de s'attirer de part et d'autre des reproches, de n'intervenir que sur réquisition légale pour ramener le calme et l'union : neutre entre les deux camps, le 42ᵉ régiment — qui ne comptait guère que 500 hommes — n'avait qu'à prouver « son amour pour son devoir et sa soumission à la loi ». Dès le soir du 8 avril, comprenant que le soldat serait astreint à un service très pénible et désirant le soustraire au contact des volontaires, Maillard rappelait le poste qui gardait le quartier neuf, hors de la ville et loin de la citadelle.

Il répondit donc aux lieutenants-colonels Quenza et Bonaparte que les anciennes ordonnances subsistaient encore; qu'au lieu d'être abrogées, elles avaient été maintenues en vigueur par les lois nouvelles; qu'elles lui défendaient sur son honneur et sa vie d'admettre aucune troupe dans la citadelle sans les ordres de Sa Majesté, de ses ministres ou de ses généraux; que c'étaient ses dernières intentions; que rien au monde ne l'en ferait départir. Quenza et Bonaparte n'insistèrent pas. Mais ils prièrent Maillard de leur donner au moins des munitions de guerre. Le colonel répliqua qu'il avait livré aux volontaires le 2 avril, jour de leur formation, la quantité de munitions prescrite par M. de Rossi, qu'il ne pouvait outrepasser les instructions reçues, que ce serait transgresser son devoir que de fournir des moyens offensifs contre les citoyens. Pourtant, il consentit à leur donner du pain de munition et il promit d'employer les plus vives sollicitations auprès des corps administratifs pour faire poursuivre les véritables coupables selon toute la rigueur des lois et rendre au bataillon la justice qui lui était due.

Le lendemain, lundi 9 avril, le bruit courut que deux volontaires blessés étaient, l'un à l'hôpital militaire, l'autre au Séminaire. Le juge de paix Drago, escorté de la brigade de gendarmerie, se rendit à l'hôpital et y recueillit la déposition d'un soldat de la compagnie Ortoli, François-Marie Renucci, frappé la veille de deux coups de stylet. Puis, il gagna le Séminaire. Il traversa la cour où des hommes qui fourbissaient leurs armes, le regardèrent d'un air menaçant. Quenza et Bonaparte étaient dans une pièce au fond de l'édifice. Ils dirent à Drago qu'il n'y avait pas de blessé au Séminaire, et le juge de paix allait s'éloigner; mais ils lui ordonnèrent de rester, ainsi qu'aux gendarmes, et Drago demeura prisonnier. Des volontaires voulaient le mettre à mort parce qu'il était parent de certains mariniers qu'ils tenaient pour leurs ennemis déclarés. Des officiers le firent monter dans une chambre, et, à une heure de l'après-midi, lui fournirent les moyens d'échapper.

À cet instant — il était sept heures du matin — un parti de volontaires enfonce la porte de la tour du séminaire ou tour de Saint-Georges, et bientôt, du haut de ce tourillon, fait feu sur les habitants qui sortaient de la cathédrale à l'issue de la messe. Le curé, averti, ferme la grande porte de l'église et ouvre aux fidèles une porte latérale. Mais des fenêtres du Séminaire le bataillon tire, soit sur les maisons des particuliers, soit sur les gens qui passent dans les rues et sur la place d'armes. Une veuve, Catherine Morando, et une fillette de treize ans, Constance Bocognano, furent tuées. L'abbé Santo Peraldi fut si gravement atteint qu'il mourut le jour suivant. Le commissaire du roi, Grandin, revenu la veille au soir de Corte, reçut une balle dans la cuisse. La signorina Comnene, fille d'Apostolino Comnene, fut blessée au bras.

L'alarme se répandit dans Ajaccio. Les uns coururent à

l'hôtel de ville, les autres prirent leur fusil et ripostèrent à la force par la force. Le père de l'abbé Santo Peraldi, Marius-Baptiste Peraldi, frère du député, brûlant de venger son fils, avait rallié tous ses parents et marchait sur le Séminaire. De leur côté, les volontaires continuaient à cribler de balles les fenêtres des maisons et à tirer sur tout être vivant, homme ou bête, qu'ils apercevaient dans les rues. Sous les ordres du lieutenant Costa de Bastelica, ils s'emparaient de l'ancien couvent des Capucins situé sur une hauteur à l'entrée de la barrière du faubourg ainsi que du fortin dit *tour des Génois* qui domine ce couvent. Mais les corps administratifs s'étaient réunis pour prendre les mesures qui devaient ramener la tranquillité. A une heure de l'après-midi, le procureur de la commune, accompagné d'un peloton de troupes de ligne, et agitant le drapeau blanc, se rendit à tous les postes du bataillon et obtint la cessation des hostilités.

Il rentrait à peine dans l'hôtel de ville que le feu redoublait avec plus de vigueur qu'auparavant. Des volontaires envahissaient la rue de l'ancienne église des Jésuites et les maisons voisines du Séminaire, comme la maison Sapia d'où l'un d'eux envoyait une balle qui blessait au bras Pascal Barrachino. D'autres occupaient tout le faubourg du Parc aux Mulets sur le bord de la mer et coupaient ainsi les communications d'Ajaccio avec le dehors. Des gardes nationaux de l'intérieur, au nombre de cent, venaient renforcer le détachement qui s'était rendu maître du couvent des Capucins. « C'est donc la guerre! » s'écriaient les municipaux.

Ils requirent d'abord le colonel Maillard de leur donner deux pièces de canon qui seraient placées sur une barque et protégeraient le faubourg; le colonel leur répondit que ce moyen était à la fois impraticable et contraire aux lois. Mais, lorsqu'ils le requirent de refouler les volontaires dans le couvent de Saint-François, il déclara qu'il était prêt. A cinq heures du soir, la générale était battue et la loi martiale proclamée. Le procureur de la commune, portant le drapeau rouge et suivi d'un piquet de grenadiers du 42° régiment, se présentait à tous les postes du bataillon et leur ordonnait de se retirer. Presque dans le même moment — à six heures — Maillard sommait Quenza de se conformer aussitôt et exactement à la réquisition de la municipalité; il le rendait responsable de tous les événements qui pouvaient arriver; il lui rappelait l'article 16 de la loi du 19 octobre 1791, que tout subordonné qui n'obéissait pas sur-le-champ aux ordres de son supérieur, était, en temps de paix, puni de six mois de prison, et en temps de guerre, puni de mort; il ajoutait que si les volontaires ne s'éloignaient pas immédiatement, ils seraient déclarés rebelles; « l'alarme est générale, concluait Maillard, et tout le monde accuserait votre conduite si vous ne respectiez point les autorités civiles; cette déférence à la loi, loin de diminuer les droits que vous avez à la justice qui vous est due, ne peut que les augmenter. »

Mais Napoléon ne pensait qu'à garder les positions dont il s'était saisi. Évacuer le Séminaire et se retirer à Saint-François! Quelle demande absurde! Elle venait de la municipalité. Mais la municipalité était évidemment forcée, violentée par les brigands! Elle n'avait plus aucune autorité!

Pour pallier leur désobéissance, Bonaparte et Quenza imaginèrent d'obtenir de l'abbé Coti, procureur-syndic du district, une contre-réquisition qui annulerait la réquisition de la municipalité.

Coti était l'ami des Bonaparte et vivait à leur table. « Il est avec Masseria, disait Marius Peraldi, le satellite juré de cette famille. » Comme les Bonaparte, il resta fidèle à la France. Il les accompagna sur le sol de Provence. Là, Gasparin et Saliceti le nommèrent capitaine et invitèrent Carteaux à l'employer. Mais le ministère refusa de confirmer Coti, et les représentants le renvoyèrent en Corse avec mission de lever une compagnie franche. Coti, capitaine au 17ᵉ bataillon d'infanterie légère, prit part à la défense de Bastia. Sa compagnie, formée de bons patriotes, montra, durant le siège, la même bravoure que la compagnie de Bonelli, et lorsque la ville capitula, ce fut lui qui demanda et obtint pour les familles du Delà des monts dont les chefs étaient réfugiés à Bastia, la permission de se retirer où elles voudraient. Napoléon le revit dans la campagne d'Italie et le fit en 1797 adjudant-major de la citadelle de Milan.

L'abbé Coti s'entendait secrètement avec Quenza et Bonaparte. Le 9 avril, à neuf heures du matin, la municipalité l'avait prié de se réunir à elle dans l'instant : Coti ne lui répondit qu'à cinq heures du soir, et il répondit qu'il ne pouvait, par prudence, quitter son bureau — que son secrétaire et son premier commis auraient pu garder, — que, si le maire et les officiers municipaux croyaient nécessaire de délibérer avec lui sur les affaires présentes, ils n'avaient qu'à se donner la peine de se transporter à l'administration du district où ils le trouveraient disposé à seconder leurs vues pour l'avantage commun. Pendant toute cette journée du 9 avril, il y eut un va-et-vient incessant de billets entre Napoléon et Coti. « Que faites-vous, écrivait Bonaparte dans la matinée; que pensez-vous? Avez-vous besoin de quelque chose? Avez-vous beaucoup de poudre et de plomb? » Et Coti approuvait tout haut la conduite des volontaires. D'une fenêtre du collège des Jésuites où étaient les bureaux du District, il leur criait lorsqu'ils pénétraient dans le jardin de la maison Sapia : « En avant, mes amis, venez et ne craignez rien; nous sommes tous *paysans*; entrez dans la maison du signor Sapia et n'y faites pas de dégât; il est des nôtres. » Le même jour, il disait à deux capitaines du bataillon, Orsone et Bonelli, que les lieutenants-colonels seraient de f..... cochons, *porchi fatuti*, s'ils lâchaient leurs postes, et le 10 avril au soir, Bonelli retournait au collège des Jésuites conférer avec lui.

Napoléon eut l'idée de recourir à Coti pour faire, comme il dit, revêtir des formalités de la loi les opérations de la garde nationale. Sur son conseil, Quenza écrivit en italien le billet suivant à l'abbé : « Il faudrait, cher Coti, que vous fissiez une réquisition de cette nature : je requiers les commandants du bataillon des gardes nationales soldées de ne pas abandonner leurs quartiers du Séminaire, ni les postes qu'ils occupent, parce qu'il y a une conjuration contre la liberté publique et contre la Constitution. » Et il ajoutait en post-scriptum : « Préparez-vous à venir cette nuit parmi nous. Beaucoup de paysans arrivent à tout moment. » Napoléon joignit ses exhortations à celles de Quenza. Au bas du billet, il traça, sans les signer, ces huit mots en français : « Les courriers pour Corte sont partis. Courage, courage ! »

Le soldat du 42° régiment que Quenza et Bonaparte chargèrent de porter ce billet au procureur-syndic du district, le remit par méprise au procureur de la commune. Mais une copie parvint à Coti quelques instants plus tard. L'abbé n'hésita pas. Sans même informer le Directoire du district, il requit le commandant de place. La loi n'accordait ce droit de réquisition au procureur-syndic du district, que si la municipalité et le juge de paix étaient dans le cas de négligence ou d'inaction. Mais Coti ne se souciait pas de la loi, et vainement son secrétaire et ami Prache lui représenta qu'il faisait une démarche illégale qui le jetterait dans de graves embarras. A sept heures et demie du soir, il requérait le colonel Maillard de prêter tout le secours qui était en son pouvoir aux gardes nationales soldées ainsi qu'aux bons citoyens d'Ajaccio, de repousser tout attroupement qui se formerait pour les inquiéter dans leurs quartiers et autres postes qu'ils occupaient ou pourraient occuper, de n'obtempérer à aucune réquisition qui serait contraire à celle du procureur-syndic.

Le colonel Maillard répondit à Coti — à neuf heures du soir — qu'il avait reçu de la municipalité deux réquisitions auxquelles le lieutenant-colonel Quenza devait obéir : le cri, disait-il, était général, toute la ville demandait la retraite des volontaires, et lui, Maillard, ne pouvait, sans se compromettre, rien changer aux ordres donnés par les autorités légitimes.

Fallait-il donc évacuer le Séminaire ? Fallait-il quitter la partie lorsque toutes les chances de succès n'étaient pas épuisées ? Bonaparte employa la ruse. Il écrivit à Maillard que des brigands faisaient faire un feu roulant sans respecter le drapeau de paix; que le bataillon avait à leur fureur opposé la modération; mais que lesdits brigands — qu'il appelait aussi les révoltés et les rebelles — tenaient toutes les issues de l'Hôtel de Ville; que l'administration violentée ne pouvait plus délibérer librement; que les volontaires avaient obéi pourtant à la proclamation de la municipalité; mais qu'ils étaient « dans le danger le plus éminent », qu'ils voulaient être assurés de leur vie, être à couvert de ces brigands qui n'avaient plus de frein et ne connaissaient plus d'autorité — et Bonaparte priait Maillard de les laisser dans leur quartier, le seul asile qui leur restait.

Pour mieux abuser Maillard, Napoléon se rendit à la citadelle avec Quenza. Il affirma au colonel qu'il ne souhaitait que la paix, qu'il répondait de la tranquillité du bataillon, que les volontaires s'abstiendraient de tout acte d'hostilité si l'on faisait de même à leur égard, mais qu'ils ne pouvaient se loger au couvent de Saint-François ni sortir du Séminaire. « Que la municipalité, disait-il à Maillard, retire sa réquisition, et je vous promets en retour de renvoyer les paysans du dehors qui pourraient causer quelque ombrage aux habitants. » Maillard, toujours conciliant et désireux d'éviter l'effusion du sang, fut aisément convaincu. A onze heures du soir, il informait le juge Drago de sa conférence avec les deux chefs du bataillon et le priait d'avertir tous les citoyens de ces « heureuses dispositions ».

Mais, dans la nuit même, Bonaparte tentait de s'emparer par surprise de la maison Benielli, la plus forte et la plus haute d'Ajaccio, située à la Colletta, l'endroit le plus élevé de la cité. Il faisait occuper les maisons voisines de l'ancien collège des Jésuites et tenait ainsi tout un quartier de la ville. Les volontaires, unis aux gens des cantons d'alentour, se livraient au pillage, saisissaient les farines des moulins, dévastaient la campagne, tuaient les bœufs.

Le mardi 10, au matin, les corps administratifs s'assemblèrent derechef et en présence de Maillard, résolurent d'en finir, fût-ce au prix de certaines concessions. Dans l'après-midi, à la citadelle, une conférence eut lieu entre les magistrats, Maillard, Quenza, Bonaparte et trois autres officiers du bataillon, Orsone, Mella et Sanseverino Peraldi. A six heures du soir, une convention ou, comme disait la municipalité, une espèce d'armistice fut conclue. Quenza et Bonaparte promirent d'imposer le bon ordre à leur troupe, de cesser toute hostilité, de laisser passer les farines et de respecter les propriétés, d'éloigner les gardes nationales des pièces limitrophes dont la présence alarmait les Ajacciens. Une heure plus tard, les officiers civils, accompagnés par des commissaires du bataillon, firent battre un ban dans la ville et le faubourg, et ordonnèrent à tous les citoyens de ne commettre aucun acte de violence contre les volontaires.

Le calme semblait donc rétabli. Mais au matin du 11 avril, Maillard dut s'avouer que la plus vive méfiance régnait entre les corps administratifs et les volontaires qui se plaignaient amèrement les uns des autres. « Nous sommes toujours, écrivait-il, dans la plus grande incertitude, et notre état est des plus fâcheux, des plus critiques. » Les volontaires continuaient à égorger tout le bétail qu'ils trouvaient, à ravager les champs, à intercepter les vivres, à défendre l'accès des fontaines. Ils crénelaient les maisons qu'ils occupaient. Douze cents gardes nationaux des environs, venus sans aucune réquisition, renforçaient leurs quartiers. Napoléon, à cheval, parcourait les postes avancés, haranguait son monde, et disait aux trois cents hommes qui cantonnaient au couvent des Capucins que la nation entière avait été outragée dans leur personne, mais qu'elle saurait prendre sa revanche et la proportionner à l'offense, que justice serait faite, que les coupables auraient leur châtiment, qu'il était nécessaire de réprimer les conspirateurs et les ennemis de la liberté. Épouvantés, les Ajacciens se fortifiaient dans leurs demeures pour se mettre à l'abri du pillage et envoyaient à la citadelle leurs effets les plus précieux.

Maillard, très anxieux, craignant que soldats et bourgeois ne vinssent à mourir de faim, rappela au lieutenant-colonel Quenza que le 11 avril, selon l'instruction de Rossi, le bataillon devait quitter Ajaccio et se disperser dans l'intérieur, et il lui fit passer des lettres qu'apportait le courrier, soit de Rossi qui réitérait l'ordre d'envoyer les compagnies de volontaires à leur destination, soit du Directoire du département qui désirait réquisitionner incessamment deux compagnies du bataillon : il ne reçut aucune réponse.

Le Directoire du district, plus inquiet encore, décida, de concert avec la municipalité, que les volontaires seraient sommés au nom de la loi de ne plus s'attrouper et de se retirer dans leurs quartiers, au Séminaire et à la caserne neuve. A dix heures du matin, trois de ses membres, précédés du secrétaire du district qui tenait en main le drapeau blanc et escortés d'un piquet de grenadiers du 42⁰ régiment, se rendirent aux postes qu'occupait le bataillon, au couvent des Capucins, à la tour des Génois, à la caserne neuve, au Séminaire. Les volontaires refusèrent de les entendre et plusieurs d'entre eux crièrent qu'ils ne consentiraient à la paix que si la municipalité leur livrait une douzaine de mariniers. Santo Tavera, membre du district, demandait aux gardes nationaux du voisinage qui les avait appelés. L'un d'eux qui se souvenait des paroles de Bonaparte, répondit avec énergie : « Le sang de nos frères qui dégoutte sur le pavé d'Ajaccio et la coalition des ennemis de la patrie ! »

En réalité, Napoléon ne renonçait pas à l'espoir d'introduire ses hommes dans la citadelle. Des officiers du bataillon proposèrent d'épier le moment où Maillard sortirait dans la ville et de se jeter sur lui ; Maillard pris, il serait facile d'avoir la citadelle, *d'avere la cittadella*, puisque la troupe de ligne n'oserait faire feu sans l'ordre de son commandant.

Mais Napoléon comptait aussi sur la défection du 42ᵉ. Il disait au soldat Lejeune qui servait de messager entre Maillard et lui, que le commandant de place était un aristocrate. « Le régiment vient de France, ajoutait-il, et les hommes ont assez l'expérience des complots et des révolutions pour savoir quels sont les amis de la patrie. » A son instigation, Masseria envoya aux sous-officiers et soldats du 42ᵉ une lettre où les volontaires souhaitaient le bonjour « à leurs confrères du brave et honnête régiment de Limousin », les mettaient en garde contre Maillard et les ministres, leur assuraient que les officiers de la ligne ne méritaient pas la moindre confiance : « Les officiers, écrivait le bataillon par la plume de Masseria, ne demanderaient pas mieux que de nous faire égorger les uns les autres ; ce seraient pour eux autant d'ennemis de moins. Ouvrons les yeux. Qu'il règne entre nous une fraternité éternelle. Soyons soumis à la discipline militaire, obéissons, respectons nos officiers en tout ce qui n'est pas contraire à cette fraternité et au maintien de notre sainte Constitution qu'ils détestent. Mais regardons avec horreur les ordres sanguinaires qu'ils pourraient vous donner de nous massacrer. »

A cette lettre étaient jointes trois brochures qui contenaient des harangues prononcées dans les premiers jours de février par Grangeneuve, Robespierre et Carra au club des Jacobins. Masseria les avait choisies à dessein : Grangeneuve demandait dans son discours qu'un décret d'accusation fût porté contre le ministre de la marine ; Robespierre accusait les ministres de la guerre de pactiser avec la cour et proposait de chasser de l'armée les aristocrates et ennemis fieffés de la Révolution, c'est-à-dire les officiers, de les remplacer par ceux mêmes qu'ils persécutaient, par les plébéiens patriotes, d' « aplanir les routes de l'avancement » et d'effacer de la loi les dispositions qui dans les villes des frontières subordonnaient l'autorité civile au despotisme militaire ; Carra déclarait qu'il fallait prendre beaucoup d'officiers parmi les sous-officiers et les soldats mêmes, protéger les subalternes contre l'état-major qui les vexait, les soutenir constamment dans leur fière attitude en face des nobles dont ils ne devaient plus souffrir les caprices.

Les sous-officiers et les soldats de Limousin trompèrent l'espoir de Bonaparte et de Masseria. Ils remirent la lettre à

Maillard et jurèrent de lui obéir ainsi qu'aux corps administratifs et de défendre jusqu'à la dernière extrémité la cité d'Ajaccio à laquelle ils avaient toujours été attachés. Un témoin oculaire, fonctionnaire français, loue la bonne conduite du 42° et atteste que les officiers ont allié la prudence à la fermeté et les soldats, le zèle à l'obéissance, qu'il y avait entre les uns et les autres confiance et affection, que la lettre de Masseria fut reçue avec le sentiment de l'indignation et du mépris.

Toutefois le pain et le bois manquaient dans la ville. Personne ne pouvait plus sortir pour travailler aux champs. Les pauvres se plaignaient. Les habitants, couchés en joue par les volontaires, n'osaient traverser les rues pour puiser de l'eau aux citernes. Les corps administratifs comprirent enfin qu'il fallait déployer l'appareil de la force pour briser l'obstination de Bonaparte et de Quenza. Ils décidèrent de faire tirer un coup de canon à poudre qui servirait de signal; si, une heure après, le bataillon ne quittait pas le Séminaire pour s'établir hors d'Ajaccio au couvent de Saint-François et au quartier neuf, ils feraient donner l'artillerie de la citadelle et le régiment de Limousin.

Dès que Bonaparte connut cette résolution, il écrivit à Maillard qu'il le rendait responsable du désordre, que le coup de canon serait évidemment le signal du trouble et de la désunion, que les volontaires qu'il comptait calmer et disposer à un accommodement ne pourraient plus être maîtrisés : « On veut tout précipiter et tout sera ruiné. C'est alors que triompheront les ennemis de la Constitution et il n'en existe que trop dans cette ville. La destruction du pays qu'on espérait d'éloigner, sera assurée! Pensez-y; des mesures précipitées doivent vous faire voir que la municipalité n'est pas libre; on vous en a protesté. »

Maillard ne reçut la lettre de Bonaparte qu'à sept heures du soir. A ce moment même le coup de canon d'alarme était tiré. Deux pièces de campagne s'ébranlaient escortées par un détachement de cent hommes, par des canonniers du 4° régiment

— le régiment de Napoléon! — par des travailleurs du génie, et un officier municipal lisait en tête de cette troupe la réquisition. Mais ce magistrat jugea qu'il était trop tard pour entreprendre l'attaque. Le message de Masseria et les propos de Bonaparte qui ne cessait de dire que les soldats du 42e régiment ne tourneraient pas leurs baïonnettes et leurs canons contre la garde nationale, n'avaient pas été inutiles. Le bruit courait dans la ville qu'au premier coup de feu la ligne abandonnerait ses officiers pour passer aux volontaires, et la municipalité craignait d'en venir à une action.

Durant la nuit suivante un conseil de guerre se tint à la citadelle. L'officier municipal, le capitaine qui menait le détachement de sortie, le colonel Maillard et les chefs du génie et de l'artillerie, le lieutenant-colonel de Somis et le capitaine-commandant d'Anglemont, assistaient à cette conférence.

Somis et d'Anglemont, dont Maillard louait les sages avis et les prudentes dispositions, devaient plus tard retrouver Napoléon. D'Anglemont le revit à Lyon en 1800 et reçut alors la permission de s'adresser directement au premier consul. Il avait fait toutes les campagnes de la Révolution dans les Alpes et termina sa carrière comme directeur d'artillerie. Mais ce fut en vain qu'il sollicita des Bourbons le grade de maréchal de camp qu'il prétendait avoir mérité et en 1814, parce qu'il avait conservé intact, malgré l'occupation des alliés, l'atelier de réparation d'armes de la Cité, et en 1815, parce qu'il avait refusé de servir l'usurpateur et d'exercer les fonctions de maire à Saint-Germain-en-Laye.

Quant à Somis, il fit plus intime connaissance avec Napoléon. Il se mit à la tête des sections de Marseille révoltées contre la Convention, et c'est lui que l'auteur du *Souper de Beaucaire* qualifie d'« aristocrate avoué ». Mais Somis était l'oncle maternel de Marie-Julie Clary et devint oncle de Joseph Bonaparte. Recommandé par son neveu, il rentra dans le corps du génie comme colonel par arrêté du premier consul, et s'il ne siégea pas au Sénat, selon le désir de Joseph, il fut nommé général de brigade dans son arme, employé à Paris au comité des fortifications, et il eut tous les congés qu'il demanda : lorsqu'il voulait revoir Marseille, sa patrie, les bureaux le chargeaient d'inspecter la côte de Provence.

Le conseil de guerre qui tenait séance à la citadelle d'Ajaccio, rédigea le plan de l'opération qui serait exécutée le lendemain, et le 12 avril, à huit heures du matin, le détachement, précédé de l'officier municipal, sortait, comme la veille, de la citadelle, se portait aux endroits désignés par le conseil de guerre et braquait les deux canons, l'un contre le tourillon de Saint-Georges, l'autre contre la maison Ternano que les volontaires occupaient et avaient fortement crénelée. Ces préparatifs ne semblaient pas intimider Bonaparte. « Tant mieux, disait-il, nous allons dénouer la trame avec l'épée », et il proposait à Quenza de former ses troupes en colonne et de marcher droit aux canons pour les enlever.

Mais il savait que l'attaque n'aurait pas lieu. Dans la lettre qu'il envoyait le 11, à Maillard, il avait annoncé qu'on était « au moment de voir les commissaires du Département qui arrangeraient tout ». Le 12, un courrier confirmait la nouvelle : deux commissaires, nommés le même jour par le Directoire, Cesari et Barthélemy Arrighi, allaient se rendre à Ajaccio pour apaiser les troubles et prendre la direction de la force publique.

Napoléon attendait mieux. Dès le commencement de l'insurrection, il écrivait à Corte au Directoire, à Saliceti, à Joseph, et sans doute il demandait des secours, assurait que l'occasion était belle et tentante, qu'il pouvait s'emparer de la citadelle. Il croyait évidemment à une seconde *Cuccagna* et pensait qu'Ajaccio subirait le même châtiment que Bastia l'année précédente. Le 11 avril, Coti déclarait que Cesari approchait avec quatre cents hommes environ et que ceux qui favorisaient la ville auraient à s'en repentir. « Peu nous importe, disait Bonaparte au soldat Lejeune, que Maillard ait sa citadelle, sa troupe et ses canons; nous recevrons du renfort, le signor Paoli, le signor colonel de la gendarmerie et une très grande quantité de gens armés. »

Le Directoire n'osa pas frapper ce coup hardi, et, dans le secret de son cœur, Napoléon ne fut pas fâché de la tournure que prenaient les choses. Engager soldats contre soldats et, comme il s'exprime, les patriotes de l'île contre les patriotes du continent, c'était assumer la plus grave, la plus terrible responsabilité; si le sang coulait, si des Français étaient tués, tout le monde accuserait, accablerait le bataillon Quenza-Bonaparte. Et ce bataillon, indiscipliné, surexcité, le tenait-il dans la main? Lorsque le juge de paix Drago vint au Séminaire dans la matinée du 9 avril, il assista, pendant qu'il causait avec Quenza, à une scène étrange : un volontaire qui l'était mis à la fenêtre, s'apprêtait à faire feu; Bonaparte s'arrêta : « de cette manière, lui dit-il, vous tirez sur les nôtres », mais l'autre conserva son attitude; Napoléon fit le geste de porter la main à l'épée; l'homme se fâcha, proféra des menaces, appela ses camarades à son aide, et des officiers durent s'interposer pour calmer les esprits. L'affluence des gens du dehors rendait plus difficile encore la tâche du commandement. Maillard remarquait qu'il y avait « infiniment de divisions » parmi ceux qui venaient se mettre du côté des volontaires. Même dans le bataillon, beaucoup désapprouvaient la conduite de Bonaparte. Les municipaux reconnaissent dans leur mémoire que des officiers vertueux et de bons soldats s'efforcèrent constamment d'empêcher les violences. La compagnie des grenadiers de Jacques Peretti refusait, dès le premier jour, de se saisir de la caserne sur la place d'armes. Lorsque Napoléon dressa une espèce d'acte ou de procès-verbal par lequel les volontaires déclaraient que quatre familles d'Ajaccio, Cuneo, Susini, Tortaroli et Jean-Baptiste Bacciochi, avaient causé les troubles et qu'il fallait s'en prendre à leurs personnes et à leurs biens, plusieurs de ses hommes signèrent, mais d'autres objectèrent que les chefs désiraient profiter du désordre pour assouvir leurs vendettes particulières, qu'on voulait « sacrifier leur parents », et l'acte fut déchiré.

Ce fut donc avec un sentiment de réelle satisfaction que Napoléon manda le 12 avril l'arrivée des commissaires à Maillard. Mais il voulait garder le beau rôle et coucher sur le champ de bataille. Avec une insigne audace, dans une lettre qui fut signée par tous les officiers du bataillon, il écrivit à la municipalité que Quenza avait reçu du Directoire l'autorisation de convoquer les gardes nationales de l'intérieur et du signor Paoli l'ordre positif de conserver les postes du Séminaire, de la caserne neuve, de Saint-François et des Capucins. Il rendait le corps municipal responsable de la destruction de la ville. Si, sous une heure, les canons n'avaient pas disparu, il dépêcherait des exprès dans toutes les pièves du voisinage pour soumettre par la force les « ennemis de la Constitution ». Et Bonaparte affirmait qu'il avait déjà peine à contenir ses volontaires.

Ce langage impérieux fit son effet. Les corps administratifs, craignant la ruine de la cité, envoyèrent en hâte une députation au Séminaire. Ils consentirent à retirer les canons sous condition que la garde nationale détruirait ses créneaux et évacuerait les maisons qu'elle occupait dans Ajaccio. Une convention en plusieurs articles fut conclue et les municipaux prièrent Maillard de l'approuver et de la garantir.

Le colonel, toujours circonspect, refusa toute garantie. La Constitution, répondit-il, faisait des corps militaires les simples agents de la loi et s'il acceptait la convention, il contreviendrait à la loi; il voulait demeurer impartial et n'encourir aucun blâme d'un côté et de l'autre; il n'avait qu'une « force d'inertie » et cette force ne pouvait être mise en mouvement que par les corps administratifs. La municipalité le requit alors d'éloigner le détachement qu'il avait mis à sa disposition. Il obéit, et le détachement rentra dans la citadelle avec ses deux pièces de canon.

Pareillement, lorsque la municipalité le requit d'envoyer un piquet au collège des Jésuites où siégeait l'administration du district, il obéit encore sans accueillir les protestations de Coti; il était, écrivait-il à l'abbé, vivement affecté de la situation d'Ajaccio, et le procureur-syndic ferait bien de s'entremettre pour suspendre tout acte d'hostilité jusqu'à l'arrivée des commissaires du Département; mais lui, Maillard, était l'exécuteur de la loi dont les corps administratifs étaient l'organe.

Le calme régnait donc de nouveau. Le traité d'union et de paix fut proclamé dans Ajaccio et le faubourg. Les boutiques se rouvrirent. La troupe de ligne occupa comme à l'ordinaire tous les postes de la ville à l'exception de la porte du Séminaire.

Mais le 13 avril, lorsque les quatre députés de la municipalité, entre autres, le maire Levie et le juge Drago, se préparaient à se rendre au-devant des commissaires du Département, un officier de volontaires vint leur dire à l'Hôtel de Ville que personne ne franchirait la barrière du faubourg; seul, le maire Levie pourrait, s'il voulait, sortir d'Ajaccio. La municipalité protesta et Levie refusa de partir, s'il n'était accompagné de ses collègues. Mais Bonaparte alla seul à la rencontre des commissaires jusqu'à Bocognano et leur fit à sa façon le récit des événements.

Le 14 avril, se présentaient Cervoni, secrétaire des commissaires, et Volney qu'Arrighi et Cesari avaient chargé de prendre provisoirement toutes les mesures de sûreté publique. Mais Volney eut beau demander à Quenza, au nom du corps municipal, la liste des hommes du bataillon et des postes qu'ils occupaient; Quenza ne lui répondit pas. La municipalité rappela que les volontaires devaient, d'après la convention, abattre les créneaux des maisons qu'ils avaient fortifiées; Quenza n'en fit rien.

Le 15 qui était un dimanche, Volney voulut sortir de la ville. Les volontaires lui déclarèrent que nul ne franchirait la barrière. Pourtant, lorsqu'il se fut nommé, l'officier qui commandait le poste lui permit de passer. L'ex-constituant refusa d'user de l'autorisation en disant que la consigne était la même pour tous et devait être exécutée sans distinction de personnes.

Arrighi et Cesari n'entrèrent dans Ajaccio que le 16 avril après avoir rencontré sur leur chemin des paysans qui portaient des sacs vides et voulaient se joindre à eux dans l'espérance d'avoir part au butin. Ils défendirent à tous, aux volontaires comme aux bourgeois, de paraître en armes. Ils renvoyèrent dans leurs villages les hommes accourus du dehors. Ils ordonnèrent au bataillon Quenza-Bonaparte d'aller à Corte. Vainement Napoléon s'opposait à cette mesure, déclarait qu'elle humiliait les gardes nationales soldées et blessait leur orgueil. Cesari et Arrighi lui représentèrent que le bataillon ne pouvait rester à Ajaccio et qu'il fallait faire cette concession aux habitants de la ville. Pourtant, Napoléon ne se rendait pas. Il ne céda qu'aux avis de Joseph et aux semonces impérieuses d'Arrighi : Joseph lui conseillait dans les termes les plus pressants de ne pas s'obstiner et Arrighi, fâché, menaçait de recourir à la force.

Mais les deux commissaires, fidèles à l'esprit du Directoire et de Paoli, se prononcèrent contre la ville et, sous prétexte de punir quelques mauvais sujets qui leur étaient désignés comme les principaux instigateurs du désordre, ils firent arrêter et emprisonner *trente-quatre* citoyens d'Ajaccio [1]. Ils entreprirent une enquête sur les événements et rédigèrent un rapport. Ce rapport n'est, comme disait Joseph, qu'une rapsodie sans aucun avis, qu'une suite d'extraits des mémoires des deux partis.

Le Directoire du département ne dissimulait donc pas sa connivence avec Napoléon. Le Directoire du district d'Ajaccio avait le 28 avril demandé que son procureur-syndic Coti fût,

---

1. Bartinione, le meurtrier de Rocca Serra, avait fui; il fut arrêté à Cargese le 4 mai et huit gendarmes vinrent le chercher pour le conduire à la citadelle d'Ajaccio; mais, en chemin, sur le territoire de Calcatoggio, il se sauva; après trois sommations inutiles, les gendarmes le tuèrent à coups de fusil.

pour avoir agi « en vrai despote », suspendu provisoirement de ses fonctions et dénoncé au tribunal criminel. Le Directoire du département annula la délibération en alléguant que les procureurs-syndics des districts devaient veiller à la tranquillité publique de leur arrondissement; que, suivant l'article 17 de la loi du 3 août 1791, la réquisition du juge de paix cessait à l'instant où le procureur-syndic faisait la sienne; que Coti avait exercé son droit sous sa responsabilité. Coti était parti le 4 mai pour Corte. Le 20 mai, le Directoire du district d'Ajaccio décida que Coti, s'étant éloigné depuis quinze jours sans donner les motifs de son absence ni remplir les formalités d'usage, serait regardé comme démissionnaire. Mais le 1ᵉʳ juin, le Directoire du département cassait cet arrêté, et le procureur général syndic Saliceti déclarait que Coti continuerait ses fonctions, qu'il avait quitté légitimement Ajaccio, qu'il était venu à Corte pour se justifier.

Le Directoire du département alla plus loin encore. Tortaroli avait été, ainsi que Grandin, chargé par le Conseil général de la commune d'Ajaccio de se rendre à Paris pour porter à l'Assemblée législative les plaintes de la ville. Le Directoire du département défendit aux municipaux d'Ajaccio d'exécuter la délibération. Il accusa Tortaroli d'être le moteur principal des troubles, la « véritable source des maux », et assura que l'ancien podestat voulait se faire un parti et gagner de l'influence en flattant le fanatisme du peuple, que sa présence était dangereuse à Ajaccio. Mandé à Corte pour se disculper, Tortaroli répondit qu'il était malade, et les hommes de l'art, le médecin Casamarte et le chirurgien Graziani, attestaient qu'il prenait des remèdes et ne devait pas s'exposer au grand air. Le Directoire enjoignit de le mettre en état d'arrestation, et Tortaroli, appréhendé par le lieutenant-colonel Grimaldi — intime ami des Bonaparte et qui logeait chez eux cette fois encore, — fut enfermé durant douze heures, du 2 juin à quatre heures du soir jusqu'au lendemain à quatre heures du matin, dans la caserne du quartier neuf, puis mené à Corte sous bonne escorte, à cause des ennemis qu'il avait, disait le Directoire, et qui pouvaient attenter à sa vie. Vainement il jurait qu'il n'avait rien à se reprocher. Vainement les juges du tribunal du district d'Ajaccio, Stephanopoli, Dufaur, Muselli, François Chiappe prescrivaient de l'élargir et protestaient contre la *lettre de cachet* du Directoire. N'était-ce pas, écrivaient ces quatre juges, n'était-ce pas aux tribunaux à poursuivre Tortaroli s'il était coupable? Le Directoire avait-il des fonctions judiciaires? Ne donnait-il pas des ordres arbitraires en arrêtant un homme honoré de la confiance publique, membre de la Haute-Cour, et en faisant conduire le premier magistrat du district d'Ajaccio non pas chez l'officier de police, mais dans une caserne?

Qu'importaient ces remontrances au Directoire du département? Que lui importaient les lettres du ministre de l'intérieur qui le blâmait d'usurper tous les pouvoirs et celles du ministre de la justice qui jugeait sa conduite très répréhensible? Il affirma dans son rapport sur l'émeute de Pâques — qu'il n'envoya que le 15 juin, plus de deux mois après les événements — que les faits n'étaient pas suffisamment constatés, que les détails recueillis au cours de l'enquête étaient confus et souvent contradictoires, que les mariniers avaient, selon la commune croyance, tiré les premiers coups de fusil, que les volontaires n'étaient pas sans doute légalement réquisitionnés pour dissiper les troubles, mais que la loi du 3 août 1791 les autorisait à exercer dans les villes où ils tenaient garnison, les mêmes fonctions que la gendarmerie nationale, que le tumulte n'aurait pas eu de suites si la municipalité, au lieu de rester absolument inactive, avait dès le soir du 8 avril pris des mesures pour punir les coupables, qu'en tout cas le fanatisme religieux régnait dans Ajaccio. Et le Directoire du département rappelait la députation dont les chefs étaient Tortaroli et Grandin, cette députation *scandaleuse* qui venait demander à Corte la conservation du couvent des Capucins. Quoi! Tortaroli, un magistrat qui devait veiller à l'exécution de la loi, n'avait pas eu honte de solliciter que la loi ne fût pas exécutée! Mais n'était-ce pas le jour même de son retour à Ajaccio que se produisait la rixe entre les volontaires et les matelots?

Les arguments du Directoire lui avaient été suggérés par Napoléon. Le lieutenant-colonel des volontaires, toujours prompt à prendre la plume, s'était hâté de rédiger un mémoire justificatif. Dans ce factum habile, mais long, verbeux, chargé de mots et de phrases, Napoléon accuse la population d'Ajaccio qui lui semble « composée d'anthropophages », d'avoir le 8 avril maltraité, vilipendé, assassiné les volontaires. Il assure que les gardes nationales soldées ont été contraintes de se défendre contre des gens qui de longue main préméditaient leur complot et que le 9 avril les Ajacciens ont commencé le feu, que trois coups de fusil tirés contre une chambre du Séminaire y ont cassé deux bouteilles et percé une paillasse! Mais il se garde de dire que la fusillade des volontaires a fait des morts et des blessés. Il conclut que le bataillon n'a pas obéi aux réquisitions de la municipalité parce qu'elle était maîtrisée par des brigands qui assiégeaient la salle d'audience de leurs cris de guerre et dictaient des résolutions fanatiques, parce que le procureur-syndic Coti ordonnait aux gardes nationales de conserver leurs postes, parce que la première loi est le salut de la patrie et que le salut de la patrie exigeait que les volontaires attendissent dans leurs positions l'arrivée des commissaires du Département. « Dans la crise terrible où l'on se trouvait, il fallait de l'énergie et de l'audace; il fallait un homme qui, si on lui demandait, après sa mission, de jurer de n'avoir transgressé aucune loi, fût dans le cas de répondre, comme Cicéron ou Mirabeau : *je jure que j'ai sauvé la République!* »

Cet homme, c'était — ou ce devait être — Napoléon. Il n'avait cure de transgresser la loi s'il arrivait à ses fins, s'il entraînait le Directoire du département à châtier la superstition et le fanatisme des Ajacciens, s'il introduisait ses volontaires dans la citadelle. Aussi, cet épisode de l'histoire de Bonaparte a-t-il quelque chose de saisissant et de tragique. On sent que, dans l'emportement de l'ambition, ce jeune homme de vingt-trois ans ne reculera plus devant rien. Inciter à la révolte le régiment de Limousin, déterminer Coti par ses exhortations à s'ériger en officier de police, qualifier de brigands ses adversaires, tirer sur la population, tuer ou blesser six à huit personnes, investir la cité, la terroriser, la priver de farine et de bois, livrer ses environs aux ravages des bergers et des paysans, et, l'épée au poing, imposer à sa ville natale ses conditions et volontés par un traité en due forme, voilà ce qu'avait fait Napoléon, sous couleur de venger la mort du lieutenant Rocca Serra et les blessures du soldat Renucci! Qu'est devenu le candide jouvenceau qui, six années auparavant, maudissait Turenne et Condé comme fauteurs de guerre civile et artisans de désastres?

Le futur général Bonaparte commence à se dessiner, et l'émeute de Pâques révèle un Napoléon qui n'a pas eu l'occasion de se manifester encore, l'homme d'action et de combat, doué d'un caractère énergique, de ce caractère solidement trempé qu'il attribue aux Ajacciens, plein, de même que le Sambucuccio des *Lettres* sur la Corse, de ces sentiments qui portent à tout entreprendre et à braver tous les dangers. C'est la première fois qu'il exerce le commandement, et il a comme une sorte d'ivresse : il semble se complaire à lancer, à déchaîner la force dont il dispose. Mais à sa fougue imprudente il joint des qualités peu communes. Quelle infatigable activité et que de facultés, que de ressources il déploie dans ces journées de trouble et de conflit, mêlant l'audace à la ruse et la violence à l'adresse, essayant de tromper Maillard et de débaucher la garnison de la citadelle, effrayant les Ajacciens, nouant des intelligences de tous côtés, écrivant à son frère, à Coti, aux administrateurs de la ville, au commandant de place, entraînant son collègue Quenza, et, malgré sa jeunesse, contenant et maintenant tant bien que mal la cohue des volontaires et des gardes nationaux!

« Les âmes, dit-il en un endroit de son mémoire, étaient trop étroites pour s'élever au niveau des grandes affaires. » En parlant ainsi des officiers municipaux d'Ajaccio, il pensait à lui-même, au rôle qu'il avait joué, à l'attitude qu'il avait prise, et croyait s'être élevé au niveau des grandes affaires. Mais ces « grandes affaires » semblaient à la plupart de cruelles affaires, *affari crudeli*, des « scènes déplorables », des « malheurs » dont il était l'instigateur et l'auteur.

Le maréchal de camp Rossi jugeait que le « funeste événement » ne serait pas arrivé, si les lieutenant-colonels du bataillon avaient exécuté ses instructions et envoyé dès le 2 avril dans l'intérieur les compagnies désignées pour ce service.

Paoli ne manqua pas, à la première nouvelle de l'émeute, de rejeter la faute sur le Directoire du département. « Quand le gouvernement, écrivait-il à Cesari, est dirigé par des jeunes gens inexpérimentés, *giovani inesperti*, il n'est pas étonnant que de petits garçons inexpérimentés, *ragazzoni inesperti*, soient destinés au commandement des gardes nationaux. » Mais désapprouver Napoléon, c'était désapprouver Quenza que Paoli affectionnait, et, après tout, le babbo ne voyait pas sans déplaisir la rude leçon qu'avaient reçue les Ajacciens. Ce qui le blessa, ce fut l'abus que les lieutenants-colonels avaient fait de son nom. Dans la lettre qui sommait la municipalité d'éloigner les canons, n'assuraient-ils pas qu'ils avaient l'ordre positif du général de garder leurs postes? « Je suis fâché, mandait Joseph à son frère, cette lettre, devenant publique, serait de préjudice au général Paoli qui, s'il se justifiait, quelle figure feriez-vous? »

Ajaccio ne pardonnait pas à Napoléon ces trois jours de péril et d'angoisse qui, suivant l'expression même de Napoléon, avait bouleversé la ville et manqué de la ruiner. Dans un manifeste que Joseph jugeait très fort et qui fut signé par Levie, Cervotti, Salini, Recco, Braccini, Pietra Piana, Paduani, Colonna d'Ornano, la municipalité déclarait que les détracteurs de la cité devaient « s'attendre à l'opprobre et à la confusion qui sont l'apanage ordinaire de la calomnie »; que le bataillon, rebelle à la loi, méritait toutes les peines sévères fulminées par la loi; que le billet écrit par Quenza et Bonaparte à l'abbé Coti au soir du 9 avril signifiait la guerre contre Ajaccio, l'invasion des maisons, la menace de faire périr les habitants par le fer et le feu.

Le Directoire du district reconnaissait que « l'esprit de patriotisme exclusif » produisait des divisions et que la religion « insinuait des préjugés dans une partie assez considérable des citoyens », mais il ajoutait que les deux lieutenants-colonels « pouvaient et devaient obvier » au mal, et il les regardait comme responsables des événements, les accusait hautement d'avoir « compromis » la ville, leur attribuait, ainsi qu'à Coti, tous les excès de ces fatales journées.

Le Directoire du département avouait que rien ne justifiait les volontaires et ne les excusait d'avoir tiré sur des citoyens de tout âge et de tout sexe, que les chefs s'étaient sans doute efforcés d'empêcher ces atrocités et de ramener à la subordination des troupes à peine organisées et livrées au sentiment de la vengeance, mais qu'ils n'avaient pas le droit d'appeler le secours inutile des gardes nationaux du voisinage.

Enfin, dans les lettres qu'ils écrivaient de Paris à leurs amis de l'île et notamment à Cesari, les députés corses de la Législative, Pozzo di Borgo et Peraldi, exhalaient leur colère en termes emportés et en comparaisons furibondes. Pozzo disait que Napoléon était la cause de tout, *Napoleone Buonaparte è causa di tutto*, que les preuves abondaient contre lui et qu'on avait de quoi le faire condamner trente fois, qu'il fallait venger l'humanité et la loi outragées par ce Jourdan de la Corse, *dal Corso Giurdan*, et qu'il ne suffisait pas d'arrêter des prêtres insolents, qu'on ne pouvait « laisser les tigres sanguinaires jouir de leur barbarie ».

Peraldi, encore plus irrité — d'autant qu'il avait perdu son neveu dans la bagarre, — dressait contre les Bonaparte le plus terrible réquisitoire. Voilà où avait abouti l'ambition des deux frères et à quoi ils avaient employé la force sitôt qu'ils l'avaient eue en main ! « Pour se venger du parti opposé, on prend occasion d'une rixe privée, on tire contre les innocents citoyens, on n'écoute pas la voix de la loi, on méprise les réquisitions des municipaux, on requiert sans nul droit les municipalités voisines, on dévaste les propriétés, on bloque une cité entière, on commet les mêmes horreurs qu'au règne de Charles IX, et finalement on conclut un traité de paix comme une puissance ennemie! Cette nouvelle Saint-Barthélemy ne peut rester impunie! »

Napoléon s'était rendu à Corte avec les gardes nationales soldées des districts d'Ajaccio et de Tallano. Sur sa route, il alla voir Paoli et, dans la conversation, lui proposa de quitter le commandement du bataillon pour se mettre à la tête d'un nouveau bataillon que le département devait lever. L'idée parut agréer à Paoli : mais le 13 mai, au soir, à Corte, il disait à Joseph qu'il ne fallait plus penser à ce projet, que les futures compagnies de volontaires seraient détachées et ne formeraient pas un corps réuni sous un seul chef.

« Il me paraît, écrivait Joseph à son cadet au sortir de cet entretien avec Paoli, qu'il serait instant que tu allasses en France. » Napoléon avait déjà, de son plein gré, pris cette résolution. Il savait qu'il était, selon la formule de l'époque, destitué par le fait même de son absence. Son nom est inscrit sur la liste des officiers qui ne se sont pas trouvés à leur corps ou à leur poste à la revue générale du 1er janvier 1792 : « Buonaparté, premier lieutenant, absent par permission expirée, est en Corse. » Il ne figure pas sur l'état des officiers destitués qui devaient échapper à la rigueur de la loi et que le Comité d'artillerie recommandait à l'Assemblée nationale parce qu'ils avaient des motifs légitimes d'absence. Il passa même pour émigré, et sur le contrôle des lieutenants du corps royal, à la page qui concerne notre Corse, un commis du bureau traça ces mots qui furent barrés plus tard et qui closent à jamais la carrière de tant d'autres officiers : « A abandonné son emploi et a été remplacé le 6 février 1792. »

Mais il avait le certificat de Rossi et des attestations de la municipalité d'Ajaccio et du Directoire du département. Il était jeune, il avait confiance en son étoile, et, suivant sa propre expression, il ne perdait jamais cette énergie qui doit être naturelle à l'homme, ne se décourageait pas, ne comprenait pas que le moindre revers pût être une calamité insoutenable. Il portait avec lui l'espérance, et l'espérance, disait-il,

dans leur course mortelle
endurcit les humains contre les coups du sort.

NOTES ET NOTICES

I. Italianismes de Napoléon (p. 12).

En voici des exemples, tirés du *Napoléon inconnu* de Masson : *prospérer* (I, 145, des jours que rien ne me prospère ; II, 144, la République prospérante de tes vertus) ; *les fastes* (I, 188, il vivait au milieu des fastes de la Perse) ; *liable* (I, 190) ; *prônistes* (I, 192) ; *s'insorgera* (I, 239) ; *héréditait* (I, 316 et 328) ; *sectataires* (I, 336) ; *malcontentement* (I, 337) ; *fraternicide* (I, 349) ; *idolé* (I, 350) ; *s'émeutèrent* (I, 353) ; *partisante* (I, 387) ; *s'ensauver* (I, 388) ; *intriguité* (I, 409) ; *regrader* (II, 18 et 301, au sens de relever, rehausser) ; *nourritures* (II, 79, j'avais des nourritures pour trois jours) ; *perpétuation* (II, 95) ; *ultimer* (II, 101 et 203) ; *contraster* (II, 140 et 442, au sens de contester ; cf. le sens que Bonaparte donne au mot *contraste*, II, 325) ; *alliagées* (II, 148) ; *majeurement* (II, 149) ; *malsaineté* (II, 173) ; *finale* (II, 181, pour finale de faire les Brutus) ; *ematir* (II, 187) ; *intégré* (II, 191, la Corse intégrée à la France) ; *nécessité à* (II, 197, je me suis vu nécessité à remettre) ; *immétrigue* (II, 284) ; *usager* (II, 287, usager les facultés) ; *impulsés* (II, 292 et 326) ; *victimer* (II, 301, mot que Napoléon emploie plus tard dans ses lettres. Corresp., XI, 649, et XX, 207, mais que ses contemporains emploient également) ; *manquances* (II, 316) ; *impatronisé* (II, 326, l'ambition se l'est impatronisé) ; *insatisfaction* (II, 329). Bonaparte use surtout du verbe *procurer de* avec un infinitif (ex. : « il procura de se sauver » ; cf. I, 239, 350, 377, 400, 408 ; II, 118, 141, 153 note I, 179). Il omet volontiers le pronom *il* : « Ne m'importe si... » (I, 157) ; « Régna ici l'amour » (I, 185) ; « Viendra un jour » (II, 65). Il dira encore dans la campagne d'Italie « prenez toutes vos *dimensions* » (au sens de mesures, *Corresp.*, II, 461), et en son récit des campagnes d'Égypte qu' « un chebec *raisonne* un caboteur » (*Corresp.*, XXIX, 515).

II. Raynal et Bonaparte (p. 52).

Coston (I, 98) et, d'après lui, Iung (I, 162) ont publié une lettre de Bonaparte à Raynal. Cette lettre, quoiqu'elle ait le ton et le tour napoléoniens, est fausse : 1° elle se rapporterait à l'année 1786 ; or Napoléon n'avait pas alors composé « les chapitres un et deux de l'histoire de la Corse », et Raynal, exilé, ne regagna la France qu'en 1787 ; 2° la lettre de Napoléon à Raynal, datée du 24 juin 1790 (Masson, II, 106) — à notre connaissance, elle a paru pour la première fois dans les *Souvenirs* de lord Holland (cf. l'appendice de la trad. Chonski, 1851, p. 278) — prouve très clairement que ses premières relations avec l'abbé datent de 1789. La lettre que donne Coston a dû être refaite de mémoire par une personne qui avait lu au Musée britannique la lettre du 24 juin 1790 et qui se rappelait, assez bien du reste, l'objet de la missive (envoi des deux premières *Lettres sur la Corse*) et quelques mots de l'original (*importuner, admiration*).

III. Élections de la Corse à l'Assemblée Constituante (p. 65).

Le clergé élut pour député Charles-Antoine de Peretti de la Rocca, chanoine et vicaire général d'Aleria;
La noblesse, Buttafoco;
Le tiers état, Christophe-Antoine Saliceti et Pierre-Paul comte Colonna de Cesari-Rocca.

Suppléants : pour le clergé, l'abbé Joseph-Marie Falcucci;
Pour la noblesse, Gaffori (suppléant adjoint, Paul-Baptiste Cattaneo, chargé de « remplacer tant Buttafoco que son suppléant en cas de mort ou légitime empêchement »).
Pour le tiers état, Barthélemy Arena et Ange Chiappe.
L'assemblée de la noblesse comptait 22 personnes. 17 prirent part au vote : Mathieu de Bocchociampe, président de l'Assemblée; Ignace-François de Morelli; Louis Belgodere de Bagnaja; André d'Antoni; Buttafoco; Cosme-Marie de Casalta; Jules-Pierre de Pruno; Philippe de Ponte; François de Gaffori; François-Xavier de Frediani; Paul de Rocca Serra; Paul-Baptiste de Cattaneo; Octave de Questa; Simon de Fabiani; Jean d'Antoni; Pascal de Negroni; Charles-André Pozzo di Borgo (qui fut nommé unanimement secrétaire). 5 refusèrent de participer à l'élection : Marie-Frédéric de Susini, Jean-Baptiste de Susini, Pierre-Paul Cuneo d'Ornano, Pascal-Antoine de Benedetti, Hyacinthe d'Arrighi. Ils soutenaient que leur ordre n'était pas compétent pour prononcer l'exclusion des députés nobles de la juridiction de Calvi, Giubega, Colonna Anfriani et Dominique de Fabiani (que l'assemblée de la noblesse avait repoussés pour admettre Cattaneo, Questa et Simon de Fabiani) et, réunis à Giubega, Anfriani, Dominique de Fabiani et Jean-Quilico de Casabianca, ils déclarèrent l'assemblée illégale et chargèrent Giubega de protester contre l'élection de Buttafoco. Ce dernier eut seize voix, et non douze, comme le croit Napoléon dans sa *Lettre à Buttafoco* (Masson, II, 192).

IV. Barrin (p. 67).

Armand-Charles vicomte de Barrin de la Gallissonnière, né le 27 juin 1723 au château de La Ragotière près de Nantes, lieutenant en second au régiment du Roi (18 mai 1740), lieutenant en premier (8 mai 1743), aide-major avec rang de capitaine (20 janvier 1746), colonel du régiment de Cambrésis (7 mai 1758), brigadier d'infanterie (6 mars 1760), maréchal de camp (25 juillet 1762), lieutenant général (5 décembre 1781), commandant en chef dans l'île de Corse, avec 45 000 francs d'appointements, du mois de décembre 1786 au 1er janvier 1791, reçoit par une lettre du 18 décembre la permission de se démettre de son commandement.

V. Gaffori (p. 77).

François de Gaffori, fils unique du fameux chef de ce nom, naquit à Corte le 14 août 1744. Capitaine de dragons dans la légion corse (1er septembre 1769) et major (16 avril 1771), recommandé par le baron de Salis comme un « excellent sujet et militaire expérimenté qui servait le roi depuis la soumission de l'île de Corse et avait rendu les plus grands services en 1775 et en 1776 par la destruction des bandits », il fut nommé le 23 août 1772 colonel du régiment provincial de Corse. Il avait lui-même demandé ce commandement : « Le rang que son père a tenu en Corse, disait-il, les preuves de dévouement qu'il n'a cessé de donner à la France, les assurances de protection qu'elle lui a fait donner par Chauvelin sont des motifs pour le fils d'espérer la grâce qu'il sollicite. » Il répétait volontiers que le roi n'avait pas de sujet plus soumis et plus fidèle : « Son père, écrit-il en 1779, n'a fait aucune démarche qui n'ait tendu à mettre la Corse sous la domination de la France; lui-même a senti de bonne heure la sagesse de ce principe qu'il a trouvé développé et qui est consigné dans des mémoires et actes des négociations et dans les papiers de la correspondance que son père a eu l'honneur d'entretenir avec le ministre français. » Chevalier de Saint-Louis en 1780, brigadier (1ᵉʳ janvier 1784), maréchal de camp (9 mars 1788), suppléant aux États-Généraux, chargé de veiller à la tranquillité de la Corse sous les ordres de Barrin, obligé de regagner le continent après l'insuccès de cette mission, il émigra, de même que son gendre Buttafoco. Il mourut à Corte au mois de février 1796.

VI. Varèse (p. 83).

Aurèle-François-Marie de Varèse, diacre du diocèse d'Autun, grand vicaire désigné pour un évêché peu de temps avant la Révolution, un des sept commissaires du roi en Corse en 1790, candidat aux élections de la Législative où il échoue contre Pozzo di Borgo et à la Convention, se déclare contre les paolistes qui le qualifient dans une affiche imprimée d' « escremento vile dell' antico despotismo senza carattere e senza religione », se rend à Paris comme député de la Société populaire de Bastia, obtient du ministre des affaires étrangères une mission secrète en Italie, mais dénoncé comme ci-devant noble et prêtre par Moltedo, doit renoncer à sa mission (28 décembre 1793). Toutefois Lacombe Saint-Michel affirme son civisme : « Moltedo est prêtre, comme Varèse l'a été; il n'a pas voulu condamner le roi, et, à coup sûr, Varèse est plus fort dans l'opinion et les principes républicains que Moltedo. » Varèse entra au service de l'administration de la marine. Sous-chef au quartier d'Arles (12 juin 1795), commis ordinaire de première classe (21 mars 1796), commissaire principal des Iles du Levant (22 août 1797), agent maritime à Corfou (16 décembre 1797), sous-inspecteur au port de Toulon (23 septembre 1800), chef d'administration et ordonnateur à Saint-Domingue (6 janvier 1807), il rejoignait ce dernier poste lorsqu'il fut fait prisonnier par la frégate anglaise *la Galathée* : atteint de la fièvre jaune, il mourut à bord de ce vaisseau, en vue de La Guadeloupe, le 10 août 1807. Sa veuve, Marie-Françoise Casareti, née à Antibes le 24 décembre 1769, obtint, par décret du 5 octobre 1808, une pension de 900 francs sur les fonds de la caisse des Invalides. Ses deux fils, Aristide et Timoléon, furent, par décret du 21 décembre 1808, élevés gratuitement au lycée de Marseille.

VII. L'abbé Blenne (p. 83).

L'abbé Blenne, cité ici, était attaché au collège d'Autun à l'époque où le jeune Napoléon y faisait, sous la direction de l'abbé Chardon, de petits thèmes et de petites versions en langue française. Il écrivait de Francfort au premier consul, le 20 mai 1801, dans une pétition qu'il signe Blenne, prêtre déporté : « Ayant eu l'honneur de vous connaître lorsque vous étiez au collège d'Autun et même de vous accompagner dans plusieurs visites que vous fîtes dans ce temps-là à M. Devarèze. »

VIII. Les Galeazzini (p. 83).

Jean-Baptiste Galeazzini, trois fois maire de Bastia, commissaire du Directoire exécutif près l'administration centrale du Golo au commencement de 1796, nommé député aux Cinq-Cents, mais évincé par Barthélemy Arena, préfet du Liamone à la fin de 1799, envoyé comme commissaire général (6 septembre 1803) à l'île d'Elbe où il resta huit ans, suspendu le 29 novembre 1810 à la suite de querelles avec le génie militaire pour la construction d'une route stratégique de Porto-Ferrajo à Longone, obtient le 2 février 1812 une audience de Napoléon, mais demanda vainement un poste; sous les Cent-Jours il est préfet de Maine-et-Loire (6 avril 1815). Il avait écrit la lettre que Volney lut à la Constituante dans la séance du 30 novembre 1789. « J'ai commencé, disait-il, la Révolution dans l'île; c'est sur ma lettre que l'Assemblée Constituante déclara la Corse partie intégrante de la France. »

Son frère Pierre Galeazzini était né le 20 mars 1763 à Bastia. Il joua un grand rôle dans l'insurrection de Bastia: c'était lui qui avait blessé le capitaine des chasseurs Tessonet, et ce dernier, dit le vicomte de Barrin dans une lettre du 22 décembre 1789, dut regagner la France parce qu'il avait tous les jours sous les yeux le sieur Galeazzini, et « cette vue ne pouvait qu'être très choquante pour lui ». Capitaine de la garde nationale de Bastia, délégué avec son frère à la fédération de Lyon et à la fête de la fédération de Paris, Galeazzini est nommé le 15 juin 1792 sous-lieutenant au 4ᵉ bataillon d'infanterie légère. Il était à Evian le 1ᵉʳ avril 1793 lorsqu'il apprit qu'il avait le grade de capitaine dans un des nouveaux bataillons qui se formaient en Corse sur la proposition de Saliceti. Après avoir combattu Paoli, il repassa sur le continent, comme capitaine au 15ᵉ bataillon d'infanterie légère (à dater du 12 avril 1793) et fut nommé provisoirement adjudant général chef de bataillon (13 juillet 1795). Non compris dans l'organisation des états-majors (13 juin 1795), il cessa ses services (10 juillet 1795); mais réemployé presque aussitôt comme capitaine à la suite à la 15ᵉ demi-brigade d'infanterie légère (26 août 1795), et promu adjudant général chef de brigade (1ᵉʳ mai 1796), il prit part à la campagne d'Italie. Il fut un des premiers à dételer les chevaux de l'artillerie ennemie et à se les approprier; mis aux arrêts par Laharpe, traduit par Bonaparte devant une commission militaire, acquitté, il assista sous les ordres de Serurier au siège de Mantoue, puis se rendit en Corse (11 août 1796) pour contribuer avec Gentili et Casalta à la reconquête de l'île. De retour à l'armée d'Italie, il donna sa démission le 16 juin 1797 à cause d'une fièvre opiniâtre qu'il avait prise sous les murs de Mantoue, et regagne la Corse. Nommé par Saliceti adjudant-commandant dans l'expédition projetée contre la Sardaigne (4 mars 1800), attaché provisoirement à la 23ᵉ division militaire (1ᵉʳ juillet 1800), il cessa ses fonctions le 2 décembre 1801. Mais six ans plus tard il entre au service de Naples comme chef de bataillon commandant d'armes (1ᵉʳ septembre 1807) et commande la place de Trani, puis celle de Tarente. Le roi Murat le nomme colonel (1ᵉʳ avril 1815) et chevalier de l'ordre des Deux-Siciles (4 mai 1815). Fait prisonnier de guerre à Tarente par les Autrichiens (8 juin 1815), licencié sept jours plus tard (15 juin 1815) du service de Naples, Galeazzini revint à Bastia (4 août 1815). Il fut le 8 septembre 1819 réadmis au service de France dans le grade de chef de bataillon et reçut, à dater du 1ᵉʳ janvier de cette année, un traitement de réforme de 900 francs, qui cessa le 31 décembre 1823.

IX. Massoni (p. 85).

Né à Gênes le 16 avril 1763, fils d'un capitaine qui périt en 1766 au service de Gênes à la défense de l'île de Capraja et neveu de Caraffa qui fut colonel à la suite du régiment Royal-Corse, Augustin Massoni reçut, lorsqu'il eut au 7 mai 1780 quinze ans accomplis, l'autorisation de suivre les exercices et de profiter des instructions du corps royal de l'artillerie à La Fère. Élève d'artillerie (16 août 1781), admis officier le 9ᵉ sur 53 à l'examen de 1782, nommé lieutenant en second de mineurs (7 août 1782), puis lieutenant en premier (11 juin 1786), il commandait en Corse dans l'année 1788 le détachement des treize mineurs de la compagnie de Chazelles resté dans l'île pour faire les chemins. Promu capitaine de mineurs le 1er avril 1791, il émigra la même année : le désordre de l'administration était tel qu'il ne fut remplacé que le 1er novembre 1792, comme ayant abandonné son emploi ! Il alla en Espagne où Preïssac l'adjoignit à son état-major; mais quelque temps après il franchissait la frontière française, parcourait le Roussillon sous un déguisement, prenait des renseignements sur les places fortes, s'entendait avec des royalistes, et, à son retour, dans une conférence entre Lacy, gouverneur de Catalogne, Preïssac et l'ancien ministre Sartine, proposait un plan d'attaque générale du Roussillon. Son plan fut adopté, et Massoni qui dirigeait l'artillerie de siège et reçut quatre blessures, contribua puissamment à la prise de Bellegarde, de Villefranche et de Collioure. Il servit le roi d'Espagne, comme capitaine d'artillerie, jusqu'en 1798. Le 6 septembre 1805, il écrit de Saragosse à Napoléon qu'il a dû quitter la France à la suite d'une émeute populaire où il a été blessé en faisant son devoir. « Votre Majesté, ajoute Massoni, voulut bien lire avec complaisance ma demande en radiation présentée par Rœderer et me permit de rentrer en Corse », et il supplie l'empereur de le nommer dans l'île soit sous-directeur d'artillerie, soit adjudant garde-côtes, soit commissaire des relations commerciales du roi d'Espagne. Le 11 avril 1814, à la tête d'anciens royalistes, il exécutait une attaque de vive force contre Bastia, s'emparait de la ville, proclamait le gouvernement provisoire et renversait les autorités établies par Napoléon. Aussi fut-il nommé chevalier de Saint-Louis (14 novembre 1814) et reconnu par la commission des émigrés comme lieutenant-colonel (18 novembre 1814) pour prendre rang à partir du 1er avril 1808. Deux fois il présida la députation corse présentée à Louis XVIII. On le trouve depuis directeur par intérim des fortifications de Corse (9 janvier 1816), lieutenant-colonel du 3e régiment du génie (12 août 1816), ingénieur en chef à Antibes (8 février 1819). Il fut admis à la retraite le 21 mars 1821.

X. Lettre de Caraffa, maire de Bastia, au ministre de la guerre, sur la journée du 5 novembre 1789 (p. 86).

Monseigneur,

J'ai l'honneur de vous adresser copie des procès-verbaux qui se sont faits les 5 et 7 du courant, et je vous avoue que je me suis toujours opposé à la création de la milice nationale pendant le temps que la jeunesse de la ville la demandait, ayant plusieurs raisons à ne pas y consentir, et particulièrement celle que nous n'avions pas de voleurs étrangers à chasser, comme il y en avait dans les provinces de France. Mais quand j'ai vu que tous les chefs des arts et métiers, avec beaucoup de bons bourgeois, la demandaient, alors je pris le parti d'avoir le consentement de M. le vicomte de Barrin, et sur ses promesses par écrit, en sortant de chez moi, j'ordonnai à une partie du peuple de laisser leurs fusils dans les boutiques voisines. Nous nous assemblâmes dans l'église de Saint-Jean où M. le vicomte de Barrin se rendit. Il fit lire sa lettre par notre greffier qui la traduisit en italien afin que le peuple entendit sa permission. Après quoi, on chanta le premier verset du *Veni creator spiritus* et aussitôt on entendit battre la générale.

Le peuple s'écria à la trahison et aussitôt la compagnie des chasseurs du régiment du Maine arriva près de l'église et fit une décharge sur beaucoup de monde qui était sorti de l'église pour aller s'armer. Heureusement que la plus grande partie des soldats tirèrent en l'air sans tuer personne qu'un particulier blessé légèrement à la joue, et un autre qui était en sentinelle à la porte de l'église eut la canne de son fusil cassée. Malgré cela, le peuple criait toujours à la trahison et croyait que j'étais de connivence avec le général. Deux pères qui eurent deux enfants blessés de coups de baïonnette, étant voués à mon service, ne se plaignirent point au peuple; sans quoi le poublique (sic) m'aurait mis en pièces ainsi que le général.

Je puis vous assurer, Monseigneur, que, ayant fait les guerres de Flandre et Westphalie, où je me suis trouvé à neuf sièges et à dix batailles ou affaires, que je puis bien dire avec vérité de n'avoir jamais été dans la pensée de l'horreur de la mort aussi affreuse pendant trois heures continuelles. Après quoi, j'eus assez de force pour accompagner M. le vicomte de Barrin sain et sauf chez lui en mettant à sa porte une garde bourgeoise. Le lendemain, je fus le voir; il me parut assez tranquille. Mais, le jour après, il me montra de la méfiance d'être gardé par la milice. Ce qui m'a déterminé de prier M. le major de la place d'y ajouter autant d'hommes du régiment du Maine. J'y envoyai aussi un aide-major de milice pour lui tenir d'aide de camp, afin qu'il ne se plaigne pas de nous.

Hier je fis prêter serment à tous les officiers et soldats en gros. Aujourd'hui on commence à former les compagnies où nous y mettrons un capitaine en premier, un en second, un lieutenant, un en second, un aide-major, un en second; par ce moyen le régiment sera mieux discipliné, et quant aux sergents et caporaux, ce sera à proportion du fonds des compagnies. Nous destinons (comme ils le veulent bien) tous les meilleurs bourgeois soldats qui monteront la garde tous les jours de la semaine, ayant la faculté de mettre un homme à sa place en payant. Par ce moyen, le pauvre ouvrier qui n'a pas d'ouvrage, aura quelque chose de sa journée, et tous les autres ouvriers monteront la garde tous les jours de fête et dimanches. M. de Petriconi a été nommé colonel du régiment; lorsqu'il sera ici, il verra ce qu'il y aura à faire.

Tous les corps de garde sont composés des soldats du régiment du Maine et de la milice nationale, et depuis le 6 du courant, ils vivent bien ensemble.

J'ai l'honneur d'être avec respect, Monseigneur,

Votre très humble et très obéissant serviteur

CARAFFA, maire.

Bastia, ce 9 novembre 1789.

XI. Petriconi (p. 97).

César-Mathieu Simoni de Petriconi, né le 21 octobre 1727 à Sorio, avait dès sa jeunesse servi la monarchie dans le régiment du Royal-Corse où il fut enseigne (10 octobre 1743) et capitaine à la suite (18 janvier 1760), et s'était de tout temps proclamé le sujet le plus dévoué du roi. Il détestait alors Paoli. « Je connais depuis longtemps, écrivait-il en 1768, l'ambition démesurée de cet homme; il le sait, et non content de me faire du mal, il en veut à mes parents et à tous ceux qui me sont attachés, cherchant à anéantir mon parti; pour me nuire, il a fait faire un second mariage à mon père qui a cessé de m'aimer pour devenir son ami, et pour aimer apparemment avec plus de force sa nouvelle épouse et Paoli qui a su le séduire et lui en imposer ainsi qu'à bien d'autres pour le malheur de la nation aveuglée. » Il prit part aux campagnes du maréchal de Vaux, entraîna les habitants du Nebbio qui balançaient encore, accompagna Lauzun au fort du péril : « il ne s'est pas tiré, disait-il, un coup de fusil en Corse que je n'y ai été. » Il fut nommé lieutenant-colonel de la légion corse, avec rang de colonel (1ᵉʳ septembre 1769). Mais il ne se croyait pas suffisamment récompensé; il cria, clabauda devant les officiers, s'efforça de les dégoûter du métier, leur disant qu'ils servaient d'escaliers et de machines pour établir la fortune d'autrui, qu'ils se laissaient mener comme des moutons, qu'ils n'avaient plus rien à attendre et à espérer, mais que lui, Petriconi, voulait se mettre à leur tête et leur procurer un sort plus avantageux, qu'il écrirait au ministre d'Espagne, appellerait à lui les réfugiés corses de Livourne et bien d'autres encore. Il fut dénoncé par les officiers, par Fabiani, Bocchociampe, Arrighi de Casanova, Ferrandi, et le ministre voulut un instant le traduire devant un conseil de guerre. Mais on réfléchit qu'il était accrédité en Corse, qu'il y avait beaucoup de parents. On résolut de ne pas approfondir les chefs d'accusation et, pour éviter tout esclandre, Petriconi quitta la légion corse. Il fut nommé colonel attaché à l'infanterie (25 juin 1771). Député des États de Corse pour l'ordre de la noblesse en 1777, il dit des vérités, suivant sa propre expression, et parla contre les abus et le despotisme du général et de l'intendant; une lettre de cachet l'exila de Corse. Mais la Révolution le ramena dans son île : élu commandant de la garde nationale de Bastia (7 novembre 1789), il usa de son influence, comme dit le vicomte de Barrin, pour arrêter les désordres et il fut « extrêmement utile par le bien qu'il fit et le mal qu'il empêcha ». Aussi reçut-il le grade de maréchal de camp (1er mars 1791). Compromis dans les troubles de Bastia, il ne fut pas emprisonné, à cause de l'état de sa santé. Il se rallia en 1793 à Paoli et aux Anglais (Renucci, II. 8) et mourut à Bastia le 17 novembre 1794.

XII. Achille Murati (p. 98).

Achille Murati était né en 1734 au village de Murato dans le Nebbio. Il fut un des plus intrépides lieutenants de Paoli dans la guerre contre les Génois. En 1763, il défendit avec acharnement Furiani. En 1767, il partit de Macinaggio avec 450 Corses et principalement des habitants de Tomino et vint débarquer dans l'île de Capraja, à vingt milles du cap Corse, à l'endroit dit le Ceppo. Il s'empara de la ville, des tours de Sinopito et de Barbici, d'une tour qui dominait le port, repoussa à coups de fusil les galères et pinques génoises de secours, força le commandant de la forteresse de Capraja à ouvrir ses portes. Ce fut lui qui signa pour la nation corse l'acte de capitulation qui fut signé pour la république génoise par Bernardo Ottone, Emmanuel Massari et Hyacinthe Poggi. Plus tard, en 1790, il fut membre de l'administration départementale et en 1792 lieutenant-colonel d'un des bataillons de volontaires corses. Il se rangea du côté de Paoli contre la Convention. Après la soumission de l'île, il devint Français zélé, et, lorsqu'en 1798 les révoltés de la Crocetta attaquèrent Murato, il leur tint tête et les mit en fuite (Renucci, II, 130). Il mourut à Murato en 1801 à l'âge de soixante-sept ans.

XIII. La Ferandière (p. 101).

Hubert-Casimir Rousseau de La Ferandière, né à Poitiers le 4 mars 1728, lieutenant en second aux grenadiers de France (5 septembre 1750) et capitaine (1er mars 1757), lieutenant-colonel du régiment provincial de Bar (16 octobre 1771), lieutenant-colonel du régiment de La Couronne, plus tard le 45e (15 mai 1776), était brigadier d'infanterie depuis le 1er janvier 1784 lorsqu'il fut nommé le 15 février 1786 au poste de commandant d'Ajaccio qui valait 6000 livres. Le 1er août 1791 il était promu maréchal de camp.

XIV. Lettre de la Ferandière au ministre de la guerre (p. 101).

Monseigneur,

Toujours convaincu du peu de liberté qu'a M. le vicomte de Barrin de vous rendre des comptes vrais, étant examiné de près dans sa correspondance, craignant que celle de M. de Gaffori ne soit douteuse, passant par Bastia, je me crois obligé, monsieur le comte, de vous faire savoir que M. Arena, avocat, mêlé dans la difficulté de Calvi pour l'élection de M. Buttafoco, venant de Londres, de Paris, vient de s'emparer de l'Isle-Rousse et qu'il a refusé la troupe qu'y envoyait M. de Gaffori pour y tenir garnison; de plus, que les habitants ont pillé les effets de M. Turby, commandant. Voilà ce que m'écrit M. Gaffori, de Corte.

La ville d'Ajaccio a eu le bon esprit d'arrêter qu'ils ne voulaient nulle innovation jusqu'à l'arrivée des décrets de la nation et du roi, qu'ils seront soumis et les suivront, et qu'ils seraient tranquilles jusqu'à ce moment.

Malgré ce sentiment presque général, des esprits exaltés par des lettres particulières, par des papiers publics mettent la fermentation dans l'île. A la réception de ces lettres, une douzaine de particuliers illuminèrent leurs fenêtres et on lisait *Vive la Nation, vive Paoli, vive Mirabeau* sur celle de M. Bonaparte, officier d'artillerie du régiment de La Fère. Ce jeune officier a été élevé à l'École militaire, sa sœur à Saint-Cyr, et sa mère, comblée de bienfaits du gouvernement. Cet officier serait bien mieux à son corps, car il fermente sans cesse.

Au milieu des fermentations partielles de cette ville, il me parvient lettres, avis qu'on veut surprendre la citadelle, les armes, et s'emparer de noi. Pour ma personne, je n'en puis répondre, car je suis souvent parmi eux. Mais soyez tranquille sur la citadelle, je pourrais même dire autant de moi que l'estime générale, même celle des esprits exaltés, semble garantir. Mais que ne peut l'effervescence causée par les écrits qui parcourent dans l'île?

Si cependant on laisse un particulier intrigant, sans mission, s'emparer impunément d'un poste essentiel comme l'Isle-Rousse, qui peut calculer où cela conduirait? Je finis par cette réflexion, monsieur le comte; elle mérite votre attention.

Je suis avec un profond respect, Monseigneur,
Votre très humble et très obéissant serviteur
Chevalier DE LA FERANDIÈRE.

A Ajaccio, ce 26 décembre 1792.

XV. Rully (p. 102).

Antoine-Charles-Gabriel-Bernard de Montessus de Rully, admis en qualité de lieutenant en second à la suite de l'École du corps royal de l'artillerie à Metz (22 août 1772), sert quatre ans au régiment de Strasbourg, puis obtient le rang de capitaine de dragons (18 mars 1776) et une compagnie de dragons au régiment de Custine (9 juillet 1776), devient sous-lieutenant des gendarmes bourguignons avec rang de lieutenant-colonel (3 juin 1778), colonel en second du régiment de Foix (3 juin 1779), mestre de camp en second du régiment d'Austrasie (8 mars 1782) et mestre de camp commandant du régiment du Maine (1er janvier 1784). « M. le comte de Rully, écrivait Barrin au ministre le 22 décembre 1789, qui n'attendait ici que l'arrivée de M. de Saint-Martin, major du régiment, pour partir, s'embarque aujourd'hui pour se rendre en France, il est en état de vous rendre compte de tous les événements arrivés dans ce pays depuis sept ou huit mois; c'est un brave et galant homme, excellent officier tant pour la discipline de sa troupe que pour la guerre, et sur lequel on peut compter à tous les égards possibles pour le service du roi. »

XVI. Maudet (p. 113).

Pierre-Adrien de Maudet, né le 16 février 1720, lieutenant en second au régiment de Périgord (1er janvier 1734), lieutenant en premier (1er avril 1735), capitaine (15 octobre 1746), chevalier de Saint-Louis (15 septembre 1747), capitaine de grenadiers (8 septembre 1756), lieutenant de roi à Saint-Malo (14 juin 1778), commandant à Calvi (24 juin 1780), commandant de Calvi et de la Balagne par lettres de Marbeuf (6 juin 1781) et de Barrin (21 mars 1787), maréchal de camp (1er mars 1791), général de division (8 mars 1793), remercié le 15 mai 1793 et déjà renvoyé par les commissaires de la Convention à l'armée du Var, se trouvait à Toulon au mois de juillet et se laissa mettre à la tête des révoltés. Il avait fait, sous l'ancien régime, les campagnes de Bohême et de Bavière, celles des Alpes et d'Italie, celles de Westphalie, et s'était embarqué deux fois, la première en 1734 pour aller au secours de Stanislas assiégé dans Danzig, la seconde pour se rendre à la Martinique où il demeura cinq années. Il avait reçu deux blessures, l'une à l'attaque des retranchements russes près Danzig, l'autre à l'affaire de l'Assiette.

XVII. La Ferandière et la municipalité ajaccienne (p. 115).

Lettre écrite par la municipalité d'Ajaccio à M. le chevalier de la Ferandière, commandant de ladite ville.

Monsieur,

Après avoir demandé depuis plusieurs jours qu'on changeât la direction des canons qui dominent sur la ville pour que l'aspect de ces instruments belliqueux n'excite point de divisions entre les troupes et les citoyens, nous nous apercevons que nos instances réitérées ne sont d'aucun poids. Sur les vives représentations que nous a faites dans ce moment le Conseil général de la commune, nous réclamons, et autant qu'il est en notre pouvoir, nous ordonnons que dans quatre jours d'ici, les canons soient démontés; que les roues et autres effets militaires soient renfermés en magasin, comme on a coutume de le faire en un temps de paix semblable au nôtre. Autrement, nous ne pourrions faire moins que de nous adresser où il sera convenable, pour satisfaire l'intention des habitants de cette ville, intention qui est de n'être point menacés, dans un temps de liberté, par le terrible aspect d'une forteresse armée, lorsqu'elle ne l'était pas même sous le plus impérieux despotisme.

Nous avons l'honneur d'être, Monsieur, vos très humbles et très obéissants serviteurs.

De Buonaparte, Dominique Rop⋅ lia, Colonna d'Ornano, Frasseto, Guitera, Conti, Meuron, Levie, maire, Don Charles Recco, procureur de la commune, Bonaventure Maestroni, Antoine Costa, Rainzo Scarbouchio, Joachim Bocognano, Nicolas Paravicino, Don Dominique Uciani, Pierre Zerbi, Philippe Poggi, Patrice Stefanopoli, Marc Zigliara, Joseph Carbone, Jean-Pierre Levie, Silvestre Calcatoggio, Paul-Mathieu Cervotti, Etienne Cattaneo, Jean-Baptiste Recco et Jacques Pò.

Ajaccio, le 23 mai 1790.

Réponse de La Ferandière à la municipalité.

Messieurs,

Je suis prêt à remplir les vœux de la Commune. Mais comme je suis responsable envers la nation et le roi de la sûreté du poste qui m'est confié, il est indispensable que, préalablement à toute opération relative à votre demande, la Commune me donne une décharge et se rende responsable de tous les événements qui pourraient résulter du désarmement que vous exigez. Tel est l'avis, Messieurs, du Conseil de guerre que j'ai rassemblé à ce sujet, dont les membres sont soussignés.

VIALIS, lieutenant-colonel
VOUILLERS, lieutenant-colonel
MAILLARD, major
DE LA JAILLE, major
PASCHAL, 1ᵉʳ capitaine

PERETTI, commandant des provinciaux
SAINT-ANGE, major
GAUDIN, chevalier de Saint-Louis
GAUDIN, capitaine du génie.

Ajaccio, le 24 mai 1790.

Seconde lettre de la municipalité à La Ferandière.

Monsieur,

Nous recevons votre lettre par laquelle vous demandez un acte de responsabilité pour désarmer la citadelle, après nous avoir promis dans votre précédente datée du 20 courant de le faire sans aucune condition, en considération d'une simple demande du corps municipal. L'avis des membres du Conseil de guerre serait de nous rendre responsables des événements qui peuvent arriver. Nous avons l'honneur de vous observer que nous ne connaissons d'autre personne publique que vous, Monsieur. C'est donc à vous que nous avons l'avantage de répondre que nous ne pouvons et ne devons nous soumettre à aucune responsabilité qu'à celle seulement que nous impose la loi. Cette loi nous déclare conservateurs de la paix, du bon ordre; nous ne prétendons assurément pas renoncer à une prérogative dont nous nous glorifions. Voilà notre seule responsabilité. Nous requérons donc que vous donniez des ordres les plus précis, afin que, selon la teneur de la précédente délibération du Conseil général de la commune, les canons qui sont dirigés sur la ville, soient démontés, sans cependant dégarnir, des machines de guerre, la partie qui donne sur la mer. Nous ne doutons point, Monsieur, de votre attachement à la Constitution. Cependant nous ne pouvons moins faire que de vous observer que, si vous rejetiez notre demande, laquelle n'est autre que de mettre la citadelle dans la situation où elle se trouve toujours en temps de paix, nous ne pourrions guère nous empêcher d'avoir comme un soupçon qui laisserait présumer que vous êtes en correspondance avec les personnes intéressées à la conservation des forteresses et places fortes de France, pour quelque événement que ce soit [1].

DE BUONAPARTE, THOMAS TAVERA, ROBAGLIA, COLONNA D'ORNANO, GUITERA, CONTI, MEURON, LEVIE, maire, DON CARLO RECCO, procureur de la commune, BONAVENTURE MAESTRONI, ANTOINE COSTA, BAINZO SCARBOUCHIO, JOACHIN BOCOGNANO, PARAVICINO, PHILIPPE POGGI, PATRICE STEFANOPOLI, MARC ZIGLIARA, JOSEPH CARBONE, abbé PIERRE POMPEANO POZZO DI BORGO, SILVESTRE CALCATOGGIO, PAUL-MATHIEU CERVOTTI, JEAN-BAPTISTE RECCO et JACQUES PÓ.

Ajaccio, le 25 mai 1790.

Réponse de La Ferandière à la municipalité.

Ajaccio, le 26 mai 1790, 7 heures du matin.

Messieurs,

Puisque vous répondez de la tranquillité de l'intérieur et que vous ne me recommandez d'être en défense que du côté de la mer, je donne les ordres pour désarmer les batteries donnant sur la ville et le faubourg. Pour me

---

1. Note de La Férandière : « Cette phrase en italien est si louche, si entortillée, qu'il est même difficile d'en extraire un sens précis. »

mettre à couvert de tout reproche, je vais rendre compte de ma conduite. J'aurais désiré, Messieurs, que vous eussiez attendu l'arrivée de MM. de Biron et Paoli qui sont en chemin.

La Ferandière au ministre de la guerre.

Monseigneur,

D'après ces dernières lettres de la municipalité d'Ajaccio, que je vous fais passer par M. de Maillard, major de Limosin, témoin des prétentions journalières, plus ou moins embarrassantes, vous sentez, monsieur le comte, la nécessité d'avoir un décret qui règle les devoirs et les pouvoirs respectifs des municipalités et des troupes du Roi pour que les commandants ne soient pas dans une indécision si critique et si alarmante par les dangers qui peuvent en être la suite. Je vous demande donc à connaître mes devoirs pour les suivre comme j'ai fait depuis quarante-cinq ans.

XVIII. Souiris (p. 116).

Jean-Pierre Souiris avait épousé Livia Marie Tscharner. Il eut d'elle une fille, Marie-Catherine-Madeleine, qui naquit le 18 novembre 1766 à Ajaccio et qui devait épouser à Turin le 1er août 1803 Jean Maingarnaud. Ce dernier, colonel au 96e régiment d'infanterie et aide de camp de Lefebvre, fut tué le 5 mars 1811 au Conil devant Cadix. « Il était, écrit Lefebvre, connu personnellement de Sa Majesté et a été nominativement employé par elle dans la dernière guerre; la famille de sa femme est également connue de la famille impériale et royale. » Maingarnaud, recommandé par la princesse Caroline en 1808, avait un majorat de 2000 francs. Sa veuve ne pouvait, d'après la loi du 8 floréal an XI, revendiquer qu'une pension de 600 francs; l'empereur lui accorda le 3 juillet 1811 une pension de 1200 francs.

XIX. Lajaille (p. 116).

Antoine de Lajaille, né à Saint-Pierre de Maillé (Vienne) le 28 juillet 1736, surnuméraire (10 mars 1751), cadet (12 avril 1751), sous-lieutenant à l'École d'Auxonne (1er janvier 1757), lieutenant en troisième (27 mars 1760), sous-aide-major (15 janvier 1762), lieutenant en premier (25 mars 1765), « appartenait d'assez près à M. d'Argenson », et, dit une note du temps, « ne manque ni d'intelligence ni d'aptitude; on ne peut lui reprocher que trop de dissipation; il a besoin d'être contenu; c'est un homme de très bonne maison, mais fort pauvre ». Le 25 novembre 1766, il recevait une commission de capitaine sans appointement, comme le plus ancien des lieutenants du corps royal. On le trouve ensuite capitaine en second au régiment de Besançon, et, en cette qualité, détaché à Belle-Isle (4 mai 1771); mais une note de 1770 le désigne encore comme une *tête chaude* : « trop de feu nuit à son application ». Chevalier de Saint-Louis (12 septembre 1776), capitaine de bombardiers (1er janvier 1777), capitaine de canonniers (9 mai 1778), il fut nommé le 19 juin 1785 chef de brigade au régiment de Metz. Le 29 mai 1789 on décide de l'envoyer en Corse : « des raisons de paix et de tranquillité exigent que M. Lajaille soit retiré du régiment de Metz. M. le chevalier de Gomer propose de le nommer à la résidence de capitaine en premier à Ajaccio, vacante par la mort de Borel de l'Or; il aura 3000 francs d'appointements et ceux dont il jouit déjà en sa qualité de chef de brigade. Cette disposition est de toute nécessité pour le bien du service. » Lajaille se rendit à Ajaccio; mais, à la suite des troubles auxquels Napoléon Bonaparte fut mêlé, il sollicita son rappel. Le député Claude de Lacbastre, son parent, déclara qu'il était instant pour lui de quitter au plus tôt l'île de Corse (cf. les pièces suivantes) et le vicomte de Barrin écrivit également que la vie de Lajaille n'était plus en sûreté. Le 4 novembre 1790, Lajaille obtenait un congé de six mois. Il reçut ensuite une prolongation; mais, bien qu'il eût le brevet de major, il n'obtint pas le grade de lieutenant-colonel qu'il demandait et il fut un des soixante-deux capitaines de l'arme que la loi du 27 avril 1791 bornait dans leur avancement. Il ne rentra pas en activité.

XX. Correspondance de Lachastre et de Lajaille (p. 120).

Note de Lachastre.

Le zèle du sieur Lajaille pour le service du roi lui a attiré la haine de la garde nationale d'Ajaccio en Corse qui a juré sa perte. La lettre ci-jointe donne à cet égard les plus grands détails. Il est instant pour cet officier de quitter au plus tôt l'île de Corse.

CLAUDE DE LACHASTRE, député.

Lajaille à Lachastre.

Ajaccio, le 14 septembre 1790.

J'ai l'honneur de vous rendre compte, mon cher parent, de l'événement qui m'est encore arrivé. Le 8 du courant, la garde nationale a pris poste dans la citadelle, malgré les représentations et le décret que nous avons représenté à la municipalité. Cette garde était composée des mêmes personnes qui ont voulu me massacrer la journée du 25 juin. Le 9, avant de descendre leur garde, ils ont fait des tentatives pour s'emparer de mon logement qui est dans la citadelle et qui domine cette place. Deux ont monté sur la terrasse. Je leur ai demandé ce qu'ils voulaient. Ils m'ont répondu qu'ils voulaient prendre le frais. Je les ai quittés pour aller en rendre compte à M. de La Ferandière, commandant de la place. En descendant, j'ai fait rencontre de sept gardes nationales dont deux ont tiré leur stylet. Mais, me voyant muni de mon épée et mon garde-magasin derrière moi, ils ont remis leur stylet et se sont retirés en jurant que je ne l'échapperais pas la première fois qu'ils monteraient la garde. Ils sont tous furieux contre moi de ce que j'ai fait la guerre contre eux. Ils voudraient que je leur remette les clefs des magasins et munitions qui sont entre mes mains, chose que je ne peux à moins d'un ordre de l'Assemblée nationale et du roi. J'ai l'honneur de vous prier d'avoir la bonté de vous intéresser à ma triste position, et, comme membre de l'Assemblée nationale, que je sois rappelé et que l'on me place dans un des régiments du corps suivant la lettre du ministre en date du 29 mai 1789 qui me conserve mon rang dans le corps. Je suis muni de cet ordre. Je vous prie de demander un congé pour moi ou un ordre pour que je quitte la Corse au plus tôt. J'espère, mon cher parent, sur vos bontés et soyez sûr des sentiments de reconnaissance avec lesquels j'ai l'honneur d'être votre très humble et très obéissant serviteur.

LAJAILLE, chef de brigade au corps royal.

XXI. Lettre de Napoléon à Pozzo di Borgo (p. 125).

(Communiquée par M. Guizot à la commission de la *Correspondance* et non publiée; elle ne porte pas la date de l'année, mais elle est évidemment de 1790, et non, comme l'ont cru Iung et M. Guizot, de 1791.)

L'on vous a beaucoup écrit sur l'affaire d'Ajaccio; vous être très occupé, je ne vous dirai qu'un mot. Cette ville est remplie de mauvais citoyens; vous ne vous formez pas une idée de leur folie et de leur méchanceté. Ils avaient tellement fomenté ce pauvre peuple que l'on voulait jeter la statue du général à la mer. C'est la maison Ponte qui est le centre de toutes ces menées : l'on prouve que c'est lui qui a publié que le lazaret devait être à Saint-Florent, pour accroître le mécontentement. Vous vous souvenez qu'à Orezza ils n'osaient pas parler; ici ils publient des impostures. Moi, au contraire, j'esternais mon sentiment sans ménagement; mais ici je ne suis occupé qu'à prouver que nous n'avons pas été lésés. Pour revenir au fait, ce district a très mal commencé. Vous n'avez qu'un remède pour rétablir les choses : de casser de votre pleine puissance trois membres, Leca-Ondella, Philippo Folacci et Celli, d'en faire nommer trois autres quand les électeurs s'assembleront pour l'élection des juges, en attendant de les suspendre. Ce moyen est violent, peut-être illégal, mais indispensable, parce que trois mauvais et trois faibles et ignorants, et tout est perdu. Messieurs les administrateurs, souvenez-vous de cette belle maxime de Montesquieu que Mirabeau combattit en vain : les lois sont comme la statue de certaines divinités que l'on voile en certaines occasions.

Avec respect, votre

BUONAPARTE, officier d'artillerie.

Ajaccio le 11 octobre.

XXII. Lettre de Joseph Bonaparte à Colonna Cesari (p. 136).

(Les premières lignes de cette lettre sont importantes, elles prouvent que Napoléon avait essayé deux fois de repasser en France et que les vents contraires l'avaient retenu deux fois dans le port.)

Ajaccio, li 5 gennaio 1791.

Signor generale,

... Mio fratello è ritornato un'altra volta dalle costiere della Provenza; è sensibile alla vostra memoria.

Domani si aprirà la prima sessione del nostro Globo patriottico. Il prospettus era fatto da più d'un mese a questa parte. Siamo già 60 sottoscrittori. Faremo presidente l'ozioso Masseria li di cui principj, come voi sapete, sono quelli di un Giaccobino; è arrivato a tempo. Riceveremo tutti li fogli pubblici li più interessanti. Spero che gioverà moltissimo a propagare lo spirito pubblico ed a scemare le ridicole rivalità delle famiglie concittadine.

Col più rispettoso attaccamento

vostro umilissimo servo ed amico.

BUONAPARTE.

XXIII. Buttafoco (p. 138).

Matteo de Buttafoco, né le 1er novembre 1731 à Vescovato, enseigne au régiment Royal-Italien à l'âge de dix ans (16 mai 1741), lieutenant (5 mars 1746), capitaine (20 mars 1758), capitaine aide-major (28 octobre 1760), employé à Minorque de 1756 à 1762, chevalier de Saint-Louis en 1762, adresse le 26 janvier 1762 à Choiseul un mémoire où il assure que les Anglais veulent se dédommager de la perte de Minorque et que s'ils débarquent en Corse, la population les regardera comme les vengeurs de la liberté opprimée : « persuadé, dit-il, que son attachement pour le service du roi n'est point incompatible avec celui qu'il a pour sa patrie, il ne craint pas de faire des offres de services dans ce pays-là. » Il fut nommé colonel du Royal-Corse (27 novembre 1765) et, en dédommagement de ses voyages en France et de ses courses en Corse, reçut de grosses gratifications; « si quelqu'un, écrivait-il à Choiseul le 19 janvier 1768, est réellement employé en Corse depuis près de quatre années, c'est certaine ment mol »; et le 18 décembre de la même année, il demandait le grade de brigadier en ajoutant qu'il servait depuis vingt-six ans. Le 1ᵉʳ octobre 1769 il était nommé colonel d'un régiment qui portait son nom, le régiment de Buttafoco, composé d'un bataillon à neuf compagnies où n'entreraient que des Corses. Lorsque ce régiment rentra dans l'île pour y former le 48ᵉ régiment provincial ou régiment provincial de l'île de Corse (23 août 1772), Buttafoco en fut l'inspecteur. Le 1ᵉʳ juillet 1777, sa place fut supprimée, mais il conserva des appointements de réforme qui s'élevaient à 8000 livres, et ne tarda pas à être promu brigadier (1ᵉʳ mars 1780), et maréchal de camp (5 décembre 1781). Élu député aux États généraux par la noblesse de Corse, Buttafoco émigra. Rayé de la liste des émigrés (23 juin 1801), il mourut le 6 juillet 1806 à Bastia.

XXIV. Lettre de Talleyrand à Régnier (p. 143).

Paris, 13 nivôse an XI (3 janvier 1803).

Le ministre des relations extérieures au citoyen Régnier, grand juge.

Citoyen,

Le citoyen Narbonne-Fritzlar sollicite son certificat d'amnistie. Son grand âge, ses infirmités, ses services personnels et les souvenirs glorieux que rappelle son surnom, sont des titres à votre bienveillance. Il fut autrefois commandant en Corse, et là, comme partout ailleurs, il n'a laissé que des souvenirs honorables. Le premier consul à qui j'en ai parlé, se le rappelle parfaitement et il s'est exprimé sur le compte de ce brave et vieil officier dans des termes qui ne me permettent pas de douter qu'il n'approuve que vous le fassiez jouir du bienfait de l'amnistie. J'ai l'honneur de vous saluer.

Cʜ. Maur. Talleyrand.

XXV. Napoléon à Auxonne (p. 148).

On a prétendu que Napoléon avait soit en 1788, soit en 1791, demeuré dans une maison de la rue Vauban. Cette maison appartenait alors à la famille Bauffre: elle vint plus tard à un M. Phal-Blando et fut enfin achetée par la ville, qui y transféra le collège. Mais, selon toute vraisemblance, Napoléon ne l'a pas habitée. C'est Coston qui, le premier, fournit ce renseignement (I, p. 122 et 151), et les biographes copient Coston. Or, que dit Coston? Qu'en 1788, comme en 1791, Napoléon logeait aux casernes, qu'il avait toutefois, en 1788, « un cabinet très retiré dans la maison Phal chez M. Lombard ». Ce cabinet était donc un cabinet d'étude, et Napoléon ne logeait pas dans la maison Phal. Mais à quoi lui servait ce cabinet? A des expériences de chimie? On n'a aucune preuve que Bonaparte ait à cette époque étudié la chimie. Et pourquoi eût-il fait ce surcroît de dépense? Évidemment, les Auxonnais que Coston consulta, ont attribué cette chambre, ce « cabinet » à Napoléon parce qu'ils connaissaient ses relations avec Lombard et que cette chambre avait été occupée, paraît-il, en 1675 par Vauban. Que de légendes encore sur ce séjour d'Auxonne! Le bon Coston a donné cours à quelques-unes. Après lui est venu Pichard (1847) qui, selon le mot juste de Frédéric Masson, accepte tout sans contrôle. Et, après Pichard, aujourd'hui encore des biographes répètent que deux camarades de Napoléon — qu'on ne nomme pas, et pour cause — se sont noyés sous ses yeux en patinant sur la glace; que Napoléon allait tous les jours faire sa prière à la chapelle du couvent des Ursulines; qu'il voulait épouser Manesca Pillet, etc.!

XXVI. Alexandre Suremain (p. 151).

Alexandre Suremain, fils du subdélégué François-Alexandre Suremain (qui mourut sur l'échafaud le 20 mai 1794) et de Marguerite Royer, né à Auxonne le 6 avril 1787, gendarme d'ordonnance et employé dans la guerre de Pologne où il devient brigadier, sous-lieutenant au 4° chasseurs (18 février 1808), lieutenant (6 avril 1812), aide de camp du général Beurmann (19 septembre 1812), capitaine au 16° régiment de hussards (20 septembre 1813), aide de camp du maréchal Gouvion Saint-Cyr, devient chef d'escadron au 1er régiment de hussards et prend sa retraite le 17 mai 1827.

XXVII. Napoléon menacé de noyade. (p. 152.)

Deux témoignages, indépendants l'un de l'autre, celui de Mlle Tierce et lu de l'élève de Brienne, émigré en Angleterre (voir I, p. 374, pièce XXI), s'accordent à rapporter que des royalistes, camarades de Napoléon, voulurent le jeter à l'eau. Voici le passage du *Some account* : « One day, walking by a river side with some young officers, with whom he generally associated, the dispute ran high, and, in a moment of enthusiasm, of which there have been numberless instances in all the wars of opinion, the young people, enraged, seized Buonaparte, and were on the point of throwing him head-long into the stream, when a momentary reflection made them perceive the shameful inequality of the number. »

La femme qui « avait soin de la chambre de Napoléon » (Coston, I, 153) se nommait Anne-Thérèse Guérin. Elle avait eu de Jean-Baptiste Tierce qui ne l'épousa que sur le tard (à Besançon, le 7 février 1795) deux filles, Jeanne et Madeleine, nées à Auxonne, l'une, le 2 février 1769, l'autre, le 23 juillet 1771. Tierce, né le 8 février 1742 à Couin en Artois, soldat au 2° régiment d'artillerie (18 juin 1762), sergent (1er novembre 1774), lieutenant (6 février 1792), chevalier de Saint-Louis (21 juin 1792), second capitaine (24 novembre 1792), quitta le service pour infirmités le 7 octobre 1793 et mourut à Besançon le 26 décembre 1795. Sa veuve revint à Auxonne où on la trouve revendeuse en l'an IV et journalière en l'an VII. Or, Tierce avait une sœur à laquelle il raconta, comme le prouvent les pièces suivantes, que des officiers royalistes avaient menacé Bonaparte de le jeter à l'eau.

Aire, département du Pas-de-Calais, ce 22 février 1809.

A S. E. le Ministre de la Guerre.

Son Excellence,

Pourrais-je, sans trop présumer de vos bontés, lui présenter une pétition pour S. M. notre digne Empereur? Le motif en est aussi vrai que juste; mais la circonstance qu'elle renferme, est si glorieuse à S. M. que je ne puis me dispenser de ravir à V. E. quelques moments de son temps pour lui en faire le récit, tel que me l'a transmis Mlle Tierce. M. Bonaparte, jeune officier, et M. son frère Julien (*sic*) prenaient leur pension à Auxonne chez M. Tierce, frère de la pétitionnaire, lorsque deux officiers français voulurent déterminer le jeune Bonaparte à l'émigration; ils tentèrent les moyens de force pour le déterminer, menaçant de le jeter dans l'eau. Sa Majesté promettant alors ce qu'elle est aujourd'hui, sa présence d'esprit, sa fermeté, son courage le fit échapper de ses assassins. Mais quels cœurs peuvent lire ce qui suivit ces douloureuses circonstances sans en avoir l'âme profondément affectée! A peine échappé lui-même du danger, il est informé de celui que courent ses deux assassins que l'on cherchait pour cause d'enrôlement d'émigration : le jeune et généreux officier vole à leur demeure, leur dit : « Messieurs, sauvez-vous, il est temps, on vous recherche »; les deux officiers français reconnaissent dans le jeune Bonaparte leur libérateur; ils s'écrient en se précipitant à ses genoux : « Nous avons voulu t'ôter la vie et tu nous la conserves ! »

Ce fait a été transmis à Mlle Tierce par M. Jean-Baptiste Tierce, son frère.

Je supplie V. E. de prendre le plus vif intérêt à la pétitionnaire dont la position est des plus affligeantes, mais dont les services sont ici indispensables pour le service des malades pauvres, par l'ignorance des médecins et chirurgiens des pauvres ; mais la vérité est : tel salaire, tel service.

J'ai l'honneur d'être, avec un très profond respect, de Votre Excellence, la très respectueuse servante.

FANNY PLUNKETT OF RATHMORE.

A. S. M. Impériale et Royale l'Empereur.

S. M.   Aire (Pas-de-Calais), le 22 février 1809.

Expose très respectueusement Marie-Josèphe Tierce, native du village de Couin, près Doullens, âgée de soixante-quatre ans, propre sœur de Jean-Baptiste Tierce, capitaine-commandant d'artillerie, mort à Auxonne, département de la Côte-d'Or en 1794, qu'ayant perdu par les malheurs de la Révolution et ses proches et sa fortune, elle se trouve fixée à Aire, département du Pas-de-Calais, livrée à la plus triste indigence, ayant exercé avec autant de zèle que de succès le traitement des malades pauvres gratuitement, tant à Arras qu'à Aire depuis vingt-cinq ans, ce qu'elle continue dans cette dernière ville et sa banlieue à la satisfaction générale des habitants, dont les certificats dont elle est munie font foi.

D'après cet exposé la pétitionnaire supplie très respectueusement S. M. I. de daigner alléger sa triste indigence en lui accordant une pension et se rappeler le souvenir, si glorieux à S. M. I., de la générosité magnanime qu'elle exerça envers deux officiers français qui voulaient le forcer à l'émigration lorsque S. M. logeait chez mon frère à Auxonne. Époque mémorable qui laisse à l'exposante l'espérance d'obtenir l'effet de sa demande. Ses vœux les plus ardents seront pour la conservation de S. M. l'Empereur et celle de l'Empire français.

MARIE-JOSÈPHE TIERCE.

Rapport fait au Ministre le 11 mai 1809.

Le ministre m'a renvoyé pour lui en rendre compte, un mémoire dans lequel Mlle Tierce sollicite une pension en qualité de sœur de Jean-Baptiste Tierce, capitaine d'artillerie, mort à Auxonne (Côte-d'Or) en 1794.

Cette demoiselle assure qu'elle est âgée de soixante-quatre ans, qu'elle a perdu sa fortune par les malheurs de la Révolution, et que, depuis vingt-cinq ans, elle traite gratuitement les pauvres malades.

Elle prie l'Empereur de se rappeler qu'étant logé chez son frère à Auxonne, au commencement de la Révolution, S. M. eut la générosité de sauver la vie à deux officiers français qui avaient employé les menaces et la violence pour le faire émigrer, et qui étaient poursuivis pour cause d'enrôlement pour l'émigration.

Ce mémoire n'est appuyé d'aucun certificat qui constate la vérité des faits qui y sont exposés.

J'ai l'honneur de demander à Monseigneur s'il est dans l'intention de S. E. d'en rendre compte à l'Empereur.

GOUTHOT.
Approuvé : CLARKE.

Note pour S. M. l'Empereur, le 18 mai 1809 (Minute).

La demoiselle Tierce sollicite une pension de S. M. en considération des anciens services de son frère, capitaine d'artillerie, mort à Auxonne en 1794.

Elle prie l'Empereur de se rappeler qu'il logeait chez son frère à Auxonne. Elle cite un trait de générosité qu'il exerça à cette époque envers deux officiers français qui avaient inutilement employé des moyens de violence pour le forcer à émigrer, et qui ne durent ensuite leur conservation qu'à l'avis qu'il leur donna qu'ils étaient recherchés comme coupables d'enrôlement pour les émigrés.

Je prie S. M. de me faire connaître si elle est dans l'intention d'accorder une pension ou quelque secours à la demoiselle Tierce qui déclare être âgée de soixante-quatre ans et dans l'indigence.

XXVIII. Le commandant Jean (p. 156).

Jean (Jean-Claude), né le 1er mai 1740 à Étrépigney, dans le Jura, entré au service le 26 décembre 1756, sergent (1er septembre 1763), sergent-major (1er septembre 1773), lieutenant en troisième (4 juillet 1779), second lieutenant (1er janvier 1791), capitaine (18 mai 1792), chef de bataillon au 6e régiment (30 novembre 1793), avait fait trois campagnes en Allemagne et en Corse ainsi que les premières campagnes de la Révolution. Un arrêté du 2 mai 1800 l'admit à la retraite et sa pension fut fixée à 2000 francs. Il avait quarante-trois ans, dix mois, onze jours de services.

XXIX. Leoni (p. 158).

Dominique Leoni, né le 4 août 1762 à Santa Reparata-di-Balagna, bombardier au régiment de La Fère (15 avril 1786), caporal (3 juillet 1793), sergent (10 août 1793), écrit au premier consul le 6 septembre et le 31 octobre 1800; Bonaparte décide le 7 novembre suivant de lui accorder une place de garde d'artillerie en Corse; Leoni, employé d'abord à Port-Cros, est nommé le 15 novembre 1801 à Saint-Florent, bien que Mouvant, directeur d'artillerie en Corse, propose le conducteur Clément qui a déjà rempli avec zèle par intérim les fonctions de garde dans plusieurs places.

XXX. Brazier (p. 158).

Michel Brazier, né en 1751 à Saint-Julien près de Laon, entré au 1er régiment d'artillerie en qualité de canonnier le 7 décembre 1768, caporal (4 mars 1784), sergent (22 juin 1792), blessé au siège du Quesnoy, congédié à la suite d'infirmités provenues de sa blessure le 22 septembre 1794 et retiré à Laon, reçoit à compter du 23 octobre 1799 une subsistance provisoire de 135 francs par an, puis, par arrêté des consuls du 30 novembre 1800, une solde de retraite de 260 fr. 25, et demande vainement à entrer aux Invalides; mort le 3 juillet 1813.

XXXI. Pierre (p. 159).

Jean-Ignace Pierre, né le 19 avril 1740 à Villers (Doubs), enrôlé volontaire à la brigade d'artillerie de Loyauté (dite de Saint-Auban) le 4 novembre 1759, sergent (1er août 1763), passé au régiment de La Fère (15 octobre 1765), garçon-major (10 janvier 1771) avec rang de lieutenant en troisième, détaché en Amérique (21 octobre 1776) avec brevet de capitaine d'artillerie des colonies, rentré en France au mois de septembre 1778, chevalier de Saint-Louis (16 décembre 1789), second lieutenant (1ᵉʳ janvier 1791), adjudant-major (1ᵉʳ avril 1791), second capitaine (18 mai 1792), capitaine-commandant (26 juillet 1792), chef de bataillon sous-directeur d'artillerie à Givet (11 août 1793), général de brigade employé à l'armée d'Italie (29 novembre 1793), chargé de commander à Marseille, mais renvoyé à Nice parce que les représentants avaient déjà nommé La Poype à sa place, non compris dans l'organisation des états-majors (13 juin 1795), retraité (31 mars 1796) après quarante-trois ans, sept mois, neuf jours de services, vit à Morteau, puis à Sens. Il avait fait les campagnes de 1760-1763 à Minorque, celles de 1776-1778 à l'armée américaine et celles de 1792-1795 aux armées du Nord et d'Italie.

XXXII. Jouffroy (p. 159).

Jean-Pierre Jouffroy, né à Boulot (Haute-Saône) le 20 juillet 1766, canonnier au régiment de La Fère (5 juin 1781), sergent (20 avril 1786), sergent-major (1ᵉʳ juin 1792), second lieutenant (24 novembre 1792), adjudant-major (25 novembre 1792), capitaine à l'état-major (17 février 1794), chef de bataillon sous-directeur (17 juin 1797) à Belle-Isle, à Toulon, à Landau, colonel-directeur (29 octobre 1803), général de brigade inspecteur (23 juin 1811), commanda l'artillerie au siège de Hambourg, et sous la première Restauration l'école d'artillerie de Douai (15 juin 1814). Rallié aux Cent-Jours, il fut, après avoir demandé à être conservé dans son emploi actuel ou à obtenir toute autre place semblable, employé à la défense de Paris (12 juin 1815) et chargé de la direction générale du matériel d'artillerie sous les ordres de Valée (16 juin 1815). Il fut mis à la retraite le 1ᵉʳ janvier 1816.

XXXIII. La Cattonne (p. 159).

Jean-François-Innocent-Silvestre de La Cattonne, né le 28 décembre 1745 à Embrun, « écuyer, fils d'un général-vibolg de l'Embrunois et parent de M. de Beaumanoir, gouverneur des pages de la reine », aspirant (25 janvier 1762), élève (17 septembre 1763), sous-lieutenant (27 octobre 1764), lieutenant en premier (15 octobre 1765), capitaine par commission (1ᵉʳ novembre 1774), capitaine en second (9 mai 1778), capitaine de sapeurs (5 avril 1780), de bombardiers (19 avril 1782), chevalier de Saint-Louis (31 janvier 1790), lieutenant-colonel (10 juin 1792), se brûle la cervelle le 2 décembre 1793; cf. Delachenal, *Corresp. de Chépy*, p. 351.

XXXIV. Danon (p. 160).

François Danon ou Dannon (lui-même emploie l'une et l'autre forme), né le 25 novembre 1731, entré au service le 16 mars 1755, sergent (15 octobre 1765), fourrier (1ᵉʳ juillet 1767), sergent-major (1772), vétéran (20 avril 1779), lieutenant en troisième (5 mai 1781), capitaine en second (11 septembre 1792), capitaine-commandant (22 octobre 1793), chef de bataillon (8 février 1794), demanda sa retraite le 23 avril 1794 et l'obtint le 14 mai suivant. Il se retira à Valence. Il avait trente-neuf ans, un mois et sept jours de services et 11 campagnes : Hanovre (1757-1758); bombardement du Havre (1759); côtes de Normandie (1760-1762); Corse (1764-1766); armée des Pyrénées-Orientales (1792-1793); armée de la Moselle (1794). Mais il n'avait pas deux ans d'exercice dans le grade au-dessus de lieutenant et d'après la loi (art. 3 du titre 2 de la loi du 22 août 1790) il n'eut qu'une pension de 1050 francs. Il obtint plus tard, sur sa demande, une place de capitaine de vétérans. Sa lettre à Bonaparte est du 13 août 1800. Le premier consul la renvoya au ministre de la guerre le 26 août suivant. Danon demandait « une place approchant son grade de chef de bataillon ». Le ministre lui répondit le 2 septembre : « L'acceptation de votre retraite depuis plusieurs années et votre existence actuelle dans les vétérans nationaux ne permettent pas d'avoir égard à votre demande, d'autant que le corps comporte déjà un assez grand nombre d'officiers supérieurs excédants. »

XXXV. Les Aurel (p. 161).

Pierre Aurel, imprimeur-libraire et officier municipal de Valence, chargé le 6 juin 1791 de dresser le catalogue des livres qui se trouvaient dans les maisons ci-devant religieuses de la ville et le 11 avril 1792 d'apposer les scellés sur la porte de deux chapelles, élu membre de la municipalité le 7 décembre 1792, fonde le 1ᵉʳ janvier 1793 le premier journal qui ait paru à Valence (*La Vérité au peuple, journal des départements de la Drôme et de l'Ardèche*, qui compta trente et un numéros de 1793 à 1797), et achève en même temps d'imprimer un ouvrage dont le Conseil général du département avait ordonné la publication et l'envoi à toutes les communes : l'ouvrage de Milton, *Défense du peuple anglais*, « propre à éclairer sur la circonstance actuelle où se trouve la France ». Il meurt le 23 septembre 1793, et la Société républicaine décide que tous ses membres assisteront à ses funérailles.

Joseph-Marc-Emmanuel Aurel, fils de Pierre Aurel et de Madeleine Vernet, né à Valence le 13 janvier 1775, établit son imprimerie-librairie à la « maison des Têtes » (vendue comme bien national après l'émigration de la famille Marquet), et, nommé imprimeur en chef de l'armée par le représentant Albitte (19 juillet 1793), imprime le *Souper de Beaucaire*.

XXXVI. Mésangère (p. 161).

Mésangère (François), l'ami de Louis Bonaparte, naquit à Valence le 19 décembre 1775. Élève à l'école d'artillerie de Châlons (20 janvier 1794), sorti de l'école avec plusieurs de ses camarades pour assister au siège de Maestricht et promu par le Comité de salut public second lieutenant (13 novembre 1794), envoyé au 5ᵉ régiment d'artillerie (16 mars 1795), prend part à deux campagnes de l'armée du Rhin (an III et an IV), est fait prisonnier de guerre, rentre de captivité le 27 février 1796, donne sa démission qui est acceptée le 14 février 1797. Mais Louis Bonaparte, colonel du 5ᵉ dragons, le fait rentrer dans l'armée et nommer lieutenant (17 novembre 1802), et capitaine adjudant-major dans son régiment (16 février 1804), puis le prend comme aide de camp. « Monsieur le maréchal, écrivait Louis à Berthier le 5 août 1805, depuis longtemps j'ai le désir d'avoir pour aide de camp M. Mésangère, adjudant-major, capitaine au 5ᵉ régiment de dragons actuellement à Calais ; je vous prie de lui faire expédier l'ordre de me rejoindre. » Le 11 août suivant, Mésangère était nommé aide de camp auprès du prince Louis.

XXXVII. Sucy et Montalivet (p. 162).

Montalivet est assez connu (cf. la *Notice sur le comte Jean-Pierre Bachasson de Montalivet*, par le comte Camille Bachasson de Montalivet. Paris, 1867, in-8). Sucy est ignoré. Simon-Antoine-François-Marie de Sucy était fils de noble

Antoine-François chevalier de Sucy de Clisson. Il naquit à Valence le 19 juin 1764. Admis en 1776 à l'école royale militaire de Tournon, reçu grâce aux leçons de son professeur le P. Chapel à l'examen des élèves d'artillerie, le quatrième sur dix-huit, élève à l'école d'artillerie de Metz (1ᵉʳ août 1779), attaché par le comte de Bardonenche comme second sous-lieutenant au régiment provincial de Grenoble, puis au régiment des grenadiers royaux de Lyonnais, autorisé par le roi à travailler dans les bureaux du chevalier de Sucy pour « se mettre à portée d'acquérir les connaissances relatives à l'état de commissaire des guerres auquel il se destine » (5 septembre 1786), élève commissaire des guerres (21 avril 1788), commissaire des guerres à département le 17 juillet 1788 douze jours après la mort de son père, commissaire-ordonnateur (13 juin 1795), ordonnateur en chef de l'armée d'Italie (8 octobre 1795), membre de la commission de l'armement des côtes de la Méditerranée (5 mars 1798), ordonnateur en chef de l'armée d'Orient (mai 1798), il mourut misérablement. Obligé de se rendre en France pour y prendre les eaux à la suite d'une blessure qu'il avait reçue dans les premiers jours de la campagne d'Égypte, il partit pour l'Europe. Il devait remettre au Directoire des lettres de Napoléon et renseigner le gouvernement sur la situation de l'armée. Le 16 décembre 1798, il quittait Alexandrie sur le bateau *la Liberté*. Mais il ignorait que Naples fit la guerre à la France. Le 2 janvier 1799, il relâchait à Augusta, en Sicile. Fait prisonnier, enfermé dans un lazaret, il fut le 20 janvier, à la fin de cette quarantaine, massacré par la populace. Clarke l'avait bien jugé (et sans doute d'après les notes de Bonaparte) dans son grand rapport du 20 novembre 1796 : « probe, a des talents et l'estime générale ». (Cf. Boulay de la Meurthe, *Le Directoire et l'expédition d'Égypte*, p. 261-262.)

XXXVIII. Corbeau (p. 169).

Antoine-Pierre-Laurent Corbeau de Saint-Albin, né le 24 février 1750 à Saint-Albin de Vaulserre (Isère), aspirant au corps de l'artillerie (17 septembre 1768), élève (6 juillet 1770), lieutenant en second surnuméraire (1ᵉʳ novembre 1774), lieutenant en second au régiment de Toul (9 mai 1778), lieutenant en premier d'ouvriers (9 juin 1779), passé dans une compagnie de canonniers au régiment de Metz (7 novembre 1782), commissionné capitaine (11 juin 1786), capitaine en second détaché à l'école d'artillerie de Valence (29 août 1789), capitaine-commandant au 2ᵉ régiment (25 juillet 1791), employé à Neufbrisach en 1792, inspecteur de la manufacture d'armes de Klingenthal (16 novembre 1792), adjudant-major de l'équipage d'artillerie à Mayence (18 janvier 1793), arrêté à Strasbourg par ordre de Custine (3 mai 1793) et transféré à Paris, chef de bataillon au 3ᵉ régiment d'artillerie à pied (1ᵉʳ février 1795), envoyé à Saumur en 1795 et à Auxonne en 1797, suspendu de ses fonctions le 15 septembre 1797, relevé de sa suspension et admis à la retraite le 7 août 1800, décédé à Paris le 16 octobre 1813. Cf. A. Chuquet, *Mayence*, p. 184-185.

XXXIX. Le 4ᵉ régiment d'artillerie en 1791 (p. 172).

Rapport de Du Teil.

Résumé général de l'inspection du quatrième régiment et de l'École de Valence.

Le quatrième régiment d'artillerie, en garnison à Valence, est composé d'une très belle espèce d'hommes. La tenue de ce régiment est autant bonne qu'il est possible qu'elle le soit d'après les très mauvaises qualités de drap qu'il a reçues les années précédentes. L'équipement et armement sera en très bon état quand on aura remplacé ce que le conseil demande. La comptabilité se trouve en retard par la mort du quartier-maître-trésorier et la dispersion de plusieurs compagnies détachées, de sorte que j'ai attendu en vain jusqu'à ce jour d'en recevoir la situation. Cette troupe serait assez bien sous les armes sans l'air de scélératesse qu'ont contracté les soldats et sous-officiers depuis le désastre des troupes. Le service se fait dans ce moment avec une exactitude apparente; mais l'insubordination tacite se laisse néanmoins apercevoir dans tous les points. Le soldat paraît cependant être un peu revenu des horreurs où les sous-officiers et quelques officiers les avaient jetés; chaque jour ils en font hautement des reproches à quelques-uns de leurs instigateurs; tout peut se remettre dans le plus grand ordre dans toutes les troupes en peu de jours quand on saisira le seul moyen qu'il y ait à prendre pour y parvenir.

Les recrues de ce régiment de ces deux dernières années sont nombreuses, et beaucoup de jeunesse de belle espérance. Messieurs les officiers sont on ne peut plus instruits et zélés pour leur métier. Ils mettent tout ce qu'il leur est possible de faire pour entretenir les troupes dans le bon ordre; mais ils gémissent de voir détruire leurs soins par les mauvais conseils de quelques-uns d'entre eux, et de beaucoup de sous-officiers. M. de Campagnol, colonel, et partie des autres officiers supérieurs mettent toute la prudence et emploient tous les moyens pour empêcher de nouvelles explosions et ils désirent avec raison un changement de garnison, et le soldat le souhaite de même; quant à moi, je le crois indispensable.

L'instruction de théorie a été suivie avec succès et assiduité. M. Dupuy, professeur plein de zèle, met la plus grande affection à faire des applications de la théorie à la pratique.

Les instructions de pratique n'ont pas eu de suite comme le désirait M. de Mauroy à cause des désordres successifs qui ont forcé de tout suspendre. Néanmoins on a fait quelques écoles de canon et de mortier. J'ai été témoin que l'on tirait bien le premier, que le second pourra faire des progrès quand il sera possible de rendre familières les instructions de détail et préliminaires qu'il convient de donner. Quant aux artificiers, il n'y a rien de si mal instruit et tant qu'ils seront admis dans la même forme, on n'en aura jamais qui sachent l'artifice. Cependant cette partie doit paraître essentielle à ceux qui savent apprécier le métier d'artillerie.

Les détachements dont est écrasé ce corps qui devrait toujours être en masse pour les progrès de ses instructions — qui n'ont pu avoir l'étendue désirable par cette raison, soit encore par les différentes fermentations de la troupe et par celle des habitants de la ville de Valence et dont les municipalités se sont ingéré d'ordonner sur tout, soit enfin par un terrain mal disposé et par le manque de toutes les choses nécessaires et indispensables, indépendamment du climat qui s'oppose aux opérations de pratique par la trop grande chaleur, par le trop grand froid des vents du nord qui règnent tout à coup et passent successivement d'une extrémité à l'autre et occasionnent presque toujours des maladies de poitrine communément incurables chez le soldat, — tous ces incidents susdits n'ont pas mieux permis des instructions convenables aux officiers sur les opérations de guerre que pas un d'eux n'a faites et qu'il faut indispensablement se hâter de leur donner, et pour cela, changer le système monotone des écoles passées.

XL. 4ᵉ régiment d'artillerie (p. 173).

(Revue faite à Valence le 30 juin 1791 par le commissaire des guerres Sucy.)

Colonel.......... De Campagnol.
Lieut.-colonels de première classe. { Catellan.
{ Dujard.
Lieut.-colonels de deuxième classe { Deydier.
{ Ch. François de La Grange.
{ Jean-Charles de Mainville.
{ Ch. J.-B. Boutillier d'Arthan.
Quart.-maît.-trés. Rollier.
1ᵉʳ adjudant-maj. Bordes.
2ᵉ — Alex. d'Anthouard.

1ᵉʳ BATAILLON

1ʳᵉ Division

Canonniers de La Salette.

Capit.-command. La Salette.
2ᵉ capitaine...... Dufort.
1ᵉʳ lieutenant.... Bouville.
2ᵉ — .... Philippe.

Canonniers de Molines.

Capit.-command. Molines.
2ᵉ capitaine...... Beaumaretz.
1ᵉʳ lieutenant.... Du Prat.

Canonniers de Bonnard.

Capit.-command. Bonnard.
2ᵉ capitaine...... La Pujade.
1ᵉʳ lieutenant.... De Hédouville.

Canonniers de Loyauté.

Capit.-command. Loyauté.
2ᵉ capitaine..... Roquefère.
1ᵉʳ lieutenant.... De Langle cadet.
2ᵉ — .... Rivereau.

Canonniers de Champeaux.

Capit.-command. Champeaux.
2ᵉ capitaine...... Sugny.
lieutenant.... Boisbaudry cadet.

3ᵉ Division

Canonniers de Jussac.

Capit.-command. Jussac.
2ᵉ capitaine...... Monestrol.

1ᵉʳ lieutenant.... Tugny.
2ᵉ — .... Bernard.

Canonniers de Darcjean.

Capit.-command. Darcjean.
2ᵉ capitaine...... Desguers.
1ᵉʳ lieutenant.... Barauld.

Canonniers de Vaubois.

Capit.-command. Vaubois.
2ᵉ capitaine...... Pernety.
1ᵉʳ lieutenant.... Fouler.
2ᵉ — .... Alain.

Canonniers de Des Egaulx.

Capit.-command. Des Egaulx.
2ᵉ capitaine..... Dulieu.
1ᵉʳ lieutenant.... De Langle aîné.
2ᵉ — .... Chavand.

Canonniers de Faultrier.

Capit.-command. De Faultrier.
2ᵉ capitaine...... Tavernol.
1ᵉʳ lieutenant.... Baudran.

2ᵉ BATAILLON

2ᵉ Division

Canonniers de La Cattonne.

Capit.-command. La Cattonne.
2ᵉ capitaine...... Grandfontaine.
1ᵉʳ lieutenant.... Buonaparté.
2ᵉ — .... Danon.

Canonniers de Gouvion.

Capit.-command. Gouvion.
2ᵉ capitaine..... D'Arthaud.
1ᵉʳ lieutenant.... Taviel.

Compagnie Du Chaffaut.

Capit.-command. Du Chaffaut.
2ᵉ capitaine..... Villantroys.
1ᵉʳ lieutenant.... Boisbaudry aîné.
2ᵉ — .... Ruffier.

Compagnie de Fonton.

Capit.-command. Fonton.
2ᵉ capitaine..... Ducos de Revignan.
1ᵉʳ lieutenant.... Emond.

Compagnie de Bollemont.

Capit.-command.   Bollemont.
2ᵉ capitaine..... Nic. M. Songis.
1ᵉʳ lieutenant.... Le Sart.
2ᵉ   —   .... Perrin.

4ᵉ Division

Compagnie de d'Arthan.

Capit.-command.   D'Arthan.
2ᵉ capitaine..... La Bossère.
1ᵉʳ lieutenant.... Bovet.
2ᵉ   —   .... Barbier.

Compagnie de Saint-Vincent.

Capit.-command.   Saint-Vincent.
2ᵉ capitaine..... D'Anglemont.

1ᵉʳ lieutenant.... Romain.
2ᵉ   —   .... Copin.

Canonniers de Desdiguères.

Capit.-command.   Desdiguères.
2ᵉ capitaine..... Gounon.
1ᵉʳ lieutenant.... La Chapelle.

Canonniers de Montille.

Capit.-command.   Montille.
2ᵉ capitaine..... Ducos de Lahitte.
1ᵉʳ lieutenant.... Du Chayla.

Canonniers de Borthon.

Capit.-command.   Borthon.
2ᵉ capitaine..... D'Ablincourt.
1ᵉʳ lieutenant.... D'Anthouard cadet.
2ᵉ   —   .... De Chassey.

XLI. 4ᵉ régiment d'artillerie (p. 173).

(Revue faite à Valence le 30 septembre 1791 par le commissaire des guerres Sucy.)

Colonel..........   De Campagnol,
Lieut.-colonels de   { Catellan.
première classe.   { Dujard.
                     { Deydier.
                     { Ch. François de La
Lieut.-colonels de   { Grange.
deuxième classe.   { Jean Charles de
                     { Mainville.
                     { Ch. J.-B. Boutillier
                     { d'Arthan.
Quart.-malt.-trés.   Rollier.
1ᵉʳ adjudant-maj.   D'Anthouard.
2ᵉ   —   —
Chirurgien-maj...   Parmentier.
Aumônier........   J.-B. Boisseau.

1ᵉʳ BATAILLON

1ʳᵉ Division

Canonniers de La Pujade.

Capit.-command.   La Pujade.
2ᵉ capitaine.....   —
1ᵉʳ lieutenant.... Bouville.
2ᵉ   —   —

Canonniers de Molines.

Capit.-command.   Molines.
2ᵉ capitaine..... Beaumaretz.
1ᵉʳ lieutenant.... Du Prat.
2ᵉ   —   .... Belchamp.

Canonniers de Bonnard.

Capit.-command.   Bonnard.
2ᵉ capitaine..... Taviel.
1ᵉʳ lieutenant.... De Hédouville.
2ᵉ   —   —

Canonniers de Loyauté.

Capit.-command.   Loyauté.
2ᵉ capitaine..... Roquefère.
1ᵉʳ lieutenant.... de Langle cadet.
2ᵉ   —   .... Rivereau.

Canonniers de Champeaux.

Capit.-command.   Champeaux.
2ᵉ capitaine..... de Sugny.
1ᵉʳ lieutenant.... Salzard.
2ᵉ   —   —

3ᵉ Division

Canonniers de Jussac.

Capit.-command.   Jussac.
2ᵉ capitaine..... Monestrol.
1ᵉʳ lieutenant.... Tugny.
2ᵉ   —   —

Canonniers de Dufort.

Capit.-command.   Dufort.
2ᵉ capitaine..... Desguers.
1ᵉʳ lieutenant.... Martraire.
2ᵉ   —   .... Carrière.

Canonniers de Vaubois.

Capit.-command.	Vaubois.
2ᵉ capitaine	Pernety.
1ᵉʳ lieutenant	Fouler.
2ᵉ —	—

Canonniers de Des Egaulx.

Capit.-command.	Des Egaulx.
2ᵉ capitaine	Dulieu.
1ᵉʳ lieutenant	de Langle aîné.
2ᵉ —	Chavand.

Canonniers de Faultrier.

Capit.-command.	Faultrier.
2ᵉ capitaine	Tavernol.
1ᵉʳ lieutenant	Baudran.
2ᵉ —	—

2ᵉ BATAILLON

2ᵉ Division

Canonniers de La Cattonne.

Capit.-command.	La Cattonne.
2ᵉ capitaine	Romain.
1ᵉʳ lieutenant	Buonaparté.
2ᵉ —	Danon.

Canonniers de Gouvion.

Capit.-command.	Gouvion.
2ᵉ capitaine	D'Arthaud.
1ᵉʳ lieutenant	Duroz.
2ᵉ —	Gaulthier.

Canonniers de Du Chaffaut.

Capit.-command.	Du Chaffaut.
2ᵉ capitaine	Villantroys.
1ᵉʳ lieutenant	Bernard.
2ᵉ —	Ruffier.

Canonniers de Grandfontaine.

Capit.-command.	Grandfontaine.
2ᵉ capitaine	Ducos de Revignan.
1ᵉʳ lieutenant	Emond.
2ᵉ —	—

Canonniers de Bollemont.

Capit.-command.	Bollemont.
2ᵉ capitaine	Songis.
1ᵉʳ lieutenant	Le Sart.
2ᵉ —	Jourdan.

4ᵉ Division

Canonniers de d'Arthan.

Capit.-command.	D'Arthan.
2ᵉ capitaine	La Bossère.
1ᵉʳ lieutenant	Bovet.
2ᵉ —	—

Canonniers de Saint-Vincent.

Capit.-command.	Saint-Vincent.
2ᵉ capitaine	D'Anglemont.
1ᵉʳ lieutenant	Copin.
2ᵉ —	—

Canonniers de Desdiguères.

Capit.-command.	Desdiguères.
2ᵉ capitaine	Gounon.
1ᵉʳ lieutenant	La Chapelle.
2ᵉ —	—

Canonniers de Montille.

Capit.-command.	Montille.
2ᵉ capitaine	Ducos de Labitte.
1ᵉʳ lieutenant	Du Chayla.
2ᵉ —	Ququ.

Canonniers de Borthon.

Capit.-command.	Borthon.
2ᵉ capitaine	D'Ablincourt.
1ᵉʳ lieutenant	D'Anthouard cadet.
2ᵉ —	—

XLII. Campagnol (p. 173).

Isaac-Jacques Delart Campagnol, né le 18 janvier 1732 au château de La Coste, paroisse de Saint-Léger, juridiction de Penne en Agenais, surnuméraire (1ᵉʳ avril 1746), cadet au bataillon de Fontenay du régiment de Royal-Artillerie (6 mai 1746), sous-lieutenant (1ᵉʳ août 1747), lieutenant en second (28 mars 1753), lieutenant en premier (25 février 1758), fut en 1760 garçon-major et en 1761 sous-aide-major de l'équipage d'artillerie de l'armée. Il avait fait les campagnes de 1746, de 1747 et de 1748, celles de 1759, de 1760, de 1761 et de 1762, assisté aux sièges de Berg-op-Zoom et de Maestricht ainsi qu'aux batailles de Rocoux, de Lawfeld, de Bergen, de Minden, de Fillingshausen et de Friedberg, et obtenu le 4 juillet 1758 une pension de deux cents livres sur le trésor royal pour « l'application avec laquelle il remplissait les devoirs de son état ». Capitaine par commission (15 janvier 1762), capitaine en second (27 août 1762), capitaine de sapeurs (15 octobre 1765), de bombardiers (25 avril 1766), et de canonniers (31 juillet 1767), chevalier de Saint-Louis (26 juin 1771), major par brevet (14 septembre 1776), chef de brigade (1ᵉʳ janvier 1777), lieutenant-colonel par commission (22 mai 1781), lieutenant-colonel titulaire et sous-directeur de l'artillerie à La Fère (4 juillet 1784), il fut nommé colonel du 4ᵉ régiment d'artillerie le 1ᵉʳ avril 1791. Sous le nouveau régime, comme sous l'ancien, il ne discontinua pas ses services. Il commanda par intérim l'artillerie à l'armée des Alpes, et, après avoir pris part à la conquête de la Savoie sous les ordres de Montesquiou, alla diriger l'École de Strasbourg (8 mars 1793). Inspecteur et commandant le 8ᵉ arrondissement d'artillerie (20 avril 1795), il fut nommé général de brigade le 31 mai 1795. Lorsqu'il eut sa retraite, au bout de cinquante-quatre ans de services, il commandait à Toulouse par ordre de Frégeville la 2ᵉ subdivision de la 10ᵉ division militaire vacante par le départ d'Aubugeois (5 avril 1800). Il mourut le 28 juin 1809 à La Coste.

XLIII. Dujard (p. 174).

Jean-Lambert chevalier Dujard, né le 17 septembre 1739 à Lunéville, surnuméraire (30 septembre 1754), sous-lieutenant (1ᵉʳ janvier 1757), lieutenant en troisième (27 mars 1760), lieutenant en second (15 janvier 1762), lieutenant en premier (15 octobre 1765), capitaine par commission (31 juillet 1767), capitaine en second (7 septembre 1772), capitaine de sapeurs (21 avril 1777), de canonniers (9 mai 1778), chevalier de Saint-Louis (6 novembre 1779), major (1ᵉʳ juin 1786), lieutenant-colonel (1ᵉʳ janvier 1791), chef de brigade (8 mars 1793), général de brigade provisoire (25 février 1794), et titulaire (1ᵉʳ avril 1795), tué le 2 juillet 1796 au col de Tende. Cf. Jacques Charavay, *Les Généraux morts pour la patrie*, p. 35.

XLIV. Catellan (p. 175).

Catellan (Joseph-Léon de), né le 22 septembre 1732 à Montréal, dans l'Aude, surnuméraire au bataillon de Sainte-Clair artillerie (12 juin 1749), sous-lieutenant dans ce corps (29 novembre 1755), lieutenant en second (1ᵉʳ janvier 1759), lieutenant en premier (23 novembre 1759), capitaine en second des mineurs (15 octobre 1765), chevalier de Saint-Louis (13 avril 1774), capitaine de canonniers (21 avril 1777), major (22 mai 1781), lieutenant-colonel au 4ᵉ régiment d'artillerie (1ᵉʳ janvier 1791), chef de brigade (28 août 1792), général de brigade par nomination de Lacombe Saint-Michel (11 novembre 1793), réformé lors de l'organisation des états-majors des armées (13 juin 1795), cesse ses fonctions de général de brigade le 2 août 1795; il avait fait quatre campagnes pendant la guerre de Hanovre ou de Sept Ans, du 21 avril 1792 au 2 août 1795, celles de la Révolution en Italie et en Corse et comptait cinquante-sept ans trois mois et vingt-cinq jours de services.

XLV. Deydier (p. 175).

Jean-Jacques Deydier de Marqueyret, né le 29 août 1736 à Montauban, cadet (13 mars 1756), sous-lieutenant (1ᵉʳ janvier 1757), lieutenant en second (15 janvier 1762), lieutenant en premier (15 octobre 1765), capitaine par commission (26 février 1769), capitaine en second (1ᵉʳ octobre 1772), capitaine en second de sapeurs (9 mai 1778), capitaine de bombardiers (24 juillet 1778), capitaine de canonniers (3 juin 1779), chevalier de Saint-Louis (2 décembre 1781), major (25 mai 1788), lieutenant-colonel au 4ᵉ régiment d'artillerie (1ᵉʳ avril 1791).

XLVI. La Grange (p. 175).

La Grange (Charles-François), né à Paris le 18 janvier 1733, ingénieur volontaire avec le brevet de lieutenant à la suite du régiment de la Vieille Marine (8 mai 1753), sous-lieutenant dans le corps du génie et de l'artillerie alors réunis (1ᵉʳ janvier 1759), lieutenant d'artillerie (15 janvier 1762), capitaine (9 juillet 1769), major (25 mai 1788), lieutenant-colonel (1ᵉʳ janvier 1791), chef de brigade (8 mars 1793), directeur d'artillerie, a cessé son activité le 7 novembre 1800 après soixante-deux ans et six mois de services, dont quinze campagnes, et reçoit une pension de trois mille francs.

XLVII. Mainville (p. 175).

Jean de Mainville-Pomeirols, né à Florensac (Hérault) le 5 juillet 1741, entré au service dans la gendarmerie (23 décembre 1759), aspirant à l'école de Metz (21 juillet 1760), élève à La Fère (23 mars 1761), sous-lieutenant à l'école de Grenoble (23 février 1762), lieutenant en second (1ᵉʳ janvier 1763), lieutenant en premier au régiment de Grenoble (15 octobre 1765), pourvu d'une commission de capitaine (1ᵉʳ octobre 1772), capitaine en second dans la compagnie d'ouvriers de Montjobert (1ᵉʳ novembre 1774), capitaine de sapeurs au régiment de Grenoble (9 mai 1778), capitaine de bombardiers (3 juin 1779), capitaine de canonniers (5 avril 1780), lieutenant-colonel (1ᵉʳ avril 1791), employé en qualité de directeur à Toulon (8 mai 1792), et en qualité de sous-directeur à Givet (13 juillet 1792) et à Mézières (20 octobre 1793), envoyé à Bordeaux et nommé sous-directeur et chef du parc de construction pour tous les attirails d'artillerie de l'armée des Pyrénées-Occidentales, chef de brigade (6 mai 1795), directeur de l'artillerie à Perpignan (1ᵉʳ octobre 1796), directeur d'artillerie à Bruges (17 décembre 1801), refuse de se rendre comme directeur de l'artillerie à Plaisance en Italie (16 août 1802) et reçoit sa retraite le 25 septembre 1802. Il meurt à Paris le 17 avril 1805. Par décret du 22 septembre 1810, Napoléon donne une pension de quatre cent cinquante francs à sa veuve.

XLVIII. La Salette (p. 176).

Pierre-Joseph Joubert de La Salette, né le 3 septembre 1743 à Grenoble, aspirant (4 avril 1757), élève (10 septembre 1759), sous-lieutenant (7 septembre 1762), lieutenant en second (1ᵉʳ janvier 1763), lieutenant en premier (15 octobre 1765), capitaine par commission (1ᵉʳ octobre 1772), capitaine en second (21 février 1777), capitaine des bombardiers (3 juin 1779) et de canonniers (5 avril 1780), chevalier de Saint-Louis (3 septembre 1786), lieutenant-colonel (22 août 1791) et, après avoir commandé l'artillerie à Metz (22 septembre 1792) et à Longwy (2 février 1793), chef de l'état-major de l'arme à l'armée des Pyrénées-Orientales (16 juin 1793), chef de brigade (31 mai 1793), général de brigade (11 août 1793), commandant en chef l'artillerie de l'armée d'Italie (29 décembre 1793), inspecteur général et commandant l'artillerie dans le 7ᵉ arrondissement (2 juin 1795), chargé de l'inspection de la 12ᵉ tournée (31 juillet 1796), mis à la retraite (7 janvier 1800) après quarante-deux ans, neuf mois et un jour de services effectifs.

XLIX. Vaubois (p. 177).

Claude de Belgrand de Vaubois, né le 1ᵉʳ octobre 1748 à Saint-Laurent près de Longchamp-lès-Clervaux, aspirant (18 juillet 1768), élève (10 décembre 1769), lieutenant en second (7 juin 1770), lieutenant en premier (5 avril 1780), capitaine par commission (4 juillet 1784), capitaine en second (5 avril 1787), capitaine-commandant (1ᵉʳ avril 1791), lieutenant-colonel en second du 3ᵉ bataillon des volontaires de la Drôme (11 octobre 1791), nommé général de brigade par les représentants du peuple (3 août 1793) et confirmé dans ce grade (6 septembre 1793), général de division commandant la 1ʳᵉ division de l'armée des Alpes (8 mai 1796), employé à l'armée d'Orient au mois de mai 1798, gouverneur de Malte (10 juin 1798), sénateur (27 juillet 1800), retraité par arrêté du 18 novembre 1801, titulaire de la sénatorerie de Poitiers (28 septembre 1803), commandant une division de gardes nationales de réserve à Ostende (15 août-29 septembre 1809), chargé de l'organisation des cohortes de la garde nationale du premier ban dans la 12ᵉ division militaire (20 mars 1812), pair de France (4 juin 1814), décédé le 5 novembre 1839.

L. Gouvion (p. 178).

Louis-Jean-Baptiste Gouvion était né le 6 février 1752 à Toul et entra dans le corps royal comme noble, fils d'un capitaine d'infanterie et petit-fils d'un conseiller du roi assesseur et ancien échevin de l'hôtel commun de Toul. Élève d'artillerie (3 juillet 1768), lieutenant en second (10 novembre 1768), lieutenant en premier (6 novembre 1771), capitaine par commission (5 avril 1780), capitaine en second (25 mai 1783), capitaine de sapeurs (1ᵉʳ juin 1787) et de bombardiers (1ᵉʳ mai 1789), chevalier de Saint-Louis (4 mai 1791), chef du 3ᵉ bataillon des volontaires de la Drôme (11 octobre 1791), chef de bataillon d'artillerie (8 mars 1793), il fut nommé général de brigade le 20 juin 1793 par les représentants du peuple Dubois-Crancé et Gauthier, et employé dans ce grade par le Comité de salut public à l'armée des Alpes et d'Italie le 13 juin 1795, nommé général de division sur le champ de bataille par Brune le 19 septembre 1799 et confirmé dans ce grade par le Directoire le 26 septembre suivant. Commandant la 9ᵉ division militaire (26 janvier 1800), inspecteur général de gendarmerie (27 avril 1801), sénateur (31 janvier 1805), appelé par l'empereur au quartier général de Berlin (2 novembre 1806), membre de la chambre des pairs, il meurt à Paris en 1823.

LI. Bollemont (p. 178).

Charles-Chonet de Bollemont, né à Arrancy (Meuse) le 20 janvier 1749, aspirant au corps royal de l'artillerie (12 février 1764), élève surnuméraire (16 juillet 1766) et titulaire (31 janvier 1767), lieutenant au régiment de Metz (28 mai 1767), capitaine (3 juin 1779), chef de bataillon au 4ᵉ régiment d'artillerie à pied (1ᵉʳ novembre 1792). Il était, a-t-il dit lui-même, en 1792, à toutes les attaques de l'avant-garde de l'armée des Alpes, et sa vue, particulièrement l'œil droit, s'affaiblit dans cette campagne. Directeur du parc de l'armée du Nord, il sauva, de concert avec Bouhers et Songis, l'artillerie qui se mit en sûreté à Valenciennes. Chef de brigade le 15 août 1793, et chargé de commander en second l'artillerie de l'armée qui devait vaincre à Wattignies, il obtint, après le déblocquement de Maubeuge, le grade de général de brigade (25 octobre 1793). Destitué comme noble (3 février 1794), mais rappelé au service presque aussitôt en qualité de commandant en chef de l'artillerie de l'armée de la Moselle (6 mai 1794), nommé général de division (8 mai 1794), employé sous les ordres de Jourdan qui se souvenait de Wattignies, il rendit de grands services au siège de Charleroi, à la bataille de Fleurus, et à la prise de Maestricht. Aussi Jourdan lui donnait-il les notes suivantes : « Officier général du premier mérite dans la partie de l'artillerie, capable d'être auteur et de donner les plus grands renseignements sur tout ce qui a rapport à cet art, professant le patriotisme le plus pur et les mœurs les plus austères ». Fait prisonnier de guerre à la reddition de Würzbourg (6 septembre 1796), Bollemont fut nommé, lorsqu'il revint en France, inspecteur général de l'artillerie. Choisi en l'an VIII pour commander la place de Brest, il refusa cet emploi. En l'an X il alla siéger au Corps législatif où il représentait le département de la Meuse. Retraité (9 juin 1803) et promu chevalier (26 novembre 1803), puis officier de la Légion d'honneur (22 novembre 1804), il mourut à Arrancy, son village natal, le 17 décembre 1815. Il est peu connu, mais, comme dit la *Galerie militaire* de l'an X, il doit être placé parmi ces hommes utiles qui tracent les plans, choisissent les positions, veillent à l'attaque et à la défense, qui à la fois dirigent et exécutent, obéissent et ordonnent, qui ne doivent une mention qu'à la reconnaissance du général en chef, lequel oublie trop souvent de rendre justice au zèle et aux talents des officiers du génie et de l'artillerie.

LII. **Sugny** (p. 179).

Jean-Marie-Vital Ramey de Sugny, né à Saint-Just en Chevallet dans le Forez le 4 juin 1753, fils d'un conseiller au parlement de Metz, aspirant (11 avril 1771), lieutenant en second (17 mai 1778), et en premier (25 mai 1783), capitaine par commission (5 avril 1787), second capitaine (1ᵉʳ avril 1791), capitaine-commandant (6 février 1792), chef de bataillon (15 juin 1793), chef de brigade (20 décembre 1793), confirmé dans ce grade que lui avaient conféré les représentants par le Comité de salut public (6 mai 1795), général de brigade d'artillerie (24 février 1797), général de division d'artillerie (8 décembre 1799), inspecteur général de l'arme (21 janvier 1800), inspecteur général des troupes d'artillerie de la marine (22 décembre 1800), comte de l'Empire (28 janvier 1809), mort le 20 mars 1820 à Bezons.

LIII. **Pernety** (p. 179).

Joseph-Marie Pernety, fils de noble Jacques Pernety, ancien conseiller intime des finances du roi de Prusse, receveur général des traites de Lyon et directeur général des fermes du roi à Valence, né à Valence le 19 mai 1766, pensionnaire à l'École royale militaire de Tournon (2 mars 1777 - 1ᵉʳ avril 1781), aspirant (1ᵉʳ juin 1781), élève (1ᵉʳ septembre 1782), reçu le 9ᵉ sur 33 au concours des officiers en 1783, lieutenant en second au régiment de Grenoble (11 janvier 1784), lieutenant en premier (27 janvier 1788), capitaine (1ᵉʳ avril 1791), chef de bataillon (16 janvier 1797), directeur d'artillerie à Genève (21 janvier 1802), colonel d·1ᵉʳ régiment (16 octobre 1802), général de brigade (1ᵉʳ février 1805) et de division (11 juillet 1807), inspecteur général (29 janvier 1808), baron de l'Empire (21 novembre 1810), mort le 29 avril 1856. Cf. sur lui le *Moniteur de l'armée* du 6 mai 1856 (discours prononcé par Ducos de Lahitte).

LIV. **Taviel** (p. 179).

Albert-Louis-Valentin Taviel, fils d'un capitaine d'artillerie, né le 17 juin 1767 à Saint-Omer, élève à l'École d'artillerie de Metz (1ᵉʳ septembre 1783) et lieutenant en second au régiment de Grenoble (1ᵉʳ septembre 1784), reçu le 2ᵉ sur 14 au concours des élèves en 1783 et le 30ᵉ sur 32 au concours des officiers en 1784, lieutenant en premier (6 janvier 1785), second capitaine (22 août 1791), chef de bataillon sous-directeur en Corse (20 janvier 1794), chef de brigade (14 octobre 1794), général de brigade (24 mai 1805), inspecteur général de l'artillerie (22 août 1810), général de division (21 juillet 1811), mort le 17 novembre 1831.

LV. Villantroys (p. 180).

Pierre-Laurent de Villantroys était fils d'un secrétaire du roi, trésorier de France, grand voyer de la généralité d'Orléans et commissaire des guerres. Il naquit à Paris le 6 janvier 1752. Élève d'artillerie (27 juillet 1771), lieutenant en second surnuméraire (1ᵉʳ novembre 1774), lieutenant en second (9 mai 1778), lieutenant en premier (19 avril 1782), capitaine en second (11 juin 1786), capitaine-commandant (6 février 1792), chef de bataillon (14 février 1794), fait prisonnier par les Anglais à Fornali, poste avancé de Saint-Florent (18 février 1794), rentré en France (12 janvier 1796), chef de brigade (20 mars 1800), sous-directeur d'artillerie à Bruxelles (21 mai 1800), directeur général des forges d'artillerie (28 novembre 1800), commissaire de l'artillerie près l'administration des forges et salpêtres (12 novembre 1803), directeur du parc d'artillerie du camp de Compiègne et détaché au camp de Montreuil (30 novembre 1803-2 septembre 1805), il fut admis à la retraite sur sa demande le 15 avril 1805, mais appelé néanmoins au commandement de l'artillerie du corps d'observation de l'île Cadzand (20 août-7 octobre 1809) et derechef admis à une pension de retraite de trois mille francs (30 novembre 1811) à compter du 1ᵉʳ janvier 1812.

LVI. Borthon (p. 181).

Jean Borthon, né à Auxonne le 16 juin 1755, était fils de Jean Borthon, seigneur de La Motte-lès-Talmay, demeurant à Auxonne. Aspirant (5 août 1769), élève (30 juillet 1770), lieutenant en second surnuméraire au régiment d'Auxonne (23 juin 1771), lieutenant en second de la compagnie d'ouvriers de Ducoudray (1ᵉʳ octobre 1772) jusqu'à l'ordonnance de 1774 qui le rappelle au régiment d'Auxonne, capitaine par commission (9 mars 1785), capitaine-commandant au 4ᵉ régiment d'artillerie (1ᵉʳ avril 1791), lieutenant-colonel en premier du 2ᵉ bataillon de la Drôme (13 octobre 1791), commandant temporaire de Colmars en 1793, chef de brigade du 5ᵉ régiment d'artillerie (6 juillet 1794), fait prisonnier à Mantoue et détenu en Autriche, directeur des parcs de l'armée des Grisons, commandant de l'artillerie à Genève en l'an IX, directeur d'artillerie à Neufbrisach en l'an XI, est envoyé à Saint-Domingue parce qu'il n'avait pas servi, disait Marmont, si l'on en excepte quelques mois de l'an VII pendant lesquels il était à l'armée d'Italie. Directeur de l'artillerie, puis commandant de l'arme lorsque Pierre Thouvenot devint chef de l'état-major général, pris par les Anglais, Borthon fut, à son retour de captivité, nommé directeur d'artillerie à Lille (18 mai 1811). Il mourut de maladie le 6 juillet 1812 à Ostende. On ne doit pas le confondre avec son frère aîné, Claude Borthon, né le 22 décembre 1745, lequel devint capitaine au régiment d'Auxonne en 1781 et obtint sa retraite, sur sa demande, en 1791.

LVII. Galbaud Du Fort (p. 181).

Jean-Baptiste-René-César Galbaud Du Fort, né le 24 juin 1751 à Nantes, volontaire dans la marine (1765-1767), aspirant (24 septembre 1769), élève à l'école d'artillerie de Bapaume (30 juillet 1770), lieutenant en second au régiment de Strasbourg (24 juin 1771), lieutenant en premier (1ᵉʳ septembre 1783), capitaine par commission (9 mars 1785), capitaine en second (26 septembre 1788), passe au régiment de Grenoble au mois de mai 1791 pour être bientôt capitaine-commandant (25 juillet 1791). Emmené par son frère le général et promu adjudant général lieutenant-colonel (1ᵉʳ janvier 1793), il reste trois années aux Iles sous le Vent (1793-1796). A son retour, il est nommé chef de bataillon d'artillerie et sous-directeur à Givet (17 mars 1800), puis inspecteur de la manufacture d'armes de Maubeuge (octobre 1802). Après avoir été chef de bataillon au 8ᵉ régiment d'artillerie à pied (12 septembre 1803), il obtient le grade de colonel (20 septembre 1805) et devient directeur provisoire d'artillerie des places et côtes de la 28ᵉ division militaire. Il mourut à Gênes au mois de novembre 1805. L'année précédente (14 juin 1804) il avait été fait chevalier de la Légion d'honneur.

LVIII. Les Faultrier (p. 181).

Les Faultrier étaient fils de Faultrier de Corvol, maréchal de camp et directeur de l'École d'artillerie de Metz. Tous sont nés à Metz et appartiennent à l'artillerie.

L'aîné, Philippe-Jacques-Joachim, né à Metz le 1ᵉʳ mai 1755, aspirant (30 janvier 1770), élève à Bapaume (30 juillet 1770), lieutenant en second surnuméraire (9 juin 1771), lieutenant en second (6 novembre 1771), lieutenant en premier (22 mai 1781), capitaine par commission (6 janvier 1785), capitaine-commandant au 4ᵉ régiment (9 juin 1791), détaché à Perpignan (1ᵉʳ mars 1792), aux forges des Ardennes (19 mars 1793), au parc de l'armée des Ardennes (24 octobre 1793), à l'état-major d'artillerie devant Charleroi (7 juin 1794), commande l'artillerie de cette place après la reddition (26 juin 1794). On le trouve ensuite à l'arsenal de Metz (6 décembre 1795) et à l'équipage d'artillerie de l'armée de Mayence (28 avril 1798). Enfin, il devient chef de bataillon au 7ᵉ régiment (3 novembre 1801), sous-directeur d'artillerie à Strasbourg (21 janvier 1802) et à Metz (6 janvier 1803), commandant de l'artillerie à Wesel (15 avril 1806). Retraité pour infirmités le 4 août 1807, il meurt le 9 janvier 1823, après avoir été durant dix années conseiller de préfecture de la Moselle.

François-Claude-Joachim Faultrier de l'Orme, né à Metz le 15 août 1760, volontaire au 2º régiment d'artillerie (31 août 1777), lieutenant en second (9 mai 1778), lieutenant en premier (4 juillet 1784), capitaine (5 avril 1787), capitaine à la 10ᵉ compagnie d'ouvriers (1ᵉʳ avril 1791), puis à la 2ᵉ (1ᵉʳ juin 1793), nommé par les représentants Ricord et Robespierre chef de bataillon et attaché à l'état-major du général d'artillerie Bonaparte (25 février 1794), chef de brigade (16 janvier 1797), général de brigade (14 mars 1800), inspecteur général (21 janvier 1802), général de division d'artillerie (1ᵉʳ février 1805), mort à Nordlingen le 7 novembre 1805.

Simon, né à Metz le 22 août 1763, lieutenant en second au 3ᵉ régiment (15 août 1779), et en premier (4 mai 1783), capitaine en second (8 avril 1787), capitaine-commandant (22 août 1791), chef de bataillon (24 septembre 1794), chef de brigade (13 novembre 1794), colonel du 2ᵉ régiment (13 mars 1800), général de brigade (22 novembre 1806), prend sa retraite le 14 février 1812.

Alexandre, né à Metz le 26 septembre 1764, élève à l'École d'artillerie de Metz (1ᵉʳ septembre 1786), obtient un congé, du 1ᵉʳ novembre 1789 au 1ᵉʳ juin 1790, pour se rendre en Allemagne et apprendre la langue du pays, et meurt à Vienne le 6 juin 1790.

Casimir, dit Faultrier de Bagneux, né à Metz le 5 décembre 1765, lieutenant en second au 3ᵉ régiment (31 août 1782), lieutenant en premier (1ᵉʳ juin 1786), second capitaine (1ᵉʳ avril 1791), capitaine-commandant (8 mai 1792), fait la campagne de Belgique et assiste aux sièges d'Anvers et de Maestricht ainsi qu'à la bataille de Neerwinden. Assassiné à Naples en 1802 ou 1803.

Benjamin-François Simon, né à Metz le 12 juin 1770, est celui qui fut reçu le 13ᵉ des lieutenants en second en 1785 (cf. notre tome I, p. 418). Lieutenant en premier (29 août 1789), second capitaine (1er avril 1791), capitaine-commandant (1er juin 1792), il émigre et figure en 1801 sur l'État du corps de Condé comme lieutenant en premier de la compagnie d'ouvriers. Lorsqu'il reparaît, c'est pour être remis en activité comme capitaine aide de camp de son frère, le général François de Faultrier (13 mars 1802), et quatre ans plus tard, il donne, pour cause de douleurs rhumatismales, sa démission qui est acceptée le 19 mars 1806.

LIX. Chaillet de Grandfontaine (p. 181).

Pierre-Claude Chaillet de Grandfontaine, né le 16 février 1751 à Lons-le-Saunier noble, neveu d'un capitaine au corps royal (M. Chaillet de Verges), aspirant en 1769, élève (6 juillet 1770), lieutenant en second surnuméraire (9 juillet 1771), lieutenant en second (9 mai 1778), lieutenant en premier (5 avril 1780), capitaine par commission (21 juillet 1785), capitaine en second (26 septembre 1788), chevalier de Saint-Louis (7 octobre 1791), capitaine-commandant (25 juillet 1791). Son frère cadet, Xavier Chaillet de Verges, est le Deverges, général de brigade et chef provisoire de l'état-major de l'armée des Pyrénées-Orientales, qui fut suspendu par Doppet, traduit au tribunal révolutionnaire, et, le 2 juillet 1794, exécuté.

LX. Beaumaretz (p. 181).

Simon-Ferdinand de Beaumaretz, né le 8 août 1757 à Douai, sous-lieutenant porte-drapeau au 3e régiment d'état-major (1er juin 1779), élève d'artillerie (1er août 1780), lieutenant (10 août 1781), capitaine au 4e régiment (1er juin 1791), chef de bataillon au 7e (2 août 1801), chef d'escadron au 5e d'artillerie à cheval (13 août 1803) et inspecteur de la manufacture d'armes de Klingenthal, colonel-directeur d'artillerie à Palmanova (12 janvier 1807), puis à Gênes (18 octobre 1810), retraité (15 juin 1811). Il avait fait les campagnes des années 1792 et 1793 à l'armée des Alpes, celle des ans II et III à l'armée des Pyrénées-Orientales, celles des ans IV et V aux armées du Midi et des Alpes, celles de l'an IX et de 1809 à l'armée d'Italie.

LXI. Ducos (p. 181).

Joseph-Bernard Ducos de Lahitte, né le 4 novembre 1753 à Francescas (Lot-et-Garonne), élève d'artillerie (1er août 1780), lieutenant en second (3 août 1781), lieutenant en premier (11 juin 1786), second capitaine (1er avril 1791), détaché à la manufacture d'armes de Saint-Étienne (22 août 1791), employé à l'armée des Alpes, suspendu de ses fonctions par Bouchotte (25 octobre 1793), obligé de quitter la France en vertu de la loi du 19 fructidor an V et de passer en Espagne rentré et admis au traitement de réforme (7 novembre 1800), réintégré dans son emploi de capitaine en résidence fixe à Bordeaux par le duc d'Angoulême (20 mars 1814), retiré à Lamontjoie en 1816.

Un autre Ducos servait au 4e régiment : c'était Jean Ducos de Revignan, né à Montagnac le 14 février 1763, élève d'artillerie (16 août 1781), lieutenant en second (22 août 1782), lieutenant en premier (1er juin 1787), second capitaine (1er avril 1791).

LXII. Dulieu (p. 182).

Claude-François-Jean Dulieu, né le 5 septembre 1760 à Versailles, fils d'un chevalier de Saint-Louis, capitaine au régiment de Piémont et ingénieur-géographo pour l'artillerie et le génie. Élève (1ᵉʳ août 1779), lieutenant en second (20 juillet 1781), lieutenant en premier (29 juillet 1785), capitaine par commission (1ᵉʳ mai 1789), second capitaine (1ᵉʳ avril 1791), il fit les campagnes des Alpes (1792-1794) et d'Italie (fin de 1794 — 17 juin 1795), commande l'artillerie à Avignon (18 juin 1796 — 4 mars 1799) et donne sa démission qui est acceptée le 2 février 1799. On le retrouve le 14 juin 1814 à la tête de la députation que Montfort-l'Amaury envoya à Louis XVIII.

LXIII. Fonton (p. 182).

Henry-Martin chevalier de Fonton, fils d'un commissaire des guerres qui fut gentilhomme servant de la reine, et chargé d'affaires du roi aux cours de Vienne et de Pétersbourg, né le 17 octobre 1748 à Paris, élève (6 novembre 1767), lieutenant en second (5 décembre 1768), lieutenant en premier (9 mai 1778), capitaine par commission (5 avril 1780), capitaine en second (6 janvier 1785), capitaine de sapeurs (1ᵉʳ mai 1789), chevalier de Saint-Louis (4 mai 1791), capitaine-commandant (1ᵉʳ avril 1791), chef de bataillon au 1ᵉʳ régiment (4 juillet 1793), sous-directeur d'artillerie à Givet (2 octobre 1802) et à Ostende (13 juin 1812), admis à la retraite, ainsi que son aîné, Denis-Édouard Fonton de l'Étang-Laville (qui fut sous-directeur à La Fère et à Lille), le 15 juin 1814, avec le grade de colonel d'artillerie, mais seulement au titre honorifique.

LXIV. Monestrol (p. 182).

François-Louis-Jean-Hyacinthe Durand de Monestrol, né à Morteil près Castelnaudary le 19 avril 1765, élève d'artillerie (16 août 1781), lieutenant en second surnuméraire (1ᵉʳ septembre 1782), lieutenant en second (7 novembre 1782), lieutenant en premier (1ᵉʳ septembre 1786), second capitaine (1ᵉʳ avril 1791), capitaine-commandant (22 janvier 1794), tué à l'attaque de la Crête à Pierrot, à l'armée de Saint-Domingue (14 mars 1802).

LXV. Fouler (p. 182).

Maximilien Fouler d'Ecquedecq, fils de Jean-Joseph Fouler, écuyer et seigneur d'Ecquedecq et de Relingue, né à Lillers, dans le diocèse de Saint-Omer, le 15 mars 1771, entré au corps royal après avoir fourni le certificat du généalogiste, nommé lieutenant en second le 4ᵉ sur 41 (1ᵉʳ septembre 1789), premier lieutenant (1ᵉʳ avril 1791), adjudant-major (6 février 1792), 2ᵉ capitaine (18 mai 1792), capitaine-commandant (15 avril 1793), chef de bataillon (23 avril 1797), chef de l'état-major de l'artillerie sous Dommartin à l'armée du Rhin, tué à Saint-Jean-d'Acre le 10 mai 1799. Il ne faut pas le confondre avec son aîné, Albert-Louis-Emmanuel Fouler de Relingue, né à Lillers le 9 février 1769, page du Roi en sa Petite Écurie (1ᵉʳ avril 1786), capitaine au 5ᵉ régiment d'infanterie, ci-devant Navarre, en 1792, colonel du 11ᵉ régiment de cuirassiers, général de brigade (31 décembre 1806), général de division (23 mars 1814) après l'affaire de Saint-Dizier, comte de l'Empire (16 septembre 1808), écuyer de l'Impératrice et écuyer-commandant de l'Empereur.

LXVI. D'Anthouard (p. 182).

Charles-Nicolas d'Anthouard de Vraincourt, né à Verdun le 7 avril 1773, élève de l'École militaire de Pont-à-Mousson (1ᵉʳ octobre 1787), reçu le 23ᵉ sur 41 officiers au concours du 1ᵉʳ septembre 1789, lieutenant en second au régiment d'Auxonne (30 juillet 1790), lieutenant en premier au régiment de Grenoble (1ᵉʳ avril 1791), capitaine au même régiment (18 mai 1792), chef de bataillon (23 juillet 1798), colonel (5 juillet 1800), colonel du 1ᵉʳ régiment d'artillerie légère (30 novembre 1801), général de brigade (11 février 1806), aide de camp du prince Eugène (6 juin 1809), général de division (21 juin 1810), commandant en chef de l'artillerie du 4ᵉ corps (20 avril 1811), successeur de Junot dans le gouvernement des provinces illyriennes (16 juillet 1813), inspecteur général d'artillerie (21 juin 1814), disponible (19 avril 1841), mis à la retraite (17 avril 1848), mort à Paris le 14 mars 1852.

Son frère aîné Alexandre-Pierre-Louis fut également le camarade de Napoléon au régiment de Grenoble artillerie. Né à Verdun le 6 mai 1771, élève d'artillerie (1ᵉʳ septembre 1785), lieutenant en second au 4ᵉ régiment (1ᵉʳ septembre 1786), lieutenant en premier adjudant-major (1ᵉʳ avril 1791), capitaine (6 février 1792), capitaine-commandant de la 15ᵉ compagnie d'artillerie à cheval (15 avril 1793), il donne sa démission qui est acceptée le 18 septembre 1795 et rentre en activité (19 mars 1800). Condamné à cinq ans de fers pour dilapidations au fort de Pizzighettone par le conseil de guerre de Crémone (10 septembre 1800), acquitté par jugement du 17 juin 1801 et renvoyé à ses fonctions, il devient capitaine au 5ᵉ régiment d'artillerie à pied (16 août 1801) et chef de bataillon provisoire (21 mai 1802). Envoyé en Amérique où il fait les campagnes de 1803 à 1809, pris à la Guadeloupe et interné en Angleterre depuis le mois de février 1810 jusqu'à 1814, il regagne la France (juin 1814) pour être confirmé dans son grade de chef de bataillon (12 janvier 1815).

LXVII. Les Songis (p. 183).

Le père des deux Songis était seigneur de Dosnon et président au grenier à sel d'Arcis-sur-Aube.

L'aîné des deux frères, Charles-Louis Didier, né à Troyes le 13 février 1752, aspirant d'artillerie à l'École militaire de Sedan (1ᵉʳ octobre 1768) où il fut surveillé durant son séjour par son oncle, le capitaine en second Lefebvre, élève d'artillerie (20 juillet 1769), lieutenant en second (17 mai 1770), lieutenant en premier (3 juin 1779), capitaine par commission (14 octobre 1783), détaché aux forges de Mézières d'où il envoie son serment par écrit (3 juillet 1791), chef de bataillon (8 mars 1793), chef de brigade du 3ᵉ régiment d'artillerie (26 mars 1793), général de brigade et directeur d'artillerie à Lille (5 août 1793), général de division (19 août 1794), prit sa retraite le 5 juin 1801, fut quelque temps conservateur des forêts et mourut le 22 mars 1840 à Falaise.

Le cadet, Nicolas-Marie Songis des Courbons, né à Troyes le 23 avril 1761, élève d'artillerie (1ᵉʳ août 1779), lieutenant en second au 4ᵉ régiment, ci-devant régiment de Grenoble (18 juillet 1780), lieutenant en premier (3 octobre 1784), capitaine en second (3 juin 1787), chef de bataillon au même régiment (28 décembre 1793), chef de bataillon au 8ᵉ régiment (20 mai 1795), chef de brigade du 1ᵉʳ régiment d'artillerie à cheval (19 novembre 1797), général de brigade (18 mai 1799), général de division (6 janvier 1800), commandant de l'artillerie de la garde des consuls (20 novembre 1801), premier inspecteur général de l'artillerie (1ᵉʳ février 1804), mourut à Paris le 27 décembre 1810.

LXVIII. Le chirurgien Parmentier (p. 184).

Marie-Pierre-Théodore Parmentier, né à Craonne le 5 février 1760, fils d'un chirurgien, étudie deux ans à l'Hôtel-Dieu de Laon, puis deux ans encore à Paris (mars 1779-septembre 1781). On le trouve successivement élève surnuméraire à Strasbourg (19 septembre 1781), élève appointé (15 juin 1783), sous-aide-major (1ᵉʳ juin 1786), premier aide-major (15 septembre 1786) et chargé du service de l'hôpital militaire de Saint-Denis, employé à l'hôpital militaire et auxiliaire de Caen (11 mars 1789), chirurgien-major au 4ᵉ régiment d'artillerie (16 mars 1790). Le 30 décembre 1815, il est admis à la solde de retraite de 1800 francs.

LXIX. Gaudenard (p. 184).

Jean-Baptiste Gaudenard, né le 27 mars 1754 à Valay, près Gray (Haute-Saône), engagé au 4ᵉ régiment d'artillerie (26 octobre 1771), réengagé pour huit ans (26 octobre 1779) et pour huit ans encore (26 octobre 1787), appointé (21 mai 1779), sergent (1ᵉʳ juin 1780), sergent-major (10 juin 1785), second lieutenant quartier-maître (1ᵉʳ décembre 1791), premier lieutenant (18 mai 1792), capitaine dans son régiment (8 mars 1793), participe à l'expédition de Saint-Domingue, regagne la France à cause de ses infirmités et de ses blessures, entre comme capitaine-commandant au bataillon des pontonniers du Rhin (21 janvier 1802), devient chef de bataillon au 3ᵉ régiment d'artillerie (2 octobre 1802), puis inspecteur de la manufacture d'armes de Roanne (7 juillet 1803); retraité (4 mai 1809).

LXX. Pellegrin (p. 184).

Jacques Pellegrin, né à Saint-Bonnet (Hautes-Alpes) le 28 décembre 1760, canonnier au régiment d'artillerie de Grenoble (16 juillet 1779), sergent (1ᵉʳ novembre 1784), adjudant-officier (6 février 1792), premier lieutenant (11 septembre 1792), capitaine (15 avril 1793), adjoint du colonel Taviel au siège de Peschiera en 1801, chef de bataillon au 5ᵉ régiment (2 août 1801), sous-directeur à l'arsenal d'Auxonne (21 janvier 1802), colonel (3 décembre 1807), créé baron de Millon (10 avril 1811), directeur du parc d'artillerie dans la campagne de Russie, promu général de brigade (10 janvier 1813) et désigné pour se mettre à la tête de l'artillerie du corps d'observation de Bavière, commandant de l'École d'artillerie d'Auxonne (15 juin 1814), admis à la retraite (1ᵉʳ août 1815) avec 4 000 francs de pension.

LXXI. Bernard (p. 185).

François Bernard, né à Malange, canton de Dôle, en 1761, engagé au 4ᵉ régiment d'artillerie (12 décembre 1777), rengagé (12 décembre 1785), appointé (16 décembre 1784), caporal (26 octobre 1788), sergent (5 août 1793), dirigé sur Paris à son retour d'Égypte (5 mars 1800), admis capitaine aux Invalides (13 juin 1800).

LXXII. Les généraux de La Fère et de Grenoble-artillerie (p. 185).

Nombre de camarades de Napoléon dans les deux régiments où il servit, arrivèrent au généralat, et peut-être La Fère et Grenoble, le 1ᵉʳ et le 4ᵉ d'artillerie, sont-ils les régiments qui, dans un même espace de temps, ont fourni le plus de généraux.

De La Fère (1ᵉʳ régiment) sont sortis : Baltus, Boubers, Carmejane, Drouas, Gassendi, Jouffroy, Jullien de Bidon, Lariboisière, Manscourt, Mongenet, Pierre, Sorbier, les deux d'Urtubie et Verrières.

Grenoble (4ᵉ régiment) a donné d'Anthouard, Catellan, Davin, Dujard, Gouvion, La Salette, Pellegrin, Pernety, Songis, Sugny, Taviel et Vaubois.

LXXIII. Bovet (p. 189 et 192).

Fabien-Pierre de Bovet, né au Pont-de-Beauvoisin le 20 janvier 1773, élève de l'École royale militaire de Pont-à-Mousson, reçu le 15° sur 41 au concours des officiers en 1789, lieutenant en second (1ᵉʳ septembre 1789), premier lieutenant (1ᵉʳ avril 1791), donne sa démission qui est agréée le 20 octobre 1791, émigre le 22 octobre, arrive à Worms le 10 novembre, fait dans l'armée de Condé les campagnes de 1792 et de 1793.

LXXIV. Les d'Arthan (p. 192).

Marie-Jean-Baptiste Boutillier d'Arthan, né le 3 août 1742 à Romans, écuyer, fils d'un ancien officier d'artillerie et neveu d'un chanoine du chapitre de Romans, aspirant (7 septembre 1761), élève (3 mars 1762), sous-lieutenant (29 août 1762), lieutenant en second (1ᵉʳ janvier 1763), lieutenant en premier (15 octobre 1765), capitaine par commission (1ᵉʳ octobre 1772), capitaine en second (7 mars 1773), capitaine de bombardiers (3 juin 1773), de canonniers (22 mai 1781), chevalier de Saint-Louis (12 août 1787), lieutenant-colonel (1ᵉʳ avril 1791), remplacé le 1ᵉʳ novembre 1792 pour avoir abandonné son emploi, fait à l'armée de Condé les campagnes de 1792 et de 1793, directeur du parc de cette armée au 16 juillet 1800.

Jean-François Boutillier d'Arthan d'Auroy, né le 10 décembre 1748 à Romans, frère du précédent, aspirant (24 décembre 1767), élève (27 décembre 1768), lieutenant en second (14 mai 1770), lieutenant en premier (3 juin 1779), capitaine par commission (31 août 1783), capitaine en second (11 juin 1786), chevalier de Saint-Louis (4 mai 1791), capitaine-commandant (1ᵉʳ avril 1791), remplacé le 1ᵉʳ novembre 1792 pour avoir abandonné son emploi, parti du corps de Condé le 20 décembre 1793.

LXXV. Bonnard (p. 192).

Maurice-Jean, chevalier de Bonnard, né à Semur le 8 avril 1746, aspirant (4 août 1763), élève (31 octobre 1764), lieutenant en premier (23 novembre 1765), capitaine par commission (9 mai 1778), capitaine en second (3 juin 1779), capitaine de sapeurs (4 mai 1783), de bombardiers (4 juillet 1784), de canonniers (11 juin 1786), chevalier de Saint-Louis (6 juin 1790), avait fait les campagnes de 1785 et de 1786 en Hollande et reçut pendant l'émigration (20 mai 1794) le brevet de chef de brigade. La commission des émigrés data du 9 mai 1800 son brevet de colonel.

LXXVI. Champeaux (p. 192).

Louis-Claude de Champeaux, né le 18 septembre 1744 à l'île de France, élève surnuméraire (30 novembre 1765), élève ordinaire (25 avril 1766), lieutenant en premier (13 janvier 1767), capitaine par commission (9 mai 1778), capitaine en second (3 juin 1779), capitaine de sapeurs (25 mai 1783), de bombardiers (6 janvier 1785), de canonniers (11 juin 1786), chevalier de Saint-Louis (23 mars 1791), donne sa démission qui est agréée le 18 mai 1792.

LXXVII. Charbonnel de Jussac (p. 192).

Michel-Benoît, comte de Charbonnel de Jussac, noté comme « noble et même d'ancienne extraction », né le 10 février 1749 au Bourg de Saint-Maurice en Gourgeois, aspirant (28 décembre 1765), élève (3 juillet 1768), lieutenant en second (16 juin 1769), lieutenant en premier (3 juin 1779), capitaine par commission (4 mai 1783), capitaine en second (1ᵉʳ juillet 1784), chevalier de Saint-Louis (23 décembre 1787), capitaine-commandant (1ᵉʳ avril 1791), remplacé le 6 février 1792 pour avoir abandonné son emploi.

LXXVIII. Darcjean (p. 192).

Claude-François de Gérard Darcjean, né le 11 juillet 1750 à Saint-Dizier, aspirant (25 octobre 1765), élève (10 juin 1767), lieutenant en second (12 octobre 1767), lieutenant en premier d'ouvriers (25 juin 1769), capitaine par commission (3 juin 1779), capitaine en second (5 avril 1780), capitaine de sapeurs (4 juillet 1781), de bombardiers (19 juin 1785), de canonniers (4 janvier 1786), chevalier de Saint-Louis (27 février 1791), remplacé le 30 août 1792 pour avoir abandonné son emploi, fait quatre campagnes de l'émigration (1792-1795) et obtient de la Restauration la retraite de chef de bataillon et le grade honorifique de lieutenant-colonel en date du 3 juin 1795.

LXXIX. Desdiguères (p. 192).

François-Nicolas Guion Desdiguères, né le 23 mai 1751 à Argentan, page du roi (1ᵉʳ août 1766), élève (20 juillet 1769), lieutenant en second surnuméraire (18 juin 1770), lieutenant en second (6 novembre 1771), lieutenant en premier (5 avril 1780), capitaine par commission (4 juillet 1784), capitaine en second détaché à la manufacture d'armes de Charleville (25 mai 1788), chevalier de Saint-Louis (4 février 1791), capitaine-commandant (1ᵉʳ avril 1791), remplacé le 18 mai 1792 pour avoir abandonné son emploi.

LXXX. Desesgaulx (p. 192).

Jean-Joseph-Augustin Desesgaulx, né le 28 juin 1750 à Toulon, élève (6 novembre 1767), lieutenant en second (25 mai 1768), lieutenant en premier (27 novembre 1769), capitaine par commission (3 juin 1779), capitaine en second (10 avril 1782), capitaine de sapeurs (1ᵉʳ juin 1787), de bombardiers (25 mai 1788), chevalier de Saint-Louis (4 mai 1791), remplacé le 11 septembre 1792 après avoir donné sa démission.

LXXXI. Du Chaffaut (p. 192).

Léon chevalier Du Chaffaut, né le 19 avril 1745 à Digne, aspirant (11 mars 1765), élève (18 mai 1765), lieutenant en premier (7 juillet 1766), capitaine en second (9 mai 1778), capitaine de sapeurs (22 mai 1781), de bombardiers (23 mai 1784), de canonniers (6 janvier 1785), chevalier de Saint-Louis (22 mars 1790), remplacé le 1ᵉʳ novembre 1792 pour avoir abandonné son emploi, mais nommé auparavant lieutenant-colonel par le ministre Servan (28 août 1792), pourvu du grade honorifique de colonel (19 mars 1817).

LXXXII. Loyauté (p. 192).

Jacques-Laurent, chevalier de Loyauté, né le 6 juillet 1751 à Metz, aspirant (9 août 1767), élève surnuméraire (3 juillet 1768), lieutenant en second (15 décembre 1768), lieutenant en premier (3 juin 1779), capitaine par commission (5 avril 1780), capitaine en second (6 janvier 1785), chevalier de Saint-Louis

(4 mai 1791), capitaine-commandant (1ᵉʳ avril 1791), remplacé le 6 février 1792 pour avoir abandonné son emploi.

Son frère Anne-Philippe-Dieudonné de Loyauté, né à Metz le 2 avril 1750, élève d'artillerie (10 mai 1764), lieutenant en second (18 mai 1765), lieutenant en premier (15 octobre 1765), sous-aide-major (16 juin 1766), quitte le service de terre (13 juin 1773) après avoir fait les deux campagnes de Corse et sert comme capitaine d'artillerie des colonies du 1ᵉʳ janvier 1776 à la fin de 1782. Arrêté le 12 décembre 1791 en Alsace, échappé le 9 septembre 1792 au massacre des prisonniers, réfugié en Angleterre où il reçoit du roi le brevet de lieutenant-colonel pour prendre rang du 31 décembre 1795, nommé par le gouvernement britannique colonel d'un régiment d'artillerie des colonies, puis inspecteur général de l'artillerie de Saint-Domingue, emprisonné au Temple (28 juillet 1801) et relâché trois semaines après (21 août 1801), commis aux écritures dans le service des vivres (13 février 1812), il est classé comme lieutenant-colonel par la commission des émigrés et admis à la retraite de ce grade.

LXXXIII. Montille (p. 192).

François-Jean-Baptiste Bizoard de Montille, né le 27 décembre 1748 à Beaune, aspirant (14 février 1763), aspirant appointé (30 novembre 1765), élève (10 juin 1767), lieutenant en second (31 mai 1768), lieutenant en premier (28 février 1771), capitaine par commission (3 juin 1779), capitaine en second (4 mai 1783), capitaine de sapeurs (5 avril 1787), de bombardiers (21 août 1789), chevalier de Saint-Louis (15 janvier 1791), remplacé le 11 septembre 1792 pour avoir abandonné son emploi.

LXXXIV. D'Arthaud (p. 192).

François-Octavien d'Arthaud de La Versonière, fils d'un maître honoraire de la Chambre des comptes de Dauphiné, né le 27 mai 1765 au Gaz La Palud, élève (16 août 1781), lieutenant en second (9 août 1782), lieutenant en premier (11 juin 1786), second capitaine (1ᵉʳ avril 1791), destitué par le gouvernement républicain (15 juin 1793) pour n'avoir pas rejoint sa destination à l'arsenal de Metz, échappé de Lyon assiégé et reçu dans la compagnie d'artillerie de l'armée de Condé (14 juillet 1794), où il fait les campagnes de 1794 à 1797, classé par la commission des émigrés (10 mars 1815) comme capitaine en premier à dater du 10 juin 1808 et admis sur sa demande à la pension de retraite (9 décembre 1815).

LXXXV. Berthault de la Bossère (p. 192).

Jean-Baptiste-Julien Berthault de la Bossère, né le 30 décembre 1763 à Nantes, élève (1ᵉʳ septembre 1782), lieutenant en second (1ᵉʳ septembre 1783), lieutenant en premier (25 mai 1788), second capitaine (1ᵉʳ avril 1791), donne sa démission qui est agréée le 14 décembre 1791.

LXXXVI. Desguers (p. 192).

Alexandre-Frédéric-Henry Desguers, né le 1ᵉʳ octobre 1758 à Vizille, entré au service à l'École de Grenoble (9 avril 1771), réformé en 1774, aspirant à l'École de Strasbourg (8 septembre 1777), élève à l'École de La Fère (1ᵉʳ août 1779), lieutenant en second (1ᵉʳ août 1780), lieutenant en premier (6 janvier 1785), capitaine par commission (25 mai 1788), second capitaine (1ᵉʳ avril 1791), admis comme capitaine par la commission des émigrés et après avis du comité central de l'artillerie (5 janvier 1815), chargé de la surveillance et de la tenue des contrôles des militaires de l'arme dans le département de l'Isère (5 mai 1816), chevalier de Saint-Louis (9 avril 1817), commandant l'artillerie de la citadelle de Bayonne (2 mai 1817), admis au traitement d'expectative en attendant une retraite (1ᵉʳ février 1818). Son père, né en 1711, ancien colonel et directeur d'artillerie de la Basse-Alsace, s'était laissé nommer par le Directoire (18 juillet 1796) commandant temporaire de Vizille pour la durée de la guerre ; « ce respectable militaire, écrivait alors Kellermann, manque de pain à l'âge de quatre-vingt-cinq ans et après soixante-six ans de services, compris quinze campagnes ».

LXXXVII. Gounon (p. 192).

Armand-Honoré-Louis-François de Gounon, né à Toulouse le 31 janvier 1763, élève (1ᵉʳ septembre 1782), lieutenant en second surnuméraire (1ᵉʳ septembre 1783), lieutenant en second (4 juillet 1784), lieutenant en premier (25 mai 1788), second capitaine (1ᵉʳ avril 1791), a donné sa démission qui a été agréée le 11 septembre 1792.

LXXXVIII. Romain (p. 92).

Félix de Romain naquit le 15 juin 1766 à Angers. Aspirant (17 juin 1781), élève d'artillerie à Metz et à Verdun (1ᵉʳ septembre 1782), admis le 21ᵉ sur 32 au concours des lieutenants en second (1ᵉʳ septembre 1784), lieutenant en premier (6 janvier 1785), second capitaine (25 juillet 1791), inscrit sur l'état nominatif des officiers du régiment de Grenoble comme « absent, sans congé, du 6 novembre », fut, pour avoir abandonné son emploi, remplacé le 6 février 1792. Canonnier noble à l'armée de Condé qu'il ne quitte que le 17 janvier 1801, par congé du prince, et en 1795 sous-aide-major de l'artillerie, il se signala par son courage et son esprit d'aventure (d'Ecquevilly, III, 189 ; A. Chuquet, *l'Expédition de Custine*, 83, et *Hoche*, 191). En 1815, il fut major général ou chef d'état-major de l'armée d'Anjou commandée par d'Autichamp. La Restauration le nomma inspecteur des gardes nationales de Maine-et-Loire et lui donna le grade de colonel avec la retraite de lieutenant-colonel. Il avait épousé la fille du comte du Chilleau.

LXXXIX. Tavernol (p. 192).

Pierre-Philippe Alexandre Tavernol, né à Villeneuve de Berg (Ardèche) le 7 juin 1754, élève (16 août 1781), lieutenant en second surnuméraire (1ᵉʳ septembre 1783), lieutenant en second (30 juillet 1784), lieutenant en premier (1ᵉʳ mai 1789), second capitaine (1ᵉʳ avril 1791).

XC. Du Prat (p. 192).

Pierre-Constantin chevalier Du Prat du Ronzet était fils d'un chevalier de Saint-Louis, capitaine au régiment de Touraine. Il naquit le 21 octobre 1767 à Courléon, près de Saumur. Reçu élève d'artillerie le 18ᵉ sur 41 (1ᵉʳ septembre 1784) et officier le 35ᵉ sur 61 (1ᵉʳ septembre 1786), nommé lieutenant en second au régiment de Besançon (21 septembre 1787), passé avec le même grade au régiment de Grenoble (1ᵉʳ avril 1791), il émigra au mois de septembre 1791. On sait ses aventures (cf. ci-dessus, p. 197) non seulement à l'armée de Condé où il arriva le 2 juin 1793 et fut lieutenant en second à la 1ʳᵉ compagnie des canonniers du régiment d'artillerie, mais en France dans diverses expéditions et entreprises. Reconnu lieutenant-colonel par la commission des émigrés à la date du 31 décembre 1801 et nommé lieutenant-colonel du régiment qui se formait à Metz, adjoint au commandant d'artillerie de La Fère (18 février 1819), commandant l'artillerie à Antibes et à Marseille, il fut admis à la retraite le 12 juillet 1828, et mourut le 12 février 1831.

XCI. Les Du Boisbaudry (p. 197).

Sur le cadet des Du Boisbaudry, voir notre tome I, p. 417, et le *Quiberon* de La Gournerie. L'aîné, Ange-Hyacinthe-Joseph (cf. la même pièce), émigra, fit la campagne de 1792 à l'armée des princes, les campagnes de 1794 et de 1795 en Hollande sous les ordres de Quiefdeville, la campagne de 1796 ou seconde expédition de Quiberon, et vécut en Angleterre jusqu'en 1814. A son retour en France, il fut maréchal des logis dans la compagnie écossaise des gardes du roi (1814), puis lieutenant-colonel sous-directeur d'artillerie à Rennes (26 mars 1815). Autorisé à faire valoir ses droits à la retraite (24 août 1828), il mourut le 21 mai 1834 au château de la Haute-Touche près Ploermel.

XCII. Les De Langle (p. 198).

Louis-Vincent-Marie de Langle de Beaumanoir, né le 12 octobre 1768 à Hennebon, élève d'artillerie (1ᵉʳ septembre 1785), lieutenant en second (6 avril 1788), premier lieutenant (1ᵉʳ avril 1791) émigre et meurt comme nous l'avons dit (cf. le *Quiberon* de La Gournerie).

Son frère cadet, Augustin-Marie-Joseph, né à Vitré le 17 novembre 1769, élève d'artillerie (1ᵉʳ septembre 1785), lieutenant en second (5 avril 1787), premier lieutenant (1ᵉʳ avril 1791), remplacé le 6 février 1792, avait émigré le 2 octobre 1791. Il fit toutes les campagnes de l'armée de Condé, excepté celle de 1796 où il était dans l'Orléanais, et le comte Le Veneur de la Ville-Chapron, commandant des armées du roi, témoigne qu'il lui conféra alors le grade d'adjudant général et le chargea d'une mission de la plus haute importance à Poitiers. Le 15 novembre 1796, Langle cadet rejoignait l'armée de Condé où il était en 1800 lieutenant en second de la 1ʳᵉ compagnie soldée du corps de l'artillerie. Au retour des Bourbons, il fut nommé chevalier de Saint-Louis (30 octobre 1814), chef de bataillon (4 février 1815), lieutenant-colonel d'infanterie (1ᵉʳ janvier 1816) et commandant d'arrondissement à Vitré (2 mars 1816), poste que le gouvernement supprima bientôt.

XCIII. Gondallier de Tugny (p. 198).

Gondallier de Tugny (David-François), né à Bouffignereux, dans l'Aisne, le 6 février 1769, élève pensionnaire de l'École de Brienne, reçu élève d'artillerie le 12ᵉ sur 49 au concours de 1785 et lieutenant en second le 60ᵉ sur 61, au concours de 1786, promu lieutenant en second (3 janvier 1789), premier lieutenant (1ᵉʳ avril 1791), remplacé (6 février 1792) pour avoir abandonné son emploi, enrôlé dans l'armée du duc de Bourbon (campagne de 1792), maréchal des logis de la compagnie d'artillerie de Salm-Kyrbourg hussards (campagnes de 1794 et de 1795), sergent d'artillerie légère dans Choiseul hussards (campagnes de 1795 et de 1796), reconnu par la commission des émigrés (4 mai 1816) « susceptible d'être admis au service comme capitaine d'artillerie pour prendre rang du 3 janvier 1794 », capitaine de 1ʳᵉ classe au régiment de La Fère (19 juillet 1816), donne le 2 décembre 1816, à cause de son âge et de sa santé, sa démission qui est acceptée le 3 janvier 1817.

XCIV. Baudran, La Chapelle, Bouville, Le Sart (p. 198).

Voir sur ces quatre premiers lieutenants notre tome I, *Brienne* : pour Baudran, p. 423 (pièce xciv), et pour les trois autres qui furent reçus officiers en 1785 avec Bonaparte, la liste des cinquante-huit lieutenants en second admis par Laplace, p. 418-421.

XCV. D'Ablincourt (p. 199).

Charles-Fursy-Mathieu d'Ablincourt, né le 7 août 1767 à Ablincourt, diocèse de Noyon, fils d'un ancien capitaine au corps royal, élève d'artillerie (1er septembre 1783), lieutenant en second surnuméraire (1er septembre 1784), lieutenant en second (6 janvier 1785), second capitaine (1er avril 1791), remplacé le 11 septembre 1792 pour avoir abandonné son emploi, sert en émigration et fait les neuf campagnes de 1792 à 1801 tant à l'armée des princes qu'à celle de Condé et à l'armée anglaise, devient sous-préfet de Sarrebruck sous l'Empire (14 juin 1810) et de Montdidier sous la Restauration, obtient des Bourbons, outre la croix de Saint-Louis (13 août 1814), le grade honorifique de lieutenant-colonel (19 juin 1822) pour tenir rang dudit jour.

XCVI. Hédouville (p. 199).

Théodore-Charles-Joseph de Hédouville, élève de l'École royale militaire de Rebais où il fut mandé le 25 mai 1777 (cf. tome I, p. 419), émigra et servit en Espagne. Il rentra le 28 octobre 1800 et remplit les fonctions de capitaine-aide de camp du général Hédouville, son frère (25 octobre 1800), puis fut employé à la légation de France à Rome (5 février 1804-19 juin 1805). Son frère ainsi que le général Clarke voulaient se l'attacher ; mais, comme on le verra par la pièce suivante, Hédouville, qui avait de l'expérience et connaissait les langues étrangères, consentait à se rendre partout où Napoléon le jugerait utile et désirait se vouer entièrement à la carrière diplomatique. Il fut nommé ministre plénipotentiaire, avec traitement de 40 000 francs, à Ratisbonne, près l'électeur archichancelier de l'Empire germanique (20 juin 1805-1er juillet 1806), et ensuite, en la même qualité, à Francfort près du prince primat de la confédération du Rhin (1er juillet 1806-31 décembre 1813). La commission des émigrés le nomma chef de bataillon d'infanterie (7 juillet 1814). Mais il resta dans la diplomatie, et fut, sous la Restauration, commissaire du roi à Varsovie durant huit années (1er mai 1818-30 novembre 1826).

XCVII. Lettre du général Hédouville en faveur de son frère (p. 199).

A Fontenay, le 5 messidor an VIII.

Le général de division, lieutenant du général en chef, au général Bonaparte, premier consul de la République.

Citoyen consul, mon frère Théodore Hédouville, votre contemporain à l'École militaire, est actuellement au service de l'Espagne dans l'artillerie génie ; il n'a jamais porté les armes contre sa patrie et s'estimerait heureux si ses talents et ses services pouvaient lui être utiles ; il n'est porté sur aucune liste d'émigrés. Je vous prie de vouloir bien faire mander au citoyen Alquier, ambassadeur de la République à Madrid, de lui faire délivrer un passeport pour venir me joindre. Vous comblerez ses vœux et les miens, et nous vous en aurons, citoyen consul, une éternelle reconnaissance.

Salut et respect.

XCVIII. Lettre de Théodore Hédouville à Bonaparte (p. 199).

Paris, 10 messidor an X.

Théodore-Charles Hédouville, aide de camp du général Hédouville, au premier consul.

Citoyen premier consul,

J'ose réclamer la promesse que vous avez bien voulu faire en ma faveur au général Hédouville mon frère. Persuadé que les motifs qui vous ont déterminé à suspendre ma nomination en qualité de 3ᵉ secrétaire dans la légation en Russie, ne subsistent plus aujourd'hui, je sollicite instamment votre ordre pour me faire entrer dans la carrière diplomatique. Elle a toujours été le principal objet de mes études et une inclination particulière m'y fait aspirer depuis longtemps. Malgré mon extrême désir de rejoindre mon frère, quelque avantage qu'il y ait également pour moi auprès du général Clarke qui vous a déjà sollicité pour m'attacher à sa légation, je n'en serai pas moins empressé de me rendre partout où vous jugerez mon zèle de quelque utilité. La connaissance que j'ai des langues étrangères et l'expérience que m'a fait acquérir mon âge de trente-cinq ans, pourront me faciliter l'accomplissement des devoirs qui me seront imposés. Mon vœu le plus ardent est d'être à même de vous prouver mon dévouement et ma reconnaissance sans bornes.

Salut et profond respect.

XCIX. Le 4ᵉ régiment d'artillerie en 1792.

I

Emplacement au 26 mai 1792.

Compagnies : État-major, présent à Valence.
— La Pujade, détachée à Grenoble.
— Bonnard, détachée à Nimes.
— Molines, détachée à Grenoble.
— Sugny, détachée à Antibes.
— Champeaux, détachée à Toulon, Antibes et la Tour du Bouc.
— Songis, détachée à Antibes.
— Dufort, détachée en Corse.
— Vaubois, présent à Valence.
— Desegaulx, détachée à Nimes.
— Faultrier, détachée à Perpignan et dans plusieurs forts.
— La Cattonne, détachée *id*.
— Gouvion, détachée à Nimes.
— Du Chaffaut, détachée à Antibes.
— Grandfontaine, détachée à Nimes et à Pont-Saint-Esprit.
— Bollemont, détachée au fort Barraux.
— D'Arthan, détachée à Briançon.
— Villantroys, détachée en Corse.
— Desdiguères, détachée à Grenoble.
— Montille, présent à Valence.
— Borthon, détachée, moitié au fort Barraux et moitié à la Grande-Chartreuse ou Saint-Laurent du Pont.

II

Emplacement au 29 juin 1792.

A Perpignan, 2 compagnies; à Nîmes, 2 1/2; à Antibes, 3 1/2; à Toulon, 1/2; à Grenoble, 3; à Briançon, 1; au fort Barraux, 3; en Corse, 2; à Valence 1/2 = 20.

III

État de messieurs les officiers qui composent le 4ᵉ régiment d'artillerie (25 septembre 1792).

État major.

MM. de Campagnol, présent à l'armée de Barraux.
Catellan, doit partir pour la Corse comme colonel.
Dujard, à l'armée de Barraux.
Deydier, présent à Grenoble.
Lagrange, à l'armée de Barraux.
D'Arthan, on dit qu'il a abandonné son emploi.
Champrouet, à l'armée du Nord.
Gaudenard, présent à Grenoble.
Emond, vient de passer second capitaine dans Desegaulx, et est à l'armée de Barraux.
Carrière, présent à l'armée de Barraux.

Capitaines-commandants.

La Cattonne, à Perpignan; on dit qu'il est lieutenant-colonel.
Bonnard, a abandonné son emploi.
Du Chaffaut, absent, je ne sais s'il a un congé.
Bollemont, à Barraux.
Desegaulx, a demandé sa démission.
Montille, n'a pas joint.
Molines, à l'armée de Barraux.
Gouvion, aux volontaires nationaux.
D'Arthan, on dit qu'il a abandonné son emploi.
Vaubois, aux volontaires nationaux.
Faultrier, à Perpignan.
Borthon, aux volontaires nationaux.
Dufort, en Corse.
Grandfontaine, présent à Grenoble.
La Pujade, à l'armée de Barraux.
Villantroys, en Corse.
Sugny, à l'armée du Var.
Songis,   id.
Desguers, n'a pas encore joint sa compagnie, on croit qu'il a abandonné.

D'Anglemont, sa compagnie n'a pas voulu le recevoir.
Dulieu, employé à la visite des armes près de Valence, a été fait capitaine en place de Bonnard.

Seconds capitaines.

Ducos de Labitte, à l'armée de Barraux.
Beaumaretz, employé à l'arsenal de Grenoble, était malade au camp de Barraux.
D'Arthaud, sa compagnie n'a pas voulu le recevoir, s'étant absenté.
Roquefère, à l'armée du Var.
Revignan, présent à Grenoble.
Monestrol, absent, je ne sais s'il a un congé.
Pernety, à l'armée de Barraux.
Gounon, a demandé sa démission.
Tavernol, n'a pas joint.
D'Ablincourt, à l'armée de Barraux.
Taviel, à l'armée de Barraux.
D'Hédouville, à Perpignan.
Dommartin, à l'armée du Var.
Faure de Giers, à l'armée de Barraux.
D'Anthouard aîné, à l'armée du Var.
Vauclair, n'a pas joint.
Delpy, a été fait aide de camp, ne compte plus au régiment, est remplacé par Bonaparte.
Fouler, à l'armée de Barraux.
D'Anthouard, cadet,   id.

Premiers lieutenants.

Schoustre, ancien lieutenant en 3ᵉ, doit rentrer au régiment.
Martraire, en Corse.
Salzard, à l'armée du Nord.
Copin, en Corse.
Duroz, à l'armée de Barraux.
Bernard, à l'armée du Var.

Danon, à Perpignan.
Jourdan, à Barraux.
Ruffier, à l'armée du Var.
Rivereau, aux volontaires nationaux.
Bracoux, détaché à Montdauphin.
Chavand, au Pont de Beauvoisin.
Ququ, à l'armée de Barraux.
Le Blanc, à Briançon.
Valfré, à l'armée de Barraux.
Marle, id.
Saint-Pol, à Perpignan.
Aubert, à l'armée de Barraux.
Emourgeon, id.
Delaître, à Embrun, sa compagnie ne voulant pas le recevoir.

Roze, à Barraux.

Seconds lieutenants.

Liet, à l'armée de Barraux.
Labalme, id.
Daval, id.
Clermont, à l'armée du Var.
Davin, aux volontaires nationaux.
Depres, à Barraux.
Delignette, en Corse.
Benoist, à Perpignan, mort le 3 septembre.
Fournier, à l'armée de Barraux.
Coindet, en Corse.

IV

Lettre de Lacombe Saint-Michel a Dubreton, sur le 4ᵉ régiment d'artillerie.

Chambéry, le 4 octobre 1792, l'an 1ᵉʳ de la République française.

Je vous préviens, mon cher citoyen, que les soldats et les sous-officiers du 4ᵉ régiment d'artillerie crient avec juste raison de ce qu'au moment où ils jouissent de la plus grande activité, leurs compagnies sont sans officiers. Si nous n'avions pas craint de contrarier vos opérations déjà faites, nous aurions ordonné le remplacement à l'instant. Mais il me semble qu'avant mon départ de Paris, vous m'avez annoncé ce travail comme fait et prêt à paraître. Depuis ce temps, M. d'Ablincourt, capitaine, a déserté la veille de l'entrée de nos troupes en Savoie. Il est à propos de fermer le plus tôt possible les places que l'on fait au corps. Les compagnies Des Égaulx, Montille, Du Chaffaut, d'Arthan cadet (dit-on), d'Anglemont sont vacantes; il manque en capitaines en second ou autres officiers MM. d'Arthaud, Gounon, Tavernol, d'Ablincourt, Fouler et d'autres que je ne connais peut-être pas, mais qui doivent être venus à votre connaissance. Il est, mon cher Dubreton, de la plus grande urgence de faire droit sur ces sortes de demandes. Répondez-moi courrier par courrier en m'envoyant le travail tel qu'il sera fait et surtout l'état nominatif des officiers venant de l'école des élèves.

Nous avons autorisé M. Mauroy de se retirer de l'armée pour aller soigner sa santé et je pense, avec les commissaires, qu'il faut nommer à son emploi aussitôt qu'il sera possible de lui faire avoir une retraite. L'opinion publique prononce sur son compte une incapacité qui le met hors d'état de remplir les fonctions de sa place. Voilà ce que tout le monde nous a dit sur son compte. Il n'a fait qu'entraver l'équipage depuis qu'il y est. Il sera inutile de le remplacer à l'armée de Savoie. Celui qui le suit fera sa besogne comme il la fait depuis longtemps. Concertez-vous avec M. Laclos pour mettre par des remplacements l'artillerie en état de servir. Les soldats vont à merveille.

L'un des commissaires de la Convention nationale à l'armée des Alpes,

J.-P. Lacombe Saint-Michel.

C. Rivereau (p. 227).

Louis Rivereau — qui signe Rivrot — né à Angers le 2 février 1749, entré au service dans le dépôt des recrues de province établi à Loches (1ᵉʳ février 1764), passe au régiment Royal (12 novembre 1765), puis au régiment de Grenoble-artillerie (19 novembre 1773), sergent (6 novembre 1779), lieutenant en troisième (10 juin 1785), second lieutenant (1ᵉʳ janvier 1791), adjudant-major au 1ᵉʳ bataillon des volontaires de la Drôme (11 novembre 1791), lieutenant-colonel au même bataillon (1ᵉʳ janvier 1792), nommé dans l'artillerie premier lieutenant (6 février 1792), capitaine de 2ᵉ classe (1ᵉʳ novembre 1792), capitaine-commandant (12 décembre 1793), chef de bataillon (2 mars 1795) pour prendre rang du 1ᵉʳ janvier 1792, promu le 2 octobre 1802 au grade de chef de brigade avec ordre d'aller servir à Saint-Domingue, refuse de se rendre à cette destination et offre de rester chef de bataillon ou de prendre sa retraite, mis à la retraite (7 janvier 1803), nommé le 19 janvier 1814 par le sénateur comte de Saint-Vallier commandant supérieur du fort Barraux.

CI. **Davin** (p. 227).

Jean Davin, né à Barratier (Hautes-Alpes) le 15 février 1749, canonnier au régiment de Grenoble (15 novembre 1766), sergent (1ᵉʳ février 1775), sergent-major (26 février 1789), adjudant sous-officier au 3ᵉ bataillon de la Drôme (17 novembre 1791), adjudant-major (20 mars 1792) au même bataillon, lieutenant en second au 4ᵉ régiment d'artillerie (1ᵉʳ juin 1792), premier lieutenant (20 décembre 1792), capitaine en second (par un brevet du ministre qui ne porte pas de date), chef de bataillon des volontaires de la Drôme (24 juin 1793), général de brigade (23 décembre 1793) « ensuite de ses services distingués pendant le siège de Lyon où il fut obligé de remplir à la fois les fonctions d'officier supérieur d'artillerie et de commandant de colonne d'infanterie », employé aux armées des Pyrénées-Orientales et d'Italie jusqu'au 19 juin 1797, puis à l'armée de Naples par ordre du général Championnet (25 juillet 1799), passé dans la 7ᵉ division militaire en l'an VIII, nommé commandant de la place de Fénestrelle (19 décembre 1800), retiré dans ses foyers (1ᵉʳ juin 1801), admis au traitement de non-activité (23 septembre 1801), destiné à un commandement d'armes tout en conservant le traitement d'activité (27 août 1803), commandant d'armes en Italie (3 octobre 1803), exerce ses fonctions à Modène, puis à Palma-Nova, obtient sa retraite le 19 mai 1808 après quarante-deux ans dix mois vingt-quatre jours de services et huit campagnes, meurt à Paris le 17 décembre 1819.

CII. **Fugière** (p. 228).

Jean-Urbain Fugière, né le 8 février 1752 à Valence, soldat au régiment de Barrois (22 mai 1770), caporal (15 février 1773), sergent (25 avril 1775), sergent-major (20 juin 1781), congédié (15 avril 1784), élu capitaine au 3ᵉ bataillon de la Drôme (12 octobre 1791, chef de bataillon (4 août 1793), chef de brigade (13 juin 1795), commandant de la 18ᵉ demi-brigade de ligne (en mai 1796), général de brigade (23 mars 1798), blessé à Aboukir et amputé du bras gauche, nommé au commandement en chef de la succursale des Invalides à Avignon (3 juin 1801) et du département du Vaucluse (18 février 1812), mort à Avignon le 17 décembre 1813. Sa veuve reçut (30 décembre 1813) une pension de 1200 francs dont la moitié était, à sa mort, reversible sur sa fille. Le 29 novembre 1801, le premier consul avait adressé à Fugière, en le nommant à la succursale des Invalides, ce billet inédit : « J'ai reçu, citoyen général, votre lettre de la quarantaine. Au poste d'Avignon comme à la tête de la 18ᵉ, vous ferez toujours votre devoir avec honneur et d'une manière distinguée; comptez sur mon estime et les sentiments que j'ai pour vous. »

CIII. Lettres de Paoli au ministre de l'intérieur Delessart sur l'insurrection de Bastia.

I

Deux jours après mon arrivée dans cette ville, ils s'y sont rendus aussi, tous les membres du Directoire et du Conseil général, pour se concerter sur les mesures à prendre afin que la révolte de la Bastia n'ait des suites hors de l'enceinte de cette malheureuse ville et pour aviser aux moyens les plus sûrs pour en punir les auteurs.

J'avais expédié, monsieur, une personne de ma confiance, aussi bien que de celle de M. Rossi, pour être bien assuré de ses intentions et de la disposition des troupes de ligne, et pour lui dire que, s'il était en son pouvoir, il était de toute nécessité qu'il fît entrer dans la citadelle avec des vivres la plus grande partie de sa garnison, ayant eu des intelligences sûres que les mutins voulaient s'en emparer pour en faire le rendez-vous des séditieux, comme la ville était le foyer du fanatisme. M. Rossi me mande par la même personne et par sa lettre du 14 de ce mois que déjà la citadelle est à l'abri de tout attentat et que lui-même était informé des mauvaises intentions des gens de la Bastia. D'après cette précaution, il ne sera plus difficile à messieurs les administrateurs du département de soumettre aux lois cette ville. Ils vous informeront de leurs résolutions à cet égard, et d'eux vous aurez aussi, Monsieur, les détails circonstanciés de l'insurrection. Quant à moi, je vous prie de me permettre d'insister toujours qu'il nous faut au moins un quatrième régiment, car les mécontents de notre heureuse Constitution, pour effrayer le peuple, ne cessent jamais de répandre dans l'île des bruits et faux rapports d'une guerre civile dans l'intérieur de la France, et pour encourager leurs partisans, ils assurent de même une ligue de tous les princes de l'Europe intéressés à détruire la liberté de notre monarchie. Pour frustrer leurs projets perfides et pour en imposer davantage, il faudrait encore que quelques frégates fissent des apparitions de temps à autre devant les ports de l'île.

En attendant, Monsieur, je vous prie d'agréer les assurances du sincère et respectueux attachement avec lequel j'ai l'honneur d'être,

Monsieur, votre très humble et très obéissant serviteur.

PAOLI.

Corte, le 16 juin 1791.

II

Monsieur,

Je m'empresse de vous annoncer que je suis entré aujourd'hui dans cette ville avec nombre de gardes nationales de l'intérieur de l'île. La nuit précédente, celles du district d'Oletta en avaient occupé les forts extérieurs et tous les environs, et ce matin, à une lieue de distance, le général commandant de la troupe de ligne est venu à ma rencontre avec une compagnie de grenadiers pour m'assurer que les habitants effrayés n'auraient osé de faire aucune opposition.

Ceux de la municipalité qui se croyaient les plus coupables et qui n'avaient voulu se présenter devant le Conseil général du département comme leur avait été ordonné, voyant qu'il ne leur était plus possible de porter le peuple à faire résistance à la nation, s'étaient sauvés sur une felouque, et sur des bateaux, plusieurs autres de leurs complices. On apprend qu'ils sont tous arrivés à Livourne; les autres qui n'ont pu trouver les mêmes moyens pour s'évader par mer, se sont retirés et cachés sur les montagnes des environs.

Messieurs les commissaires du Conseil général du département vous donneront, après, les détails circonstanciés de toutes leurs opérations et mesures qu'ils seront obligés de prendre pour affermir à l'obéissance des lois cette ville qui les a blessés avec tant de scandale. J'aurai toutes les peines du monde à empêcher que la nation ne tombe sur elle pour la ruiner de fond en comble afin que ses décombres soient un monument éternel de l'indignation publique contre ceux qui s'opposent à notre heureuse Constitution.

Permettez-moi, Monsieur, que je vous réitère les assurances que je vous ai données d'Ajaccio et que je vous prie de les mettre sous les yeux de Sa Majesté. La totalité de la Corse, malgré les insinuations et les intrigues de quelques mécontents, aime les lois qui assurent la liberté de la monarchie; elle est fidèlement attachée à la personne sacrée du roi qui les a sanctionnées et les protège.

J'ai l'honneur d'être avec les sentiments du plus sincère et respectueux attachement, Monsieur, votre très humble et très obéissant serviteur.

PAOLI.

Bastia, le 24 juin 1791.

III

A Bastia, le 30 juin 1791.

Monsieur,

Me trouvant dans cette ville avec les gardes nationaux de l'intérieur de l'île pour la soumettre à l'obéissance des lois et de la Constitution, on m'a cejourd'hui à l'heure de midi remis de Saint-Florent les dépêches que vous avez envoyées au Directoire de notre département qui est maintenant à Corte. Informé d'avance par la voix publique de leur contenu, je les ai ouvertes. J'ai voulu parler à l'instant au commandant de la troupe de ligne et à tous les officiers qui sont en garnison dans la citadelle. L'un et les autres m'ont protesté la plus sincère adhésion aux ordres de l'Assemblée nationale pour maintenir toutes les lois qui nous assurent la liberté et notre heureuse Constitution.

Ici sont cinq commissaires et le secrétaire général du Conseil du département. Nous avons fait traduire et imprimer sur-le-champ les deux décrets du 21 de ce mois pour les faire circuler dans l'île, et je ne risque rien à vous assurer, Monsieur, que la totalité de la nation sera constamment attachée à la Constitution. L'évasion du roi aurait pu ébranler quelque esprit faible et aurait donné un peu de courage aux partisans séditieux de nos mécontents qui sont à Paris; mais la nouvelle qui nous est arrivée depuis dans la journée et qu'on a eu soin de répandre immédiatement, que le roi avait été arrêté en chemin, les empêchera sans doute de se montrer ouvertement contre le gouvernement établi.

J'envoie cette lettre par un bateau du Cap Corse qui part ce soir pour Toulon, et vous en aurez le duplicata par le premier courrier ordinaire.

Je suis avec le plus sincère et respectueux attachement, Monsieur, votre très humble et très obéissant serviteur.

PAOLI.

IV

Bastia, le 16 juillet 1791.

Monsieur,

L'objet qui m'a porté dans cette ville avec nombre de gardes nationales, me paraît rempli : elle ne peut plus refuser obéissance aux lois. Les plus coupables s'étaient évadés par la voie de mer avant mon entrée, comme j'eus l'honneur de vous en informer par mes lettres précédentes. Les commissaires du Département ont jugé à propos d'en faire arrêter plusieurs qui sont fort soupçonnés d'avoir été complices dans la révolte, et, pour prévenir les ultérieurs attentats des malintentionnés, ils ont cru aussi expédient de désarmer le peuple, trop susceptible d'être la dupe des fanatiques.

Pour mettre la nouvelle municipalité en état d'entretenir le bon ordre dans la ville, on y laisse 150 hommes des gardes nationales de l'intérieur, lesquels, en cas de besoin, pourront se réunir aux troupes de ligne pour la défense de la forteresse.

L'évêque du département est arrivé dans cette ville et y a été assez bien accueilli. Ainsi, tout paraissant calme pour le présent et la commission ayant presque terminé ses opérations, je me décide, Monsieur, à me retirer dans un point central de l'île pour y soigner ma santé et pour y être mieux à portée de veiller au maintien du bon ordre et de la tranquillité générale du pays, que je regarde comme bien affermie, et j'ai lieu de vous assurer qu'aucun parti ne sera en état de lever la tête contre la Constitution.

J'ai l'honneur d'être, avec le plus sincère et respectueux attachement, Monsieur, votre très humble et très obéissant serviteur.

PAOLI.

CIV. Élections de la Corse à l'Assemblée Législative (p. 235).

Le 13 septembre 1791, à Corte, dans l'église des ci-devant Observantins se réunirent les électeurs nommés par les assemblées primaires pour élire six députés à la nouvelle législature, la moitié des membres de l'administration générale du département, deux jurés à la Haute-Cour, et pour émettre leur vœu sur la fixation du chef-lieu du département et du siège épiscopal. Paoli fut élu président de l'assemblée par 340 suffrages sur 346.

Le 14 septembre, Joseph-Marie Pietri, membre du Directoire du département et électeur de Sartène, fut élu secrétaire. Il y eut trois scrutateurs : Marius-Joseph Peraldi, Hyacinthe Arrighi et Joseph Simoni, de Sorio, élus respectivement par 327, 194 et 193 suffrages sur 356.

Le 17 commencèrent les élections législatives qui durèrent jusqu'au 22. Félix-Antoine Leonetti fut élu par 198 voix sur 375 ;

Le 18, François-Marie Pietri, de Fozzano, par 203 sur 384 ;

Le 19, Charles-André Pozzo di Borgo, membre du Directoire du département, par 228 sur 378 ;

Le 20, Pierre-Jean-Thomas Boerio, président du tribunal du district de Corte, par 193 sur 377 ;

Le 21, Barthélemy Arena, de l'Isle-Rousse, membre du Directoire du département, par 214 sur 368 ;

Le 22, Marius-Joseph Peraldi, d'Ajaccio, membre du Conseil général du département, par 173 sur 371.

Les suppléants furent nommés le 22 septembre : Benoit-François Panattieri, de Calvi, secrétaire général du Département, élu par 225 voix sur 371, et Honoré-Marie-Regnier du Tillet, électeur de Bastia, élu par 242 voix sur 350.

Deux jurés à la Haute-Cour furent nommés le 23 septembre : Jean-Baptiste Tortaroli, juge au tribunal du district d'Ajaccio (193 voix) et Jacques Pasqualini, juge au tribunal du district de La Porta (216 voix).

Le 24 septembre commença l'élection des membres de l'administration du département ; chaque district devait fournir deux membres au moins. Joseph Bonaparte, président du Directoire du district d'Ajaccio, et Dominique Moltedo, d'Ajaccio, furent élus ; le premier par 192 voix, le second par 176 (sur 349).

Le 25 septembre furent élus, pour le district de l'Isle-Rousse, Barthélemy Bonaccorsi, de Calenzana (324 voix) et Jean-Baptiste Leoni, de Palasca (261 voix).

Le 27 septembre, furent élus Charles-François Carlotti, de Venaco (187 voix), et Antoine-Louis Poli, de Cervione (178 voix).

Le 28, étaient nommés à la pluralité relative : Jean-Dominique Saliceti, d'Oletta; Antoine-André Filippi, de Vescovato; Jacques Abbatucci, de Zicavo; Ange Chiappe, de Sartène; Marc-Antoine Ferrandi, de Pietra di Verde; Jules-François Murati, de Borgo di Marana; Jean-Pasquin Giampetri, de Rostino; Jean-Bernard Arrighi, de Speloncato; Jean-Quilico Casabianca, de Casabianca; Antoine-Paul Giacomoni, de Tallano; Barthélemy Arrighi, de Corte; Pierre-Antoine Balestrini, d'Algajola; Jean-François Sabiani, de Zicavo.

Le 29, plusieurs membres proposèrent d'établir le chef-lieu du département à Corte et l'évêché à Ajaccio, et de partager les autres établissements publics entre les différents districts du département; 163 voix se prononcèrent pour Corte chef-lieu, et 162 pour Ajaccio siège de l'évêché.

CV. Rossi (p. 241).

Antoine-François de Rossi, né le 26 octobre 1726 à Ajaccio, enseigne à Royal-Corse (29 mai 1745), lieutenant (16 septembre 1747), capitaine (19 septembre 1759), réformé (1763), aide-major (15 novembre 1765) et noté en cette qualité comme excellent sujet, major (30 décembre 1769), lieutenant-colonel de la légion corse (14 janvier 1772) et cité à cette occasion comme un officier de distinction qui a beaucoup de talent, pourvu du rang de colonel (24 mars 1772) « en considération de ses services et de sa naissance », attaché aux dragons de Noailles (23 novembre 1776), lieutenant-colonel de Royal-Corse (8 avril 1779) avec appointements de mestre de camp (24 juin 1780), mestre de camp en second du même régiment (11 novembre 1782), brigadier (1ᵉʳ janvier 1784), maréchal de camp (9 mars 1788), employé en Corse depuis le 15 octobre 1790, commandant en l'absence de Biron la 23ᵉ division militaire et « chargé seul, dit-il, pendant quinze mois de la correspondance civile et militaire de l'île et avec la cour, et d'une représentation pénible et coûteuse »; lieutenant général (12 juillet 1792), démissionnaire pour infirmités (24 juillet 1793), retiré à Avallon où il attend la paix pour revenir en Corse (Joseph, *Mém.*, I, 145 et 150), autorisé à prendre sa retraite le 6 avril 1795, obtient le 3 juillet 1795 une pension de trois mille francs en récompense de cinquante-quatre ans, un mois et vingt-cinq jours de services, laquelle pension lui est payée à compter du 25 juillet 1793, époque de la cessation du paiement de ses appointements.

CVI. Hugues Peretti (p. 245).

Hugues-François Peretti de La Rocca, qui fut un instant le concurrent de Napoléon à la lieutenance-colonelle du 2ᵉ bataillon des volontaires corses, était né à Levie le 12 mars 1747. Il avait été capitaine au régiment de Buttafoco (1ᵉʳ janvier 1770) et, après avoir été capitaine de la gendarmerie nationale du département de Corse (10 janvier 1792), devint major au bataillon d'infanterie dont Jacques Vincentello Colonna Leca était lieutenant-colonel (26 décembre 1794), puis au second bataillon royal corse commandé par le lieutenant-colonel Montresor (12 mars 1796). Après le départ des Anglais, a-t-il dit lui-même, il se retira dans sa campagne. La commission des anciens officiers, admettant qu'il avait servi jusqu'au 1ᵉʳ janvier 1796, lui reconnut vingt-six ans de services, et lui fit donner, avec la croix de Saint-Louis, le brevet et la retraite de lieutenant-colonel. Cf. sur cet homme « singulier, intéressant », le *Voyage en Corse* de Valery, I, 209.

CVII. Les bataillons de volontaires corses (p. 251).

[On n'a rien pu trouver sur le 4ᵉ bataillon.]

1ᵉʳ BATAILLON DES VOLONTAIRES CORSES, DISTRICT DE LA PORTA ET DE CERVIONE.

(Revue passée à Cervione le 10 janvier 1792.)

Antonio-Filippo Casalta, lieutenant-colonel en premier.
Giovanni Pietri, lieutenant-colonel en second.
Paccioni, adjudant-major.
Giovanni Giovannoni, quartier-maître.
J. Mario Annibale, adjudant.
Denis, tambour-maître.
Francesco Scala, armurier.
Santelli, chirurgien-major.

Compagnie de grenadiers.

Antonio-Giacomo Valentini, capitaine.
Bartolomeo Vittini, lieutenant.
Giovanni-Luigi Negroni, sous-lieutenant.

Compagnie de Sebastiani.

Orso-Paolo Sebastiani, capitaine.
Francesco Petrignani, lieutenant.
Nunzio Natali, sous-lieutenant.

Compagnie de Tomasi.

Leonardo Tomasi, capitaine.
Luccione Pasqualini, lieutenant.
Paolo-Antonio Girolami, sous-lieutenant.

Compagnie de Saliceti.

Giovanni Saliceti, capitaine.
Don Pietro Viterbi, lieutenant.

Andrea-Giovanni Marchi, sous-lieutenant.

Compagnie de Sangiovanni.

Matteo Sangiovanni, capitaine.
Feliciolo Raffaelli, lieutenant.
Pietro-Francesco Crocicchia, sous-lieutenant.

Compagnie de Lepidi.

Giovacchino Lepidi, capitaine.
Antonio Nicolai, lieutenant.
Paolo-Battista Battesti, sous-lieutenant.

Compagnie de Cristofari.

Pietro-Felice Cristofari, capitaine.
Luigi Emmanuelli, lieutenant.
Maurizio Paoli, sous-lieutenant.

Compagnie de Ruffini.

Angelo Ruffini, capitaine.
Ippolito Vittini, lieutenant.
Paolo Paoli, sous-lieutenant.

Compagnie de Santolini.

Simone-Pietro Santolini, capitaine.
Francesco-Saverio Poli, lieutenant.
Luporsi, sous-lieutenant.

2ᵉ BATAILLON DES VOLONTAIRES CORSES, BATAILLON D'AJACCIO ET TALLANO.

(Revue du 2 avril 1792.)

Jean-Baptiste Quenza, lieutenant-colonel en premier.
Nabolione Bonaparte, lieutenant-colonel en second.
Pierre Peretti, adjudant-major.
Antoine Robaglia, quartier-maître.
Giuseppe Lucioni, adjudant.
Thomas Susini, chirurgien-major.

Compagnie de grenadiers.

Jacques Peretti, capitaine.
Dominique-Antoine Pianelli, lieutenant.
Jacques-Pierre Peraldi, sous-lieutenant.

Compagnie de Bonelli.
François Bonelli, capitaine.
Nunzio Costa, lieutenant.
Jean-Baptiste Carli, sous-lieutenant.

Compagnie de Pietri.
Jean-Baptiste Pietri, capitaine.
Simon Pandolfi, lieutenant.
Roch-François Rocca Serra, sous-lieutenant.

Compagnie de Peretti.
Jean Peretti, capitaine.
Paul-Antoine Peraldi, lieutenant.
Jean-Baptiste Mella, sous-lieutenant.

Compagnie d'Ortoli de Sartène.
Antoine-Pierre-André Ortoli, capitaine.
Jean-Baptiste Pietri, lieutenant.
Ant. Paduano Pietri, sous-lieutenant.

Compagnie d'Ortoli de Tallano.
Jean-Baptiste Ortoli, capitaine.
François-Marie Ortoli, lieutenant.
Joseph-Apollon Quilichini, sous-lieutenant.

Compagnie d'Ottavi.
Matteo Ottavi, capitaine.
Jean Subrini, lieutenant.
Bonaventure Leonardi, sous-lieutenant.

Compagnie de Gabrielli.
Philippe Gabrielli, capitaine.
Sanseverino Peraldi, lieutenant.
Santo Peraldi, sous-lieutenant.

Compagnie de Tavera.
Jean Tavera, capitaine.
Ornuccio San Damiani, lieutenant.
Antoine-Santo Rebulli, sous-lieutenant.

3ᵉ BATAILLON DES VOLONTAIRES CORSES COMPOSÉS DES DISTRICTS DE BASTIA, D'OLETTA ET D'UNE PARTIE DE CELUI DE L'ISLE-ROUSSE.

(Revue passée à Saint-Florent le 21 mars 1792.)

Achille Murati, lieutenant-colonel en premier.
Giuseppe Arena, lieutenant-colonel en second.
Filippo-Maria Renucci, adjudant-major.
Agostino Giordani, quartier-maître.
Antonio Matteo Massiani, adjudant.
Giuseppe-Maria Santelli, chirurgien-major.

Compagnie de grenadiers.
Giuseppe Guasco, capitaine.
Vincenzo Santa-Lucia, lieutenant.
Pietro-Maria Graziani, sous-lieutenant.

Compagnie Marchetti.
Salvadore Marchetti, capitaine.
Carlo-Domenico Pasqualetti, lieutenant.
Camillo Negroni, sous-lieutenant.

Compagnie Gavini.
Filippo-Luigi Gavini, capitaine.
Langravio Bonavita, lieutenant.
Giuseppe Campocasso, sous-lieutenant.

Compagnie Lusinchi.
Simone Lusinchi, capitaine.

Giuseppe-Maria Leonetti, lieutenant.
Antonio-Giuseppe Licciardi, sous-lieutenant.

Compagnie Costa.
Giovanni-Giacomo Costa, capitaine.
Felice Piazza, lieutenant.
Giovanni-Valerio Albertucci, sous-lieutenant.

Compagnie Fabiani.
Domenico Fabiani, capitaine.
Gregorio Graziani, lieutenant.
Giovanni-Battista Vincenti, sous-lieutenant.

Compagnie Giordani.
Francesco-Saverio Giordani, capitaine.
Pietro Poggi, lieutenant.
Luigi Lota, sous-lieutenant.

Compagnie Monti.
Antonio-Leonardo Monti, capitaine.
Giovanni-Santo Leoni, lieutenant.
Pietro Leoni, sous-lieutenant.

Compagnie Gentili.
Giuseppe-Avogari Gentili, capitaine
Giuseppe Murati, lieutenant.
Oliviero Antonetti, sous-lieutenant.

CVIII. Robaglia (p. 251).

Antoine Robaglia, né à Nice le 30 novembre 1773, fils d'un négociant, était, de son propre témoignage, étudiant lorsqu'éclata la Révolution. Il remplit, dit-il lui-même, les fonctions de quartier-maître-trésorier au 2ᵉ bataillon corse, du 28 mars 1792 au 6 mai 1793 « où il fut obligé d'abandonner la Corse et le bataillon dont les individus ont pris les armes contre la Révolution ». Volontaire au deuxième bataillon de la 3ᵉ demi-brigade d'infanterie légère, il fut nommé adjoint à l'adjudant général Ottavi le 24 juin 1794 et reçut des représentants le grade de lieutenant au 18ᵉ bataillon d'infanterie légère le 28 août suivant. Ottavi le jugeait « très bon sujet, dévoué entièrement à la Révolution » et déclarait qu'il « n'avait qu'à se louer de son activité, de son zèle et de son intelligence ».

CIX. Pianelli (p. 251).

Pianelli (François-Giocante), né à Olmeto le 26 février 1776, entré au service dans le 2ᵉ bataillon de volontaires corses (1ᵉʳ avril 1792), licencié (10 mars 1794), sergent au 4ᵉ bataillon corse qui devient légion corse (17 novembre 1803), sous-lieutenant au régiment Royal-Corse (11 janvier 1811), lieutenant au même corps (16 février 1813), incorporé au 11ᵉ régiment d'infanterie légère (4 août 1814), cesse de servir (7 septembre 1815), avait fait les campagnes de la Madeleine, de Corse (1803-1804), d'Italie (1806) et de Calabre (1807-1814).

CX. Leonardi (p. 251).

Jérôme Leonardi, né le 25 février 1773 à Alata, volontaire le 1ᵉʳ janvier 1792 au 2ᵉ bataillon, entré ensuite dans la 2ᵉ compagnie franche, licencié (21 mars 1797), lieutenant dans la 6ᵉ demi-brigade de ligne italienne (13 juillet 1798), puis dans la 3ᵉ de ligne, puis dans la 2ᵉ légère, capitaine au 2ᵉ régiment d'infanterie légère italienne (13 avril 1808), capitaine-adjudant de place à Palma-Nova (28 août 1811), à Pavie (26 mai 1813), rentré en France au mois de juin 1814, admis au service français (20 mai 1818), maintenu en demi-solde jusqu'au 9 avril 1827, retraité (10 juillet 1828), mort le 27 décembre 1851. Il avait fait, outre l'expédition de Sardaigne, les campagnes d'Italie, celles des côtes de l'Océan (1804-1805), des deux Poméranie (1807), et d'Espagne (1808-1809). Blessé d'un coup de feu à la jambe droite à l'affaire de Sainte-Marie, dans les Grisons, en l'an VII, il fut fait prisonnier à Bormio par les Autrichiens et passa l'an VIII en Hongrie.

CXI. Agostini (p. 252).

Jules-Mathieu Agostini, né à Zonza le 15 août 1774, soldat au 2ᵉ bataillon de volontaires corses (2 mai 1792), caporal (8 août 1793), sous-lieutenant à la 12ᵉ demi-brigade d'infanterie légère (30 mars 1797), lieutenant (10 novembre 1797), capitaine (9 octobre 1798), capitaine adjoint à l'état-major de l'armée d'Italie (14 novembre 1799), réformé, écrit le 12 avril 1800 au premier consul qui l'envoie à Dijon, à l'armée de réserve, puis le confirme dans le grade de capitaine et le met à la disposition de Murat (29 août 1801). Il meurt à Naples, le 21 juin 1808.

CXII. Susini (p. 252).

Jean-Dominique Susini, fils de François et de Xavière, né le 15 février 1764 à Frasseto, canton d'Ornano, soldat au Royal-Corse (13 mars 1785), congédié par grâce (6 octobre 1788), lieutenant au 2ᵉ bataillon de volontaires corses, passé à l'armée d'Italie comme capitaine de compagnie franche, capitaine à la 17ᵉ demi-brigade d'infanterie légère (24 mars 1796), adjudant de place à Pizzighettone (23 septembre 1801) et à Osoppo (19 décembre 1807), renvoyé dans ses foyers pour y jouir de la demi-solde par suite de l'évacuation de l'Italie (2 juin 1814), admis au service de l'Empereur à l'île d'Elbe comme officier à la suite (21 novembre 1814), commandant du fort Saint-Albero (1ᵉʳ janvier 1815) et de Port-Cros, renvoyé dans ses foyers et cessant de toucher toute solde par ordre de Willot « pour avoir suivi Bonaparte à l'île d'Elbe », reçoit à partir du 1ᵉʳ janvier 1819 un traitement de réforme et à partir du 1ᵉʳ janvier 1827 (par ordonnance du 8 octobre 1826), une retraite annuelle de mille quatre-vingt francs.

CXIII. Sanseverino Peraldi (p. 252).

Sanseverino ou Séverin Peraldi, né à Ajaccio le 28 octobre 1750, fusilier au 1ᵉʳ régiment provincial corse (1ᵉʳ décembre 1773), caporal (1ᵉʳ mai 1774), sergent (1ᵉʳ mai 1775), sergent-fourrier (1ᵉʳ décembre 1775), sergent-major (1ᵉʳ janvier 1777), lieutenant au 2ᵉ bataillon de volontaires corses, puis capitaine d'une compagnie franche corse incorporée dans la 104ᵉ demi-brigade qui devint par le sort la 85ᵉ (13 juin 1794), breveté vétéran (13 juin 1795), capitaine dans la 105ᵉ demi-brigade (29 mai 1799), capitaine dans la 85ᵉ par ordre de Suchet (13 août 1799), promu provisoirement chef de bataillon par Masséna au blocus de Gênes (19 août 1800) et confirmé dans ce grade (2 août 1801), commandant d'armes de 4ᵉ classe et mis à la disposition du général en chef de l'armée d'Italie (4 juin 1803), commanda successivement les places de Plaisance (6 août 1800), de Novare (2 septembre 1800), de Modène (10 mai 1801), de Porto Longone (11 avril 1802), de Bergame (20 juin 1803), de Massa de Carrara (1ᵉʳ mars 1805), de Rovigno en Istrie (9 avril 1806), de Querson et les îles du Karner en Dalmatie (7 juillet 1806), de Pola en Istrie (21 juillet 1806), de Malamocco (21 novembre 1806) et de Mestre (28 mars 1807). Envoyé en Espagne le 18 janvier 1808 et employé au grand état-major général le 15 avril suivant, commandant d'armes à Hernani (19 août 1808), attaché à l'état-major du 4ᵉ corps d'armée (9 juin 1809), commandant d'Hernani (31 août 1809) et de Mondragon (14 janvier 1810), envoyé à la 11ᵉ division militaire par ordre de Soult (22 octobre 1813), mis à la retraite (5 octobre 1814). Il avait été blessé au siège de Calvi, à Saint-Michel de Mondovi en Piémont et à l'affaire de Lodi.

CXIV. Jean Peretti (p. 254).

Jean Peretti, né à Olmeto (Corse) le 28 décembre 1760, entré au service le 1ᵉʳ mars 1792, élu capitaine au 2ᵉ bataillon de volontaires corses (22 mars 1792), chef de bataillon (16 janvier 1800), réformé au moment de la paix et mis à la suite de la gendarmerie (1ᵉʳ mars 1802), chef de bataillon provisoire au 4ᵉ bataillon d'infanterie légère corse (2 septembre 1803), confirmé dans ce grade par le premier consul (12 mars 1804), passé au service de Naples avec la légion corse dans laquelle son bataillon était incorporé (31 mai 1806), colonel commandant le fort de l'Œuf à Naples (17 septembre 1806), admis à la retraite au service napolitain (15 avril 1811), rentré en France (11 novembre 1814), cesse, comme étranger, de faire partie de l'armée napolitaine (à partir du 22 mai 1815), est réintégré au service de France dans le grade de colonel commandant d'armes et mis à la retraite (23 juillet 1817), mort à Olmeto le 12 avril 1818. Il avait fait, outre la campagne de Sardaigne, celle de 1805 en Italie et celle de 1806 à l'armée de Naples, et il s'était trouvé au siège de Gaete. Cf. sur son fils Antoine le *Voyage* de Valery, II, 379.

CXV. Pierre Peretti (p. 254).

Pierre Peretti, né à Levie le 17 janvier 1754, capitaine adjudant-major au 2ᵉ bataillon corse (22 mars 1792), mis à la suite de la 85ᵉ demi-brigade de ligne en l'an IV, commandant de place à Porto-Vecchio en frimaire an V, adjudant de place à Vérone (18 juillet 1797), commandant de place à Crema (18 mars 1798), et à Monza (20 juin 1798), mis à la suite de la 85ᵉ demi-brigade (27 avril 1799), employé à la formation des bataillons du Liamone (5 mars 1800), replacé à la suite de la 85ᵉ demi-brigade en l'an IX, puis à la suite de l'état-major général de l'armée d'Italie (15 décembre 1800), commandant de place à Reggio et réformé à la fin de l'an IX, chef de bataillon avec jouissance du traitement de réforme (11 octobre 1801), commandant d'armes à Pizzighettone en l'an XII et à Sacile jusqu'à la suppression de ce commandement prononcée par décret du 19 décembre 1807, reçoit l'ordre de se rendre à Bordeaux en février 1808 et ne rejoint pas sa destination par suite d'une fièvre ataxique qui le cloue à Sacile où il meurt.

CXVI. Certificat donné par Napoléon à Pierre Peretti (p. 254).

« Je certifie que le citoyen Pierre Peretti a servi en qualité d'adjudant-major du second bataillon des volontaires du département de Corse depuis sa création en 1792 et qu'il s'y est comporté avec républicanisme.

« Le général,
« BUONAPARTE. »

(sans date)

CXVII. Ange-Toussaint Bonelli (p. 255).

Angelo-Santo Bonelli, fils de Zampaglino (Ange-Mathieu Bonelli) et de Marie-Antonie Muffragi, né à Bocognano le 5 septembre 1771, soldat au régiment Royal-Corse (4 février 1788), sergent-major au 2ᵉ bataillon de volontaires corses (15 janvier 1792), sous-lieutenant au 17ᵉ bataillon d'infanterie légère où était entrée la compagnie commandée par son frère François (4 mai 1793), capitaine à ce même bataillon par ordre de Lacombe Saint-Michel en remplacement de son frère François devenu lieutenant-colonel du 16ᵉ bataillon (22 février 1794), continuant par arrêté de Saliceti et de Ritter à jouir des appointements attachés à son grade de capitaine après la suppression de la compagnie (9 février 1795), capitaine à la suite de la 16ᵉ demi-brigade d'infanterie légère (10 juin 1795), capitaine titulaire (4 août 1795), capitaine dans la gendarmerie nationale en Corse (26 novembre 1797), adjoint à l'état-major général de l'armée d'Italie (5 décembre 1799), reçoit l'ordre de se rendre à Luxembourg pour être attaché provisoirement à la 65ᵉ demi-brigade, mais, grâce à la protection de Lucien Bonaparte (cf. la pièce suivante), est envoyé en Corse à la suite de la 23ᵉ demi-brigade légère (19 août 1802), devient chef du 3ᵉ bataillon léger corse (22 novembre 1804), et passe au service de Naples dans la gendarmerie (10 mars 1806). Colonel (13 février 1813), licencié (20 mars 1815), réadmis au service de France comme lieutenant-colonel de cavalerie en non-activité (18 décembre 1816), mis en retraite provisoire (1ᵉʳ juillet 1818) et en retraite définitive (20 septembre 1820), il commandait en 1831 les dix-sept compagnies de garde nationale qui formaient la légion de Bocognano, une des trois légions que comptait le département de la Corse.

CXVIII. Lettre de Lucien Bonaparte en faveur d'A.-T. Bonelli (p. 255).

Neuilly, 11 thermidor an X.

« Citoyen ministre, j'ai l'honneur de vous faire passer et de recommander à votre bienveillance la pétition ci-jointe que le chef de bataillon Bonelli vous adresse en faveur de son frère. L'intérêt que je prends à lui me fera voir avec plaisir que vous puissiez lui accorder l'objet de sa demande. J'ai l'honneur de vous saluer. »

CXIX. François Bonelli (p. 255).

François Bonelli, né à Bocognano le 17 janvier 1760, était déjà capitaine depuis le 1er octobre 1790 d'une compagnie détachée dans le district d'Ajaccio lorsqu'il fut élu capitaine au 2e bataillon des volontaires corses. Il était au siège de Bastia où Lacombe Saint-Michel le fit chef du 16e bataillon d'infanterie légère (22 février 1794). Envoyé en Corse par Bonaparte (21 mai 1796) et chargé du commandement d'une colonne mobile du Liamone (17 octobre 1796), réformé (1er janvier 1799), envoyé à Milan au dépôt de la 22e demi-brigade (15 avril 1799), nommé commandant auxiliaire du bataillon du Liamone (15 octobre 1799), derechef réformé (18 décembre 1799), derechef employé comme chef du 1er bataillon des chasseurs du Liamone (2 septembre 1803), puis comme chef du 2e bataillon des chasseurs du Golo (23 septembre 1805), il obtint sa pension par un décret du 28 mai 1809 et cessa d'être en activité le 30 septembre de la même année. Il fut nommé chevalier de la Légion d'honneur le 2 juin 1815 par le duc de Padoue et reçut de Murat « à titre de souvenir », le 23 septembre 1815, le décret daté de Bocognano, de sa propre maison, qui le nommait chevalier des Deux-Siciles. Il avait le 2 juin 1793 épousé Anne-Françoise Tartaroli. Sa mort survint le 13 août 1843.

CXX. Bonelli et les Bonaparte (p. 255).

Certificat donné par Joseph à Bonelli.

Port de la Montagne, 25 messidor an II.

« Je certifie, d'après la demande que m'a faite le citoyen Bonelli, chef de bataillon, que dès les premiers jours de l'organisation des corps administratifs dans le département de Corse dans le mois d'octobre 1790, il servait dans le district d'Ajaccio dont j'étais président, en qualité de capitaine d'une compagnie détachée. Je sais que, depuis, il passa du commandement de cette compagnie à celle du bataillon des gardes nationales d'Ajaccio et Tallano commandé par Quenza.

« JOSEPH BONAPARTE. »

Certificat donné par Napoléon à Bonelli.

Nice, le 15 thermidor l'an II.

« Je certifie que le citoyen Bonelli a servi depuis février 1791 en qualité de capitaine dans le second bataillon de volontaires du département de Corse dont j'étais commandant.

« Le général commandant l'artillerie de l'armée d'Italie,

« BUONAPARTE. »

NOTES ET NOTICES

Lettre de Napoléon à Bonelli.

Au quartier général de Modène, le 26 vendémiaire an V de la République une et indivisible.

Bonaparte, général en chef de l'armée d'Italie, au citoyen Bonelli, chef de bataillon.

« Par la conduite que vous avez tenue, citoyen, vous vous êtes acquis des droits à la reconnaissance nationale. Je vous préviens que j'ai ordonné au général Gentili de vous remettre le commandement d'une des colonnes mobiles du département du Liamone.

« BONAPARTE. »

Une autre lettre de Bonaparte à Bonelli a été publiée dans la *Correspondance*, I, n° 777; il faut lire à la quatrième ligne, au lieu de « secouer le joug anglais », *secouer le joug anglomane*.

CXXI. Bonaparte et les Corses de 1796 (p. 255).

(Liste dressée évidemment par un Corse et revue par Napoléon qui a écrit, en tête, les quatre mots *Bonelli chef de bataillon* et ajouté en français l'ordre daté du 21 mai 1796 : on y trouve tous les amis des Bonaparte, les Bonelli, le docteur Costa, Costa dit Burrasca, Brignole dit Marinaro, Marcaggi, etc.)

Lista di quelli che si trovano gendarmi nella gendarmeria corsa.

Bonelli, chef de bataillon.
Vincente Monetta di Bocognano, à Nizza.
Francesco Chiavarelli di Bocognano, à Nizza.
Borascha di Basterga, à Piacenza.
Guiseppe Brignole di Basterga, à Piacenza.
Matteo Maglioli di Basterga, à Piacenza.
Francesco Bonelli, sargente de 1° de 1/2 brigata de infanteria legere.

Altri militari.

Bonelli capitano si trova qua 16° 1/2 de infanteria.
Costa il dottore si trova a Finale.
Subrini capitano si trova a Piacenza, commandante il forte.
Barbone capitano si trova a Nizza, Gendarmeria corsa.
Emilio di Ornano si trova al seguito del general Casalta.

Rifuggiti.

Benedetto Cristinacce di Vico, si trova a Nizza.
Francesco Antonio Cristinacce di Vico, si trova a Toulon.
Angelo detto Sorboni di Vico, si trova a Nizza.
Marcaggi di Bocognano, si trova au Luc.

Le général chef de l'état-major donnera des ordres aux officiers, sous-officiers et gendarmes ci-dessus désignés pour se rendre à Gênes et y remplir la mission secrète dont ils ont été chargés par moi. Leurs places leur seront conservées dans leur corps.

Le général en chef,
BONAPARTE.

A Milan, le 2 prairial an IV.

CXXII. Nunzio Costa de Bastelica (p. 257).

Nunzio-Francesco ou Nonce-François Costa, fils de Pascal Costa, né le 10 décembre 1763 à Bastelica, un instant commissaire du Directoire exécutif près l'administration centrale du Liamone, lieutenant de gendarmerie (13 décembre 1796), puis capitaine (12 juin 1801-6 février 1813), admis à la solde de retraite (21 décembre 1812) et pourvu par un décret du 1er avril 1813 d'une pension proportionnelle fixée à 584 francs, rentré au service sous les Cent-Jours, redevenu capitaine de gendarmerie à Ajaccio le 9 juin 1815 et promu chef d'escadron deux jours après (11 juin 1815), de nouveau retraité (1er septembre 1815) par suite de l'ordonnance du 1er août qui déclarait nulles les nominations et réintégrations prononcées en l'absence du pouvoir royal, fut renommé chef d'escadron par Louis-Philippe (5 mars 1832), pour prendre rang du 19 novembre 1831 — ainsi que les officiers promus du 20 mars au 7 juillet 1815 — et obtint le 23 avril 1833 une pension de 900 francs dont il jouit à partir du 1er janvier 1832 et qui faisait la moitié du maximum attribué au grade de chef d'escadron.

CXXIII. Rapport de l'ex-capitaine de gendarmerie Costa venant de l'île d'Elbe (p. 258).

Cet officier a rapporté avoir vu deux fois l'empereur Napoléon pendant son séjour à l'île d'Elbe. Il l'a trouvé dans sa chambre, sans bas ni habit, l'air assez gai, mais marquant de temps en temps un esprit préoccupé et triste. Bonaparte lui a fait beaucoup de questions sur la dernière révolution de la Corse, en disant que les Corses avaient eu tort, qu'ils devaient rester tranquilles et servir Louis XVIII avec fidélité. Il a ajouté qu'il désirait former un bataillon corse et il demanda au capitaine Costa s'il pouvait compter sur quelques recrues du pays; ce à quoi ce dernier lui répondit qu'il craignait que le gouvernement français n'y consentît pas. « Il ne peut pas l'empêcher; qu'est-ce que cela lui fait? » répliqua-t-il. Il demanda ensuite s'il voulait entrer à son service : il lui aurait donné le commandement de ce bataillon. L'ex-capitaine Costa le remercia en disant qu'il voulait rester tranquille et qu'il avait déjà dans le temps refusé le commandement d'un bataillon et qu'il ne pouvait d'ailleurs servir que dans son pays. Napoléon le fit asseoir et prendre une glace. M. Costa rapporte que le général Bertrand paraît être très indisposé contre les Corses et qu'il les reçoit très mal, que la plupart des hommes qui ont été enrôlés en Corse pour l'Elbe en déserteront au premier moment et disent que ce n'était pas la peine de s'expatrier pour n'avoir que neuf sous par jour et le pain. Napoléon fait bâtir une maison de campagne sur une hauteur. Il attend la princesse Borghèse. On dit à l'Elbe que le pape n'a pas voulu recevoir le prince Borghèse dans ses États, mais qu'il a très bien reçu Lucien Bonaparte et sa mère. On dit que Louis Bonaparte s'est fait moine et que son frère Joseph est en Suisse. Napoléon Bonaparte a répété, en quittant le capitaine Costa, que les Corses devaient rester tranquilles et fidèles à Louis XVIII, qu'ils n'avaient que cela à faire. M. Gaffori répond de la famille Costa.

Ajaccio, le 1er juillet 1814.

CXXIV. Pascal Costa de Bastelica (p. 258).

Ange-Pascal Costa de Bastelica, fils de Nunzio, né le 8 janvier 1786 à Bastelica, élève du prytanée de Saint-Cyr, admis à l'École polytechnique en 1806, mais obligé pour cause de maladie et « après trois mois de souffrances à l'infirmerie » de donner sa démission, inspecteur des octrois de la Corse, et destitué par la première Restauration, membre de la junte de gouvernement établie par Napoléon, sous-préfet de Calvi (26 mai 1815) et de nouveau destitué par la seconde Restauration, obtint, à la demande des deux frères Sebastiani (le ministre des affaires étrangères et le député Tiburce), le poste de secrétaire général de la Corse (22 novembre 1831), puis, après la suppression des secrétaires généraux, la sous-préfecture de Sartène (23 mars 1834). Il mourut de maladie dans la nuit du 15 au 16 mars 1841 à Saint-André de Tallano.

CXXV. Le docteur Costa (p. 259).

Francesco-Maria Costa de Bastelica, fils de Pascal Costa et frère de Nunzio, né à Bastelica en 1760, professeur à l'université de Perpignan et nommé médecin de l'hôpital militaire de cette ville aux appointements de quinze cents livres (16 mars 1779), démissionnaire (23 septembre 1786) et recevant du ministre Ségur, comme une marque de satisfaction de ses services, une gratification extraordinaire de six cents livres, médecin consultant des régiments de Touraine et de Vermandois à Perpignan (20 décembre 1788), rentré en Corse et devenu juge de paix du canton de Santo-Pietro, réfugié à Calvi, et, au témoignage des autorités, « donnant pendant le siège les preuves les plus évidentes de courage, d'activité, d'humanité et de civisme, s'occupant au soin et soulagement des malades, faisant du bien aux malheureux dans ce dangereux moment autant que ses talents et cognitions physiques lui permettaient, sans aucune récompense », employé comme médecin ordinaire à un des hôpitaux de Toulon (11 septembre 1794), nommé par le commissaire-ordonnateur Eyssautier à la suite de l'armée d'Italie avec appointements de quatre cents livres par mois (27 septembre 1794), attaché par le commissaire-ordonnateur Chauvet à l'expédition maritime (30 janvier 1795), confirmé dans son grade de médecin ordinaire par le Directoire (6 juillet 1796), reçoit à Livourne de Gentili l'ordre de se rendre en Corse pour se réunir aux patriotes de cette île et préparer, avec le gendarme Brignole, l'arrivée des renforts (20 septembre 1796), demeure à Ajaccio comme médecin de l'hôpital militaire (11 juillet 1799) et meurt en 1808, après avoir été conservateur des eaux et forêts de Corse.

CXXVI. Lettre de Napoléon au docteur Costa (p. 259).

Nice, 27 brumaire an III (17 novembre 1794).

J'ai reçu la lettre que tu m'as écrite avec un vrai plaisir. C'est la première fois que j'en reçois de toi. Tu as tort de penser que j'eusse mis jamais la moindre négligence à ce qui pourrait t'intéresser. Marinaro et les autres sont employés dans une compagnie de gendarmerie. Je ferai ce qu'il me sera possible pour leur avancement. Ton frère est quelquefois mauvaise tête : il agit avec ses amis comme avec des étrangers. Il ne doit pas moins compter sur moi comme sur une personne qui lui est entièrement attachée. Donne-moi quelquefois de tes nouvelles.

CXXVII. Le colonel Maillard (p. 263).

François-Charles de Maillard, né à Saint-Germain en Laye le 6 août 1740, gendarme de la garde (16 juillet 1755), lieutenant au régiment d'infanterie de Berry (9 octobre 1758), capitaine en second (17 juillet 1777) et capitaine-commandant (27 juillet 1781) au même régiment, major avec rang de lieutenant colonel au 42º régiment d'infanterie, ci-devant Limosin (15 avril 1784), colonel (5 février 1792), émigra le 20 août 1792, fit les campagnes de 1792 à 1797, revint en France dans l'année 1798 et demanda vainement au retour des Bourbons le grade de maréchal de camp. La commission des émigrés jugea qu'il était susceptible d'obtenir la retraite de colonel, mais n'avait pas le temps de service voulu pour obtenir le brevet de maréchal de camp. Maillard, chevalier de Saint-Louis depuis 1781, avait fait les campagnes de 1758 et de 1759 et s'était trouvé aux batailles de Lutterberg et de Bergen.

CXXVIII. L'abbé Coti (p. 274).

Louis Coti, né à Zevaco, électeur du canton de Talavo et procureur-syndic du district d'Ajaccio, promu capitaine dans l'armée de Carteaux (30 août 1793) par Gasparin et Saliceti, qui lui font donner (26 septembre 1793), pour l'habiller, quatre couvertures, quatre paires de draps et quatre aunes de drap bleu, envoyé en Corse où il assiste au siège de Bastia comme capitaine au 17ᵉ bataillon d'infanterie légère, nommé par Bonaparte le 22 août 1797 adjudant-major de la citadelle de Milan, avec rang et appointements de capitaine.

CXXIX. Lettre de Quenza et Bonaparte à Maillard (p. 276).

9 avril 1792.

Nous sommes, Monsieur, dans le danger le plus éminent. Les brigands, maîtres d'une partie de la ville et du faubourg, font un feu roulant et très vif. Ils n'ont eu aucun respect pour le drapeau de paix. Nous ne pouvons même pas nous dissimuler que maîtres de toutes les issues où se tient le corps municipal, celui-ci ne peut plus faire des délibérations libres parce qu'il est violenté. Nous avons obéi à la proclamation municipale, nous avons cessé notre feu au moment où on nous a assuré de nos vies, et ce, sur l'autorité que nous supposions au corps municipal sur les rebelles. Mais les révoltés n'ont plus de frein, ne respectent plus d'autorité. Si vous voulez savoir le vrai état des choses, consultez vos soldats de vos différents postes; ils vous rendront témoignage de notre modération et de la fureur des brigands. L'on voudrait nous faire abandonner notre quartier qui est le seul asile qui nous reste après notre courage; mais vous n'y consentirez jamais. Que l'on fasse cesser le feu des brigands, et alors, sûrs de la vie des nôtres, nous serons à même de prendre tous les partis qui pourront reconduire dans notre malheureuse patrie la paix et la tranquillité. Nous sommes avec respect,

Les lieutenants-colonels du bataillon national des districts d'Ajaccio et Tallano.

CXXX. Lettre de Quenza et Bonaparte à l'abbé Coti (p. 276).

Lettre du 9 avril au soir; un soldat du 42ᵉ régiment, Lejeune, chargé de la remettre ouverte et sans adresse au procureur-syndic du district, la donna par méprise au procureur de la commune; les mots en français sont de Bonaparte.

Bisognarebbe, caro Coti, che faceste una requisizione di questa natura : Richiedo li commandanti del battaglione delle guardie nazionali soldate di non abbandonare li loro quartieri del Seminario nè i loro postamenti che occupano, essendovi una congiurazione contro la pubblica libertà e contro la Costituzione.

QUENZA.

E preparatevi a venir questa notte fra di noi. Molti paesani arrivano a momenti.

Les courriers pour Corte sont partis. Courage, courage!

CXXXI. Lettre de Quenza et Bonaparte à Maillard (p. 281).

11 avril 1792 (reçue à sept heures du soir).

Nous avons passé tant de jours pour accorder les choses, et l'on veut dans ce moment ruiner tout. Ce n'est pas ainsi que l'on exécute le traité d'hier que vous avez garanti vous-même.

Le coup de canon sera le signal du trouble et de la désunion. Il ne sera plus possible de retenir les gardes nationales soldés et ceux de l'intérieur qui sont venus au secours. Nous sommes au moment de voir arriver la Commission du département qui aurait arrangé tout.

Le procureur-syndic vous a fait une réquisition à laquelle vous ne devez pas résister.

Si au coup de canon il arrive des désordres, nous vous en rendons responsable.

Nous espérons de porter nos gardes nationales à l'accommodement. On veut tout précipiter, et tout sera ruiné. C'est alors que triompheront les ennemis de la Constitution, et il n'en existe que trop dans cette ville. La destruction du pays qu'on espérait d'éloigner, sera assurée dès le coup de canon. Pensez-y; des mesures précipitées doivent vous faire voir que la municipalité n'est pas libre; on vous en a protesté.

Quenza et Buonaparte.

CXXXII. Lettre de Quenza et Bonaparte à la municipalité d'Ajaccio (p. 285).

(Cette lettre est celle à laquelle Joseph fait allusion dans sa missive du 14 mai 1792 Masson, II, 386 ; la municipalité la fit reproduire dans son manifeste et l'accompagna de notes.

Ajaccio, li 12 aprile 1792.

Signori,

Dalla lettera che abbiamo scritta al signor comandante della piazza avrete appreso in qual posizione siano gli affari. Noi abbiamo l'autorità concessaci dal Dipartimento di convocare in caso di bisogno le guardie nazionali dell' interno, e l'ordine positivo del general Paoli di rimanere nei nostri postamenti del Seminario, Caserna, San Francesco, Cappuccini e la Torretta (A). Le nostre guardie nazionali non faranno la minima ostilità (B). Aspettando l'arrivo dei signori Saliceti ed Arrighi, commissari del Dipartimento, che saranno questa notte con due mila uomini in Ajaccio.

Se da quà ad un ora li cannoni non sono cacciati dalle contrade della città, noi faremo entrare nei nostri posti in conseguenza dell' autorità dataci le guardie nazionali dell' interno, e spediremo dei pedoni in tutte le pievi vicine, perchè venga la forza a sottomettere i ribelli ed inemici della Costituzione (C).

Voi, o signori, ne sarete personalmente risponsevoli, ed in faccia della nazione tutta, ed in faccia di ciascun particolare, che aurà la sua vendetta a fare sopra di voi (D).

Avevamo presi tutti i mezzi jer sera per arrivare al gran scuopo di rimettere l'ordine e far svanire ogni apparato di ostilità, e voi per la precipitazione delle vostre operazioni avete voluto contribuire alla ruina di questa città, alla distruzione degli amici della Costituzione per far triunfare qualche indegno cittadino, che hanno la contentezza di vedere il torbido e le sciagure della patria (E).

Siamo, o signori, ad assicurarli, che la salvezza o la ruina della città sta nelle vostre mani. Se non togliete i cannoni dai luoghi ove li avete piazzati, non siamo al caso di più contenere le nostre guardie nazionali (F). Tratteniamo i nostri pedoni fino a dieci ore e mezza, li quali sono pronti a partire.

Per il battaglione delle guardie nazionali solda.. sottoscritti.

BONELLI, capitano; TAVERA, capitano; PIETRI, capitano; SUSINI, tenente; PERETTI, capitano; ORTOLI DI TALLANO, capitano; GIANNETTI, tenente; GIOV. BATTISTA MELA, tenente; GIOV. PERALDI, tenente; ROBAGLIA, quartier-maître; PERALDI DI ZICAVO, tenente; SANSEVERINO PERALDI DI ZICAVO, tenente; PERETTI, capitano di granadieri; PERETTI, aggiutante maggiore; QUENZA e BUONAPARTE.

Notes de la Municipalité.

(A). — Il Dipartimento e il general Paoli sono troppo giusti ed amano più di voi la quiete e la tranquillità della patria e dei cittadini; questi ordini non possono essere stati provocati che dai falsi rapporti, che vi siete compiaciuti di dare, tacciando la città d'Ajaccio come rea di ribellione e di rivolta. I nostri pedoni non poterono partire e così triunfò la vostra impostura.

(B). — Doveano esserne abbastanza sazie con la morte di tre innocenti cittadini, di altrettanti feriti e colla totale straggge che ne aveano minacciata. La sola Omnipotenza salvò tante vittime da una ferocia e da una barbarie così inaudita.

(C). — Ribelli ed inemici della Costituzione sono quelli che ne conculcano i diritti e violano alla legge; la città di Ajaccio l'ha osservata religiosamente in tutte le sue operazioni. Voi vi siete dichiarati apertamente i ribelli alla legge colle ostilità commesse contro la libertà individuale e la sicurezza dei cittadini, colla disubbidienza agl'ordini del comandante, vostro superiore, ed alle replicate requisizioni de corpi legali ed amministrativi!

(D). — Non ci è responsabilità quando si opera in conformità della legge; noi confidiamo che la giustizia della nazione renderà voi stessi responsabili di tutti i crudeli eccessi che avete praticati. La minaccia delle vostre vendette corrisponde ai sentimenti dai quali siete stati fin qui animati; ma dobbiamo richiamarvi alla memoria che la vendetta è contraria a tutte le leggi divine ed umane, specialmente allo spirito della Costituzione che avete giurato di diffendere e di mantenere.

(E). — Manco male che si confessano una volta dalla guardia nazionale gli ostili suoi apparati, e quali sono le precipitazioni dei corpi amministrativi! Dopo quattro giorni di una generale disolazione in Città, era un dovere il più sagro della municipalità di provvedere a tutti i mezzi per garantire la sicurezza degl'abitanti. Non si conoscono fin qui quelli indegni cittadini che amano di vedere il torbido e le sciagure della patria; il zelo della guardia nazionale dovea denunciarli in vece di inseivire contro de' buoni e degl' innocenti; la città ne sarebbe stata oltre modo contenta.

(F). — Una giusta difesa era necessaria, e la città avendone prevenuti i mezzi, la guardia nazionale vuol tirarne vantaggio, e minaccia altre volte le sue crudeltà.

CXXXIII. D'Anglemont (p. 282).

Jean-Baptiste-Constantin de La Haye d'Anglemont, né à Ostende le 15 août 1759, volontaire (22 août 1778) et faisant fonction de garde de la marine sur les vaisseaux du roi, élève d'artillerie (1er août 1780), lieutenant en second (12 juillet 1781) et en premier (6 janvier 1785) au régiment de Grenoble, capitaine en second (19 octobre 1788), capitaine-commandant (18 mai 1792) et, à son retour de Corse, trouvant, comme d'Arthaud, une compagnie qui refuse de le recevoir, employé à l'armée des Alpes, sous-directeur d'artillerie à Grenoble en l'an IX, chef d'état-major d'artillerie des troupes françaises en Cisalpine depuis août 1801 jusqu'à juin 1802, inspecteur des manufactures d'armes à Valence (12 janvier 1803), chef de bataillon (18 avril 1803), et sous-directeur d'artillerie à Cette, chef de l'état-major et directeur provisoire du parc d'artillerie de l'armée de Naples en 1805, et, sur l'ordre de Berthier et de Songis, mis aux arrêts forcés pendant un mois pour n'avoir pas eu envers son chef D'Eyssautier tous les égards et principes de subordination qu'exigeait l'intérêt du service, nommé colonel-directeur et commandant supérieur de l'artillerie à Java par décret du 24 janvier 1811 — mission qu'il refusa pour raison d'âge et de santé, — admis à la retraite (7 février 1811), remis en activité (19 novembre 1813), réadmis à la retraite (23 juillet 1814), remis derechef en activité (1ᵉʳ août 1814), adjudant-commandant ou colonel d'état-major (16 novembre 1814), retraité définitivement (1ᵉʳ août 1815), mort à Paris (20 août 1817).

CXXXIV. Somis (p. 282).

Justinien-Victor Somis, né à Marseille le 21 juillet 1745, lieutenant en second à l'École du génie de Mézières (1ᵉʳ janvier 1763), lieutenant en premier dans le corps du génie (1ᵉʳ janvier 1766), capitaine (29 septembre 1775), lieutenant-colonel (1ᵉʳ avril 1791), démissionnaire (11 juin 1792), rentré dans le corps du génie comme chef de brigade (24 juillet 1803), directeur des fortifications en Hollande (19 décembre 1803), chef d'état-major du génie au 2ᵉ corps de la Grande Armée en septembre 1805, commandant en chef du génie au même corps (24 octobre 1805), commandant en second le génie à l'armée de Dalmatie (15 juillet 1806), chef d'état-major du génie à l'armée d'Italie (31 août 1806), général de brigade (4 décembre 1807), attaché au comité central des fortifications (21 avril 1809), chargé de l'inspection des côtes depuis Marseille jusqu'à La Spezzia (26 mai 1810), et des travaux du génie à Toulon et aux îles d'Hyères (21 août 1812), admis à la pension de retraite du grade de maréchal de camp et nommé lieutenant général honoraire le 21 juin 1814.

CXXXV. Lettres du Directoire du département de Corse au ministre de l'Intérieur sur l'émeute de Pâques.

I

Corse, le 23 avril 1792, IV° de la Liberté.

Monsieur,

Le 8 de ce mois s'étant élevé une rixe parmi quelques mariniers de la ville d'Ajaccio, et des volontaires soldés y étant accourus pour en empêcher les suites, des coups de fusil furent tirés et un officier de la garde nationale y fut tué.

Ce désordre particulier en entraîna de plus grands les jours suivants. Les mariniers et les volontaires nationaux, animés les uns contre les autres, commencèrent à se faire feu mutuellement des maisons. L'alarme se répandit dans toute la ville. Heureusement trois seules personnes ont été la victime de ce funeste événement. La municipalité ayant ensuite déployé le drapeau martial, le trouble se calma.

Le colonel de la gendarmerie nationale et un commissaire que nous avons aussitôt envoyés dans cette ville avec une suffisante force publique y ont entièrement rétabli le calme, et maintenant la tranquillité y est assurée.

Dès que ces commissaires, monsieur, nous aurons adressé tous les détails relatifs à cette affaire, nous aurons l'honneur de vous en envoyer le rapport circonstancié.

Les administrateurs du Directoire du département de Corse.

Poli, Pietri, Chiappe, Buonaparte,
Mattei, vice-président, Panattieri, secrétaire général.

II

Corse, le 15 juin 1792, l'an ive de la Liberté.

Monsieur,

Nous avons l'honneur de vous adresser copie du rapport qui nous a été transmis tant par la municipalité et le district d'Ajaccio que par les commissaires du Département, relativement aux troubles qui ont eu lieu dans cette ville, les jours de Pâques dernier et suivants.

Les faits qui sont énoncés dans ces différents rapports, ne sont ni assez constatés ni assez uniformes pour qu'on puisse y appuyer un jugement assuré, soit à l'égard des auteurs principaux de ces désordres, soit à l'égard des motifs qui ont pu y donner lieu : nous allons cependant vous tracer le tableau des événements funestes qui se sont suivis à Ajaccio, de la manière la moins incertaine qu'il est possible de le faire d'après les détails confus et souvent contradictoires que nous avons sous les yeux.

Le jour de Pâques dernier, à six heures environ du soir, quelques mariniers prirent dispute ensemble dans la rue de la Cathédrale à cause du jeu des quilles. Après des propos vifs et outrageux, ils en vinrent à des menaces violentes, les stylets à la main. Le sang était prêt à couler ; le bruit se répand dans le voisinage ; plusieurs personnes accourent pour empêcher les voies de fait, mais inutilement. Un piquet de volontaires nationaux qui se trouvait tout près dans un corps de garde de la caserne dite le *Séminaire*, où était logé le bataillon, se porte au lieu de la rixe pour faire cesser le désordre et dissipe l'attroupement qui s'y était formé ; il cherche à calmer le trouble et arrêter les mutins principaux ; ceux-ci résistent, le tumulte s'augmente, on tire plusieurs coups de fusil par lesquels un lieutenant de volontaires fut tué, et deux soldats blessés.

Il est difficile de savoir positivement quels furent les auteurs des premiers coups de fusil. Mais tout se réunit à faire croire que les mariniers furent les premiers à faire feu sur la troupe. Cette classe de citoyens, nombreuse à Ajaccio, s'ameute facilement et commet souvent des voies de fait pareilles. Jusqu'ici la conduite des volontaires n'a rien de répréhensible. Quoiqu'il ne soit justifié qu'ils eussent une réquisition légale pour dissiper le trouble, néanmoins ils étaient en droit, et même dans le devoir de le faire, en vertu de la loi du 3 août 1791, relative à l'usage de la force publique, par laquelle les volontaires nationaux sont autorisés à exercer les mêmes fonctions que la gendarmerie nationale dans les villes où ils sont en garnison. Il est d'ailleurs d'usage que les corps de garde accourent aux rixes qui s'élèvent autour d'eux entre les citoyens.

Cet événement funeste n'aurait eu d'autres suites si la municipalité eût pris le même soir les précautions et employé les moyens nécessaires pour établir le calme et faire punir les coupables ; mais, quoique réunie dans la maison commune, elle ne fit aucune démarche ; elle se tint dans une inaction absolue. La nuit cependant se passa tranquillement, et le matin du 9 le juge de paix fut visiter le cadavre de l'officier tué, et prendre la déclaration d'un autre soldat blessé. Mais tout à coup le feu recommence dans la ville qui devint dès lors dans un état de guerre ouverte. Quantité de coups de fusil furent tirés sur les citoyens du Séminaire et de la caserne où étaient logés les volontaires et de différents postes dont ils s'étaient emparés; d'autres partaient contre ceux-ci de quelques maisons de la ville et du faubourg.

Par l'effet de ces hostilités un jeune abbé, une femme et deux enfants furent tués; trois autres citoyens et une femme ne furent que blessés légèrement.

On ne pourrait assurer, sans se livrer à des incertitudes, par qui les premiers coups de fusil de cette seconde attaque ont été tirés. Les officiers municipaux disent que le bataillon des volontaires a fait feu sans d'autre motif que la mort de l'officier tué dans la rixe du jour précédent; le bataillon soutient au contraire qu'il a été provoqué par quelques coups qui ont pénétré dans le sein de leur caserne. Quoi qu'il en soit, les volontaires ne sont pas moins les auteurs des meurtres commis dans la journée du 9, et rien ne peut les justifier d'avoir fait feu indistinctement sur les citoyens de tout âge et de tout sexe.

Nous avons lieu de croire que les chefs du bataillon qui étaient dans les casernes mêmes des volontaires, ont cherché à empêcher ces atrocités et à ramener leurs soldats à la subordination; mais au milieu d'un trouble aussi général leur voix a dû être méprisée par leur troupe à peine organisée et livrée au sentiment de venger l'honneur de son corps qu'elle croyait probablement offensé par le meurtre de l'officier et de ses soldats.

Durant le cours de ce désordre affligeant aucune autorité constituée n'a déployé le pouvoir de la loi pour en arrêter les suites; aucun des moyens prescrits en pareil cas n'a été mis en œuvre.

Ce n'est que l'après-midi, à 3 heures du soir, que la municipalité fit proclamer la loi martiale : la générale fut alors battue; le procureur de la commune, escorté des grenadiers de la troupe de ligne, se présenta, le drapeau rouge à la main, aux différents postes où étaient les volontaires nationaux et le feu cessa aussitôt, et le calme sembla reparaître aussitôt.

Pour éviter de voir renouveler les hostilités entre les citoyens et les volontaires, la municipalité crut devoir adresser au commandant des troupes de ligne la réquisition pour que le bataillon des volontaires abandonnât les casernes et les postes où il était placé, qui seroient occupés par les troupes de ligne, et se retirât hors de la ville au couvent de Saint-François. D'après cette réquisition, des ordres conformes furent donnés par le commandant des troupes de ligne aux chefs du bataillon; mais ceux-ci, instruits que le procureur-syndic avait adressé une autre réquisition au même commandant pour que le bataillon fût garanti dans ses quartiers et que tout attroupement, soit dirigé contre lui, soit contre les citoyens, fût repoussé, ils se crurent en droit de ne pas obtempérer aux ordres du commandant et gardèrent leurs postes. Jointe à ce motif, la crainte, peut-être, du bataillon de n'être, en sortant des casernes, en proie au ressentiment des citoyens, dut les porter à embrasser ce parti.

Tel est le détail des faits qui suivirent dans la journée du 9; la nuit se passa tranquillement, et le lendemain fut employé à rétablir la tranquillité par les moyens de conciliation.

Tous les corps administratifs et judiciaires, le commandant des troupes et les chefs du bataillon, réunis, convaincus tous de la nécessité de rassurer le peuple sur les inquiétudes qui s'agitaient, firent déployer le drapeau blanc en signe d'union et de paix, et annoncer le retour de l'ordre dans toute la ville. Les volontaires abandonnèrent alors les postes particuliers dont ils s'étaient emparés, et gardèrent seulement les quartiers où ils étaient logés.

Cependant la nouvelle de ces troubles avait attiré à Ajaccio une quantité considérable de gardes nationales des cantons v ins; une partie s'y était rendue, crainte d'une rébellion de la part de .. ville; d'autres y étaient accourus sur l'invitation des chefs du bataillon des volontaires auxquels ils étaient réunis. Tout ce monde, attroupé aux environs et dans le faubourg, causait des dommages considérables à la ville; on commettait des dévastations dans les campagnes, on arrêtait les farines et on tuait des bestiaux pour se procurer la subsistance.

Les chefs du bataillon eurent sans doute tort de convoquer les gardes nationales des cantons voisins : ils n'en avaient pas le droit, et leur secours n'était pas nécessaire; mais la crainte de plus graves désordres a pu les égarer à cet égard. Le fanatisme religieux était beaucoup répandu à Ajaccio et paraissait au moment d'éclater; on avait vu, quelques jours avant, partir une députation chargée de solliciter auprès du Département la conservation du couvent des Capucins déjà supprimé; le peuple n'attachait que trop d'importance au succès de cette mission, et la députation dont les soins avaient été sans fruit, cette députation scandaleuse dont les chefs étaient le commissaire du roi et le président du tribunal du district, retournèrent à Ajaccio précisément le même jour que les troubles commencèrent. Ces circonstances, jointes aux intentions connues de quelques mauvais citoyens qui sont émigrés ensuite, ont pu faire craindre aux chefs du bataillon des dispositions dans la ville qui n'étaient cependant qu'apparentes.

Pour faire cesser les désastres que causait l'attroupement formé aux environs de la ville, le jour du 11, deux membres du Directoire du district se présentèrent aux barrières du faubourg et enjoignirent, au nom de la loi, aux citoyens de l'intérieur qui étaient accourus, de se retirer sur-le-champ; mais cette demande n'eut aucun effet.

Le commandant des troupes de ligne réitéra de son côté les ordres pour que le bataillon abandonnât le Séminaire et les autres postes qu'il occupait dans la ville et se rendît dans une autre caserne existante près du faubourg; il les prévint en même temps qu'en cas de désobéissance, le signal de la révolte serait donné par un coup de canon chargé à poudre, conformément à la loi; en effet, le canon avait été placé dans la rue principale de la ville; mais, dans ces entrefaites, on fut averti que l'administration du département, prévenue par le bruit public, avait nommé deux commissaires chargés de rétablir la tranquillité, et dès lors les corps civils et militaires se rallièrent, tous s'occupèrent à inspirer dans le peuple et dans les troupes la modération et la fraternité; le ressentiment réciproque parut être assouvi, et il ne fut plus question que de témoigner aux commissaires, d'une manière éclatante, le respect à la loi et la soumission aux autorités constituées.

En effet, ces commissaires avaient été nommés par l'administration, avant même de recevoir aucun avis officiel de la part des corps administratifs; ce qu'ils ne firent que trop tard. Ils arrivèrent à Ajaccio le jour du 16, escortés de troupes de ligne et de la gendarmerie nationale. Reçus avec joie par toute la ville, ils s'occupèrent des mesures propres à lui rendre sa tranquillité naturelle, et tout changea aussitôt de face : ils firent retirer les citoyens des cantons voisins; ils défendirent tout port d'armes dans la ville; les patrouilles furent redoublées partout; on s'occupa de la recherche des instigateurs des désordres; plusieurs furent arrêtés et envoyés dans les maisons d'arrêt à la citadelle. Le bataillon des volontaires, d'après l'ordre qu'il reçut ensuite, abandonna la ville et le district même d'Ajaccio; enfin, toutes les déclarations et mémoires relatifs aux troubles furent, par les commissaires, remis au juge de paix de la ville, à l'effet d'instruire le procès contre les auteurs et coupables principaux.

L'ordre et la tranquillité, rétablis ainsi parfaitement, n'ont plus été interrompus à Ajaccio par le moindre accident, et rien ne fait craindre qu'ils puissent l'être dans la suite. L'accord règne entre les habitants et la garnison, soit des volontaires nationaux, soit des troupes de ligne; la loi y est respectée, et les ordres des pouvoirs constitués obéis exactement. Les auteurs des troubles qui ont agité cette ville et des meurtres qui s'y sont commis, méritent sans doute une punition exemplaire, et nous pensons que pour y parvenir, le moyen le plus propre et le plus adapté aux circonstances est celui d'une poursuite légale d'une procédure réglée par les tribunaux.

Les administrateurs du Directoire du département de Corse.

PIETRI, POMPEI PAOLI, ARRIGHI, CHIAPPE,
MATTEI, vice-président, FARINOLE, pour le secrétaire général absent.

III

Corse, le 8 juin 1792, IVe de la Liberté.

Monsieur,

Après l'événement fâcheux arrivé à Ajaccio entre le bataillon de volontaires et les mariniers, les commissaires du Département envoyés en cette ville pour y ramener l'ordre, ayant connu par les renseignements pris sur les lieux que M. Tortaroli, président du tribunal du district, pouvait donner des éclaircissements sur les causes des troubles qui avaient eu lieu à Ajaccio et dont peut-être lui-même en avait été le moteur principal, lui ordonnèrent de se présenter par-devant le Directoire du département. Ce juge couvrit d'abord son refus du prétexte de maladie, et ensuite, ayant été invité par une lettre à se rendre devant l'administration, au lieu de s'y prêter, il allégua que ses incommodités continuaient et que d'ailleurs il n'aurait pu s'exposer à faire ce voyage sans courir des dangers à cause qu'il avait des ennemis qui auraient pu attenter à sa vie. Un refus si marqué de la part de M. Tortaroli de venir nous donner les éclaircissements nécessaires pour découvrir les causes des troubles d'Ajaccio, sans lesquels nous ne pouvions pas vous faire le rapport de cette affaire, et le désir de pourvoir à sa sûreté pendant le voyage, nous firent prendre le parti de le faire escorter par un détachement de la garde nationale. Ce fut à cette occasion que le tribunal du district d'Ajaccio, voulant empêcher l'exécution des ordres de l'administration, prit l'arrêté par lequel il ordonnait que M. Tortaroli fût mis en liberté.

Qu'il nous soit permis de prendre occasion de ceci pour vous parler de la conduite en général des tribunaux de notre département. Nous ne pouvons vous le dissimuler, Monsieur, nous nous croirions répréhensibles, si nous gardions plus longtemps le silence. Tous les tribunaux paraissent s'être coalisés pour paralyser la Constitution. Outre qu'ils négligent la loi de la résidence, leur inaction affectée ne fait qu'augmenter les crimes et enhardir les criminels. Un exemple seul pourra vous convaincre qu'ils paraissent s'être fait un principe de faire haïr la Constitution par l'impunité des délits. L'instruction d'un procès criminel pour un crime affreux d'homicide prémédité, après avoir traîné pendant près de trois ans devant le tribunal d'Ajaccio, va être déclarée nulle au tribunal de Tallano. Si quelquefois nous sommes forcés, et nous le sommes souvent, par la négligence et par l'inactivité des juges, à prendre les mesures pour maintenir l'ordre ou rétablir la tranquillité troublée, une jalousie mal entendue de pouvoir les excite à crier contre l'administration sous prétexte qu'elle empiète sur le pouvoir judiciaire. Ils ont fermé les yeux sur tous les maux et ils ne voudraient pas qu'aucun pouvoir les ouvrit pour y réparer. En un mot, la conduite des tribunaux en général est la véritable source du désordre et de la multiplication des crimes privés qui affligent le département. Nous vous les dénonçons, Monsieur, pour que vous preniez les mesures les plus propres pour assurer par l'exercice d'une justice active l'exécution des lois.

Mais revenons à M. Tortaroli. C'est lui la cause principale des troubles arrivés à Ajaccio et vous allez le connaître par une série de faits que nous allons vous exposer. Cet homme voulait se faire un parti et gagner de l'influence à Ajaccio, et il crut ne pouvoir mieux y réussir qu'en prenant le peuple du côté le plus faible, celui du fanatisme et de la religion. Effectivement, dans une espèce de comité de trois corps municipal, judiciaire et administratif illégalement assemblé, il fut pris un arrêté dont certainement tout l'honneur en est dû à M. Tortaroli, par lequel ces trois corps déterminèrent d'envoyer des députés à l'administration pour demander que les Capucins fussent réintégrés dans la maison religieuse à Ajaccio qui avait été supprimée par arrêté du Directoire du département, et M. Tortaroli, un magistrat qui doit veiller à l'exécution des lois, n'eut pas honte de se présenter au Directoire en qualité de député, accompagné de M. Grandin, commissaire du roi, pour solliciter l'inexécution de la loi. Ce n'était pas la première fois que M. Tortaroli avait voulu exciter le fanatisme à Ajaccio. Lui et un de ses confrères avaient quelquefois causé du scandale par l'abandon de la paroisse constitutionnelle et en fréquentant les églises des moines ; ce qui provoqua un jour contre eux l'indignation et le ressentiment de la garde nationale. La députation des trois corps près du Directoire du département n'ayant pu rien obtenir, s'en retourna à Ajaccio, et le jour même de son arrivée dans cette ville commença cette affaire fâcheuse entre les volontaires nationaux et les mariniers.

Après cet événement, il insinua au peuple d'envoyer une députation à l'Assemblée nationale et il parvint à se faire nommer par le Conseil général de la commune d'Ajaccio un des députés, et déjà il aurait entrepris ce voyage aux frais de la commune, si l'on n'avait fait défense de mettre la délibération à exécution.

De tous ces faits, Monsieur, et du refus constant de se présenter aux réquisitions de l'administration, il est aisé de conclure que M. Tortaroli[1] a été la véritable source des maux qui ont eu lieu à Ajaccio, et nous croyons que sa présence dans cette ville ne peut être que trop dangereuse.

Il est actuellement ici à Corte, et il se présentera au Directoire un de ces jours. Ce ne sera qu'après l'avoir entendu et après avoir eu de lui les renseignements nécessaires sur l'affaire d'Ajaccio que nous pourrons vous en faire un rapport détaillé.

Les administrateurs du Directoire du département et procureur général syndic du département de Corse.

POMPEI-PAOLI, PIETRI, ARRIGHI, POLI, CHIAPPE, BUONAPARTE, SALICETI, procureur général syndic, MATTEI, vice-président, FARINOLE, pour le secrétaire général absent.

CXXXVI. Rapport du Directoire du district d'Ajaccio aux commissaires du directoire du département de Corse envoyés en cette ville à l'occasion des troubles qui y sont survenus depuis le soir du 8 du courant jusque ce jour.

Le jour de Pâques huit du courant, vers les six heures du soir, il s'est élevé une dispute entre deux mariniers, à l'occasion du jeu de quilles. Plusieurs bons citoyens se jetèrent à travers pour l'apaiser; leur médiation obtint le meilleur succès. Un instant après, paraît un officier des volontaires soldés avec une quantité de soldats de la même troupe qui cherchait à faire arrêter les auteurs de cette dispute (on ignore par quel ordre). Les deux mariniers ne se trouvant plus sur le lieu, la troupe arrête un citoyen qu'on dit n'être point compromis dans la rixe. Il fit résistance et dans le même moment on tira des

---

1. Bien que ce nom s'écrive parfois Tartaroli et que la forme Tortaroli soit aujourd'hui inconnue à Ajaccio et, paraît-il, en Corse, nous avons écrit partout Tortaroli : le personnage est ainsi nommé dans nombre de documents et il signe toujours Tortaroli par un o, et non par un a.

coups de fusil dont cet officier fut tué, et deux soldats blessés; on tira ensuite d'autres coups de fusil qui ne firent mal à personne, et la nuit étant survenue, elle se passa fort tranquillement.

Le lundi 9, de bon matin, le tribunal de paix, accompagné d'une brigade de la gendarmerie, s'acquitta des devoirs que lui impose la loi. Sur les 8 heures du matin du même jour, des volontaires logés à la caserne et au Séminaire ont commencé à tirer des coups de feu sur toute sorte de citoyens de la ville, n'épargnant ni âge ni sexe; le feu fut continué pendant tout le cours du jour de la part des volontaires soldés et on leur a répondu de quelques maisons seulement de la ville et du faubourg. Les postes du fortino proprement dit ou tour des Génois, et le couvent des Capucins furent occupés vers les dix heures par la troupe soldée. Des coups de fusil tirés du Séminaire et de la caserne qu'elle occupait également, furent tirés tant pendant la journée que pendant la nuit. Un jeune abbé, une femme, deux enfants sont morts et trois hommes et une femme ont été blessés grièvement. Ces actes violents anéantirent le commerce, empêchèrent les communications de toute part, arrêtèrent le transport des farines, des eaux et de tout ce qui était nécessaire à la subsistance de la ville. Dans la même nuit les volontaires sortirent de leur logement et s'introduisirent dans les maisons du quartier des jésuites et dans l'église de Saint-Jérôme, où ils firent les plus grands désordres, commirent des vols de considération et y blessèrent dangereusement un homme.

La municipalité employa pendant toute la journée du lundi tous les moyens de conciliation possibles pour faire cesser les coups de fusil et pour faire rentrer les volontaires dans l'ordre; mais sans succès.

Le mardi, on fit usage des mêmes moyens et on obtint que la troupe soldée abandonnât les maisons dont elle s'était emparée; ce qu'elle fit vers les dix heures du matin.

Le mercredi, dans la matinée, voyant que les volontaires nationaux menaçaient la ville, la tenant continuellement assiégée, qu'elle succombait à des pertes considérables par la destruction des bestiaux, la dévastation des biensfonds, le vol des farines et qu'enfin sa subsistance était sur le point d'être compromise, voyant en outre que les habitants de l'intérieur, sous le faux rapport de révolte, venaient en grand nombre pour s'unir aux volontaires, l'administration, après avoir reconnu l'inefficacité des moyens employés par les représentants de la ville, prit le plus vif intérêt à faire cesser les hostilités et à procurer le repos dont étaient privés les citoyens d'Ajaccio depuis quelques jours. Elle envoya à cet effet une commission de deux de ses membres, accompagnée de son secrétaire, escortée par un piquet de grenadiers du régiment 42° et par une brigade de la gendarmerie, pour enjoindre au nom de la loi aux citoyens postés aux Capucins et au dehors de la barrière de se retirer; mais cet ordre fut totalement inutile. Le procès-verbal qui a été rédigé à cette occasion, constate les intentions de ces citoyens.

Les jours suivants furent employés par les corps administratifs et judiciaires à concilier les esprits et à rétablir l'ordre.

Voici la relation sincère des faits arrivés.

On ajoute que dans le couvent des ci-devant Capucins on a enlevé les scellés sous lesquels se trouvaient des effets inventoriés et qui ont été volés, malgré que leur sûreté était confiée à une garde du régiment 42° qui y avait été placée à la réquisition de l'administration.

Dans le Séminaire on a également volé une partie des effets appartenant à la nation et qui étaient sous la vigilance du sieur Cervotti qui en est le dépositaire.

Observations :

Les deux lieutenants-colonels pouvaient et devaient obvier à tout ce qui est arrivé de funeste et doivent par conséquent en être responsables, comme ils le deviennent pour avoir compromis la ville d'Ajaccio qui a constamment donné des preuves de patriotisme.

On connaît le patriotisme des citoyens d'Ajaccio et leur désir de voir la loi exécutée; mais il s'y manifeste un esprit de patriotisme exclusif qui semble produire des divisions. Le seul esprit de religion insinue des préjugés dans une partie assez considérable des citoyens.

Fait à Ajaccio le dix-sept avril 1792.

Peraldi, Borgomano, Pompeani, Tavera, vice-président, et Pozzi di Borgo, secrétaire.

Nota. — Le procureur-syndic a refusé sa signature après lecture faite du présent rapport.

CXXXVII. Rapport de Grandin, commissaire du roi, au ministre de la justice.

Relation des troubles arrivés à Ajaccio.

Ajaccio, le 18 avril 1792.

Monsieur,

J'ai été en doute quelque temps si je vous donnerais une connaissance officielle des troubles qui viennent de désoler notre ville. Je craignais qu'en ayant été moi-même victime, mon récit ne fût suspecté de partialité; mais ayant pardonné de bon cœur à ceux qui m'ont blessé, sans savoir que c'était à moi qu'ils adressaient leurs coups, j'ai cru que le bien public et la vérité exigeaient de moi que je passasse par-dessus ce scrupule. Voici les faits que j'ai tâché de recueillir le plus scrupuleusement qu'il m'a été possible.

J'avais été envoyé en députation à Corte avec M. Tortaroli, président du tribunal, et d'autres citoyens pour obtenir du Département quelque chose que désirait la ville d'Ajaccio. A notre retour, le jour de Pâques, sur les huit heures et demie du soir, nous avons appris qu'à la suite d'une dispute survenue entre des gens qui jouaient aux quilles, il y avait eu beaucoup de coups de fusil tirés et qu'un officier de la garde nationale avait été tué, à ce que l'on croit, par un marinier. Je remarquerai que M. Quenza et M. Buonaparte, lieutenants-colonels de cette garde nationale soldée, étaient sur la place d'armes qui est à côté de la porte de la ville, sont rentrés chez eux tranquillement et sans que personne les ait insultés.

La garde nationale s'est retirée dans ses quartiers, et notamment au Séminaire où la majeure partie était casernée. M. Quenza et M. Buonaparte s'y sont rendus. Il paraît que cette garde nationale, irritée d'avoir perdu un de ses officiers, a fait toute la nuit des préparatifs pour s'en venger le lendemain sur la ville, sans que la municipalité ait fait aucune démarche pour empêcher dans son principe les effets de ce ressentiment, quoiqu'elle connût bien le caractère vindicatif des Corses.

Le lundi de Pâques, 9 avril, à sept heures et demie du matin, j'ai été à la paroisse pour entendre une basse messe. Pendant la messe, nous avons entendu tirer une quantité de coups de fusil; ce qui avait engagé à fermer les portes de l'église. Plusieurs citoyens ont prié le curé de faire ouvrir une porte collatérale pour se retirer chez eux. Une douzaine de personnes étant sorties, la garde nationale qui s'était postée dans une petite tour qui dominait la rue, a fait feu; une femme a été blessée et est morte à côté de moi, et moi-même j'ai reçu deux balles dans mon habit, dont une m'a traversé la cuisse droite de part en part près du genou.

La garde nationale a continué à tirer, des différents postes dont elle s'était emparée, sur la ville jusqu'à sept heures du soir. Seulement, sur les une heure après midi, un officier municipal, environné de troupes de ligne, ayant été pour leur faire des propositions de paix, ils ont discontinué et dès qu'il a été retiré, ils ont recommencé. La municipalité y étant retournée à six heures du soir avec le drapeau rouge, la même manœuvre a été observée.

Je suis bien éloigné d'attribuer aux chefs de cette garde nationale l'ordre de tirer sur les citoyens; mais on peut leur reprocher de n'avoir pas employé les moyens qui étaient en eux pour empêcher l'effet d'un complot qu'ils ne pouvaient ignorer. Il n'y a eu heureusement que trois personnes de tuées dans cette journée, savoir un jeune abbé, une femme et une jeune fille de treize à quatorze ans, et cinq personnes de blessées; plusieurs autres l'ont évité comme par miracle; car cette garde nationale tirait sur tout être vivant qu'elle apercevait dans les rues, hommes, femmes, enfants et animaux. On a appris cependant que ses chefs avaient écrit au Département que la ville était en insurrection et voulait faire une contre-révolution. Néanmoins, cette ville prétendue révoltée a eu la douceur de se laisser fusiller jusqu'à quatre heures du soir sans riposter; à cette heure-là seulement on a tiré quelques coups de deux ou trois maisons de la ville.

Dès le matin le juge de paix avait été à l'église pour dresser procès-verbal de la mort de l'officier tué la veille. De là, il s'était transporté au Séminaire pour y recevoir les déclarations des gardes nationales témoins du fait; mais, au lieu de lui laisser continuer ses opérations, on l'a retenu prisonnier, et même des gardes nationales voulaient attenter à ses jours parce qu'il est parent des mariniers auxquels ils en voulaient. Quelques officiers des gardes nationales, connaissant le complot, l'ont fait monter dans une chambre où ils l'ont gardé jusqu'au moment où, comme nous l'avons dit, la troupe de ligne est arrivée, avec un officier municipal et le drapeau blanc; dans ce moment on a trouvé moyen de le faire échapper.

La municipalité avait fait dans le cours de la journée deux réquisitions à M. Maillard, colonel du 42e régiment et commandant de la place, pour se tenir prêt à marcher contre cette garde nationale et faire cesser le feu qu'elle faisait contre la ville. On sera surpris sans doute d'apprendre que le soir même M. l'abbé Coti, procureur-syndic du district, a écrit à M. Maillard qu'il avait pris toutes les précautions pour le bon ordre, que lui, M. Maillard, devait se préparer à soutenir la garde nationale et se bien garder d'obéir à toute autre réquisition contraire. La lettre qui contient cette dernière réquisition est, à ce qu'on m'a certifié, entre les mains de M. Maillard.

Pendant la même journée, la garde nationale s'est emparée de quelques maisons et une ou deux ont été pillées; M. Darance, officier du régiment, ayant appris qu'ils étaient chez lui, s'y est transporté, a vu six hommes de cette garde qui avaient déjà enfoncé deux portes; il leur a fait des reproches; pour réponse, ils l'ont mis en joue, mais heureusement deux caporaux sont survenus et ces six hommes, croyant qu'ils étaient suivis d'autres personnes, se sont retirés.

Le mardi 10 a été plus tranquille, et même un officier municipal se promenait avec un drapeau blanc, annonçant que la paix était faite; mais la garde nationale disait hautement qu'elle ne consentirait à aucune paix qu'on ne lui eût livré dans les mains une douzaine de mariniers qu'elle regardait comme ses ennemis; elle avait envoyé des circulaires dans les campagnes à dix, à douze lieues à la ronde pour inviter les paysans à se joindre à elle contre la ville d'Ajaccio. Effectivement, il en est arrivé en grand nombre de plusieurs villages : ils empêchaient les provisions d'arriver dans la ville et pour se nourrir ils tuaient les bœufs et autres animaux, et allaient prendre la farine dans les moulins; ils mettaient les bestiaux dans les clos et les blés, ce qui a occasionné un dommage qui sera toutefois moins considérable qu'on l'avait annoncé d'abord.

Dans le même temps plusieurs de ces gardes nationales qui étaient venus me voir pour me témoigner le regret qu'ils avaient eu d'apprendre que j'étais blessé, m'ont certifié que MM. Quenza et Buonaparte, et surtout ce dernier, avaient dressé une espèce d'acte, un procès-verbal, dans lequel ils disaient entre autres choses que quatre familles qu'ils désignaient, savoir, celles de Cuneo, Susini, Tortaroli et Jean-Baptiste Bacciochi, avaient été cause des prétendus troubles occasionnés dans la ville et qu'il fallait s'en prendre à leurs personnes et à leurs biens. J'observerai seulement ici, à l'égard de M. Tortaroli, qu'il était bien impossible qu'il fût la cause des troubles arrivés le dimanche jour de Pâques, puisqu'il revenait alors avec moi de Corte et que nous ne sommes arrivés que plus de deux heures après la scène de ce jour. L'acte en question était rédigé en français, langue que la plupart des soldats corses n'entendaient pas : plusieurs ont signé sans difficulté, mais d'autres ont voulu avant en entendre la lecture et ont observé ensuite que les chefs paraissaient vouloir profiter des troubles pour satisfaire leurs vindettes particulières, que c'était leurs parents qu'on voulait sacrifier et que, bien loin de signer l'acte, ils les défendraient jusqu'à la mort; ils se sont même emparés de l'acte et l'ont déchiré.

La plupart des compagnies de cette garde nationale devaient passer dans d'autres lieux de la Corse, et M. Maillard, leur commandant suivant les lois, leur a fait signifier de sortir de la ville et de se rendre à leur destination; mais ils n'en ont tenu aucun compte.

La journée du mercredi était à peu près semblable à celle du mardi, les citoyens se fortifiant chez eux pour se mettre à l'abri du pillage dont ils étaient menacés de la part de cette garde nationale et des paysans : un grand nombre avait fait porter à la citadelle leurs effets les plus précieux.

Le jeudi, les citoyens et la municipalité, irrités de voir qu'on les tenait si longtemps comme assiégés, ont requis de M. de Maillard de faire avancer le canon pour faire déloger cette garde nationale et ces paysans qui s'étaient postés et fortifiés dans tous les endroits avantageux qui dominaient la ville. Les partis étaient en présence et étaient sur le point de faire feu mutuellement lorsque des gens plus tranquilles, désirant d'éviter de répandre le sang, ont demandé qu'il fût encore fait des propositions de paix à cette garde nationale, avec d'autant plus de raison qu'on avait fait courir le bruit que les soldats de troupe de ligne abandonneraient leurs officiers si on en venait à une action. On a donc nommé des députés qui, après bien des difficultés, sont parvenus à convenir d'une trêve qu'on observerait jusqu'à l'arrivée des commissaires du Département, à condition que d'une part la ville ferait retirer ses canons et que de l'autre la garde nationale et les paysans détruiraient leurs nouvelles fortifications.

Je dois rendre ici hommage à la bonne conduite du 42ᵉ régiment qui est de garnison dans la ville. Les officiers ont su allier la prudence à la fermeté, et les soldats, le zèle à l'obéissance; il y avait entre eux confiance et affection réciproque. La garde nationale ayant menacé de tuer le colonel, les officiers et soldats l'ont invité à ne plus sortir sans eux de la citadelle. Le colonel a usé dans toute cette affaire d'une grande modération envers la garde nationale qui non seulement était révoltée contre la ville, mais encore qui avait refusé de lui obéir quoiqu'elle fût directement sous ses ordres. Toute la troupe a été extrêmement fatiguée, ayant resté cinq jours entiers sans se déshabiller. Les soldats ont reçu de la garde nationale une lettre où on les exhortait à désobéir à leurs chefs; on avait eu soin de joindre à cette lettre une brochure imprimée du club des Jacobins; leur sentiment a été celui de l'indignation et du mépris, et ils ont porté le tout à leur colonel.

On attendait de moment à moment et avec impatience les commissaires du Département et M. Cesari Colonna, colonel de la gendarmerie, qui ne sont cependant arrivés que le lundi 16 à l'après-midi. Jusque-là la ville n'était pas sans inquiétude; elle n'ignorait pas qu'on avait mis tout en œuvre pour prévenir contre elle le Département, et les paysans se plaisaient à répandre le bruit qu'on voulait profiter des troubles pour se rendre maître de la citadelle, que M. Cesari arriverait avec 1500 hommes; ce qui augmenterait la famine que la ville commençait à souffrir, et même plusieurs gens de la campagne, avides du pillage, avaient été à sa rencontre avec des sacs vides pour lui offrir leurs services dans l'espérance de faire du butin; mais il les a renvoyés honteusement. La ville avait nommé quatre citoyens pour aller au-devant des commissaires et de M. Cesari; mais, comme on craignait qu'ils ne découvrissent la vérité, on a eu grand soin de les en empêcher, en menaçant leurs jours s'ils sortaient de la ville.

Nonobstant toutes ces précautions, il paraît que MM. les commissaires ont eu connaissance de la vérité et de la pureté des intentions des citoyens de la ville qui ont toujours été bien éloignés de songer à une contre-révolution. Aussi, depuis leur arrivée, commençons-nous à jouir du calme et de la tranquillité.

Le commissaire du roi près du tribunal du district d'Ajaccio.

GRANDIN.

CXXXVIII. Rapport du colonel Maillard au ministre.

I

Lettre de Maillard à De Grave.

Ajaccio, le 14 avril 1792.

Monsieur,

J'ai l'honneur de vous adresser un précis de ce qui s'est passé en cette ville depuis le huit de ce mois jusqu'au quatorze, sept heures du soir.

Au moment où je fermais mon paquet, je reçois une lettre de MM. les commissaires nommés par le Directoire du département de Corse pour apaiser les troubles qui se sont élevés dans ce canton. L'endroit d'où ils m'écrivent est environ à sept lieues et j'espère qu'ils arriveront demain avant midi. Je joins au précis une copie de leur lettre.

Le colonel du 42e régiment d'infanterie, commandant dans la place.

MAILLARD.

II

25e division militaire. — Affaires publiques. — 42e régiment d'infanterie.

Précis de ce qui s'est passé à Ajaccio en Corse depuis le 8 avril 1792, 6 heures 1/2 du soir, entre les volontaires nationaux soldés et les habitants de la ville jusqu'au samedi 14 avril au soir.

Le 8 avril. — Dimanche 8 avril 1792, vers les 6 heures 1/2 du soir, d'après une rixe survenue entre les volontaires nationaux et les marins, qui a été des plus vives et dans lesquelles il y a eu un officier des volontaires nationaux de tué et deux volontaires poignardés.

Le 9. — La nuit a fait cesser le désordre sans que j'aie reçu aucunes réquisitions. Le lendemain 9, vers les 7 heures du matin, le feu a commencé et l'alarme a été générale dans la ville. Plusieurs personnes, hommes, femmes et enfants, ont été tués ou blessés du feu de la tour dite du Séminaire et autres endroits dont s'étaient emparés les volontaires nationaux (cette tour fait partie de la fortification que l'on n'a pu occuper qu'en enfonçant les portes), entre autres M. Grandin, commissaire du roi près le tribunal du district qui a reçu un coup de feu à la cuisse en sortant de l'église. Ces malheureux événements ont donné lieu à une correspondance entre moi, les officiers civils et les lieutenants-colonels du bataillon des volontaires nationaux dont il est impossible de pouvoir vous faire part, vu son volume, et de laquelle je tiens un journal.

Le 9, vers les 3 heures après midi, le caporal de garde de la barrière du faubourg me fit avertir qu'environ 80 ou 100 paysans de l'extérieur s'étaient emparés du couvent des Capucins situé à mi-côte, de la tour dite des Génois qui commande ce poste, ainsi que de tout le faubourg du Parc aux Mulets sur le bord de la mer, à l'entrée de ce même faubourg, d'où ils empêchent à volonté toute communication avec le dehors (on observera que ces postes ne sont point ordinairement occupés). Il ne cesse d'en arriver, et le 10, au soir, l'on estimait que leur nombre était environ de 1000 à 1200.

Le 10. — Il a été signé le 10 vers les 6 heures du soir un accord préliminaire entre les commissaires des officiers civils, ceux des volontaires nationaux et des troupes de ligne sous la garantie desquelles il s'est passé.

J'ai eu plusieurs conférences avec MM. de Quenza et Buonaparte, lieutenants-colonels des volontaires nationaux soldés, relativement à leurs positions dans lesquelles ils m'ont demandé des munitions de guerre. Je crois avoir convaincu ces Messieurs auxquels j'avais remis le lundi précédent deux de ce mois, jour de leur formation, les munitions qui m'avaient été ordonnées par M. de Rossi, qu'il m'était impossible d'outrepasser ses ordres et qu'il était contre mon devoir de fournir des moyens offensifs contre les citoyens; que, pour la citadelle, les anciennes ordonnances auxquelles aucunes lois n'avaient dérogé et même maintenaient en vigueur, me défendaient sur mon honneur et ma vie d'admettre aucune troupe sans les ordres de Sa Majesté, de ses ministres ou de ses généraux; que c'étaient mes dernières intentions et que rien au monde ne pourrait jamais m'en faire départir. J'ai promis à ces messieurs d'employer les plus vives sollicitations auprès des corps administratifs pour leur faire rendre la justice qui leur était due et poursuivre de part et d'autre les coupables suivant toute la rigueur des lois. Je n'ai rien négligé pour parvenir à cette fin, et c'est sur cette base qu'est appuyée la convention de hier au soir. Ces messieurs m'ont promis, comme il est prouvé par leur correspondance, de contenir leurs troupes dans le bon ordre, d'empêcher toute hostilité de leur part, et de faire tous leurs efforts pour éloigner les habitants du dehors dont la présence alarme justement les citoyens. Les officiers civils, de leur côté, ont fait battre un ban et proclamer une défense à tous les citoyens de ne commettre aucun acte hostile contre les volontaires nationaux.

La troupe de ligne, étant obligée à un service très pénible et très fatigant, j'ai cru nécessaire, pour y subvenir et le commander avec plus de célérité, de faire évacuer le quartier neuf qui est hors de la ville et éloigné de la citadelle.

Le commandant des volontaires nationaux, après la formation de son bataillon, m'a demandé de différer le départ des compagnies destinées pour l'intérieur jusqu'au mercredi 11, leur présence étant nécessaire pour l'organisation de leur conseil d'administration et l'établissement de leur comptabilité. D'après cet arrangement et la prière qu'il en a faite au commissaire des guerres, il n'a pas cru devoir lui refuser de laisser occuper provisoirement et jusqu'à ce départ à une partie de sa troupe une mansarde du quartier neuf qui venait d'être réparée. L'on m'a rendu compte que, dans la journée du 10, ils y avaient fait plusieurs créneaux assez considérables.

Je ne saurais rendre un témoignage trop éclatant au zèle et aux talents de MM. de Somis, lieutenant-colonel du corps du génie, et d'Anglemont, capitaine commandant celui de l'artillerie, qui par leurs dispositions, la prudence et la sagesse de leurs avis, n'ont pas peu contribué à affermir la confiance que les citoyens et les volontaires nationaux ont montrée dans cette occasion pour les troupes de ligne qui, à tous égards, l'ont méritée par leur fermeté, la sagesse de leur conduite et leur zèle infatigable pour le bien du service et l'exécution de la loi. Je ne peux trop me louer de la manière dont les officiers et sous-officiers du 42ᵉ régiment m'ont secondé dans cette malheureuse circonstance, ainsi que tout ce qui compose le détachement du 4ᵉ régiment d'artillerie. La troupe de ligne a été constamment respectée de part et d'autre et regardée comme garant des conditions qui pouvaient ramener le calme et la tranquillité.

Je n'ai pas cru devoir refuser le pain de munition qui m'a été demandé par le commandant des volontaires nationaux.

Du 11. — La nuit a été assez tranquille. Depuis neuf heures du matin, j'ai commencé une correspondance extrêmement pénible et fatigante entre les corps administratifs et les chefs des volontaires nationaux : plaintes réciproques de part et d'autre, la plus grande méfiance, ne terminant et ne décidant rien, nous sommes toujours dans la plus grande incertitude, notre état est des plus fâcheux et des plus critiques.

Vers les 11 heures qu'est arrivé le courrier, j'ai fait passer à M. de Quenza, premier lieutenant-colonel, les lettres du général par lesquelles il réitère les ordres que je lui avais transmis la veille, d'envoyer les compagnies de son bataillon à leur destination, avec la copie d'une réquisition du Directoire du département, l'extrait de la réponse du général à ce sujet, par lesquelles il devait voir que deux compagnies de ce bataillon devaient être incessamment requises de leur quartier pour l'exécution de la loi. Je n'ai reçu aucune réponse à ce sujet.

Toutes nos dispositions sont faites pour déployer la force. La municipalité et le juge de paix m'ont requis pour l'employer à la première attaque.

Le nombre des habitants du dehors est considérablement augmenté et cause les plus vives alarmes aux citoyens. Ils commettent, à ce que l'on dit, les plus grands dégâts dans les campagnes et interceptent les vivres. Nous sommes dans l'état le plus déplorable et à la veille de mourir de faim, s'il n'est pas possible de parvenir à un prompt accommodement.

La municipalité m'a envoyé réquisitions sur réquisitions, soit pour donner deux pièces de canon sur une barque pour protéger le faubourg (ce qui était non seulement contre la loi, mais impraticable, et qui par conséquent n'a eu aucun effet), soit pour déployer la force des armes, conformément à leurs premières réquisitions, et enfin pour faire tirer un coup de canon à poudre qui devait servir de signal, pour qu'une heure après, si le bataillon des volontaires nationaux ne suivait pas leur réquisition qui était d'abandonner le Séminaire et de se retirer au couvent de Saint-François et au quartier neuf qui sont hors de la ville, de les y contraindre avec du canon et des forces suffisantes de troupes de ligne.

Vers les 7 heures du soir, le coup de canon d'alarme a été tiré: deux pièces de campagne, préparées, escortées par un détachement de cent hommes, des soldats pour servir le canon, et des travailleurs. Cette troupe assemblée, la réquisition lue à sa tête, un officier municipal arrivé pour y marcher, le tout s'est trouvé à sa disposition; il a jugé qu'il était trop tard pour sortir, et je me suis occupé pendant la nuit avec un comité composé de l'officier municipal, des commandants du corps royal du génie, de celui d'artillerie et du capitaine commandant ledit détachement, de rédiger un projet d'après les principes de la loi, pour exécuter et suivre les réquisitions du corps municipal, lequel a été signé de tout le comité et dont copie a été remise audit officier municipal.

Le 12. — Vers les 8 heures du matin, l'officier municipal à la tête, les canons et les travailleurs sont sortis avec le détachement et ont été se poster dans les endroits qui ont été jugés les plus avantageux pour le succès de l'exécution des réquisitions de la municipalité aussitôt que leur commissaire leur en donnerait le signal. Vers les deux heures, la municipalité m'a prévenu qu'ainsi que les autres corps administratifs, ils venaient de passer des conventions avec MM. les lieutenants-colonels et officiers de la garde nationale soldée sous ma garantie, au moyen de quoi ils me requéraient de retirer toutes les forces que j'avais fait sortir de la citadelle. (Je joins en note la lettre du corps municipal à cet égard, ma réponse et celle que j'ai adressée à ce sujet au corps des officiers des volontaires nationaux, la première n° 7 bis, réponse, et 8.)

Le 13. — Tout a été fort tranquille pendant la nuit. On attend des commissaires du Département. Plusieurs députés devaient aller au-devant d'eux, entre autres le maire et le juge de paix. J'ai appris depuis qu'il n'y avait que M. Buonaparte, 2ᵉ lieutenant-colonel des volontaires nationaux, qui avait été à leur rencontre.

La journée s'est passée assez tranquillement. Beaucoup de rapports, d'avertissements, d'inquiétude et de méfiance de part et d'autre. Il arrive toujours des deux côtés beaucoup de monde; en attendant celle des commissaires, chacun prend ses précautions pour se défendre. L'on dit qu'il y a infiniment de divisions dans ceux qui sont venus pour prendre le parti des volontaires.

A l'exception du poste de la porte du Séminaire qui était composé d'un caporal et quatre hommes, tous les autres sont occupés par la troupe de ligne comme à l'ordinaire. Le service de la citadelle a été réglé de manière à en assurer la sûreté et quoiqu'il soit très fatigant, on ne peut rien ajouter au zèle des officiers, sous-officiers et soldats qui ne cessent de donner des preuves de leur confiance, de leur union et de leur attachement mutuel ainsi que de leur fidélité, de leur amour pour leur devoir et de leur soumission à la loi.

Le 14. — Toute la nuit a été fort tranquille.

J'apprends que dès les premiers jours, les volontaires nationaux soldés ont fait au corps de la place, au bastion du Séminaire, une brèche assez considérable pour passer trois hommes de front.

A 7 heures du soir l'on n'avait pas encore des nouvelles de l'arrivée des commissaires que j'attends avec la plus vive impatience.

Je ne saurais trop répéter les obligations infinies que j'ai à MM. de Somis et d'Anglemont, ainsi qu'à M. Despuisarts, commissaire des guerres, lequel a concouru avec nous pour tout ce qui pouvait être utile et avantageux au bien du service. Tous les agents militaires ont donné des preuves non équivoques de leur zèle dans cette fâcheuse circonstance, notamment MM. Maisonneuve, médecin, Vivier, chirurgien-major, Descamps, directeur, tous attachés à l'hôpital militaire; M. Desmaurandes, préposé du directoire des subsistances militaires; le sieur Fresson, garde-magasin d'artillerie, et les sous-officiers du détachement du 4ᵉ régiment de ce corps.

Cet exposé est fait avec toute la précipitation que nécessitent ma position, l'immensité de mes occupations et le peu de temps que me laisse le départ du courrier.

Le colonel du 42ᵉ régiment d'infanterie, commandant la place d'Ajaccio.

MAILLARD.

N° 7. — *Copie de la lettre écrite par le corps municipal.*

Ajaccio, le 12 avril 1792, 2 heures de relevée.

Monsieur,

Le corps municipal et les autres corps administratifs ont passé des conventions avec MM. les lieutenants-colonels et officiers de la garde nationale soldée, comme vous verrez par les articles ci-joints, le tout, sous votre garantie, s'il vous plaît de l'approuver. Au moyen de quoi ledit corps municipal requiert la rentrée dans la citadelle des deux pièces de canon qui se trouvent postées dans la ville.

Le corps municipal : Colonna d'Ornano, Salini, Levie, maire.

N° 7 bis. — *Copie de la réponse faite par M. Maillard le 12 avril 1792 à 4 heures après midi à MM. les officiers municipaux.*

Messieurs,

Je ne peux qu'être extrêmement flatté de la confiance que vous avez en moi et je désirerais que ma situation et ce que je dois au corps à la tête duquel j'ai l'honneur d'être, pût me permettre d'y répondre : comme leur chef, tout ce qui me concerne leur est entièrement relatif. Vous concevez toute l'importance d'une garantie dont dépend le sort de tant de citoyens. La Constitution a rendu les corps militaires les simples agents de la loi : mon acceptation serait une contravention à ses principes qui nous donnent simplement une force d'inertie qui ne peut être mue que par les corps administratifs. Vous en êtes sûrement trop pénétrés, Messieurs, pour ne pas sentir toute la justesse et la force de mes réflexions.

Quoique je me sois attiré des reproches de part et d'autre, j'ai trop de confiance dans votre justice et votre équité, Messieurs, pour ne pas croire que vous rendrez le témoignage le plus authentique à la pureté de mes sentiments et à l'impartialité de ma conduite.

L'intérêt que je prends au bien et à la tranquillité publique me suggère d'oser vous proposer de nommer de part et d'autre des commissaires qui puissent remplir l'objet de votre garantie réciproque. Pour assurer l'entière liberté de leurs délibérations et de leurs opinions, je vous offre de les recevoir à la citadelle où je les traiterai d'après les sentiments que j'ai voués pour la vie à tous les citoyens du département de Corse.

Désirant justifier les imputations que l'on a pu me faire des deux côtés, je vous demande en grâce, Messieurs, de vouloir bien faire traduire ma lettre et de la rendre publique.

Le colonel du 42e régiment d'infanterie, commandant la place d'Ajaccio.
Maillard.

N° 8. — *Copie de la lettre écrite par M. de Maillard le 18 avril 1792 à quatre heures après midi à M. de Quenza, premier lieutenant-colonel des volontaires nationaux.*

J'ai l'honneur de vous envoyer, monsieur, la copie de la lettre que j'adresse à MM. du corps municipal en réponse à celle qu'ils m'ont écrite vers les deux heures pour m'engager à me charger de la garantie des conventions arrêtées ce matin entre vous et eux. Je ne doute pas que, pénétré des mêmes sentiments qui m'attachent à mes devoirs et à l'inviolabilité de mes serments, vous n'approuviez les motifs qui m'empêchent de l'accepter.

Je me flatte que vous ne verrez dans les mesures que je leur propose de prendre que la persévérance des souhaits que j'ai toujours faits pour votre réunion ainsi que pour le rétablissement du calme et de la tranquillité.

Comme il m'importe infiniment de dissiper les suggestions qu'auraient pu prendre sur ma conduite les volontaires nationaux, je compte assez sur votre amitié pour espérer que vous voudrez bien me rendre le même service que MM. de la municipalité, en faisant traduire ma lettre pour qu'ils puissent tous connaître mes véritables sentiments. Je vous réitère, monsieur, ceux que je vous ai voués pour toujours.

Le colonel du 42ᵉ régiment d'infanterie, commandant la place d'Ajaccio.
MAILLARD.

Au moment où j'allais fermer mon paquet, je reçois une lettre de messieurs les commissaires du Département de Corse qui m'annoncent leur arrivée pour demain, comme on le verra par la copie suivante.

Bocognano, ce 14 avril 1792.

Monsieur,

Nous avons l'honneur de vous prévenir que le Directoire du département, par un arrêté en date du 12 courant, nous a donné commission de nous rendre dans la ville d'Ajaccio, pour en apaiser les troubles et qu'il nous a revêtus à cet effet des pouvoirs dont la communication officielle vous sera donnée par les corps administratifs auxquels nous en envoyons copie. L'intention où nous sommes de suivre avec vous le concert le plus capable de remplir les intentions de paix et de justice que nous portons, nous engage à vous en informer particulièrement et à vous prier de vouloir bien vous concerter avec M. Volney, ex-député à l'Assemblée Constituante, et avec M. Cervoni, secrétaire de la commission, pour toutes les mesures nécessaires à notre arrivée et à l'exécution de nos fonctions.

Les administrateurs du Directoire du département, envoyés à Ajaccio.

COLONNA le jeune; ARRIGHI.
CERVONI, secrétaire de la commission.

Certifié les copies conformes aux originaux.

Le colonel du 42ᵉ régiment d'infanterie commandant la place d'Ajaccio.
MAILLARD.

CXXXIX. Napoléon et Mᵐᵉ Brulon.

Le lieutenant d'artillerie Bonaparte a pendant son séjour à Ajaccio connu Angélique Duchemin ou Mᵐᵉ Brulon, la *femme soldat* qui fut blessée en 1794 au siège de Calvi et admise en 1797 aux Invalides, où elle mourut le 13 juillet 1859 avec le grade honorifique de sous-lieutenant. Angélique Duchemin était fille d'un soldat de Limousin, et André Brulon qu'elle épousa était caporal à ce régiment qui tint longtemps garnison à Ajaccio. Or, elle écrivit en 1822 au marquis de La Tour-Maubourg, gouverneur des Invalides, une lettre intéressante où nous relevons le passage suivant : « A dix-sept ans, j'ai épousé un militaire du 42ᵉ régiment; je l'ai perdu vingt-neuf mois après, victime d'une affaire qui eut lieu à Ajaccio aux fêtes de Pâques 1791 (lire 1792). Elle était dirigée par Napoléon, à la tête des habitants des campagnes contre ceux de la ville. Je dois ici vous faire connaître, mon général, les raisons qui m'ont toujours éloignée de cet homme. Toutes les personnes qui me portaient intérêt dans la maison, n'ont jamais pu concevoir ce qu'ils appelaient mon obstination à ne pas vouloir me présenter à lui. Toutes les fois qu'il fit des visites à l'hôtel, je l'ai évité avec soin, persuadée qu'il n'était pas prudent de lui rappeler par ma présence une circonstance qui pouvait et devait lui être désagréable. Il me connaissait, étant à Ajaccio. Mon mari avait pendant trois ans donné des leçons à son jeune frère. Lorsque mon mari fut rapporté chez moi, mourant, il y vint plusieurs fois avec l'abbé Coti, son lieutenant dans l'affaire. Enfin, je ne voulus jamais courir la chance de le voir. » Mais aucun soldat de Limousin ne fut blessé dans l'émeute d'avril 1792 et André Brulon a été enterré à Ajaccio le 11 novembre 1793. Quoi qu'il en soit, le prince Jérôme, maréchal gouverneur des Invalides, proposa le 10 août 1851 au ministre de la guerre d'accorder la décoration de la Légion d'honneur à la veuve Brulon, qui « avait rendu des services réels à la France », et le 15 août suivant, à l'occasion de la fête de l'empereur, Angélique Duchemin recevait la croix.

CXL. Présences et absences de Napoléon aux régiments de La Fère et de Grenoble (1790-1792).

Revues faites à Auxonne le 28 février et le 30 avril 1790 par Naudin.

Antoine-François de Coquebert, capitaine en 1er, absent par semestre du 1er novembre dernier.
Louis-Farnèse-Platon Hennet du Vigneux, lieutenant en 1er, présent.
Napolionne de Buonaparte, lieutenant en 2e, absent par semestre du 16 octobre dernier.
François Grosbois, lieutenant en 3e, présent.

Revues faites à Auxonne le 21 juillet et le 30 août 1790 par Naudin.

Antoine-François de Coquebert, capitaine en 1er, présent.
Louis-Farnèse-Platon Hennet, lieutenant en 1er, présent.
Napolionne de Buonaparte, lieutenant en 2e, absent sur un congé de la cour avec appointements pour quatre mois à compter du 16 juin 1790, à la suite du semestre de 1789 à 1790
François Grosclaude, ci-devant Grosbois, lieutenant en 3e, présent.

Revue faite à Auxonne le 31 octobre 1790 par Naudin.

Antoine-François Coquebert, capitaine en 1er, présent.
Louis-Farnese-Platon Hennet, lieutenant en 1er, absent par semestre du 1er octobre.
Napolionne de Buonaparte, lieutenant en 2e, absent, par congé expiré le 16 octobre à la suite d'un congé de quatre mois avec appointements, à compter du 16 juin, et du semestre de 1789 à 1790.
François Grosclaude, lieutenant en 3e, présent.

Revue faite à Auxonne le 31 décembre 1790 par Naudin.

COMPAGNIE DE BOMBARDIERS DE COQUEBERT.

Antoine-François Coquebert, capitaine en 1er, présent.
Louis-Farnese-Platon Hennet, lieutenant en 1er, absent par semestre du 1er octobre dernier.
Napolionne de Buonaparte, lieutenant en 2e, absent par congé expiré du 16 octobre à la suite du semestre de 1789 à 1790 et d'un congé avec appointements du 16 juin au 15 octobre.
François Grosclaude, lieutenant en 3e, présent.

Revue faite à Auxonne le 3 avril 1791 par Naudin.

COMPAGNIE DE BOMBARDIERS DE COQUEBERT.

Antoine-François Coquebert, capitaine en 1er, présent.
Louis-Farnese-Platon Hennet, lieutenant en 1er, absent par semestre du 1er octobre dernier.

Napolionne de Buonaparte, lieutenant en 2°, présent, rentré de congé expiré à la suite du semestre de 1789 à 1790 et d'un congé de quatre mois avec appointements, à rappeler du 16 octobre 1789, conformément à la lettre du ministre de la guerre en date du 10 mars de cette année.
François Grosclaude, lieutenant en 3°, présent.

Revue faite à Auxonne le 29 juin 1791.

OFFICIERS DU 1ᵉʳ RÉGIMENT PASSÉS A D'AUTRES DESTINATIONS.

... Buonaparte, à payer sur le pied de 1200 francs du 1ᵉʳ avril au 1ᵉʳ juin et de la différence d'appointements de 800 à 1200 du 1ᵉʳ janvier au 1ᵉʳ avril; cinq mois à payer : ci, 300 francs.

Revue faite à Valence le 30 juin 1791 par le commissaire des guerres Sucy.

4° RÉGIMENT, COMPAGNIE DE CANONNIERS DE LA CATTONNE.

Jean-François-Innocent-Silvestre de La Cattonne, capitaine-commandant de la 1ʳᵉ classe, présent.
Grandfontaine, 2° capitaine de la 4° classe, présent.
Buonaparté, 1ᵉʳ lieutenant de la 1ʳᵉ classe, présent.
François Dannon, 2° lieutenant, présent.

Revue faite à Valence le 30 septembre 1791 par Sucy.

COMPAGNIE DE CANONNIERS DE LA CATTONNE.

La Cattonne, capitaine-commandant, présent, détaché en recrue à Embrun.
Romain, 2° capitaine de la 5° classe, présent (remplace M. Grandfontaine du 25 juillet).
Buonaparté, 1ᵉʳ lieutenant de la 1ʳᵉ classe, présent.
François Dannon, 2° lieutenant présent.

ÉTAT NOMINATIF DES OFFICIERS QUI COMPOSENT LE 4° RÉGIMENT D'ARTILLERIE AU 23 JANVIER 1792.

Compagnie de La Cattonne.

La Cattonne, capitaine de 1ʳᵉ classe, détaché en recrue à Embrun par congé de la cour.
Romain, 2° capitaine de 5° classe, absent sans congé du 6 novembre.
Buonaparte, 1ᵉʳ lieutenant de 1ʳᵉ classe, absent par permission, n'a pas joint.
Dannon, second lieutenant, présent.

Revue de fin de campagne passée par le lieutenant général Rossi à Grenoble le 5 décembre 1792.

COMPAGNIE DE LAFUJADE
(détachée à l'armée des Alpes).

La Pujade, capitaine commandant, présent.
Buonaparté, 2° capitaine, détaché aux bataillons volontaires, en Corse.
Bracoux, 1ᵉʳ lieutenant, présent.
Fournier, 2° lieutenant, présent.

CXLI. Lettres et écrits de Napoléon jusqu'à mai 1792.

I. — Lettres.

Lettre du 25 juin 1784 à Fesch (Du Casse, *Supplément à la correspondance de Napoléon Ier*, p. 50-53; Masson, *Napoléon inconnu*, I, p. 79-81).

Lettre du 12 septembre 1784 à Charles Bonaparte (Blanqui, *Moniteur* du 29 octobre 1838; Coston, I, p. 44-48; Nasica, p. 71-74; Masson, *Napoléon inconnu*, I, p. 82-83).

Lettre du 27 .... (on ignore le mois; mais la lettre est sûrement de 1784 ou de 1785) à Hyacinthe Arrighi de Casanova, *Nouvelle Revue rétrospective*, N° 23, 10 mai 1886).

Lettre du 23 mars 1785 à l'archidiacre Lucien (Blanqui, *Moniteur* du 29 octobre 1838; Coston, I, p. 67-68; Masson, *Napoléon inconnu*, I, p. 120, note).

Lettre du 28 mars 1785 à Letizia (Blanqui, *Moniteur* du 29 octobre 1838; Coston, I, p. 69-70; Masson, *Napoléon inconnu*, I, p. 121).

Lettre du 23 septembre 1785 au marchand de draps Labitte pour lui envoyer une lettre de l'oncle Paravicini (Coston, I, p. 72-73; Masson, *Napoléon inconnu*, I, p. 124).

Lettre du 25 novembre 1785 à M. Amielh, directeur du petit séminaire d'Aix (Iung, *Lucien Bonaparte et ses mémoires*, I, p. 511-512; Masson, *Napoléon inconnu*, I, p. 139, note).

Lettre de la fin de 1785 à l'intendant de Corse (Masson, *Napoléon inconnu*, II, p. 523-525); mais cette lettre est plutôt de Joseph que de Napoléon.

Lettre du 29 juillet 1786 au libraire genevois Borde (Coston, I, p. 99-100; Masson, *Napoléon inconnu*, I, p. 138, note).

Lettre du 1er avril 1787 à Tissot (Coston, II, p. 80-82; Masson, *Napoléon inconnu*, I, p. 167-169).

Lettre du 21 avril 1787 au ministre Ségur (Masson, *Napoléon inconnu*, I, p. 170).

Lettre et mémoire du 9 novembre 1787 à l'intendant de Corse (Iung, *Bonaparte et son temps*, I, p. 179-180, 340-343, et *Lucien Bonaparte*, I, p. 458-459; cf. Masson, *Napoléon inconnu*, I, p. 175-176).

Lettre du 12 février 1788 à l'intendant de Corse signée par Letizia, mais écrite par Napoléon (Iung, *Bonaparte et son temps*, I, p. 343-344, et *Lucien Bonaparte*, I, p. 460; cf. Masson, *Napoléon inconnu*, I, p. 197).

Lettre du 12 avril 1788 à l'intendant de Corse signée par Letizia (Iung, *Bonaparte et son temps*, I, p. 345-346, et *Lucien Bonaparte*, I, p. 461-462; cf. Masson, *Napoléon inconnu*, I, p. 198-199).

Lettre du 29 août 1788 à Fesch (fac-similé dans A. Chuquet, *La jeunesse de Napoléon*, I, p. 302).

Lettre du 12 janvier 1789 à Letizia (Masson, *Napoléon inconnu*, II, p. 528-529).

Lettre du 2 avril 1789 à l'intendant de Corse (Iung, *Bonaparte et son temps*, I, p. 193-194; cf. Masson, *Napoléon inconnu*, I, p. 215).

Lettre du 12 juin 1789 à Paoli (Coston, II, p. 87-89; Jung, *Bonaparte et son temps*, I, p. 195-197; Masson, *Napoléon inconnu*, II, p. 64-66).

Lettre de 1789 à Giubega (Masson, *Napoléon inconnu*, II, p. 84-86).

Lettre sans date, probablement de 1789, au général Du Teil sur « la bonne qualité des bois de Corse » (Masson, *Napoléon inconnu*, I, p. 279-280).

Lettre du 16 avril 1790 au colonel de Lance pour demander un congé (*Revue rétrospective*, II, 6, 3e série; Masson, *Napoléon inconnu*, II, p. 104-105).

Lettre du 24 juin 1790 à l'abbé Raynal (*Souvenirs diplomatiques* de lord Holland, trad. fr., p. 278; Masson, *Napoléon inconnu*, II, p. 106).

Lettres du mois d'août 1790, et sûrement des 27, 28 et 29 de ce mois, à Joseph Bonaparte (Masson, *Napoléon inconnu*, II, p. 117-120).

Lettre du 11 octobre 1790 à Pozzo di Borgo (A. Chuquet, *La jeunesse de Napoléon*, II, p. 310).

Lettre du 8 février 1791 à Fesch (Nasica, p. 161-163; Masson, *Napoléon inconnu*, II, p. 195-196; mais il faut lire au lieu de « *Du Cerbeau*, capitaine au régiment de *Forez* » : Corbeau, capitaine au régiment de Metz.

Lettre du 16 février 1791 à James (Iung, *Bonaparte et son temps*, II, p. 70-71; *Napoléon inconnu*, II, p. 197).

Lettre du 24 avril 1791 à Joseph Bonaparte (Masson, *Napoléon inconnu*, II, p. 203).

Lettre du 3 juin 1791 à Le Sancquer (Iung, *Bonaparte et son temps*, II, p. 78-79; cf. Masson, *Napoléon inconnu*, II, p. 205).

Lettre du 27 juillet 1791 à Naudin (Coston, I, p. 174-177, et fac-similé II, p. 142; Thiébault, *Mémoires*, v, p. 363; Marquiset, *Statistique historique de l'arrondissement de Dôle*, p. 206).

Lettre de la fin de 1791 à Joseph Bonaparte sur l'imposition foncière de Corse (Masson, *Napoléon inconnu*, II, p. 335-336, note).

Lettre du 17 février 1792 à Sucy (Coston, I, p. 198-201, et fac-similé II, p. 176; cf. Masson, *Napoléon inconnu*, II, p. 339-340).

Lettre du 27 février 1792 à Sucy (Coston, I, p. 203-206, et fac-similé, p. 179; cf. Masson, *Napoléon inconnu*, II, p. 340-341).

Lettre du 9 avril 1792 à Maillard (A. Chuquet, *La jeunesse de Napoléon*, II, p. 356).

Lettre du 9 avril 1792 à Coti (A. Chuquet, *La jeunesse de Napoléon*, II, p. 356).

Lettre du 11 avril 1792 à Maillard (A. Chuquet, *La jeunesse de Napoléon*, II, p. 357).

II. — Écrits.

Réflexions sur le sort de la Corse, 26 avril 1786 (Masson, *Napoléon inconnu*, I, p. 141-144).

Id. 3 mai 1786 (Masson, I, p. 145-146).

Réfutation de la *Défense du christianisme* de Roustan, 9 mai 1786 (Masson, I, p. 147-158).

Une aventure au Palais-Royal, 22 novembre 1787 (Masson, I, p. 181-183).

Fragment sur les malheurs de la Corse, 27 novembre 1787 (Masson, I, p. 184).

Discours sur l'amour de la gloire et l'amour de la patrie (Masson, I, p. 185-192).

Lettre du roi Théodore à Walpole (Masson, I, p. 193-194).

Projet de constitution de la Calotte du régiment de La Fère, 1788 (Masson, I, p. 228-240).

Procès-verbal des épreuves d'août 1788 (Joseph Du Teil, *Une famille militaire au XVIIIe siècle*, p. 515-525; cf. le tiré à part *Napoléon Bonaparte et les généraux Du Teil*, p. 240-251).

Mémoire sur la manière de disposer les canons pour le jet des bombes, 30 mars 1789 (Masson, I, p. 272-278).

Le Comte d'Essex, nouvelle anglaise (Masson, I, p. 415-419).

Le Masque prophète (Masson, II, p. 17-19).

Les Réfugiés de la Gorgona, nouvelle corse (Masson, II, p. 75-83).

Adresse à l'Assemblée nationale, 31 octobre 1789, sur le manifeste de la commission des Douze (Coston, II, p. 94-100; Iung, *Bonaparte et son temps*, I, p. 221-226; Masson, *Napoléon inconnu*, II, p. 92-96).

Manifeste du corps municipal de la ville d'Ajaccio après la journée du 25 juin 1790 (publié pour la première fois par Nasica en français, p. 109-123 et en italien, p. 385-399; cf. Masson, *Napoléon inconnu*, II, p. 107-115).

Lettres sur la Corse à M. l'abbé Raynal (Masson, *Napoléon inconnu*, II, p. 127-179).

Lettre à Buttafoco, 23 janvier 1791 (Coston, II, p. 101-115; Nasica, p. 135-156; Masson, *Napoléon inconnu*, II, p. 180-193).

République ou monarchie, juin ou juillet 1791 (Masson, *Napoléon inconnu*, II, p. 275-276).

Dialogue sur l'amour (Masson, II, p. 277-284).

Notes sur le Discours de Rousseau sur l'inégalité (Masson, II, p. 285-287).

Notes et brouillons, août 1791 (canevas du *Discours de Lyon*; Masson, II, p. 288-291).

Discours de Lyon ou discours sur la question proposée par l'Académie de Lyon : Quelles vérités et quels sentiments importe-t-il le plus d'inculquer aux hommes pour leur bonheur? (Masson, II, p. 292-332.)

Règlement pour la police et le service du bataillon des gardes nationales volontaires (Masson, II, p. 353-356).

Mémoire justificatif du bataillon des volontaires sur l'émeute du mois d'avril (Nasica, p. 211-247; Masson, II, p. 357-384).

TABLE DES MATIÈRES

DU TOME II

Préface.. v

CHAPITRE VI

Écrits et lectures.

Lectures assidues. — Soif de savoir. — L'histoire. — Rollin, Marigny, Mably, Tott, Barrow. — L'Espion anglais. — Extraits. — Goûts littéraires. — La tragédie. — Corneille, Racine, Voltaire. — Bernardin de Saint-Pierre. — Prononciation et style. — Le Comte d'Essex. — Le Masque prophète. — Une aventure au Palais-Royal. — Influence de Rousseau et de Raynal. — Idées politiques. — Enthousiasme pour la Révolution. — Républicanisme. — Idées religieuses. — Réfutation de Roustan. — Suprématie de l'État. — Tirades contre le fanatisme, les moines, la papauté. — Napoléon franc-maçon. — Le Parallèle entre Jésus-Christ et Apollonius de Tyane.. 1

CHAPITRE VII

Les Lettres sur la Corse.

Patriotisme corse. — Aimer son pays par-dessus toutes choses. — Entretien avec Desmazis sur l'amour et le devoir envers l'État. — Haine de Gênes et de la France. — Influence de Germanes et surtout de Boswell. — Anglomanie. — Lettre de Théodore à Walpole. — Les Réfugiés de Gorgona. — Lettres à Paoli (12 juin 1789) et à Giubega. — Projet d'un ouvrage sur les maux de la Corse et de dédicace à Brienne, puis à Necker. — Corrections et lettres du Père Dupuy (15 juillet et 1er août 1789). — Refonte de l'ouvrage. — Hommage à Raynal. — Valeur historique et littéraire des *Lettres sur la Corse*. — Éloge de Paoli. — Paoli, modèle de Napoléon.......... 33

CHAPITRE VIII

Bastia.

La famille Bonaparte. — Joseph, Lucien, Louis. — Les députés de la Corse. — Les patriotes. — Barrin. — Émeutes. — Bandits. Projet de comité et de milices. — Ambition et rôle des Bonaparte. — Gaffori à Ajaccio. — Manifeste des Douze. — Adresse de Napoléon à l'Assemblée nationale (31 octobre 1789). — Insurrection de Bastia (5 novembre). — Varèse. — Les Galeazzini. — Massoni. — Rully et le régiment du Maine. — Formation de la milice bastiaise. — Gaffori à Cervione. — Bonavita à Marbeuf. — Décret du 30 novembre. — Enthousiasme des Français pour les Corses. — Reconnaissance des insulaires. — Nouvelles agitations. — Petriconi. — Achille Murati. — Barthélemy Arena et l'événement de l'Isle-Rousse (18 décembre). — Confusion de Gaffori. — Napoléon « fermente sans cesse ». — Joseph officier municipal. — Formation de la garde nationale à Ajaccio. — Buonarroti et Masseria. — Le Comité supérieur (2 mars 1790). — Opposition de l'Au-delà des monts. — Assemblée d'Ajaccio (9 avril). — Congrès d'Orezza (12-20 avril). — Discours de Joseph. — Napoléon obtient une prolongation de congé. — Députation d'Ajaccio à Paoli. — Anarchie. — Les commissaires du roi et le Comité supérieur. — Meurtre de Rully (18 avril). — Sommation de la municipalité ajaccienne à La Ferandière (28 mai). — Émeute contre les fonctionnaires français (25 juin). — Lajaille, Souiris, Raquine, Cadenol. — Nouveau mémoire de Napoléon. — L'abbé Recco et le bandit Trentacoste. — Retour de Paoli. — Son arrivée à Bastia (17 juillet). — Embarquement de Gaffori. — Impuissance et châtiment des gafforistes. — Les paolistes. — Zampaglino. — Lettres et manifestes de Buttafoco. — Napoléon à Bastia au mois d'août. — Joseph électeur. — Assemblée électorale d'Orezza (9-27 septembre). — Résolutions illégales. — Joseph président du Directoire du District d'Ajaccio. — Lettre de Napoléon à Pozzo di Borgo (11 octobre). — Le club patriotique. — La Lettre à Buttafoco (23 janvier 1791)......................... 63

CHAPITRE IX

Le Discours de Lyon.

Retour à Auxonne (février 1791). — Louis Bonaparte. — Excursions à Dôle. — L'imprimeur Joly. — Amitiés. — Les Suremain. — Menace de noyade. — Girault. — Le voyage sentimental de

Nuits. — Maquillage de 1791. — Réorganisation de l'artillerie. — Napoléon premier lieutenant au 4ᵉ régiment (à la date du 1ᵉʳ avril 1791). — Adieux à Auxonne. — Souvenirs du régiment de La Fère. — L'insurrection de Turin. — Le fédéré de 1815. — Leoni. — Brazier. — Les généraux Pierre et Jouffroy. — Arrivée de Napoléon à Valence (16 juin 1791). — La Cattonne. — Le lieutenant Danon. — Amis d'antan. — Les Aurel. — Mésangère. — Les amies du bord du Rhône. — Sucy. — Montalivet. — Les femmes royalistes. — Progrès de la cause populaire. — Sentiments des canonniers. — Les officiers d'artillerie. — Le 4ᵉ régiment. — Le baron Du Teil. — Campagnol. — Dujard. — Catellan. — Deydier. — La Grange. — Mainville. — La Salette. — Vaubois. — Gouvion. — Bollemont. — Sugny. — Pernety. — Taviel. — Villantroys. — Borthon. — Du Fort. — Philippe de Faultrier. — Chaillet de Grandfontaine. — Beaumaretz. — Ducos de Lahitte. — Dulieu. — Fouton. — Monestrol. — Fouler. — D'Anthouard. — Songis. — Le chirurgien Parmentier. — Gaudenard, Pellegrin, Bernard. — Fuite de Louis XVI. — Serment de Bonaparte (6 juillet). — Son républicanisme. — Les refus de serment. — L'émigration. — Les d'Arthan. — Bonnard. — Jussac. — Darejean. — Du Chaffaut. — Loyauté. — D'Arthaud. — Desguers. — Romain. — Du Prat. — Les Du Boisbaudry. — Les De Langle. — Gondallier de Tugny. — Baudran. — La Chapelle, Bouville, Le Sart. — Ce que pense Bonaparte de l'émigration. — D'Ablincourt. — Hédouville. — Rapports de Napoléon avec Romain. — Lecture du Moniteur. — Les deux clubs de Valence. — Napoléon bibliothécaire et secrétaire de la Société des Amis de la constitution. — Les fédérations. — Assemblée du 3 juillet 1791. — Impressions de Napoléon. — Fête du 14 juillet. — Toast de Bonaparte aux patriotes d'Auxonne. — Lettre curieuse à Naudin (27 juillet). — Études et extraits. — Le Discours de Lyon. — Ses défauts. — Amour de la Corse. — Enthousiasme pour Paoli. — Réminiscences de Rousseau et de Raynal. — Stoïcisme. — Liberté et égalité. — Singulières tirades contre l'ambition. — L'homme de génie... 146

CHAPITRE X

Ajaccio.

Formation des bataillons de volontaires. — Le 4ᵉ régiment d'artillerie et les bataillons de la Drôme. — Napoléon au château de Pommier. — Permission de trois mois accordée par le baron Du Teil. — Départ de Valence (29 août 1791). — Arrivée à Ajaccio (en septembre). — Mort de l'archidiacre Lucien (15 octobre). — Puissance de Paoli. — Répression de l'insurrection de Bastia. — Assemblée électorale de Corte (13-30 septembre). — Joseph membre de l'administration générale et du Directoire du département. — Napoléon à Corte (février 1792). — Relations avec Volney. — Le maréchal de camp Rossi. — Napoléon adjudant-major du 2ᵉ bataillon corse. — Lettres à Sucy (17 et 27 février 1792). — Loi qui empêche Napoléon d'être adjudant-major. — Il brigue la place de lieutenant-colonel. — Les candidats. — Entente avec Quenza contre Mathieu Pozzo di Borgo. — Manœuvres de Napoléon. — Jean Peraldi. — Les trois commissaires du département. — Enlèvement de Morati. — Élection de Napoléon (1er avril). — Rupture avec les Pozzo di Borgo et les Peraldi. — Le deuxième bataillon corse. — Pianelli, Leonardi, Agostini. — Jean Susini. — Sanseverino Peraldi. — Orsone. — Les Ortoli. — Jean Peretti. — Pierre Peretti. — Les deux Bonelli. — Les Costa de Bastelica, Nunzio, Pascal, le docteur François-Marie, Jean Burrasca. — Certificat de Rossi (31 mars). — Lettre de Napoléon à Rossi et réponse de Rossi (11 avril). — Vues du Directoire et de Paoli sur les forteresses. — La constitution civile du clergé à Ajaccio. — Fesch. — Départ des capucins. — Mission de Tortaroli et de Grandin à Corte. — Irritation de Napoléon. — Réception du bataillon par Maillard et Despuisarts (2 avril). — Inquiétudes des Ajacciens. — La soirée du 8 avril, jour de Pâques. — Meurtre de Rocca Serra. — Visite de Napoléon à Maillard. — Journée du 9 avril. — Fusillade des volontaires. — Réquisitions des municipaux à Maillard. — Sommation de Maillard à Quenza. — Billet de Quenza et de Bonaparte à l'abbé Coti. — Contre-réquisition de Coti. — Quenza et Bonaparte chez Maillard. — Journée du 10 avril. — Convention ou espèce d'armistice. — Journée du 11 avril. — Visées de Napoléon sur la citadelle. — Lettre de Masseria à la garnison. — Un détachement du 42e requis contre les volontaires. — Souiris et d'Anglemont. — Les commissaires du Directoire. — Sentiments de Napoléon. — Lettre menaçante à la municipalité (12 avril). — Défense à ses députés de sortir d'Ajaccio (13 avril). — Cervoni et Volney. — Arrivée d'Arrighi et de Cesari. — Leurs mesures. — Arrêtés du Directoire du département. — Mémoire de Napoléon. — Le futur général Bonaparte. — Opinion de Paoli. — Manifestes de la municipalité et du Directoire du district. — Lettres de Charles-André Pozzo et de Peraldi. — Napoléon, la cause de tout, le Jourdan de la Corse, l'auteur d'une Saint-Barthélemy. — Son départ pour le continent (mai 1792)..... 226

NOTES ET NOTICES

I. Italianismes de Napoléon	299
II. Raynal et Bonaparte	299
III. Elections de la Corse à l'Assemblée Constituante	300
IV. Barrin	300
V. Gaffori	300
VI. Varèse	301
VII. L'abbé Bleune	301
VIII. Les Galeazzini	301
IX. Massoni	302
X. Lettre de Caraffa, maire de Bastia, au ministre de la guerre, sur la journée du 5 novembre 1789	303
XI. Petriconi	304
XII. Achille Murati	305
XIII. La Ferandière	305
XIV. Lettre de La Ferandière au ministre de la guerre	305
XV. Rully	306
XVI. Maudet	306
XVII. La Ferandière et la municipalité ajaccienne	307
XVIII. Souiris	309
XIX. Lajaille	309
XX. Correspondance de Lachastre et de Lajaille	310
XXI. Lettre de Napoléon à Pozzo di Borgo	310
XXII. Lettre de Joseph Bonaparte à Colonna Cesari	311
XXIII. Buttafoco	311
XXIV. Lettre de Talleyrand à Régnier	312
XXV. Napoléon à Auxonne	312
XXVI. Alexandre Suremain	313
XXVII. Napoléon menacé de noyade	313
XXVIII. Le commandant Jean	315
XXIX. Leoni	315
XXX. Brazier	315
XXXI. Pierre	315
XXXII. Jouffroy	316
XXXIII. La Cattonne	316
XXXIV. Danon	316
XXXV. Les Aurel	317
XXXVI. Mésangère	317
XXXVII. Sucy et Montalivet	317
XXXVIII. Corbeau	318
XXXIX. Le 4ᵉ régiment d'artillerie en 1791	318
XL. 4ᵉ régiment d'artillerie	320

XLI. 4⁹ régiment d'artillerie	321
XLII. Campagnol	322
XLIII. Dujard	323
XLIV. Catellan	323
XLV. Deydier	323
XLVI. La Grange	324
XLVII. Mainville	324
XLVIII. La Salette	324
XLIX. Vaubois	324
L. Gouvion	325
LI. Bollemont	325
LII. Sugny	326
LIII. Pernety	326
LIV. Taviel	326
LV. Villantroys	327
LVI. Borthon	327
LVII. Galbaud Du Fort	327
LVIII. Les Faultrier	328
LIX. Chaillet de Grandfontaine	329
LX. Beaumaretz	329
LXI. Ducos	329
LXII. Dulieu	329
LXIII. Fonton	330
LXIV. Monestrol	330
LXV. Fouler	330
LXVI. D'Anthouard	330
LXVII. Les Songis	331
LXVIII. Le chirurgien Parmentier	331
LXIX. Gaudenard	332
LXX. Pellegrin	332
LXXI. Bernard	332
LXXII. Les généraux de La Fère et de Grenoble-artillerie	332
LXXIII. Bovet	333
LXXIV. Les d'Arthan	333
LXXV. Bonnard	333
LXXVI. Champeaux	333
LXXVII. Charbonnel de Jussac	333
LXXVIII. Darcjean	334
LXXIX. Desdiguères	334
LXXX. Desesgaulx	334
LXXXI. Du Chaffaut	334
LXXXII. Loyauté	334
LXXXIII. Montille	335
LXXXIV. D'Arthaud	335
LXXXV. Berthault de la Bossère	335
LXXXVI. Desguers	335
LXXXVII. Gounon	336
LXXXVIII. Romain	336
LXXXIX. Tavernol	336
XC. Du Prat	336

TABLE DES MATIÈRES

XCI.	Les Du Boisbaudry..	337
XCII.	Les De Langle..	337
XCIII.	Gondallier de Tugny..	337
XCIV.	Baudran, La Chapelle, Bouville, Le Sart..............	338
XCV.	D'Ablincourt..	338
XCVI.	Hédouville...	338
XCVII.	Lettre du général Hédouville en faveur de son frère..	338
XCVIII.	Lettre de Théodore Hédouville à Bonaparte..........	339
XCIX.	Le 4ᵉ régiment d'artillerie en 1792......................	339
C.	Rivereau...	341
CI.	Davin...	342
CII.	Fugière..	342
CIII.	Lettres de Paoli au ministre de l'intérieur Delessart sur l'insurrection de Bastia................................	343
CIV.	Élections de la Corse à l'Assemblée Législative......	345
CV.	Rossi...	346
CVI.	Hugues Peretti..	346
CVII.	Les bataillons de volontaires corses.....................	347
CVIII.	Robaglia...	349
CIX.	Pianelli..	349
CX.	Leonardi...	349
CXI.	Agostini...	349
CXII.	Susini..	349
CXIII.	Sanseverino Peraldi..	350
CXIV.	Jean Peretti..	350
CXV.	Pierre Peretti..	351
CXVI.	Certificat donné par Napoléon à Pierre Peretti.......	351
CXVII.	Ange-Toussaint Bonelli.....................................	351
CXVIII.	Lettre de Lucien Bonaparte en faveur d'A.-T. Bonelli.	352
CXIX.	François Bonelli..	352
CXX.	Bonelli et les Bonaparte.....................................	352
CXXI.	Bonaparte et les Corses de 1796.........................	353
CXXII.	Nunzio Costa de Bastelica..................................	354
CXXIII.	Rapport de l'ex-capitaine de gendarmerie Costa venant de l'île d'Elbe..	354
CXXIV.	Pascal Costa de Bastelica...................................	354
CXXV.	Le docteur Costa..	355
CXXVI.	Lettre de Napoléon au docteur Costa...................	355
CXXVII.	Le colonel Maillard...	355
CXXVIII.	L'abbé Coti...	356
CXXIX.	Lettre de Quenza et Bonaparte à Maillard............	356
CXXX.	Lettre de Quenza et Bonaparte à l'abbé Coti..........	356
CXXXI.	Lettre de Quenza et Bonaparte à Maillard............	357
CXXXII.	Lettre de Quenza et Bonaparte à la municipalité d'Ajaccio..	357
CXXXIII.	D'Anglemont..	358
CXXXIV.	Somis...	359
CXXXV.	Lettres du Directoire du département de Corse au ministre de l'Intérieur sur l'émeute de Pâques......	359
CXXXVI.	Rapport du Directoire du district d'Ajaccio aux com-	

missaires du directoire du département de Corse envoyés en cette ville à l'occasion des troubles qui y sont survenus depuis le soir du 8 du courant jusque ce jour..	364
CXXXVII. Rapport de Grandin, commissaire du roi, au ministre de la justice....................................	366
CXXXVIII. Rapport du colonel Maillard au ministre............	369
CXXXIX. Napoléon et Mme Brulon........................	374
CXL. Présences et absences de Napoléon aux régiments de La Fère et de Grenoble (1790-1792)................	375
CXLI. Lettres et écrits de Napoléon jusqu'à mai 1792.......	377

IMPRIMÉ

PAR

PAUL BRODARD

A COULOMMIERS

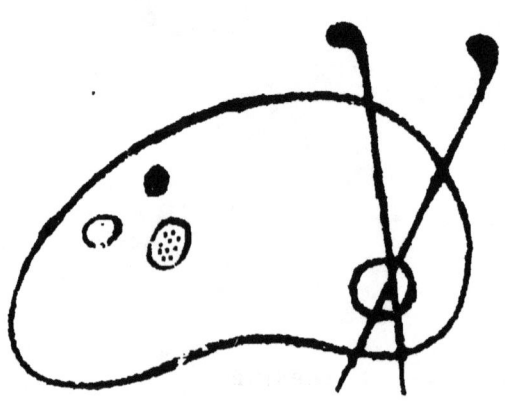

Début d'une série de documents
en couleur

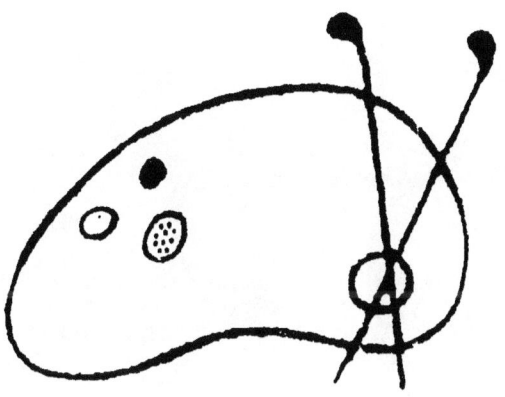

Fin d'une série de documents
en couleur

www.ingramcontent.com/pod-product-compliance
Lightning Source LLC
Chambersburg PA
CBHW060050190426
43201CB00034B/667